W0046404

Rudi Palla

Falkner, Köhler, Kupferstecher

Ein Kompendium
der untergegangenen Berufe

btb

Für Lilly

Umwelthinweis:
Alle bedruckten Materialien dieses Taschenbuches
sind chlorfrei und umweltschonend.

btb Taschenbücher erscheinen im Goldmann Verlag,
einem Unternehmen der Verlagsgruppe Bertelsmann.

1. Auflage
Genehmigte Taschenbuchausgabe April 1997
Copyright © 1994 by Vito von Eichborn GmbH & Co. Verlag KG,
Frankfurt am Main
Umschlaggestaltung: Design Team München
Umschlagmotiv: AKG, Berlin
Satz: Greno, Nördlingen
Die Originalausgabe wurde in der Tradition Gutenbergs
vom Original Bleisatz in der
Nördlinger Buchdruck-Werkstatt gedruckt.
T.T. · Herstellung: Augustin Wiesbeck
Made in Germany
ISBN 3-442-72120-X

Inhalt

ICH DANKE den Herren Helmut Lackner, Erich Landsteiner, Reinhold Reith, Alois Ruhri und Frau Dietburg Wilflingseder für anregende Hinweise und hilfreiche Auskünfte.

Die Abbildungen stammen von Kupfertafeln aus Johann Joseph Prechtls *Technologischer Encyklopädie* (Stuttgart 1830–1853), die mir das Technische Museum Wien entgegenkommenderweise zur Reproduktion zur Verfügung gestellt hat.

R. P.

Prolog

Das Geflecht menschlicher Tätigkeiten gleicht dem Kosmos;
wie er ist es unermeßlich und unergründlich. Der Versuch,
die verschwundene Arbeit ans Tageslicht zu fördern, ist
gewagt und heißt nach den Sternen greifen.

Eine Kultur lebt vor allem in der Mannigfaltigkeit ihrer
Berufe. Jeder von ihnen bringt, abgekapselt in seiner Zelle,
für sich Gesichtsausdrücke, Kleidung, Sprachen, Haltungen,
rührende oder scherzhafte Anekdoten, eine Pädagogik, eine
Moral hervor. Das waren die Werkstätten bis vor kurzem:
Kulturgerinnsel, sich selbst genug; Königreiche, in denen der
König »Mastro« genannt wurde, d. h. Meister des Hammers,
der Axt, des Schustermessers, der Drehbank ... Historische
Orte und geweihte Stätten, deren veraltete Techniken, deren
edler Phalanstère-Geruch in keine Enzyklopädie mehr aufgenommen werden wird.

Noch flüchtiger die umherziehenden Tätigkeiten, die mit
Zustimmung der Sonne, des Regens, des Windes im Freien
ausgeübt wurden: Schelmenberufe; für ein Kind, das ich
kenne, Bilder beneideten Glücks.

Gesualdo Bufalino, Museo d'ombre, 1982
Museum der Schatten

Das Beschneidungsfest Murad's III. für seinen Sohn Mohammed steht in der osmanischen Geschichte unerreicht durch Glanz und Reichtum der Anstalten und Länge der Dauer; dasselbe macht daher auf längeres Verweilen dabei einen so gültigeren Anspruch, als sich zu dessen Verherrlichung alle Fülle der Pracht und alle Blüte mechanischer Kunst vereinte, wie sie sich damals in der Hauptstadt entfaltet hatte, als das Schauspiel, nicht nur aller Gaukler, Taschenspieler, Tänzer, Sänger, Ringer, Fechter und Possenreißer, sondern auch das erhebendere des Aufzuges aller Zünfte und Botschafter, des Geschenkezolles aller Statthalterschaften des osmanischen Reiches und der fremden Mächte, aufgeführt ward. Der Hippodrom, vierhundert Schritte lang und hundert breit, wurde für die Erfordernisse des Festes und der Zuschauer folgender Maßen eingerichtet: Zuoberst (wo heute das Narrenspital) war ein Viereck von hundert Schritten mit Brettern für die Küchen eingeplankt. Im Palaste Ibrahimpascha's (hernach das Staatsarchiv der Kammer) waren offene Köschke und verdeckte Logen für den Sultan, den Kronprinzen und die Sultaninnen; unmittelbar unter dem Palaste und auf gleicher Linie mit demselben erhob sich fünf und neunzig Ellen lang und sechs Schuh hoch ein von Grund aufgemauertes, dann aber drei Stock hohes hölzernes, hiezu aufgeführtes Gebäude, dessen unterstes Stockwerk für die Gesandten der christlichen Mächte, das mittlere für die Aga des inneren und äußeren Hofstaates, das oberste für die Bege, Beglerbege [»Fürsten der Fürste«; Provinzstatthalter] und Wesire in Gemächer und Säle abgeteilt war; unter demselben eine sieben Fuß hoch aufgemauerte und zwölf Fuß lange Galerie für den Kapudanpascha [Großadmiral] und die Bege des Meeres. Dem Palaste Ibrahimpascha's gegenüber war der Standort der kaiserlichen Musik-Kapelle und der künstlichen Palmen oder sogenannten Hochzeitskerzen; weiter unterhalb auf derselben Seite die für die persische Botschaft errichtete Bühne, mit einem künstlichen, aus Stricken geflochtenen Hangleuchter, woran viele hundert Lampen;

weiter unten die für den französischen Botschafter errichtete. Noch weiter unten die Galerie des Kapudanpascha, gegenüber ein großes Zelt, darin die Sorbete und andere Erfrischungen. In der Mitte des Platzes zwei Steigbäume, der eine rot angestrichen, der andere eingeölt, und ober denselben ein Lampenbaum von mehreren tausend Lampen, der Nachts angezündet herabgelassen wurde. Die Sorge für die Ordnung und Sicherheit des Festes übernahmen die Beglerbege von Rumili und Anatoli, der Kapudanpascha Uludsch Ali als Oberstbaumeister der Gallerien und Gerüste und der Janitscharenaga Ferhadpascha als Oberster der Wachen. Zur unmittelbaren Aufrechterhaltung der Ordnung und Reinigung des Platzes waren fünfhundert Spritzmänner (Tulumbadschi) bestimmt, welche in mannigfarbes Leder komisch gekleidet, jeder einen schmutzigen aufgeblasenen Schlauch aus Geißfell trugen, womit sie die Unordnungsstifter schlugen. Ihr Hauptmann auf einem Esel, mit Schabrake von Stroh geziemiert, zugleich der Lustigmacher des Pöbels.

Am ersten Junius 1583 zog der Sultan, am zweiten der Kronprinz in feierlichem Aufzuge aus dem Serai in das auf dem Hippodrome zubereitete Serai Ibrahimpascha's. Voraus die Tschausche [Staatsboten, Gesandte] und Muteferrika [Furiere] in Goldstoff, dann die Aga des Hofstaates und der Truppen; die künstlichen Palmen oder Hochzeitskerzen, je zehn oder zwanzig zwischen den großen, deren vier, zwanzig und mehr Ellen hohe, von achtzig und mehr Janitscharen getragen wurden. Der Kronprinz in rot atlasnem Kleide mit handbreiter goldener Stickerei verbrämt, mit zwei schwarzen Reigern auf dem Bunde, einem Rubin am rechten Ohr, einem Smaragd an der rechten Hand, mit Edelsteinen besetztem Säbel und stahlener Streitkolbe, deren Kopf aus Einem vielseitig geschnittenen Kristall in Gold gefaßt. Sobald er angekommen, und dem Vater die Hand geküßt, wurden die Hochzeitspalmen gegenüber des Palastes aufgepflanzt, und der Musik lärmender Gruß durchwirbelte die Luft. Drei Tage hernach zogen die Sultaninnen im Geleite des Zuckerwerkes auf, wie der Sultan im Geleite der türmenden Palmen gekommen war, dieses männlicher Kraft, jenes weiblicher Süßigkeit sprechendes Sinnbild.

Am folgenden Tage, an welchem die Sipahi [berittene Soldaten] bewirtet wurden, begannen die feierlichen Aufzüge der Zünfte, welche nun durch ein und zwanzig Tage nach einander aufzogen, dem Sultan mit Gebeten und Segensformeln Heil und Glück erwünschten, ihm ein Stück ihrer Kunstarbeit zum Geschenke brachten, und dafür ein Paar Hände voll neuer Aspern [50 Asper = 1 Dukaten] aus der seinen empfingen. Sie suchten sich gegenseitig durch schönen Anzug und phantastische Verzierungen, besonders aber durch die reizende Art zu überbieten, womit sie ihre Lehrjungen aufputzten und ausstaffierten.

Den Anfang machten die Arbeiter für weibliche Kopf- und Fußbedeckung, vermutlich als Kompliment für die Sultaninnen, die Haubenmacher und Frauenschuster mit Fahnen aus Gold- und Silberstoff, mit farbigen Traghimmeln oder Baldachinnen, deren Name ihren Ursprung von der Chalifenstadt (Bagdad, im Mittelalter Baldach geheißen) beurkundet; in einem großen Schuh von goldgesticktem Saffian saß ein rosenwangiger Schusterbube, in Goldstoff gekleidet, den sie dem Sultan zum Austreten präsentierten. Daneben gingen Buden sinesischen Schatten- und Puppenspiels, Juden als deutsche und spanische Kriegsknechte verlarvt, andere mit Schilden als Schildkröten vermummt, vorüber; des Nachts wurde an einem Seile ein Lampenverein in einer neuen Figur, nämlich in der des pythagoräischen Fünfeckes, welche sie das Siegel Salomon's nennen, angezündet. Die Baumwollenschläger trugen Löwen und Meerungeheuer, Streitkolben und Morgensterne aus Baumwolle, das Wildeste und Härteste im Zartesten und Weichsten nachgebildet. Tages darauf wurde den Kanonieren und Zeugschmieden (Topdschi und Dschebedschi) Gasterei gegeben, die Männerschuster und Sattler zogen auf, die ersten, mit einem ungeheuren Stiefel aus Saffian und gelben Socken, trugen Stangen thyrsusartig mit

grünem Laubwerke umwunden, und auf einer die oben-
erwähnte Figur des salomonischen Siegels. Die Sattler führten auf sechs Rädern eine wandelnde Werkstätte mit sich, auf
welcher sie inmitten der Arbeit aller Arten von Sattel und
Zeug begriffen waren; die Kaftanfalter und Brecher seidener
Zeuge, welche dieselben in kleine Falten brechen, zogen unter
einer Fahne von rotem und rotgelbem Damast auf; ein halbes
Hundert in Seide gekleideter Knaben umgab einen Wagen,
auf welchem ein Knabe den Seidenzeug statt auf dem runden
Marmorsteine, dessen sie sich sonst hiezu bedienen, auf dem
glatt geschorenen Kopfe seines Meisters in Falten brach. In
der Nacht übertraf das vom Kapudanpascha Ulutschali ab-
gebrannte Feuerwerk die aller vorhergehenden Nächte durch
die schöne Zeichnung der in Feuer vorgestellten Schiffe,
Türme, Kastelle und Elefanten. Am nächsten Morgen zogen
die Gold- und Silberdrahtzieher, die Zuckerbäcker auf; jene
spannen Gold und Silber, und diese Fadenzucker und Halwa
in goldenen und silbernen Fäden aus. Dabei rannten die
Sipahi und Silihdare [Reisige] in förmlichen Quadrillen auf
einander, schossen nach goldenem Knopfe auf hoher Stange,
und zogen dann zwei und zwei ab, davon saßen ihrer zwei in
alten griechischen vergoldeten Rüstungen auf Einem Pferde,
wie zur Zeit der Kreuzzüge die Templer und ihre Turko-
polen; erst stand einer aufrecht, der andere auf dem Kopfe,
und alsbald saßen beide wieder gerecht im Sattel, und was
dergleichen mamlukischer (früher als englischer) Reitkünste
mehr sind. Folgenden Tages suchten die Derwische Heuler,
Dreher, Feuerfresser und Dolchzieher die Künste der Gaukler,
Taschenspieler, Renner und Turnierer durch die ihrigen zu
überbieten, indem sie unter beständigem Geschrei von Allah!
und Hu! sich drehten, glühendes Eisen in den Mund nahmen,
Messer verschlangen und dergleichen Gaukeleien mehr, so
daß in den Gassen, wodurch ihr Zug ging, die Weiber
(welchen auf den Platz zu kommen verboten war) aus Andacht und Rührung seufzten, weinten und aufschrien. Einer
stürzte sich in ein Faß voll Schlangen und lag ruhig darin, ein

Anderer ließ sich einen nur acht Männern aufhebbaren Stein auf die Brust legen, und auf derselben zerschlagen, ein Dritter sprang über weit auseinander gesteckte Messer und Säbelklingen auf Leben und Tod. Das Feuerwerk stellte einen Wald und einen Garten mit Zypressen vor, von einem griechischen Popen erfunden und ausgeführt. Als der Morgen tagte, zogen die Seidenspinner, Schnürmacher und Schlingenflechter auf, mit seltsamen Hüten, Kappen und Hauben mannigfaltig mit Seide ausgenäht, ausgezackt und ausgeschlungen. Die Pastetenbäcker und Sorbetmacher bucken im Vorüberfahren und schenkten Sorbete von allen Farben aus; die Leinweber boten dem Sultan die feinste Leinwand, die Lederpresser große runde Tischdecken, aus Leder mit Gold durchnäht, und lederne Wasserflaschen ohne Naht zum Geschenke dar. Die Obstler trugen die von ihnen verkauften Früchte auf lange Stangen gebunden. Die Zwirnhändler und Schürzenmacher zogen vorbei, verdunkelt vom Glanze und der Pracht der ihnen folgenden Goldschmiede und Juweliere, die über dreihundert Knaben, in Goldstoff gekleidet, als die lebendige Unterlage ihrer Auslage vorführten. Die Roßdeckenmacher und Wachskerzler zeichneten sich durch die Größe der zur Schau getragenen Decken und Wachskerzen aus. Hierauf kamen die Buchbinder und Papierfärber mit papiernen Fahnen, und hundert dreißig Knaben in vielfarbiges Papier gekleidet, und einer wandelnden Bude, in deren unterem Teile Einer Papier glättete, und im oberen drei Knaben den Koran lasen. Die Matratzen- und Polstermacher mit hundert fünfzig Knaben in Goldstoff, auf goldenen Polstern und Kissen. Die Spiegelmacher und Schalenmaler mit hundert fünfzig Knaben, vorn und hinten mit Spiegeln behangen, der darein scheinenden Sonne aber kaum anzuschauen. Die Kammacher als die bescheidenen Grundleger aller Toilette des Haares. Dreimal sieben Tage dauerten die Aufzüge fort; an den folgenden siebzehn kamen: die Wollstoff- und Leinwandfärber, die Speerschaftener und Dschiridmacher [Lanzenmacher], die Studenten und die Kaufleute vom Trödelmarkte, die jüdischen Schneider, die Saumsattler, die Zigeuner-Schmiede, die Juden Pulvermacher; die Rotgießer, Mandolettenkrämer, Fischer; die Damastwirker hielten auf sieben und dreißig Stangen reiche Zeuge empor; die Buchhändler hatten keine Musikbande, wie die anderen Zünfte, sondern nur Derwische, die Jallah! und Hu! schrien, sie brachten dem Sultan zwei Korane dar; die Verfertiger der Daumringe aus Bein zum Anziehen der Bogensehnen; die Weber und Ackersleute; die Siebmacher und Verzinner; die Griechen aus dem Patriarchat und Fanar, die Kürschner, Pfeilmacher, Spezereien-, Kräuter- und Blumenhändler; die Futter- oder Heuverkäufer ohne Fahne mit einem aufgezäumten Ochsen; die Seiler, die Filzmacher, Stecknadelmacher, Lederer, die Messerschmiede, Scheidenmacher und Beutelmacher, die Papierschnitzer, Natron-, Theriak- und Mithridatkrämer, die Wasserträger, Steigbügelversilberer, Zeltschneider, Ausnäher, Hufschmiede, die Zigeuner, Besenmacher und Rauchfangkehrer, die Krämer des kleinen Besestan, die Milch- und Busa-Verkäufer [Busa — ein Getränk aus gegohrener Gerste], die Turbanmacher. Dann zogen auf die Glasblaser, Lastträger, die Verfertiger der eisernen Schuhbeschläge, Feil- und Beilhauer, die Verfertiger der Kornschwingen, die Bürstenmacher, Schuhflicker, Eisenhändler, griechischen Frauenschuster, Wäscher, Kesselschmiede, Sägehauer, Barbiere mit einer wandelnden Bude, in der sich kleine Knaben gegenseitig schoren; die Kopfbundverkäufer, Waagmacher, Garköche, Sudelköche und Pastetenköche, die Unschlittkerzenmacher und Obstverkäufer. Die Schulkinder mit den Schulmeistern, die Holzschuhmacher, Drechsler, Büchsenschäfter, Kälberfüßköche, Nagelschmiede, Fleischhauer, Seidenmacher. Weiters die Biscottenbäcker, Roßhändler, Vogelsteller, ägyptische Kaufleute, die Taglöhner, die dem Oberstbaumeister unterworfenen Bauleute: als Maurer, Steinmetze, Zimmerleute, Brunnengräber, Gipsübertüncher, Wasserleiter, Kalkbrenner, Kahnmacher; Brillenverkäufer; dann die Maler, Kopfbundwinder, ägyptischen Schiffleute, Korbflechter, und endlich die Weinschenker.

Ein Pferdewettrennen vom Dorfe Tschataldsche bis an's Tor von Adrianopel, dessen Preis tausend Dukaten, und Auswerfen von Gold und Silbermünzen zeichneten von den vorhergehenden und folgenden Tagen den siebenten Julius aus, an welchem Sultan Mohammed im Serail am Hippodrome vom Wesir Dscherrah Mohammedpascha eigenhändig beschnitten ward; das Ergebnis der Beschneidung wurde in goldener Schale der Sultaninn Chaßeki, Mutter Sultan Mohammed's, das blutige Messer der Sultaninn Walide, Mutter Sultan Murad's, zugesendet. Für die glückliche Beschneidung erhielt der Wesir-Beschneider an Geld und Geldeswert bis an achttausend Dukaten. Am folgenden Tage zeigten eine Giraffe und ein abgerichteter Elefant ihre Künste. Die Gastereien wurden eingestellt, und da die Schauspiele an den folgenden Tagen aufhörten, verlief sich das Volk.

Joseph von Hammer-Purgstall
Geschichte des osmanischen Reiches, 1829

★

Als ich im Jahre 1947 zu Schiff aus den Vereinigten Staaten zurückkehrte, unterhielt ich mich auf dem Promenadendeck manchmal mit einem französischen Orchesterleiter, der in New York gerade Konzerte gegeben hatte. Eines Tages erzählte er mir, er habe im Laufe seiner Karriere beobachtet, daß der Charakter eines Musikers häufig mit dem in der Klangfarbe und Spielweise vergegenständlichten Wesen seines Instrumentes übereinstimmt; um in gutem Auskommen mit seinem Orchester zu arbeiten, mußte der Dirigent das in Rechnung stellen. Er durfte also, fügte er hinzu, in welchem Land er sich auch befand, darauf gefaßt sein, daß der Oboist heikel und leicht verletzbar war, der Posaunist offenherzig, jovial und kumpelhaft ...

Diese Bemerkung beeindruckte mich wie alle Aussagen, die Bereiche zueinander in Beziehung setzen, die sonst zu keinerlei Vergleich reizen. Seit jeher bemüht sich das volkstümliche Denken, solche Analogien ausfindig zu machen — eine geistige Aktivität, in der man eine der Hauptantriebskräfte der Mythenschöpfung wiedererkennt.

Kurz, mein Orchesterleiter verhalf in seinem Arbeitsbereich alten und verbreiteten Anschauungen zu neuem Leben, denen zufolge eine Homologie zwischen zwei Systemen besteht: dem der Berufstätigkeiten und dem der Temperamente; Anschauungen, bei denen man sich noch heute fragen kann, ob sie völlig willkürlich sind oder nicht wenigstens teilweise auf einem Fundus von Erfahrungen und Beobachtungen beruhen.

Vor beinah einem Jahrhundert hatte sich bereits [Paul] Sébillot dieses Problems angenommen. Sein Buch *Légendes et curiosités des métiers* stellt ein Inventar der konstitutiven Persönlichkeitsmerkmale auf, die von der Tradition mit der Ausübung verschiedener Handwerksberufe assoziiert werden. Diese Merkmale sind von dreierlei Art. Zunächst der körperliche Aspekt: Man stellte die Weber und Schneider, vielleicht deshalb, weil sie sitzend oder hockend arbeiteten, als Krüppel oder Verwachsene dar. Die bretonischen Märchen verleihen dem Schneider mit Vorliebe das Aussehen eines schieläugigen Buckligen mit struppigem rotem Haar. Die Metzger dagegen galten als robust und gesund.

Darüber hinaus unterschied man die Berufe nach moralischen Kriterien. Praktisch einstimmig brandmarkt ein alter europäischer Volksglaube die Weber, die Schneider und die Müller als Diebe, die zu ihrer Berufsausübung einen Rohstoff — Garn, Tuch, Korn — bekommen, bei dem man argwöhnt, daß sie davon etwas für sich selbst abzweigen, bevor sie ihn, in Stoff, Kleidungsstück oder Mehl verwandelt, wieder in Umlauf bringen. Wenn diese drei Zünfte in dem Ruf standen, hinsichtlich der Quantität der Produkte zu betrügen, so verdächtigte man die Bäcker — die das Ansehen von Kupplern, ja sogar von Betreibern von Stundenhotels hatten —, Waren von zweifelhafter, durch die Darbietungsform verfälschter Qualität zum Verkauf zu bringen.

Schließlich schrieb man jeder Kategorie von Handwerkern unterschiedliche psychologische Dispositionen zu: Die Schneider galten als prahlerisch und furchtsam, aber auch als gewitzt und als Glückspilze nach Art der Schuhmacher; diese wiederum als Possenreißer, Schlemmer und schalkhafte Vögel; die Metzger waren ungestüm und hoffärtig; die Schmiede eitel; die Holzfäller grob und verdrießlich; die Barbiere geschwätzig; die Anstreicher trinkfreudig und immer fröhlich usw.

Claude Lévi-Strauss
Die eifersüchtige Töpferin, 1987

★

A bis Z der verschwundenen Arbeit

Abdecker (auch Freiknechte, Fall-, Wasen- oder Feldmeister, Kafiller, Schinder, Abstreifer) nannte man jene Personen, die mit der Beseitigung und Verwertung (abdecken — abhäuten) von Tierkadavern beschäftigt waren. Die wichtigsten Produkte der Verwertung waren Fette, Leim, Knochenmehl, Seife, Salmiak, Bleichmittel und Viehfutter.

Im allgemeinen waren →Scharfrichter die Besitzer oder Pächter von Abdeckereien, die meist ihre Knechte die ekelhafte Arbeit verrichten ließen. Das Gewerbe galt lange Zeit als anrüchig und unehrlich. Für unehrlich wurde auch erachtet, wer mit einem Abdecker — wie übrigens auch mit einem Scharfrichter —, ohne es zu wissen, getrunken oder gegessen hatte, gegangen oder gefahren war. Gleichfalls als unwürdig galt, wenn jemand Aas anrührte oder ein totes Vieh oder Haustier selbst vergrub. Erfuhr der Schinder davon, durfte er zur Beschimpfung eines solchen Bürgers ein Messer in dessen Türe stecken, um ihn zu zwingen, sich mit Geld loszukaufen.

Sein Handwerkszeug war der »bloße Meichel« (Schindermesser), mit dem er beim »Fetzen« (Abdecken) dem »Kuffert« (Tier) den »Sturz« (Fell) ablöste und den »Schmuck« (Fett) »abfäberte«. Die für gewöhnlich »befooschte Plautze« (blutige Haut) kam in den »Fetzsack« und wurde später in der »Schinderschupfe« gesäubert, das »Bossert« (Fleisch, Aas) vergrub er. Das Vokabular der Abdeckersprache entstammte vielfach der Gaunersprache, dem Rotwelsch.

Abdecker mußten außerhalb der Stadt wohnen, und um die Quartiere lag oft abgehäutetes, verwesendes Vieh herum, das scheußlich stank und Schwärme von Fliegen und Raben anlockte. Der Weg durch ein solches Quartier wurde häufig Rabengasse genannt.

Abtrittanbieter waren Männer und Frauen, die sich in größeren Städten als wandelnde Bedürfnisanstalten ihr Geld verdienten, indem sie den Bürgern, die ihre Notdurft öffentlich verrichten mußten, einen Kübel und Schutz vor neugierigen Blicken anboten. Es war ja lange Zeit üblich, direkt auf den Straßen, an Mauern, auf Treppen, in Gängen und Hinterhöfen zu urinieren und seinen Kot zu deponieren. Der volkstümliche schwedische Dichter Carl Michael Bellmann (1740 bis 1795) sang zur Zither: »Draußen vor der Stadt / bei den grünen Pfützen, / wo die alten Weiber mit dem Arsch auf der Stange sitzen, / wo das gemeine Volk / mit dem Arsch trompetet, / dahin kam auch Gevatter Mowitz einmal. / Dort pißten ein Priester und ein Poet / zusammen in einen Winkel, / und das Wasser rauschte, und die alten Weiber schissen. / Plumps, plumps, plumps, plumps, / ein Prosit auf das gemeine Volk, / kling, klang.« Dieses Verhalten erfuhr erst im 18. Jahrhundert durch die »Politik der Desodorisierung« und dem Vorrücken des Peinlichkeitsempfindens eine jähe Ächtung. Es wurden Höflichkeitsvorschriften gegeben (wie zum Beispiel »Gehet man bey einer Person vorbey, welche sich erleichtert, so stellet man sich, als ob man solches nicht gewahr würde, und also ist es auch wider die Höflichkeit, selbige zu begrüßen«) und Verordnungen erlassen, alle natürlichen Verrichtungen dem Auge anderer Menschen zu entziehen und dafür einen »gebührlichen Ort« aufzusuchen. Die Zeit der hilfreichen Abtrittanbieter war gekommen. Ein jugendlicher Wanderer, Johann Christoph Sachse, der sich 1777 in Hamburg aufhielt, hörte, wie eine Frau »Will gi wat maken?« rief. »Eh ich mich's versah«, berichtet er in seinen Lebenserinnerungen, »schlug sie ihren Mantel um mich, unter welchem sie einen Eimer verborgen hatte, dessen Duft mir seine Anwendung verrieth.« Er bekam einen Schrecken und flüchtete unter dem Gelächter der Umstehenden. »Ich lachte mit als ich erfuhr, daß dergleichen Weiber und auch Männer expres [mit Absicht] in Hamburg herum giengen, um, für einige beliebige Abfindung Nothdürftige auf freyer Straße ihrer Bürde entledigen zu lassen.« Die Institution scheint sich jahrzehntelang gehalten zu haben, wie den *Aufzeichnungen und Briefen des Handwerksburschen Johann Eberhard Dewald 1836–1838* (herausgegeben von Georg Maria Hofmann) zu entnehmen ist. Im Gedränge auf der Frankfurter Messe »waren mir besonders merkwürdig einige Frauen, die unter einem weitläufigen Umhang aus Leder oder dergleichen — ich konnt es nit erkunden — ein Schulterholz trugen, daran auf beiden Seiten eine Bütt herunterhing. Ihr aufmunterndes Rufen ›Möcht mol aaner?‹ erinnerte die Besucher der Budenmärkte an ihre vollen Bäuch und wohl sonst noch was, und wirklich bemerkte ich mehrere Malen etweliche unter dem Umhang verschwinden, um dort einem Geschäft zu obliegen, dem die menschliche Natur sich zu Zeiten durchaus nit entziehen kann.« Die Errichtung öffentlicher Bedürfnisanstalten im 19. Jahrhundert ließ auch diesen Beruf verschwinden.

Ahl(en)schmiede übten, wie die meisten Schmiede, ein »geschenktes« Handwerk aus, was bedeutete, daß die Gesellen frei wandern durften und, wo sie hinkamen, freie Zehrung und Geschenk erhielten. Sie stellten ein nadelartiges, mäßig gehärtetes Werkzeug, die Ahle, auch Orte oder Pfriem genannt, von rundem, quadratischem oder rautenförmigem Querschnitt zum Stechen von Löchern in Leder, Pappe, Zeuge oder Holz her. Je nach Größe und Gebrauch nannte man sie Absatz-, Einstich-, Bestech- und Markierahlen. Gleichfalls zu den Ahlen gezählt wurden die Schusterbohrer, mit denen man in die Sohlen die Löcher für hölzerne oder eiserne Nägel vorschlug. →Sattler und Riemer bedienten

sich meist mit hornenen Heften versehener Ahleisen, Ver-
ziehahlen und Einbindahlen. Letztere besaßen an der etwas
gekrümmten Spitze ein Öhr zum Durchziehen des Riemens
durch das vorgestochene Loch. Zu den Werkzeugen der
Buchbinder gehörten gerade Ahlen zum Durchstechen der
Pappe, die → Schriftsetzer korrigierten mit sehr spitzen Ahlen
den Schriftsatz, und die Tischler verwendeten Ahlen zum
Vorstechen von Löchern und zum Anzeichnen von Linien.

Albinos machten ihr ungewöhnliches Aussehen durch eine
hellweiße oder rosig durchscheinende Haut, weiße Kopf- und
Barthaare, blaß rosenrote Iris und tiefrote Pupillen zum Geld-
erwerb und waren eine beliebte Showattraktion. Sie traten
als »Nachtmenschen«, »Eismenschen«, »Weiße Mohren«,
»Kakerlaken«, »Dondos«, »Bedos« oder »Chacrelas« in Zir-
kussen und Varietés auf, sangen, tanzten am Boden und am
Seil, verrenkten ihre Glieder oder befreiten sich aus Ketten.
Der Tscheche Karl Breu war einer der bekanntesten Albino-
Artisten der Jahrhundertwende. Er erzählte später, daß er mit
zweieinhalb Jahren nach Amerika gebracht worden sei, neun
Jahre bei Barnum & Bailey, der »größten Schaustellung der
Erde«, und vier Jahre in der Buffalo-Bill-Show gearbeitet habe
und 1905 in Berlin Assistent des Entfesselungskünstlers Hou-
dini gewesen sei. Jedenfalls trat er dort dann selbst als »Tom
Jack der Eis-König, der letzte der Leukopathen«, in einem
»Blitz-Entfesselungs-Akt frei vor den Augen des Publikums«
auf.

Allesschlucker verblüfften ihr Publikum in den Manegen und
Vergnügungsetablissements durch Verschlingen von Glasscherben, Sägespänen, Nägeln, weißen Mäusen und dergleichen. »Der Mann mit dem Straußenmagen« trank dazu
noch Petroleum, ging barfuß auf Glasscherben und vergrub
als Höhepunkt seiner Darbietungen unter Trommelwirbel
seinen kahlgeschorenen Kopf in einem Haufen messerscharfer
Glassplitter. Eine besondere Attraktion waren bestimmt die

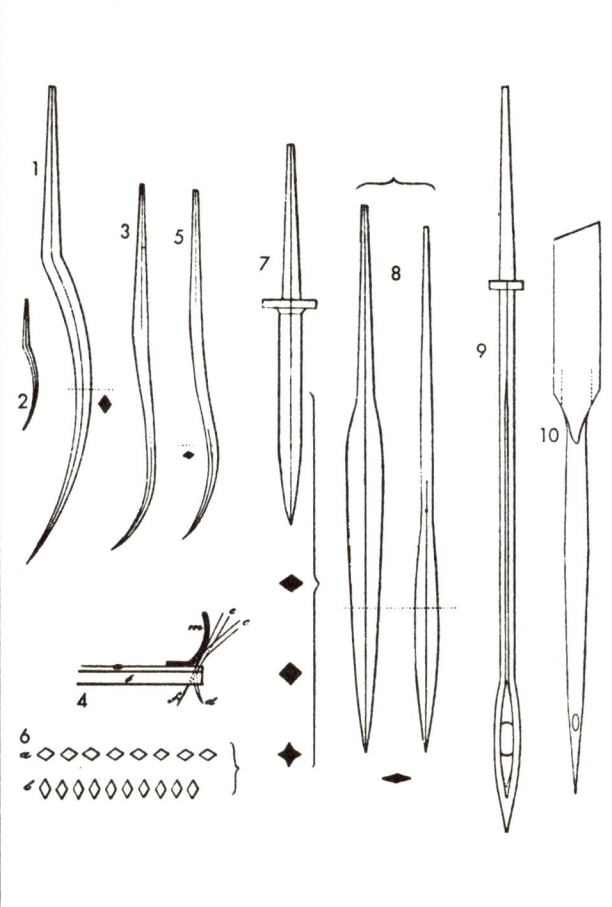

1) Absatz-, Einstich- und Bestechahle
2) Absatz-, Einstich- und Bestechahle
3) Sogenannte französische oder englische Ahle
4) Schnitt (a–b = Sohlenleder, c–d = Ahle, m = Oberleder)
5) Querahle
6) Schnitt (a = gewöhnliche Ahle, b = Querahle)
7) Schusterbohrer
8) Ahleisen
9) Einbindahle
10) Markierahle

»lebenden Aquarien«, die ihren Magen so unter Kontrolle hatten, daß sie die verschluckten Gegenstände unversehrt wieder ausspeien konnten. Zu Beginn des Jahrhunderts war in Deutschland ein gewisser Girobollo zu sehen, der fünfzehn Liter Wasser auf einmal hinunterstürzen konnte, und der Franzose Delair, der sich MacNorton nannte, vermochte zweihundertzwanzig Liter Wasser in zweieinhalb Stunden zu trinken. Beide Artisten pflegten dann lebende Fische, Salamander, Frösche und Schlangen zu verschlucken, und auf MacNortons Ankündigung hieß es: »Ich behalte sie bei mir in den Magensäcken während 2 Stunden wie Jonas im Walfische, dann kommen sie wieder aus meinem Halse heraus, zappelnder und lebendiger als je.« Sein prall gefüllter »Wasserbauch« entlud sich anschließend einem Springbrunnen gleich als hohe Fontäne durch den Mund. Als absolut kurios ließe sich auch der Auftritt von Omikron, dem »lebenden Gasometer«, bezeichnen. Er konnte zwanzig bis vierundzwanzig Liter Gas inhalieren und durch einen Schlauch eine Gaslampe zum Brennen bringen oder sich auf einem selbstbeheizten Gasofen Spiegeleier braten.

Altbüßer (auch Altlapper, Altreißer, Oldboter) verdienten sich ihr Geld mit der Flickschusterei. Ende des 15. Jahrhunderts waren sie in Wien auch mit der Ausbesserung von getragenen Kleidungsstücken und Pelzgewand beschäftigt.

Ameisler sammelten in waldreichen Gegenden die Puppen der Ameisen, fälschlich Ameiseneier genannt, und verkauften sie als Futter für Stubenvögel und Zierfische.

Ammen waren Frauen, die sich nach der Geburt eines Kindes verdingten, um ein anderes Kind an ihrer Brust zu stillen. Das eigene wurde dann in Kost zu einer Pflegemutter gegeben, oft unter elenden Bedingungen. Hin und wieder nannte man auch Kindermädchen Ammen, die aber, zum Unterschied von der Säugamme, Trockenammen genannt wurden. Welche

Eigenschaften von einer guten Säugamme erwartet wurden, darüber gab Ersch und Grubers *Allgemeine Encyklopädie* zu Beginn des 19. Jahrhunderts mit wohlmeinenden Ratschlägen Auskunft: »Sie muß nicht gar zu jung, aber auch nicht leicht über dreißig Jahre alt sein; sie muß mäßig große, nicht schlaffe, hängende Brüste haben; sehr große Brüste haben selten gute oder viel Milch. Die Brustwarzen müssen gehörig weit hervorragen und in Hinsicht der Dicke zu der Größe des Mundes passen. Ein weitmundiges Kind kann eine sehr dünne Warze nicht fassen und festhalten. Die Amme muß überhaupt gesund und blühend sein. Als ein Zeichen der Gesundheit, werden gewöhnlich gute Zähne gerühmt. Doch leidet dies Ausnahmen, Schwindsüchtige haben oft die schönsten Zähne, die sich freilich dem Kennerauge durch eine milchbläuliche Farbe und einen gewissen Grad von Durchsichtigkeit auszeichnen. Vorzüglich richte man sein Augenmerk auf Hautkrankheiten. Der leiseste Verdacht irgendeines Ausschlages, oder gar eines venerischen Übels, entferne die Amme. Die Amme muß sanfter Gemütsart, doch nicht zu furchtsam und schreckhaft, und nicht mannsüchtig oder gar ausschweifend und liederlich sein. Sie muß nicht lecker, nicht unmäßig im Essen und Trinken, oder gar gefräßig und nicht hitzigen Getränken ergeben sein. Sie muß sowohl auf eigene, als auf des Kindes Reinlichkeit halten. Sie darf keinen zu festen, aber auch keinen unruhigen Schlaf haben und muß überhaupt ohne große Beschwerde öfteres Wecken und anhaltendes Wachen ertragen können. Sie darf nicht menstruiert sein, denn eine säugende Frau oder Amme, die ihre Regeln bekommt, ist entweder wieder schwanger geworden oder hat zu große Neigung, es zu werden, oder ist sonst ungesund. Es ist gewöhnlich ein Mißgriff, wenn eine verheiratete Frau zur Amme gewählt wird, denn abgesehen von der Immoralität, die es oft verrät, wenn eine Frau ihr rechtmäßiges Kind und ihren Hausstand ohne die größte Not verläßt, um einige Taler zu gewinnen, so ist sie der ehelichen Umarmung meist zu sehr gewohnt und die Sehnsucht danach treibt die Menstruation hervor oder schadet sonst ihrer und des Säuglings Gesundheit. Was die Diät der Amme betrifft, so ist auch dabei manches zu beobachten. Im ganzen lasse man sie bei einer gewöhnlichen Lebensart. Die Bauerndirne verlangt derbere Kost und stärkere Leibesbewegung, als das Stadtmädchen. Soll eine solche Dirne in vornehmen Häusern auf einmal nur Weizenbrot, feine Gemüse, kräftige und gewürzte Fleischspeisen genießen, so verschwindet oft bei der für andere noch so nahrhaften Speise die Milch zusehens, oder nimmt eine undingliche Beschaffenheit an. Man vermeide vorerst nur blähende Kohl-, Rüben- und Hülsenfruchtarten, und merke übrigens auf, wie dem Kind die Milch bekomme. Nach und nach mag es sich auch an blähende Speisen gewöhnen, man gebe der Amme nur Gelegenheit, sie gehörig auszuarbeiten, welches bei Gefangenhaltung im Zimmer, bei gänzlich abgeschnittener Übung der Körperkräfte nicht geschehen kann. Ist es möglich, so wähle man eine Amme, die einige Ähnlichkeit mit der Mutter des Kindes in Hinsicht auf Konstitution, Temperament, nur nicht ihre Fehler oder Krankheiten, hat. Wenigstens suche man eine solche, die ungefähr zur gleichen Zeit mit der Mutter, wenigstens nicht mehr als zwei oder drei Monate früher als sie, geboren hat.«

Angießer (auch Zimentern, Metzenleiher) waren städtische oder landesfürstliche Eichorgane (Zimentierungsbeamte), denen die regelmäßige Aufsicht über alle zum öffentlichen Ausschank bestimmten Gefäße oblag.

Anisölbrenner gewannen das ätherische Öl aus den Anissamen *(Pimpinella anisum)* durch Destillation mit Wasserdampf, besonders in jenen Gegenden, wo viel und hochwertiger Anis angebaut wurde, wie bei Langensalze, Erfurt, Mühlhausen und Magdeburg. Das Öl schmeckte und roch süß wie Anis, war von gelber Farbe und wurde zur Herstellung von Medikamenten, Likören, Parfüms, Toilettenseifen und als Gewürz verwendet.

Armbruster stellten die aus dem Pfeilbogen (→Bogner) hervorgegangene mittelalterliche Schußwaffe, die Armbrust *(arcuballista, arbalista)* her. Die Armbrust bestand aus dem Schaft, meist aus Eibenholz, mit einem Bogen aus Holz, Horn oder Stahl, der durch die Sehne, die aus starken Darmsaiten fingerdick gedreht war, gespannt wurde. Es gab Vorschriften, wonach solche Tiersehnen nicht außerhalb der Stadt, sondern nur an die heimischen Armbrustmacher verkauft werden durften, damit immer ein gewisser Vorrat an Sehnen gewährleistet war.

Im Schaft lag die drehbare Nuß, mit der die Sehne gespannt wurde. Ein Druck auf den Stecher ließ die Sehne vorschnellen, schlug auf das Geschoß, einen Pfeil oder Bolzen (teils mit einem kronförmig gezackten Kopf), in der Rinne des Schaftes und sandte es ab. Zum Spannen des Bogens diente der Spanner, bei Reitern der hebelartige Geißfuß, bei stärkeren Bogen die Handwinde. Zur Ortsverteidigung wurde die große Armbrust von sieben bis neun Metern Länge *(Arkuballiste)* auf der Plattform der Tore und Türme, auch auf Rädern als Feldgeschütz, in Stellung gebracht. Eine leichte Ausführung mit Stahlbogen, Doppelsehne und Visierklappe hieß im 16. Jahrhundert Ballester oder Schnäpper.

Auf dem Handwerk lastete eine hohe Verantwortung; »wente dar licht lyf unde sund [liegt Leben und Gesundheit] an ener guden armborsten«, hieß es in der hamburgischen Ordnung der Armbruster, und vielerorts bestand die Verpflichtung, daß jede Armbrust die Marke des Meisters tragen und daß er ein Jahr für ihre Güte garantieren mußte.

Eine spätere Variante der Armbrust besaß eine bedeckte Rinne oder einen zylindrischen eisernen Lauf mit Sehnenschlitz und schoß Kugeln aus gebranntem Ton, Marmor oder aus Blei, die noch auf zweihundertfünfzig Schritte einen Panzer durchschlugen. Daher wurde die Armbrust noch geraume Zeit neben dem Feuergewehr als Schußwaffe verwendet.

Aschenbrenner hielten sich oft wochenlang in unwegsamen Waldgegenden auf und brannten aus Ästen, Laubwerk, kernfaulen Bäumen und am Boden liegenden »Ranen« (vom Wind mitsamt den Wurzeln ausgerissene Baumleichen) die sogenannte Waldasche. Baumasche gewannen sie durch das im 18. Jahrhundert wegen der dramatischen Holzknappheit in vielen Gegenden verbotene Verbrennen von aufrechtstehenden Bäumen oder das Einäschern ganzer Waldteile. Im Wald wohnten sie, ähnlich wie die →Köhler und Waldhirten, in primitiven Unterständen oder Hütten aus Baumstämmen, Rinden und Moos. In den Städten und den Dörfern sammelten sie gewöhnliche Ofenasche und Heuasche ein. Ihre Abnehmer waren hauptsächlich die Glashütten beziehungsweise die →Pottaschesieder.

Bader und Barbiere waren bis ins 19. Jahrhundert für die Körperpflege und die wundärztliche Versorgung der Bevölkerung zuständig. Das Badewesen dürfte zur Zeit der Kreuzzüge entstanden sein, als die zurückkehrenden Kreuzfahrer nicht nur die Badekultur des Orients mitbrachten, sondern auch die arabische Lepra, die man im Okzident Aussatz nannte. Heilung versprach das Schwitzbad, das gegenüber den bisher gebräuchlichen Wasserbädern in Badewannen (Badzuber) an Attraktivität und Verbreitung gewann. Das Baden zählte zu den »Hauptfröhlichkeiten« aller Bevölkerungsschichten: »Wiltu ein Tag fröhlich sein? Gehe ins Bad. Wiltu ein Wochen fröhlich sein? Lass zur Ader. Wiltu ein Monat fröhlich sein? Schlacht ein Schwein.« Zu festlichen Anlässen und am Vorabend hoher Kirchenfeste war es üblich, ein Bad zu nehmen und den Bediensteten und ihren Familien ein »Freibad« zu spenden; vor und nach der Hochzeit wurden »Hochzeitsbäder« gehalten, und die Diener- und Arbeiterschaft bekam statt des Trinkgeldes ein »Badegeld« zugesteckt. Unter den Handwerkern war es üblich, am Samstag ein Bad zu nehmen und reine Wäsche anzuziehen. In manchen Orten besaßen die Badestuben sogar eine Art Asylrecht, kraft dessen der Gerichtsbote den im Bad Befindlichen erst abführen durfte, nachdem dieser ausgebadet und sich abgetrocknet hatte.

Der Erwerb einer Badestube *(balneum)* war mit hohen Kosten durch Hauswert und aufwendiges Inventar verbunden und für die meisten Bader unerschwinglich. Badestuben waren daher meist im Besitz der Städte, die sie an die Bader verpachteten, und diese waren verpflichtet, an festgesetzten Tagen einzuheizen. Zum Badgießen gehörte auch das Kopfwaschen und das Kämmen (»sterket das gehirn und gedechtnuess«), das Haarschneiden und bei männlichen Badegästen das Rasieren (scheren, balbieren, barbieren). Außerdem war es ihnen erlaubt, ihre Badegäste mit Salben zu behandeln, Blutegel und Schröpfköpfe anzusetzen, Zugpflaster aufzulegen, Klistiere zu geben, Geschwüre auszuquetschen, Zähne zu brechen und zur Ader zu lassen. Darüber hinaus wurden die Badebesucher mit Speisen und Getränken bewirtet, aber auch mit Spiel und Gesang unterhalten. Für alle diese Dienstleistungen standen dem Bader in der Regel Hilfskräfte zur Seite, sogenannte Baderknechte (beispielsweise der Scherknecht) und Bademägde (die Reiberin zum Trockenreiben und Massieren, die Gewandhüterin zur Aufsicht der Kleidungsstücke). Ein aus dem 15. Jahrhundert stammender *Tractat* über Badekosmetik empfiehlt französische Seife, Kleienwasser und Weinsteinöl als Schönheitsmittel, eine Art Wachsmaske, um alle Unreinheiten des Teints zu entfernen, »rothe Schminke aus Brasilholz«, weiße aus »gepulvertem Panis porcinus«, wahrscheinlich Cyclamenknollen, und Pomaden gegen aufgesprungenes Gesicht und rauhe Lippen.

In der Literatur wird die Wundarzneikunde teils als eigenes Gewerbe aufgefaßt, teils in Verbindung mit dem Barbier (Chirurg) und erst später auch mit dem Bader dargestellt. Bader und Barbiere übten also im Laufe der Zeit neben dem Badgießen und dem Barbieren gemeinsam die Wundarzneikunde aus, und das führte naturgemäß zu Rivalität, Neid und Zank unter den beiden Berufsgruppen. Der Wunsch der

Barbiere, den Badern die Ausübung der Chirurgie zu verbieten, war nicht zu erfüllen, weil die Zahl der Chirurgen (Barbiere) viel zu klein war, um den Bedarf an Wundärzten zu decken. Besonders die Barbiere, die sich den Badern überlegen fühlten und ihnen mit Geringschätzung begegneten, waren bis zu ihrer Vereinigung (1773 in Wien) um peinliche Trennung bemüht. Der Konkurrenzkampf nahm an manchen Orten, wie beispielsweise in Frankfurt am Main, groteske Formen an. Vorübergehende zog man in zudringlichster Weise bei den Kleidern in die Stube, um ihnen den Kopf zu waschen oder den Bart zu schneiden.

Bader und Barbiere unterschieden sich von den Ärzten *(medici)* dadurch, daß sie ihre Kunst als Handwerk erlernten und nur zur Ausübung der Chirurgie berechtigt waren, die noch im 18. Jahrhundert von der (inneren) Medizin getrennt war. Die Aufgaben, die in den Wirkungsbereich des Wundarztes (Chirurgen) fielen, waren zum Teil riskante, aber gewinnbringende Eingriffe wie Steinschnitte, Starstiche, die Erweiterung verengter Harnröhren (mit dem *Urithrotome caché*), die Behandlung der Tränenfistel, des Nasen- und Lippenkrebses, der Nasenpolypen, der Luftröhrenschnitt, die Operation von Hernien (Eingeweidebrüchen), des Kropfes und anderer entzündlicher Leiden im Brustraum, im Unterleib und an den Genitalien, ja sogar die *Trepanation* oder Durchbohrung verletzter Hirnschalen und die Amputation der Extremitäten. Auf dem mit Bronzeengelsköpfen verzierten eisernen Bügel einer Amputiersäge findet sich der eingeätzte Spruch: »Grausam sieht mein Gestalt herein, / mit Angst, Schwäche und großer Pein, / wann das Werk nun ist vollendet, / das trauern sich in Freude wendt. 1571«. Chirurgengesellen fanden sich vielfach auch als →Feldschere beim Militär und Meister als Ratsbarbiere, Blattern- und Pestärzte in städtischen Diensten. Eine weitere Aufgabe war die Leichen- und Verwundetenbeschau, bei der aber nicht viel zu verdienen war und wofür gerne die jüngsten Mitglieder eingeteilt wurden.

Die Ausbildung des Nachwuchses lag bis zum 16. Jahrhundert zur Gänze in den Händen der Meister, danach kam als weitere Instanz neben der Innung die Medizinische Fakultät dazu, die das Recht hatte, Bader und Barbiere zu prüfen. Die Lehrzeit ist in den meisten Privilegien mit drei Jahren angegeben und sollte nur dann verlängert werden, wenn der Lehrjunge nach vollendeter Lehrzeit die »Hauptgrundsätze seiner Kunst« noch nicht ausreichend beherrschte. Bevor ein Lehrjunge freigesprochen wurde, mußte er vor dem Gremium eine Prüfung ablegen, die als Tentamen oder Examen bezeichnet wurde, um zu zeigen, was er »durch frequentirung deren Chyrurgischen Collegien und Lesung Chyrurgischer bücher« und »in elementis et praxi Chyrurgica« gelernt habe. Die Gesellenzeit und der damit verbundene Wunsch, recht bald die Meisterschaft zu erlangen, um mit dem Erwerb einer Barbier- oder Badergerechtigkeit auf eigenen Beinen zu stehen, verlief nicht immer nach Wunsch. Sein Examen bei der Fakultät konnte der Geselle, wenn er über ausreichendes Wissen und genügend Geldmittel verfügte, ablegen, ohne daß ihn jemand daran hindern konnte. Die in den Zünften aber meist begrenzte Meisterzahl und die hohen Kosten (Konzession, Taxe für das Bürgerrecht etc.) machten dem Gesellen den Erwerb des Meisterrechtes oft unmöglich. Wollte er nicht ein ewiger Geselle bleiben, blieb nur noch die Möglichkeit einer Einheirat in das Gewerbe, von der ziemlich oft Gebrauch gemacht wurde. Außerdem konnte nur derjenige *Principal* werden, der »drey ganze Jahr nacheinander in der frembde ... vollbringt und unterwegs die Hospitäller ... frequentirt, wie auch anderwerths in chyrurgischen Exercitys sich mit guter fleissiger Übung ... qualificirt«, also seiner Wanderpflicht nachgekommen ist. Gesellen wurden von ihren Meistern gewöhnlich im Wochenlohn bezahlt, an manchen Orten außerdem am Gewinn beteiligt (Wien, Stralsund). In Österreich wurde 1770 der Wochenlohn durch den Tagelohn ersetzt. Der Geselle sollte nur für diese Tage Kost und Lohn bekommen, an denen er wirklich gearbeitet hatte, an

Sonn- und Feiertagen dagegen nur die Kost. Diese Maßnahme stand in Zusammenhang mit den Bemühungen zur Abschaffung des »Blauen Montags«. Die oft unüberwindlichen Hindernisse, zur Selbständigkeit zu gelangen, förderten die unbefugte Ausübung der Heilkunde durch ungeprüfte Kurpfuscher und Quacksalber (Störer).

Mit der Zeit wurden, wie im Altertum, die Bäder vielfach als Stätten der »Sittenlosigkeit« diskriminiert, und Ärzte, Geistliche und Regierungen traten seit Anfang des 17. Jahrhunderts gegen sie auf. Auch die Furcht vor Ansteckung mit Syphilis und anderen Infektionskrankheiten, der Holzmangel, demzufolge die Badepreise stiegen, die Einstellung der für die Armen gestifteten »Seelenbäder« (jeweils am Sterbetag des Stifters) und der unter dem Begriff »Badefahrten« in Mode gekommene Besuch von Wildbädern (Thermalquellen) trugen zum schleichenden Niedergang des Badewesens bei.

Gegen Ende des 18. Jahrhunderts mußten die Wundärzte das Barbieren, das ein guter Nebenverdienst war, an die *Perruquiers* (→Perückenmacher) abgeben, was aber nicht so streng gehandhabt wurde. Auf dem Land, besonders in Orten, wo es überhaupt nur einen Wundarzt gab, wird dieser sicherlich weiter barbiert, entgegen den gesetzlichen Verordnungen innere Leiden behandelt, bei Fehlen einer Apotheke die Bevölkerung mit Medikamenten versorgt haben und als Geburtshelfer eingesprungen sein. Die Grenzen zwischen den Tätigkeiten der Wundärzte, Perückenmacher und Hebammen zeichneten sich aber immer deutlicher ab, so daß die ehemaligen Bader und Barbiere im 19. Jahrhundert nur noch als Wundärzte tätig waren.

Bandelkrämer (auch Briechler, Brüchler, Reffkrämer) waren eine eigentümliche Erscheinung in den Straßen Wiens. Sie trugen entweder ein ledernes oder hölzernes Tabulett am Bauch, von dem Bänder, Zwirn, Schnüre und *Languetten* (Hemdärmelbesätze) in allen Farben und Sorten herabhingen, oder eine Bandlkraxe auf dem Rücken. Sie wanderten von Haus zu Haus und riefen mit eintöniger, lauter Stimme: »Bandel-Zwirn-kaufts!« Ihren Kram bezogen sie hauptsächlich aus dem Waldviertel (Bandlkramerland) und wanderten damit nicht nur nach Wien, sondern durch alle Alpenländer, das Riesen- und Erzgebirge bis in die Karpaten. Johann Gottfried Seume begegnete auf seinem *Spaziergang nach Syrakus im Jahre 1802* einem Tabulettkrämer in Znaim, der vorgab, bis nach Sibirien an den Jenissej zu handeln. Ihre Popularität trug zum Entstehen einiger volkstümlicher Ausdrücke bei; der wohl bekannteste und noch gängige ist »anbandeln« für kokettieren, ansprechen, einen Streit provozieren.

Bandschneider (auch Bandreißer) fertigten breitere und schmälere Holzreifen (pant) an, die von den →Böttchern für den Faßbau verwendet wurden, aber auch zum Einschlagen von Warenballen dienten. »Es war ein einförmiges und seßhaftes Handwerk«, ist einer Urkunde des Wiener Stadtarchivs zu entnehmen, »das den Einen und Anderen auf manch unnützen Gedanken brachte und ihn zu üblen Dingen verleitete. Mert, pantsneider vor dem Werderthore, versüsste sich das Einerlei seiner Arbeit durch einen Liebesroman mit der Frau eines ehrsamen Fischers und die Sache mochte nicht geringes Aergernis erregt haben, da ihn Bürgermeister und Rath ins Gefängnis warfen und aus demselben nur gegen Stadtverweisung und gegen das Gelöbniss, jede Beziehung zu der schönen Fischerin aufzugeben, entliessen.«

Bänkelsänger unterhielten ihr Publikum, oft von einer Bank herab, mit Gassenhauern und Bänkelliedern. Besungen und erzählt wurden Neuigkeiten des Tages und Naturereignisse, Unglücksfälle, Verbrechen, Mißgeburten, sentimentale Romanzen sowie soziale Mißstände in gereimter, greller, oft auch unflätiger Form ganz nach dem Geschmack der unteren Schichten des Volkes. Bisweilen wurden auch Persönlichkeiten in den Versen angegriffen und verhöhnt. Einer der

Angegriffenen beschwerte sich einmal an höchster Stelle, »daß sein Name von der Grundsuppe des Pöbels auf allen Gassen und Straßen der Stadt und Vorstädte in Gesellschaft irgend eines Galgenschwengels ausgerufen, dem allgemeinen Spott Preis gegeben und gebrandmarkt wird«.

Die milde Zensur unter Josef II. in Österreich und die Entdeckung der spanischen Romanze und der englischen Ballade in Deutschland begünstigten stark das Aufblühen dieses literarischen Genres, das später durch die Ausbreitung der Zeitungen immer mehr an Aktualität verlor.

Barchentweber (auch Barchenter, Barchner, Parchner) stellten aus leinener Kette und baumwollenem Schuß ein dichtes, leichtes Gewebe mit Köperbindung her. Als im 14. Jahrhundert die Baumwolle auf den mitteleuropäischen Märkten auftauchte, nahm zunächst das süddeutsche Leinengewerbe die Möglichkeit wahr, mit einem Mischgewebe aus Leinen und Baumwolle anspruchsvollere Qualität anzubieten. Die Baumwolle war zudem wesentlich körperfreundlicher als Leinen, und im Unterschied zur glatten Leinenbindung führte die Köperbindung zu einem sichtbaren schräglaufenden Webmuster, das seine Zeichnung beim Einfärben noch verstärkte, weil das Leinen weniger Farbe aufnahm als die Baumwolle. Die zunehmende Bevorzugung farbenfroher Kleidungsstücke seit dem späten Mittelalter steigerte die Nachfrage nach Barchent, der schon bald zum großen Konkurrenten der bisher verbreiteten Stoffe aus Wolle und Leinen aufstieg. Die deutsche Bezeichnung Barchent (Parchat, Schürlitz, Sardoch) stammt vom arabischen Wort *barrakan* und bedeutet eigentlich »grober Stoff« oder »Gewand«. Einen großen Aufschwung nahm die Barchentweberei in Schwaben, wo die Zentren Augsburg und Ulm waren, aber auch in Böhmen und Schlesien. Die Dynastie der Fugger legte in Augsburg mit der Leinen- und Barchentweberei den Grundstein für ihren sagenhaften Reichtum. Als Kaiser Karl V. der Schatz von Paris gezeigt wurde, soll er gesagt haben, er kenne einen

Leinenweber in Augsburg (gemeint war Jakob Fugger, der 1525 starb), der dies alles mit barem Geld bezahlen könnte.

Barettmacher fertigten flache Mützen mit runden oder viereckigen Deckeln und geraden oder aufgeschlagenen Krempen, die seit Beginn des 16. Jahrhunderts in verschiedenen Formen und wechselnden Größen, oft mit reichem Federbesatz, Schnüren, Medaillen und Plaketten geziert, die gewöhnliche Kopfbedeckung für Männer und Frauen waren. Unter dem Barett (Barret, früher gewöhnlich Biret) wurde häufig eine enganliegende Haube (Kalotte) getragen.

In manchen Städten regelten Kleiderordnungen das Tragen dieser Kopfbedeckung. In Wien zum Beispiel war es den Bauersleuten auf dem Land untersagt, ein Barett zu tragen, dafür durften Rats-, Erb- und vermögende Bürger sowie Doktoren, Advokaten, Gelehrte und Beamte, auch wenn sie nicht adelig waren, ein solches aus Samt, verbrämt und geschmückt, aufsetzen. Gegen Mitte des 16. Jahrhunderts kam die Toque in Mode, ein kleines, steifes, gefaltetes Barett mit schmaler Krempe, aus Seide oder Samt, das von Vornehmen beider Geschlechter getragen wurde und mit einer meist goldenen Hutschnur und einem kleinen Federbusch geschmückt war.

Barometermacher verfertigten Geräte zur Messung des Luftdrucks, für die der englische Physiker Robert Boyle um 1663 das Wort Barometer gebraucht hatte. Die Tatsache, daß Wasser trotz seines Gewichts durch eine Pumpe hochgesaugt wird, erklärte man nach Aristoteles durch den Abscheu der Natur vor dem Leeren *(Horror vacui)*, und als Brunnenmacher in Florenz feststellten, daß im Saugrohr einer Pumpe das Wasser nicht höher als zehn Meter stieg, soll Galilei, den man um Aufklärung des merkwürdigen Phänomens bat, gemeint haben, daß dieser »Abscheu« eben Grenzen habe. Die Antwort fand schließlich Galileis Schüler Evangelista Torricelli (1608–1647), der durch ein Experiment den Beweis für die Wirkung des Luftdrucks lieferte. Er füllte eine lange dicke, an einem Ende zugeschmolzene Glasröhre mit Quecksilber, verschloß den unteren Teil mit seinem Daumen, tauchte die Röhre mit diesem Ende in ein Quecksilberbad und zog den Daumen weg. Das Quecksilber sank auf eine Höhe von etwa sechsundsiebzig Zentimetern, wobei sich darüber ein leerer Raum bildete, den man Torricellische Leere nennt. »Die Atmosphäre ist es, welche den Druck hervorbringt«, erkannte Torricelli den Grund der Veränderung; »die Luft ist ein schwerer Körper, sie hat ein Gewicht und lastet mit diesem Gewicht auf der Erde, wie das Wasser des Meeres schwer auf dem Grunde seines Beckens ruht.« Der Luftdruck kann aber verschieden groß sein: 1648 ließ der Gelehrte Blaise Pascal (1623–1662) durch seinen Schwager Périer die erste barometrische Höhenmessung auf dem nahe der Stadt Clermont-Ferrand gelegenen und 1465 Meter hohen Puy de Dôme ausführen. Am Gipfel stand die Quecksilbersäule in einer Torricellischen Röhre um acht Zentimeter niedriger als am Fuß des Berges, wodurch das Vorhandensein des Luftdrucks und die Abnahme nach oben endgültig bewiesen war.

Alle diese Erkenntnisse in Verbindung mit der Herstellung eines brauchbaren Apparats, der unter dem Begriff Wetterglas populär wurde, hatten einen überaus starken Einfluß auf die Entwicklung vor allem der Geographie, Geologie und Pflanzenkunde. Überdies war das Barometer in der Landwirtschaft »ein höchst nützliches und wichtiges Instrument«, wie Johann Georg Krünitz in seiner *Öconomisch-technologischen Encyklopädie* (1773 ff.) feststellt, »an welchem man zum voraus die Veränderung des Wetters abnehmen, und sowohl ein Gärtner als der Ackersmann mit dem Pflanzen, Säen, Aernden und anderen Garten- und Feldarbeiten sich darnach richten kann«.

Eines der ersten Barometer überhaupt dürfte dasjenige des Herrn von Guericke, eines durch seine Luftpumpe berühmt gewordenen Physikers und langjährigen Bürgermeisters von Magdeburg, gewesen sein. Es war statt mit Quecksilber mit

Wasser gefüllt, und auf der Flüssigkeit schwamm das sogenannte Wettermännchen, das mit einer Hand auf einer Skala die Veränderung des Luftdrucks anzeigte. Neben den einfachen Gefäß-Barometern erfreuten sich später die Heber-Barometer von Fortin und Gay-Lussac großer Beliebtheit, bei denen ein zweiter Schenkel der Röhre das Gefäß bildete. Leichter und sicherer zu transportieren waren die Aneroid-Barometer, 1844 von dem *Mécanicien* Lucien Vidie erfunden, die als wichtigsten Bestandteil eine geschlossene, luftleere Metalldose mit elastischen Deckeln hatten, auf die der Luftdruck einwirkte.

In Ferdinand Raimunds Posse *Der Barometermacher auf der Zauberinsel* (1823) wird der abgewirtschaftete Barometermacher Bartholomäus Quecksilber durch einen Sturm auf eine Zauberinsel geworfen und erhält durch eine Fee drei Zaubergeschenke: einen Stab, durch dessen Berührung alles zu Gold wird; ein Horn, auf dessen Ton hin eine kampfbereite Armee von Zwergen und Amazonen erscheint, und eine Binde, die die Kraft des Wünschelhuts hat.

Bartenhauer (auch Bartenwerper) stellten Hieb- und Stoßwaffen wie Streitäxte, Hellebarden, Gläfen oder Roßschinder (so genannt, weil sie besonders benutzt wurden, um die Kniekehlen der Pferde zu durchschneiden), Piken und Partisanen her, aber auch Fleischbarten und Binderbarten (für Faßbinder).

Baumwollstreicher bereiteten die Baumwolle zum Verspinnen vor, indem sie sie reinigten und strichen (kratzten). Zum Streichen waren ein Streichbock und zwei Streicheisen (Karden) erforderlich. Das Streicheisen bestand aus einem Lederstück mit reihenweise eingestochenen hakenförmigen, elastischen Drahtspitzen. Die gereinigte Baumwolle wurde nun zwischen diesen beiden Kratzen so lange auseinandergestrichen, bis die wirren Wollfasern gleichmäßig parallel lagen.

Baumwollweber entwickelten sich vor allem in jenen Gebieten, wo die Baumwollverarbeitung durch die →Barchentweberei schon bekannt war, und webten ein reines Baumwollgewebe. Die Arten und Namen der baumwollenen Gewebe (Zeuge) folgten natürlich den Gesetzen der Mode und waren nahezu unerschöpflich. Es gab glatte Stoffe wie Kattun (→Kattundrucker), Kitay (Kattun von geringer Breite), Nanking (Kattun von bräunlichgelber Farbe), Kammertuch (feiner als Kattun), Baumwollbatist, Perkal, Kaliko (steht in der Feinheit zwischen Kammertuch und Perkal), Musselin (lockerer als Perkal gearbeitet), Vapeur (feiner als Musselin) und Rips; geköperte Stoffe nannte man Croisé oder Köper, Cretonnes (bedruckter Köper), Drill, Jeans und baumwollenen Merino; die atlasbindigen Stoffe hießen Satin (auch Oriental genannt), Baumwollmolton, Englisch Leder (Moleskin und Biber). Erwähnenswert erscheinen noch gemusterte und samtartige Stoffe aus Baumwolle.

Die Baumwolle wurde seit dem 13. Jahrhundert aus dem östlichen Mittelmeerraum über Italien (Venedig) nach Norden importiert und war wesentlich teurer als Flachs. Sie mußte, da sie in zusammengepreßten Ballen transportiert wurde, zunächst aufgelockert, gereinigt und auf der Karde, einer Art Striegel, von den pfefferkorn- bis erbsengroßen Samen befreit und gestrichen werden (→Baumwollstreicher). Durch die geringe Faserlänge (Stapel) der Baumwolle besaß der gesponnene Faden keine allzu hohe Festigkeit und konnte lange Zeit nur als Schußgarn für Barchent verwendet werden. Baumwolle ließ sich auch zunächst nicht wie Flachs oder Wolle auf dem Tretrad mit Flügelspindel (Verdrehen und Aufwickeln zur gleichen Zeit) spinnen, sondern mußte auf dem Handrad (Spinnen, Aufwickeln, Spinnen, Aufwickeln usw.) verdreht werden.

Ein entscheidendes Moment für die technische Weiterentwicklung war der Produktivitätsunterschied von Spinn- und Webverfahren. Alle seit dem Mittelalter gebräuchlichen Spinnverfahren konnten nicht gewährleisten, daß ein Spinner allein einen Weber mit Garn versorgen konnte. Damit der Weber den ganzen Tag genügend Garn zum Verarbeiten hatte, war er immer auf mehrere Spinner angewiesen. Die Garnmisere wurde noch verschärft, als 1733 der Engländer John Kay ein »fliegendes Weberschiffchen« erfand, mit dem die Weber in der gleichen Zeit etwa doppelt so viele und breitere Stoffe weben konnten als bisher. Dem »Garnhunger« versuchte man in allen europäischen Ländern mit verschiedenen Maßnahmen beizukommen. In Preußen wurden regelrechte Spinnerdörfer (vor allem für Wolle) eingerichtet; Spinn- oder auch Industrieschulen entstanden, in denen Lehrer Kinder hauptsächlich zum Spinnen anleiteten; in Waisen- und Strafanstalten wurde Spinnen als Zwangsarbeit befohlen, und sogar die preußischen Soldaten mußten einen Teil ihrer Dienstzeit aufs Spinnen verwenden. Dann, um 1764, gelang James Hargreaves, einem Weber aus Stanhill bei Blackburn, mit der Erfindung eines von Hand angetriebenen Spinnapparates ein durchschlagender Erfolg. Auf der berühmten »Spinning Jenny« konnten zunächst acht, später sehr viel mehr Fäden gleichzeitig gesponnen werden. Die handbetriebene »Jenny« wurde *die* Maschine der Hausindustrie.

Mit der Erfindung der »Jenny« und der nachfolgenden Mechanisierung nahm die reine Baumwollweberei ihren großen Aufschwung, zuerst in England, dann in Frankreich und Deutschland. Es entstanden Spinn- und Webfabriken, mit deren Massenproduktion die Textilhandwerker nicht mehr konkurrieren konnten. Innerhalb von sechzig Jahren wurde eine jahrhundertealte Technik mechanisiert und automatisiert, wodurch viele der Spinner und Weber in große materielle Not gerieten.

Das wohl berühmteste und über den ganzen Erdball verstreute Produkt aus Baumwolle ist ohne Zweifel eine Hose. 1873 ließ in San Francisco ein Einwanderer aus dem bayerischen Buttenheim namens Levi (Löb) Strauss einen Köper aus dem französischen Nîmes namens Denim indigoblau färben und nach dem Muster einer Genueser Matrosenhose zu Arbeitshosen (die »Genes«) schneidern. Einem Schneider aus Reno, Jakob W. Davis, kaufte Strauss das Patent ab, die gefährdeten Stellen einer Hose mit Kupfernieten zu sichern. Die legendären Blue jeans waren geboren.

Beindrechsler verarbeiteten vor allem Pferde- und Rinderknochen (der Vorder- und Hinterfüße), die Stoßzähne des Elefanten (Elfenbein) und des Mammuts (fossiles Elfenbein) sowie als Elfenbeinersatz die Eck- und Schneidezähne des Nilpferdes, die Eckzähne des Walrosses, die Vorderzähne des Narwals und die Unterkieferzähne des Pottwals zu einer Unzahl von Gegenständen des täglichen Gebrauchs und Luxus. Man säuberte, entfettete und bleichte die Knochen bzw. Zähne und bearbeitete sie auf der Drehbank mit Schrot-, Spitz- und Schlichteisen oder mit der Laubsäge, mit Hobeln, Raspeln, Feilen, Stecheisen, Messern und Bohrern. Flache und solche Stücke, die zum Drehen nicht geeignet waren, wurden möglichst genau ausgesägt, mit Feilen ausgearbeitet, mit dem Messer reingeschabt und abschließend, wie die gedrehten Arbeiten, mit nassem Schachtelhalm (Scheuerkraut), Fischhaut (einiger Haifisch- und Störarten), Tripel (Polierschiefer) oder Bimsstein geschliffen und mit Schlämmkreide oder mit den eigenen Spänen poliert. In den Werkstätten entstanden Frisier- und Zierkämme, Haarnadeln, Löffel und Gabeln, Stock- und Schirmgriffe, Billardkugeln, Schach- und Damefiguren, Dominosteine, Würfel, Knöpfe, Ringe, Nadelbüchsen, Fingerhüte, Pfeifenspitzen, Uhrzeiger, Falzbeine, Hefte für Messer und feine (zum Beispiel chirurgische) Werkzeuge, Miniaturgemälde, Fächer, Schreibtafeln, künstliche Zähne, Spielmarken und Zahnstocher.

Viele Beinarbeiten wurden auch noch auf mannigfaltige Weise verziert (geätzt, graviert) und gefärbt. Eine Abkochung von Brasilienholz mit Kalkwasser färbte dunkelrot, eine mit Essig und Alaun hellrot. Grün erhielt man mit Essig, Grünspan und Salmiak, Blau durch reife Holunderbeeren mit

Essig und Alaun, Gelb durch Kreuzbeeren und Kurkume-wurzel mit Alaun und Schwarz, wenn man das Werkstück zuerst mit Pottasche und Galläpfelabsud und dann mit essigsaurem Eisen behandelte.

Zum Belegen der Klaviertasten wurde anstatt des teuren Elfenbeins vielfach Hirschbein verwendet, das sich durch Feinheit und blendendes Weiß auszeichnete. Aus Hasenknochen wurden Jagd- und Wildrufe, aus Gänseflügelknöchen Vogelpfeifchen hergestellt.

Berühmt waren die Beinwaren aus Geislingen am Fuß der Schwäbischen Alb. Zu den feinsten und zierlichsten Arbeiten, die jemals eine Werkstätte verließen, zählten sicher jene zweiunddreißig Schachfiguren, die in einem Kirschkern Platz fanden.

Beinschneider bedienten sich hauptsächlich des Elfenbeins oder als Ersatz für das teure Material der Zähne des Walrosses, Nilpferdes, Nar- und Pottwals und schnitten und schnitzten daraus Buchdeckel, Seiten von Tragaltären, Schreibtafeln, Spiegelkapseln, Broschen, Armringe, Tierfiguren, Statuetten, Oberteile von Krummstäben, Schmuckkästchen, Kämme und Putzgerät, Schwert- und Dolchgriffe sowie Intarsien als Einlage in Holz. Elfenbein war im Mittelalter sehr beliebt, weil es als Sinnbild der Reinheit und Keuschheit galt, ja, ein Dichter verglich es sogar mit der Jungfrau Maria.

Bergarbeiterschaft; dieser gehörten alle jene Menschen an, die stets mit Wagnis und harter Arbeit dazu beitrugen, der Erde ihre unterirdischen Schätze abzuringen; denn es sind nicht »einfache Geschenke einer freigebigen Natur«, die dem Menschen zuteil werden, sondern Grundstoffe, deren Aufsuchen, Erschließen, Gewinnen, Fördern und Aufbereiten »des Einsatzes von Scharfsinn, Wissen und Können in einem Maße bedürfen, von dem sich der Außenstehende kaum eine

Vorstellung zu machen vermag« (F. Friedensburg). Das Innere der Erde zu durchforschen, um zu den Bodenschätzen vorzudringen, vor allem zu den Erzen, Metallen und Salzen, aber auch zu den Edel- und Nutzsteinen bis hin zu den Tonen und Erden, hat eine jahrtausendealte Tradition, die mit dem Feuerstein (Flint) begann. In den Schächten und Abbaustrecken der neolithischen Bergwerke fanden sich schon zahlreiche Arbeitsgeräte (Gezähe), die entweder aus Teilen von Hirschgeweihen (Brechstangen) oder aus Stein (Schlag- oder Klopfsteine, Hämmer und Fäustel) bestanden. Als »Geleucht« (Beleuchtung) dienten den Bergleuten Kienfackeln, gefördert wurde mit Handbeuteln aus Fellen oder Tragkörben, und als »Fahrten« (Ein- und Ausstiege) verwendete man schräggestellte Steigbäume. Das erste für die Herstellung von Waffen, Geräten und Schmuck verwendete Nutzmetall war das — hier und da auch in gediegener Form vorkommende — Kupfer, dessen systematischer Abbau sehr wahrscheinlich im östlich und südöstlich an das Mittelmeer grenzenden Großraum, im *Alten Orient,* begann. Wird nicht auch der Garten Eden irgendwo in diesem Raum vermutet? »Der Einfall, Kupfer zu schmelzen«, schreibt Ronald F. Tylecote in seiner Geschichte des Kupfers (1966), »kam wahrscheinlich durch die Beobachtung von Veränderungen der grünen oder roten kupferhaltigen Farben auf den Tontöpfen über dem Feuer, denn wir finden die Nachweise des ersten Kupferschmelzens bei den Leuten, die bemalte Töpferwaren herstellten.« Eine der ersten mitteleuropäischen Kupfergruben von herausragender Bedeutung war jene im österreichischen Mitterberg zwischen Bischofshofen und Mühlbach im Salzburger Land, wo seit der frühen Bronzezeit (um 1900 vor Christus) mit bereits verhältnismäßig großer Belegschaft Kupfererze gewonnen wurden. Die Römer, als die bergbaulichen Erben der Griechen und Etrusker, der Phönizier und Karthager, beuteten in ihren Provinzen auf der Iberischen Halbinsel die reichen Vorkommen an Silber- und Kupfererzen aus, aber auch an Zinn- (das Metall benötigte man neben Kupfer für die Bronzeherstellung) und Eisenerzen. Nach dem hellenistischen Historiker Polybios (gestorben nach 120 vor Christus) sollen allein in den Silberminen bei Neu-Karthago (Cartagena) nicht weniger als 40000 Arbeiter, vor allem Sklaven und Strafgefangene, unter entsetzlichen Bedingungen tätig gewesen sein. Der Aufschwung des mittelalterlichen Bergbaus in Europa ging offenbar von den in der Maingegend siedelnden Franken aus, die dort im 9. Jahrhundert Eisen, Kupfer, Silber und Gold gewonnen haben dürften. Fränkische Bergleute waren es auch, die seit 922 bei Frankenberg und Mitterweida am Nordrand des sächsischen Erzgebirges mit dem Abbau von silber- und kupferhaltigen Fahlerzen begonnen haben. Jahrzehnte später kam es dann unter Kaiser Otto I. zur Gründung des berühmten Unterharzer Bergbaus am Rammelsberg bei Goslar und zum Abbau der silberreichen Kupfer- und Bleierze. Es war vor allem das Silber, das als Münzmetall dieser Epoche große Bedeutung erlangte und die Schürftätigkeit belebte. Der klassische »Bergsegen« Gold, Silber, Kupfer, Quecksilber, Zinn, Blei und Eisen wurde nach und nach erweitert durch die Entdeckung von Lagerstätten neuer Metalle wie Wismut, Nickel, Kobalt, Wolfram, Mangan, Chrom und Molybdän, und als die »Eisenzeit« durch die Industrialisierung ihrem Höhepunkt zustrebte, wurde die Kohle, *le pain noir de l'industrie* (Paul Sébillot), zum wichtigsten aller Bodenschätze. »Die Steinkohle bewegt die Welt, der Geist der schnellen Fortschritte kommt von ihr; [. . .] sie ist der Schatz der Länder, eine der letzten Gaben, die die Erde der verschwenderischen Menschheit schenkt«, heißt es in einem der Kohle gewidmeten Roman aus dem Jahre 1870.

Zu einem gewaltigen Modernisierungsprozeß im Montanwesen kam es unter den befreienden Impulsen der Renaissance. Sowohl die Investitionsbereitschaft breiter Kreise aus Bürgertum, Adel und Klerus als auch die systematische Forschung und das Entstehen und die Verbreitung montankundlicher Schriften hatten daran großen Anteil. Das wahrscheinlich umfangreichste und präziseste Kompendium stammt von dem sächsischen Humanisten und »Vater der Mineralogie« Georg Agricola (eigentlich Georg Bauer), der sich für einige Jahre als Stadtarzt in der jungen Bergbaustadt St. Joachimsthal (Jáchymov) im böhmischen Erzgebirge niedergelassen hatte, um sich »mit ganzer geistiger Kraft« und »glühendem Eifer«, wie er selbst bekannte, dem Studium der Natur und der bergmännischen Erfahrungswelt zu widmen. In Joachimsthal, wo damals rund neuntausend Bergleute in mehr als neunhundert Silberminen arbeiteten, begann er die Arbeit an seinem berühmt gewordenen Werk *Zwölf Bücher vom Berg- und Hüttenwesen (De re metallica libri XII)*, die aber erst ein Jahr nach seinem Tod 1556 in Basel bei Froben erschienen sind. Mehr als eineinhalb Jahrhunderte lang blieben sie *das* Standardwerk des Montanwesens.

Dem Aufsuchen der Bodenschätze, mit dem der Bergbau immer und überall begann und beginnt, widmete Agricola eines seiner zwölf Bücher (heute würde man Kapitel sagen). Als wichtig bezeichnet er die Beobachtung der Wasserläufe und Quellen. Vielfach finde sich Erz oder Edelstein in Bach- und Flußläufen. Solchen Funden sei nachzugehen, weil sie oft zur Feststellung der Lagerstätten führten. Auch das Abschmecken von Quellwasser könne zu wichtigen Entdeckkungen verhelfen, insbesondere von Salzvorkommen. Ratsam sei auch, Ausdünstungsstellen zu untersuchen. Wo in Frostzeiten feuchte Pflanzen nicht mit Reif überzogen würden, da müsse man »einschlagen«; ebenso, wo die Gräser klein blieben und frische Farbe zeigten. Auch gelte es auf die Bäume zu achten, deren Blätter im Frühling bläulich oder blaß, deren Zweigspitzen schwärzlich oder überhaupt unnatürlich gefärbt, deren Äste, vor allem die oberen, gespalten seien. Und wenn irgendwo viele Bäume in einer langen Reihe zu ungewöhnlicher Zeit ihre Farbe verlören und schwarz oder bunt würden sowie durch Sturm zu Fall kämen, da verberge sich ein Erzgang. Auch über die Nützlichkeit der Wünschelrute machte sich Agricola Gedanken und berichtet über die Handhabung dieses »magischen Gerätes«, seine Formen und seine Herstellung aus verschiedenen Materialien (beispielsweise Haselruten für Silber, Eschenruten für Kupfer, Kieferruten für Zinn und eiserne beziehungsweise stählerne Ruten für Gold).

War nun durch Erfahrung und Ausdauer, aber mitunter auch durch Zufall eine Lagerstätte gefunden, mußte man vor ihrer Erschließung »Mutung einlegen«, das heißt eine protokollarische Erklärung vor dem zuständigen Bergbeamten (Bergmeister, Zehntner) über Fundort und gemutetes Erz abgeben. Eine der wichtigsten rechtlichen Errungenschaften des mittelalterlichen Bergbaus war zweifellos die Durchsetzung der Bergbaufreiheit, die eine Trennung des Abbaurechts vom Grundeigentum bedeutete. Das im Zusammenhang mit der bergrechtlichen Entwicklung entstandene Bergbeamtentum, mit dessen Hilfe der Landesherr seinen Einfluß auf die Montanwirtschaft ausüben konnte, kann als Grundlage des neuzeitlichen Beamtenstaats angesehen werden. Nach der offiziellen Verleihung des ausgemessenen Grubenfeldes um die »Fundgrube« (nach unten ging es bis zur »ewigen Teufe«, dem Mittelpunkt der Erde) konnte nun die Berggewerkschaft (die aus den Grubenherren, den Gewerken bestand) mit dem Schurf (Suchgraben, Probestollen) beginnen. »Der Bergmann kriecht dem Erz nach«, hieß es früher, und dazu war ein kompliziertes System erforderlich, um die Gänge, Flöze, Lager, Nester und Putzen, wie die Mineralvorkommen genannt wurden, mit Hilfe von Schächten, Strecken, Stollen, Querschlägen und anderen Verbindungswegen zugänglich zu machen. Hier, »vor Ort«, lag die »produktive Mitte« des Bergbaus, wo sich die Hauer oder Häuer mit ihrem »Gezähe«, wie das Werkzeug hieß, abmühten. Jahrhundertelang bestand das typische Werkzeug des Bergmanns aus Schlägel und Eisen. Das *Schwazer Bergbuch* aus dem Jahre 1556 (sicherlich das umfassendste Dokument über die technischen, sozialen, wirtschaftlichen, rechtlichen und kulturellen Verhältnisse des tirolischen Bergbaus) unterscheidet nach dem

Gewicht den Schlägel mit etwa drei Pfund Gewicht zum »Ritzen« des Gesteins mit dem geschäfteten pfundschweren Stufeneisen oder dem längeren Ritzeisen; den achtpfündigen Pocher zum Einschlagen der ungeschäfteten Stücke und Keile in die Ritzen; das Fäustel mit einem Gewicht von 15 bis 18 Pfund zum beidhändigen Eintreiben der Keile in das Gestein. Für die Arbeit »auf Schiefer« und »geschneidigem Gebirge« (weichem Gestein) benutzten die Bergleute die spitz zulaufende, zwei Pfund schwere Keilhaue, die gewissermaßen die Funktion von Schlägel und Eisen vereinte. Die *jährliche* »Vortriebsleistung«, die ein einzelner Hauer in einem Stollen von 1,60 x 1 Meter Querschnitt mit Schlägel und Eisen schaffen konnte, betrug — je nach Gesteinsart — zwei bis drei Meter! Leistete das Gestein dem »Eisen« zu großen Widerstand, setzten die Bergleute zum Mürbemachen Feuer, ein Verfahren, das bereits in der Antike bekannt war und bis zur Einführung des Schießpulvers im 17. Jahrhundert angewandt wurde. Das losgebrochene Erz und Gestein wurde mit der Kratze zusammengescharrt und »in Gefäßen oder Körben oder Säcken aus den Schächten herausgezogen, mit Schubkarren oder Hunden aus den Stollen herausgeführt oder aus beiden mit Trögen herausgetragen«. Was hier Agricola so nüchtern beschreibt, war in Wirklichkeit unvorstellbar schwere körperliche Arbeit, die in feuchten und finsteren, schroffen und schlecht belüfteten engen Röhren zu verrichten war. Gar oft wurden die Abbaustrecken wegen »geringmächtiger« (schmaler) Lagerstätten, aber auch aus Kostengründen ungewöhnlich niedrig gehalten, was die Hauer zwang, auf der Seite liegend ihr schweres Werkzeug zu handhaben. Mit der Zeit krümmte sich durch diese »gewöhnliche« Arbeitshaltung ihr Hals, was ihnen den Spottnamen »Krummhälse« eintrug. Auch der Abtransport des gebrochenen Materials aus diesen engen, oft nur einen halben Meter hohen »Strecken« und Schächten war nur durch Ziehen und Schieben von niedrigen und schmalen, aber langen Kästen auf vier kleinen Rädern, den sogenannten Hunden, möglich. Diese

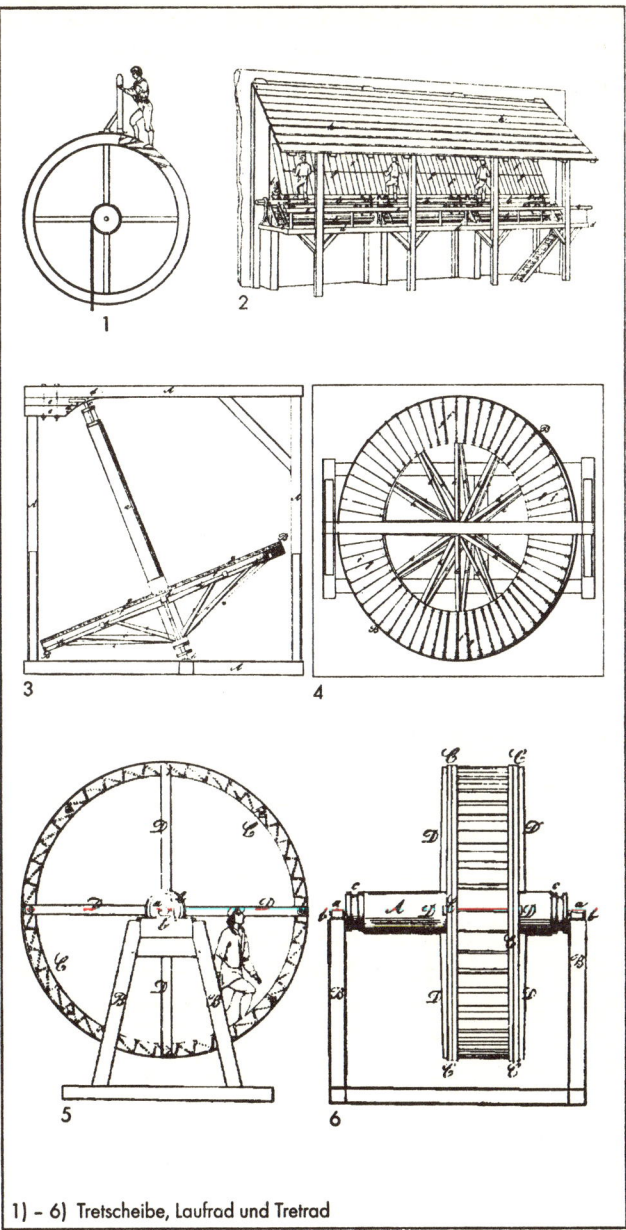

1) – 6) Tretscheibe, Laufrad und Tretrad

Arbeit besorgten beispielsweise im Mansfelder Kupferschieferbergbau noch bis in die siebziger Jahre des vorigen Jahrhunderts 14- bis 16jährige Knaben, und in den englischen Kohlegruben waren es zum großen Teil Kinder beiderlei Geschlechts und junge Frauen. Die bedauernswerten Schlepper hatten einen Riemen an den linken Fuß oder um die Hüfte gespannt, an dem der beladene Hund mit einer Kette befestigt war. Unter mühsamem Vorankriechen zogen sie den Hund vom Abbaustreb bis zur Entladestelle hinter sich her. Dabei legten sie in einer Zwölfstundenschicht etwa drei bis fünf, ja manchmal auch sieben Kilometer zurück.

Das Zutagebringen des Förderguts, ausreichende Belüftung (Bewetterung) und vor allem die Grubenentwässerung (Wasserhaltung) waren von jeher die grundlegendsten Probleme, gegen die die Bergarbeiterschaft anzukämpfen hatte. Erst mit der intensiven Nutzung der Wasserkraft in der Renaissance sind auf diesen Gebieten bemerkenswerte Fortschritte erzielt worden.

Zunächst diente die Handhaspel zur vertikalen Förderung, mit der Haspelknechte sowohl die Kübel und Körbe mit Erz und Gestein als auch die Ledersäcke (Bulgen) mit Wasser an Seilen »aus der Tiefe der Erde« hochkurbelten. Später sorgten für den Antrieb der Haspelwellen Tretscheiben und Treträder, die von Tretknechten in Bewegung gesetzt wurden; und so mancher Knecht zog sich dabei »das Marck aus Arm und Beinen heraus«. Der nächste Schritt war die Entlastung der menschlichen Muskelkraft durch Pferde. Mit dem von Agricola beschriebenen Pferdegöpel, der durch zwei Pferde, bei tiefen Schächten durch vier, angetrieben wurde, vermochte man »sechsmal so große Lasten« zu heben wie etwa mit der Tretscheibe. Besonders die »Roßkunst mit der Bremsscheibe« (die Maschinen hießen damals »Künste«), eine Fördereinrichtung mit einem aufwärts- und einem abwärtslaufenden Kübel an einer Kette, galt als technisches Meisterwerk, das allein zu seiner Bedienung neun Bergleute verlangte: vier Pferdetreiber, einen Stürzer, einen Füller, zwei Karrenläufer und einen Bremser. Gewiß zu den gewaltigsten Bergwerksmaschinen zählte damals das Kehrrad mit einem Durchmesser von zehn und mehr Metern, das sowohl für den Materialtransport als auch zur Grubenentwässerung (»Bulgenkunst«) eingesetzt wurde. Die ständige Umkehrung der Drehrichtung besorgte der Treibmeister durch wechselweises Ziehen der beiden Schützen, womit er einmal auf den einen, dann wieder auf den anderen Schaufelkranz Wasser aufschlagen ließ. Eine solche Großanlage mit Kehrradantrieb, als »achtes Weltwunder« gepriesen, wurde 1553/54 im Schwazer Bergbau errichtet, da die fast sechshundert Wasserknechte trotz körperlicher Schwerstarbeit — mit Ledereimern wurde das Wasser von Mann zu Mann bis oben weitergereicht — die Wasserhaltung in Schächten und Stollen nicht mehr bewältigen konnten. Eine andere Wasserhebevorrichtung war die »Heinzenkunst«, die aus einem vom Sumpf (Schachtsohle) bis zum vorgesehenen Wasserabfluß reichenden Rohrstrang aus Holz bestand, durch den der aufwärtslaufende Teil einer endlosen Kette geführt wurde. An der Kette befanden sich in regelmäßigen Abständen ausgestopfte Lederbälge, die das Wasser im Rohr wie mit einem Paternoster hinaufhoben. Unter »Kannenkünsten« verstand man eine endlose Kette, die über eine obere und eine untere Scheibe lief und an der Schöpfgefäße (Kannen) angebracht waren. Beim Drehen der oberen Scheibe durch Haspel, Tret- und Wasserrad oder Göpel füllten sich die Gefäße während des Eintauchens in den Sumpf mit Wasser, das sie dann beim Herumdrehen um die obere Scheibe entleerten. Zur Überwindung größerer Hubhöhen und um die kostspieligen »Heinzenkünste« zu ersetzen, setzte man Kolbenpumpen (Saughubpumpen) ein, die entweder manuell oder mit Wasser angetrieben wurden. Es war die berühmte »Kunst mit dem krummen Zapfen«, von der Lazarus Ercker, unter Rudolf II. Oberster Bergmeister in Böhmen, 1565 meinte, »daß man keine bessere Wasser-Kunst im Rammelsberge könne erdenken als diese«. Der Krummzapfen war eine exzentrische

Kurbel am Ende einer vom Wasserrad angetriebenen Welle, an der ein mehrteiliges Gestänge aus Holz hing, das in geschickter Weise die Kurbelbewegung auf die Kolben übertrug (Feld- oder Stangenkünste).

Schon sehr früh bot das Gefüge eines Bergbaubetriebes das Bild einer ungewöhnlichen Funktionsvielfalt. Über den Stand der Arbeitsteilung und damit über die soziale Gliederung der Bergarbeiterschaft gibt das bereits erwähnte *Schwazer Bergbuch* von 1556 recht gut Auskunft: In dem 5,6 Kilometer langen Tiefbaustollen am Falkenstein bestand 1526 die Belegschaft aus Gedingehauern, Lehnhauern, Hutleuten, Haspel- und Wasserknechten, Truhenläufern (Schleppern), Säuber- und Schachtbuben (die das hereingewonnene Gestein in die Bergtruhen und Förderkübel füllten), Focherbuben (die den Betrieb der Blasebälge besorgten), Scheidern (die Erz und taubes Gestein trennten, das Erz sortierten und aufbereiteten), Grubenhütern (die als Aufseher und Wächter beschäftigt waren), Zimmerleuten, Schmieden und Grubenschreibern. Den Kern der Arbeiterschaft bildeten stets die Hauer, wobei die Herrenhauer für die Gewerken (die Grubenherren) im Lohn arbeiteten, die Gedingehauer hingegen den Abbau bestimmter Grubenabschnitte gegen eine zuvor festgelegte Bezahlung übernahmen. Die Lehnhauer wiederum waren jene von den Gewerken stark abhängigen »Subunternehmer«, die eine Grube oder Teile einer Grube gegen einen Pachtzins befristet nutzen konnten. Wichtigster Mann jeder Grube war der Hutmann (der spätere Steiger), dem die Einstellung und Überwachung der Arbeiter, die Einteilung der Arbeit sowie die Abrechnung des Lohns oblag. Dieser war für die Bergleute meist sehr niedrig, und häufig wurde ihnen von dem wenigen noch ein Teil vorenthalten. Um sie über ihre mißliche Lage hinwegzutrösten, hatten ihnen die Landesherren im Laufe der Zeit einige Privilegien zugestanden: Sie waren vom Militärdienst und von einigen direkten Steuern befreit, sie hatten das Recht, eine besondere Uniform zu tragen, und sie durften sich zu Knappschaften, einer Art Not-

und Kampfgemeinschaft, organisieren. Als »ein gutmütig folgsames Völkchen, niedergedrückt durch Mühseligkeit, und Mangel, und Versäumnisse seiner Vorgesetzten, bis zur tiefsten Stumpfheit«, charakterisierte ein Bergmeister der Grube Marienberg die Bergleute zu Ende des 18. Jahrhunderts.

Zu Beginn des 19. Jahrhunderts, nach einer stürmischen Entwicklung, von der kein bergmännischer Bereich ausgenommen blieb (die »Feuermaschine« Newcomenscher Bauart beispielsweise, eine der ersten Dampfmaschinen, ersetzte fast alle in den Gruben tätigen Pferde), hatte sich auch die hierarchische Struktur gewandelt. 1831 teilte sich der Königlich Sächsische Bergstaat in nicht weniger als elf Klassen. An der Spitze standen der Oberberghauptmann, der Berghauptmann und Viceberghauptmann; dann kamen die Bergräthe, Bergcommissionsräthe und Oberbergamtsassessoren, gefolgt von Oberbergamtsverwalter, Oberhüttenverwalter, Oberbergmeister (im fränkischen Bergbau bekleidete Alexander von Humboldt von 1792 bis 1797 dieses Amt), Oberzehntner und Austheiler, Maschinendirector, Oberhütteninspector, Bergmeister und Oberbergamtssecretär. Dazu kamen der Oberhüttenvorsteher, der Obereinfahrer, die königlichen Factoren, Inspectoren, Bergschreiber, Markscheider, Bergwardeine, Hüttenmeister, Blaufarbenmeister, Schichtmeister, Oberhüttenamts- und Bergamts-Auditoren, Bergwerks-Candidaten, Knappschafts- und Hüttenvorsteher, desgleichen Aelteste, Obersteiger, Werkmeister, Bergmaschinenmeister, Berghautboisten, Schmelzer, Untersteiger, Doppelhäuer, Treibemeister, Röster, Lehrhäuer, Haspelknechte, Wäscher und schließlich die Gruben-, Hütten-, Poch- und Wäschjungen.

Der schweren und gefahrvollen Arbeit der Bergleute, besonders unter Tage, entsprach jeweils auch die Arbeitskleidung, die vor Nässe, Schmutz und herabfallendem Gestein schützen sollte; ursprünglich bestand sie aus Kittel und Kapuze, ferner aus enganliegenden Hosen, Strümpfen, auch aus Wickelgamaschen, Lederschuhen beziehungsweise -stiefeln mit mehr oder weniger aufgeschlagenen Schäften, Hüten oder Kappen, ledernen »Kniebügeln« für Arbeit im Knien und dem »Arschleder«, auf dem man in schrägen Schächten in die Tiefe rutschte und das zu den wesentlichen Kennzeichen der bergmännischen Tracht gehörte. Ein wichtiges Requisit in der ewigen Finsternis der Unterwelt war natürlich die Grubenlampe (»Geleucht«), die zunächst aus offenem Licht bestand. Die zerbrechlichen Ton- und teuren Bronzeguß-Lampen wurden gegen Ende des Mittelalters von den Froschlampen aus Eisenblech abgelöst, die mit Unschlitt, Paraffin oder Rüböl brannten. Immer wieder auftretende schwere Schlagwetterexplosionen in englischen Kohlengruben veranlaßten unabhängig voneinander den Chemiker Sir Humphry Davy und den Ingenieur George Stephenson (den späteren Erbauer der berühmten Dampflokomotive »Rokket«), nach einer Lampenkonstruktion zu suchen, die eine Entzündung der Grubengase verhindern sollte. 1815 gelang die heute mehrheitlich Davy zugesprochene Erfindung einer Sicherheitslampe mit metallischem Drahtkorb, die im Laufe der Zeit zahlreiche Verbesserungen erfuhr. 1895 kamen dann in schlagwetterfreien Gruben die besonders lichtstarken Karbidlampen auf.

Die Hoffnung auf eine glückliche Ausfahrt, auf die heile Rückkehr ohne Unfall und Verletzung aus der Tiefe der Erde symbolisiert der Bergmannsgruß »Glück auf!« Eine Hoffnung, die sich allerdings recht oft nicht erfüllte, wie die schier unübersehbare Chronik von schrecklichen Grubenkatastrophen beweist. Emile Zola schildert die Gefühle der Menschen nach einem Grubenunglück in seinem 1885 erschienenen Roman *Germinal:* »Viele der Arbeiter, die heraufgeholt worden, blieben da, ganz stumpf, ohne daran zu denken, ihre Kleider zu wechseln, durch einen Bann des Entsetzens festgehalten vor diesem furchtbaren Loche, in dem sie fast geblieben wären. Die Weiber umstanden sie flehend und fragten nach den Namen. War der unten? und der? und jener? Aber sie wußten nichts; sie stammelten nur und machten sinnlose Gebärden, als wollten sie damit eine immer wiederkehrende, furchtbare Vision verscheuchen.«

Bernsteindreher beschäftigten sich mit der Anfertigung von Perlen, Ketten, Armbändern, Amuletten, Reliefs, Figuren, Mundstücken für Tabakpfeifen und sogar von Vergrößerungsgläsern, Brillen und Prismen aus Bernstein (Agtstein, Amber), einem fossilen, spröden Harz. Der größte Teil des im Handel vorkommenden Bernsteins war nach Stürmen an die Küsten der Ostsee angeschwemmt (»Strandsegen«) oder mit Netzen gefischt worden (Bernsteinfischer). Außerdem gab es Bernsteinfunde in Braunkohlen-Lagern und Alaun-Flözgebirgen, manchmal auch in Sand- und Lehmböden. Er kam auch an den Küsten der Nordsee, in Grönland, Frankreich, in der Schweiz und auf Sizilien, jedoch nur in geringer Menge, vor. Der Bernstein ist hinsichtlich der Farbe, Größe und Form der Stücke außerordentlich verschieden, und man unterschied im Warenverkehr die »Sortimentstücke«, die gleichfarbig und nicht unter einem bestimmten Gewicht waren, die »Tonnensteine«, mit Einschlüssen undurchsichtiger Wolken, Streifen oder Flecken, und die »Knöbel«, kleinere, noch zu Drechslerarbeiten taugliche Stücke.

Um die rohen Stücke zuzurichten, legte man sie vorerst in Wasser, damit sie sich bei der nachfolgenden Behandlung weniger erhitzten und keine Sprünge bekamen. Dann wurde die äußere braune Rinde abgeschliffen, dann die Stücke gedreht oder geschnitzt. Gedreht wurde entweder auf einer gewöhnlichen Drehbank oder auf einer Art von Dockendrehstuhl, dessen Spindel bloß mit dem Handdrehbogen in Bewegung gesetzt wurde. Die Vollendung gab man den Arbeiten durch Schleifen mit Bimsstein, Abreiben mit den eigenen Spänen und durch Polieren mit ungelöschtem Kalk, mit fein geschlämmter Kreide oder mit Tripel, der, mit Weingeist angefeuchtet, den schönsten und hellsten Glanz verlieh.

Schon im Altertum galt der Bernstein als heilkräftig, und noch zu Beginn unseres Jahrhunderts wurde ihm abergläubisch eine Schutzkraft gegen Krankheiten zugeschrieben (Zahnhalsbänder aus Bernstein).

In den ältesten Zeiten war das Auflesen des ausgeworfenen Bernsteins jedermann erlaubt; erst die Bischöfe erkannten in dem »Börnstein« *(Lapis ardens)* ein geeignetes Steuerobjekt (die älteste Urkunde datiert von 1264). Die Deutschen Ritter beuteten das Bernsteingeschäft in großem Maßstab aus und gaben den Bernstein an Bernsteindreher-Innungen ab, die sich um 1300 in Brügge und Lübeck, 1450 in Stolp, Kolberg, Danzig, 1640 in Königsberg bildeten. Später wurden gegen Diebstahl Bernsteingerichte eingesetzt, und die Strandbewohner mußten bis zum Ende des 18. Jahrhunderts den Bernsteineid schwören.

Beutler (auch Beutelmacher, Peutler, Beitler, Säckler) stellten Beutel aus Leder, Leinwand oder kostbaren Stoffen her, die oft reich verziert waren. Schon im Schottenurbar von 1314 zu Wien findet sich ein »Sydlinus, peutler«, der beim Judentor ansässig war. Das Handwerk der Beutler war meist mit jenem der Handschuhmacher vereinigt.

Bildgießer verstanden die Kunst, Büsten, Statuen, Standbilder und dergleichen aus Metall, meist Bronze, zu gießen. Bronze ist eine Legierung aus dem Hauptbestandteil Kupfer mit Zusätzen von Zinn, Zink und Messing. Die Metallmischung mußte dünn- und leichtflüssig sein, durfte beim Guß nicht porös werden und mußte sich überarbeiten lassen. Alle Erzeugnisse der Bildgießerei wurden hohl gegossen. Die Anfertigung der Gußform, die aus einem Kern (meist aus Gips), der die innere Höhlung des Gusses von Metall freihielt, und dem Mantel (meist aus Ton), der die äußeren Umrisse bestimmte, bestand, gehörte zu den schwierigsten Arbeiten. Zwischen Kern und Mantel lag eine Wachsschicht (aus weißem Pech, Talg und Fett) in der künftigen Metalldicke, die beim Brennen der Form ausgeschmolzen wurde. Durch Gießlöcher strömte das flüssige Metall aus dem Schmelzofen mit hoher Geschwindigkeit in die Form ein (→ Glocken- und Geschützgießer). Nach dem Erstarren des Metalls, meistens schon nach einigen Stunden, wurden der Mantel und der Kern entfernt, und das Gußstück wurde von Gußrückständen mit Meißeln, Feilen, Schabeisen und Grabsticheln gesäubert (ziseliert) und mit verdünnter Schwefelsäure gebeizt.

Der virtuose und einfallsreiche italienische Goldschmied und Bildhauer Benvenuto Cellini (1500–1571) wurde nicht zuletzt durch seine Bronzestatue des Perseus mit dem Medusenhaupt weltberühmt (eine Kopie steht in Florenz an der Piazza della Signoria). In seiner Selbstbiographie, von Goethe ins Deutsche übersetzt, schildert er den aufregenden Guß dieser gewaltigen Figur, an der er fast zehn Jahre gearbeitet hatte. Die Schwierigkeit bestand darin, eine so ungeheuer große Menge Kupfer auf einmal zum Schmelzen zu bringen und diese, mit Zinn gemischt, in die komplizierte Form so hineinfließen zu lassen, daß sie alle Zwischenräume gleichmäßig und vollständig ausfüllte. Sein Auftraggeber, Herzog Cosimo I. von Florenz, zweifelte an der Durchführbarkeit, und tatsächlich wäre der Guß um ein Haar mißglückt. Wegen seines Harzes, berichtet Cellini, entwickelte das für die Beheizung des Schmelzofens verwendete Pinienholz ein heftiges Feuer, das trotz verzweifelter Anstrengungen bald außer Kontrolle geriet. Die Flammen griffen auf die Werkstatt über, gleichzeitig trieb heftiger Wind von außen Kälte und Regen herein, so daß der Ofen die erforderliche Temperatur nicht erreichen konnte und das Metall nicht schmelzen wollte. Cellini brach erschöpft zusammen und glaubte sterben zu müssen. Doch er gab nicht auf. Die Frau seines Nachbarn, eines Fleischers, hatte ihm »einen Stoß Holz von jungen Eichen« versprochen, »die schon länger als ein Jahr ausgetrocknet waren«, und mit diesem Holz »triumphierte« er über das Metall. »Als nun der Metallkuchen dieses gewaltige Feuer empfand, fing er an zu schmelzen und zu blitzen« und füllte vortrefflich die gesamte Form. Außer sich vor Freude, schickte der Meister ein Dankgebet zum Himmel und vertrieb seine bangen Gedanken ums Gelingen bei einem üppigen Mahl im Kreise seiner Gehilfen.

Blechschmiede schlugen schwarze Blechtafeln, ursprünglich mit der Hand, was beschwerlich und zeitraubend war, später unter wassergetriebenen Hammerwerken. Das möglichst weiche, zähe Vormaterial (Modelleisen) in Form von Flachstäben wurde mehrfach gefaltet und unter dem Hammer zusammengeschlagen. In mehreren Arbeitsgängen schmiedete man diese Bandeisen zu Blechen mit der gewünschten Dicke aus. Um die entstandenen Unebenheiten und Beulen auszugleichen, kamen die Bleche noch unter den Pritsch- oder Abrichthammer. Das Handelsmaß dieser Bleche war meist quadratisch mit einer Kantenlänge von ungefähr sechzig Zentimetern. Aus den stärksten Blechen wurden beispielsweise die Siedepfannen für die Salinen hergestellt. So bestanden im Mittelalter die Salzpfannen in Hallein aus fünfhundert einzelnen miteinander vernieteten, vier Millimeter starken Blechplatten, wobei die Nahtstellen mit einem Kitt aus Kalk, Salz und Lumpen abgedichtet werden mußten.

Einen großen Aufschwung nahm die Blechherstellung, als es möglich wurde, die Bleche zu verzinnen. Die ersten Weißblecherzeugnisse stammten aus Wunsiedel und Weißenberg im Fichtelgebirge, wo sich ergiebige Zinnlagerstätten befanden, und wurden im oberdeutschen Raum seit dem 14. Jahrhundert gehandelt. Vor der Verzinnung wurden die Bleche ein paar Tage in eine Beize aus Roggenschrot und zugesetztem Sauerteig gelegt, dann abgewaschen und noch feucht für einige Minuten in ein Zinnbad getaucht. Nach der Trocknung polierte man die Flächen gewöhnlich mit Schlemmkreide.

Im allgemeinen wurden die fertigen Bleche in Bunden verkauft und zusammengerollt in Fässern zu den Abnehmern, das waren beispielsweise →Helmschmiede, →Plattner, Bekkenschläger, →Fingerhüter, Schellenmacher, →Klempner und Schlosser transportiert.

Bogner gehörten einst zu den wichtigsten Handwerkern, die eines der ältesten Handschießgeräte, den Bogen, verfertigten. Der Bogen bestand aus einem elastischen Bügel, der mit einer Tiersehne, mit geflochtenem Hanf oder gedrehter Seide bespannt war. Das bevorzugte Holz war das aus jungen Eibenstämmen, und in der Regel schälte man die Bögen so heraus, daß der in der Mitte der Bäume liegende ältere Holzteil den Bogenbauch, das jüngere und wegen seiner langen Fasern wesentlich zähere Holz der äußeren Schichten den Bogenrücken bildete. Geschossen wurde mit befiederten Pfeilen, die mit hoher Geschwindigkeit oft über zweihundert Meter zielgenau flogen; sie wurden von den →Pfeilschnitzern hergestellt. Es gab Zeiten, da Bogner und Pfeilschnitzer neben ihrer Handwerkstätigkeit zum Waffendienst auf den Ringmauern der Städte berufen wurden. Die Armbrust löste den Bogen ab, aus den Bognern wurden oft →Armbruster.

Boten waren Personen, die im Auftrag anderer zu Fuß, mit Pferd oder Wagen Sendungen beförderten, entweder für einen besonderen Fall *(Expresser)* oder regelmäßig zu bestimmter Zeit und zwischen bestimmten Orten. Im Mittelalter besorgten Klosterboten den Nachrichtenverkehr zwischen den Klöstern. Einer dieser bisweilen durch halb Europa führenden Botengänge ist auf einem erhalten gebliebenen »Botenzettel« dokumentiert: Im Jahre 1501 verließ ein Klosterbruder als Bote die Benediktiner-Abtei zu St. Lambert in der Steiermark. Von Kloster zu Kloster wurde ihm die Bestellung seiner Botschaft bescheinigt: Der lange Marsch führte ihn durch die Steiermark, durch Nieder- und Oberösterreich nach Bayern, durch die Pfalz, den Rhein hinunter bis Köln, von da nach Straßburg und in die Schweiz, an den Ufern des Bodensees entlang über Bregenz nach Tirol und zurück nach St. Lambert.

Die zumeist aus den Klosterschulen hervorgegangenen Gelehrtenschulen *(universitates)* waren ebenfalls bestrebt, einen weitverzweigten Botendienst zum Gedankenaustausch untereinander aufrechtzuerhalten. Die Studierenden, die sich nach ihren Heimatländern in Landsmannschaften zusammentaten, nahmen für jede Landsmannschaft besondere Boten *(messagers)* in Eid und Pflicht. Die Universitätsboten genossen so manche Vorrechte und Freiheiten (sie waren von Zoll, Steuern und Nachtwachdienst befreit) und konnten auch von Privatpersonen in Anspruch genommen werden.

Die Städteboten (Boten der Städte), zuerst Fußboten, dann auch zu Pferd und zu Wagen, mußten bei den schlechten Wegen und der herrschenden Unsicherheit zuverlässige Männer sein, was nicht immer der Fall gewesen zu sein scheint. Denn in den Aufzeichnungen der damaligen Zeit werden immer wieder Klagen über die Trunksucht, Unzuverlässigkeit und Geschwätzigkeit der Boten laut. Sebastian Brant hat in seiner satirischen Dichtung *Das Narrenschiff* (1494) den Untugenden der Boten ein ganzes Kapitel gewidmet. Das Botenamt, eine reiche Einnahmequelle der Magistrate, stand unter einem Botenmeister. Als Amtszeichen führten die Boten kleine silberne Schilder, weshalb sie auch »Silberboten« hießen. Die zu befördernde Post wurde in silbernen Briefbüchsen verwahrt. Städtische Botenanstalten fanden sich schon zu Anfang des 15. Jahrhunderts, beispielsweise in Straßburg, Köln, Konstanz, Frankfurt am Main und Augsburg. Mitte des 16. Jahrhunderts erstreckten sich die städtischen Botenpostkurse über sehr große Entfernungen. Der Augsburger Botenordnung von 1552 ist zu entnehmen, daß eine »Haupt-Botenverbindung« von Augsburg über den Brenner nach Venedig bestand, die mit einer Beförderungsfrist von nur acht Tagen festgesetzt war. Außer nach Venedig ritt dreimal in der Woche ein Bote nach Nürnberg, einmal in der Woche nach Lindau und Regensburg.

1597 wurde das Postwesen zum kaiserlichen Regal erklärt, das Lamoral von Taxis als Reichsgeneralpostmeister für sich und seine Erben als Lehen erhielt, was viele Rechtskämpfe mit den Landesherren auslöste. Beide Einrichtungen, die Reichspost und das landesherrliche und reichsstädtische Botenwesen, blieben nebeneinander bis zum Postzwang (1871 und 1899) in Tätigkeit.

Briefmaler (auch Illuministen, Patronierer, Kartenmaler) traten neben den Buchmalern, die vorwiegend religiöse Schriften illuminierten, im 15. Jahrhundert als eigener Berufsstand in Erscheinung, und sie deckten die steigende Nachfrage der Bevölkerung nach profanen Bildern und Schriften. Sie entwarfen und kolorierten, teils mit Schablonen, sogenannten Patronen, Schriftstücke, Glückwunschbriefe, Kalender, Wappen, kostbar ausgestattete Urkunden, aber auch Heiligenbildchen und Spielkarten. Angeregt durch die Holzschnittechnik begannen die Briefmaler ihre Vorlagen mit Holzstempeln, in die Bilder und Schriftzeichen geschnitten waren, zu bedrucken. Der Briefmaler war häufig sein eigener →Formschneider und ebenfalls an der Herstellung von Blockbüchern beteiligt, deren ganze Seiten (Text und Bild) von Holztafeln (Blöcke) abgedruckt wurden. Erst mit Gutenberg entstanden die beweglichen Lettern und damit der Letterndruck und der Beruf des Buchdruckers (→Schriftsetzer).

Brillenmacher (auch Perspektivmacher) produzierten Gestelle aus Eisen, Silber, Gold, Leder, Holz, Horn oder Elfenbein mit zwei geschliffenen Augengläsern zur Besserung des Sehvermögens. Der Name Brille kommt von Beryll *(beryllus)*, dem Edelstein, aus dem man vergrößernde Linsen schliff. Lucius Annaeus Seneca erwähnt 63 nach Christus, daß Buchstaben, durch eine gläserne, mit Wasser gefüllte Kugel betrachtet, größer und klarer erscheinen (solche Kugeln waren später lange Zeit als sogenannte »Schusterkugeln« zur Verbesserung der Raumbeleuchtung in Gebrauch). Nach dem Bericht des älteren Plinius bediente sich der römische Kaiser

Nero eines geschliffenen Smaragds, um die Kämpfe der Gladiatoren besser beobachten zu können. Der bedeutende Astronom, Mathematiker und Geograph Claudius Ptolemäus aus Alexandria behandelt in seinem Werk *Almagest* (um 150 nach Christus entstanden) bereits die Theorie des Sehens und der Reflexion, und ein arabischer Gelehrter, Ibn el Heitham, der um das Jahr 1000 lebte, beschreibt erstmals einen »Lesestein«, eine plankonvexe Linse, die auf kleine Schriften gelegt wurde und sie vergrößerte.

»Die Augen stehen zwar in dem Haupt des Menschen, aber verursachen manchen Haupt-Schaden, sie haben ihren Sitz in der Höche, aber stürzen manchen in die Niedere. Von den Augen kommet manches Au-weh her ... Wann nun wegen des wachsenden Alters oder anderwärtigen Zustand die Augen erblöden, so kommen die Prillenmacher zu Hilff«, spöttelte der Prediger Abraham a Santa Clara (1698), und diesem »Haupt-Schaden« dürfte vermutlich der kurzsichtige Schwedenkönig Gustav Adolf in der Schlacht bei Lützen (1632) zum Opfer gefallen sein, weil er keine Brille tragen wollte.

Die optische Korrektur der Augen durch Brillen wurde erstmals Ende des 13. Jahrhunderts in Oberitalien angewandt, und die wahrscheinlich älteste bildliche Darstellung eines Brillenträgers findet sich auf einem Fresko von Tomaso da Modena in Treviso, das 1352 entstand. Als der erste namentlich bekannte deutsche »Parillenmacher« wird 1478 ein Nürnberger namens Pfuhlmeier genannt. Die ersten Brillen nannte man »Nietbrillen«, wahrscheinlich weil die in Eisenringen gefaßten, konvex geschliffenen Gläser mit einem angenieteten Stiel zum Halten versehen waren. Sie wurden von den »Bügelbrillen« abgelöst, die man auf der Nase festklemmte (»Nasenquetscher«). Es folgten »Mützenbrillen«, die an der Mütze befestigt wurden, »Riemenbrillen«, die mit einem Lederriemen um den Kopf geschnallt wurden, und »Stirnfortsatzbrillen«, die an einem Fortsatz befestigt waren, der unter der Perücke oder Mütze verschwand. Im 16. Jahrhundert kamen die »Stirnreifenbrillen« auf, bei denen die Gläser von einem um die Stirn getragenen Metallreifen herabhingen, ferner die »Schläfenbrillen« und »Scherenbrillen«. Aus letzteren entwickelten sich die Lorgnetten, die bügellosen, an einem Stiel vor die Augen zu haltenden Brillen. Bemerkenswert erscheint, daß bis zur Mitte des 18. Jahrhunderts niemand auf die Idee kam, die Brillen hinter dem Ohr zu befestigen. Erst mit der »Drahtbrille« und später mit der »Nickelbrille«, die mit kleinen ovalen Gläsern ausgestattet war, kamen die biegsamen Ohrenbügel auf.

Ein Brillenmacher in Holland (vermutlich Jan Lippershey) war es, der 1590 das erste Fernrohr *(tubi optici)* anfertigte. Die Erfindung drang bis Padua zu Galileo Galilei vor, der unverzüglich daranging, sein eigenes *Cannochiale,* sein Augenrohr, aus einem erhabenen und einem hohlen Glas, die von einer bleiernen Röhre umschlossen waren, zu konstruieren, an dem er sich letztlich die Augen blind sah. Der deutsche Astronom Kepler perfektionierte vorerst die Erfindung mit zwei konvexen Gläsern, durch welche die Gegenstände deutlicher und größer, wenn auch verkehrt gesehen wurden. Damit war nicht nur das erste astronomische Teleskop geschaffen, sondern auch eine neue Wissenschaft begründet. Kepler prägte dafür den Begriff *Dioptrik* — die Wissenschaft der Strahlenbrechung durch Linsen.

Brillenmänner hießen die wandernden Brillenverkäufer, die bis gegen Ende des 19. Jahrhunderts die Bevölkerung, besonders in entlegenen Gegenden, nicht nur mit billigen Brillen, sondern auch mit Nachrichten und Tratsch versorgten.

Brüher (auch Brüger, Saubrüher) befreiten die Haut von geschlachteten Schweinen mittels Abbrühen von ihren Borsten.

Büchsenmacher zählten zu den Meistern im metallverarbeitenden Gewerbe. Sie entwickelten sich Mitte des 16. Jahrhunderts aus den Feuerschloßmachern, aber auch zahlreiche andere Kunsthandwerker, die für die Verzierung der Waffen sorgten, wie Eisenschneider, Eisentreiber, Ätzer, Bildschnitzer, vor allem aber Goldschmiede und Damasculierer (Tauschierer), wandten sich im Laufe der Zeit dem Büchsenmacherhandwerk zu.

Johann Georg Krünitz beschreibt in seiner *Encyklopädie* (1773 ff.) das Büchsenmacherhandwerk auf folgende Art: »Büchsenmacher oder Büchsenschmied ist der jenige Eisenarbeiter, welcher entweder bei einer Gewehrfabrik, oder vor sich selbst, arbeitet und die Röhre, welche ihm die Gewehrfabrik ohne Schwanz-Schraube, Zündloch, Richtkorn und ohne Politur liefert, zu Büchsen-, Flinten- und Pistolen-Läufen vollends ausarbeitet, die Schlösser dazu verfertiget, und mithin ein Schießgewehr dergestalt fertig darstellet, daß es von dem Büchsenschäfter nur noch geschäftet werden darf; wiewohl auch nicht selten die Büchsenmacher dieses Schäften selbst verrichten. Sie haben ein gezünftetes, aber ungeschenktes Handwerk, und stehen gemeiniglich mit den Schlossern, an einigen Orten auch mit den Sporern, Uhrmachern, Windenmachern und Nagelschmieden in einer Zunft.«

Seit der frühen Neuzeit stieg der Bedarf an Handfeuerwaffen stetig an, und in den meisten Ländern entstanden Fertigungszentren, etwa in Birmingham, Brescia, Lüttich, Maastricht, Nürnberg, Prag, Rotterdam, Saint-Étiènne, Suhl, Ferlach und Steyr. Bereits im 17. Jahrhundert war die Massenproduktion von Gewehren und Pistolen von den bestehenden Büchsenmacherwerkstätten nicht mehr zu bewältigen. Es setzten sich verlagsartige Strukturen durch. In Suhl zum Beispiel nahmen Gewehrhändler, die meist aus dem Schäfterhandwerk kamen, die Büchsenmacher in Verlag. Das hieß, sie bezogen die fertigen Läufe vom →Büchsenschmied und die Schafthölzer vom →Schäfter und beschäftigten in eigenen Werkstätten Büchsenmacher, die die Waffen zusammenbauten und überarbeiteten. In Steyr und Ferlach übernahmen sogenannte Lieferanten den Gewehrhandel und ließen

Büchsenmacher ebenfalls im Verlag arbeiten. Im 18. Jahrhundert kam es schließlich zu Neugründungen staatlicher oder im Staatsauftrag tätiger Gewehrmanufakturen, so in Amberg, Herzberg im Harz, Potsdam und Spandau, Mauberge und Charleville in Frankreich sowie Tula in Rußland.

Büchsenmeister waren im Mittelalter Gewerbetreibende oder Künstler, die durch freien Vertrag im Dienst der Fürsten und Städte standen; sie waren zünftig organisiert und mußten gewisse zunftmäßige Prüfungen bestanden haben. Ihr Ansehen war groß, da sie meist eine höhere Bildung besaßen. Sie verfügten über gründliche Kenntnisse der Naturwissenschaften und des Befestigungswesens und waren als Feuerwerker und Kanoniere für das technische Gelingen der Angriffs- und Verteidigungskriege mitverantwortlich. Wie viele Büchsenmeister in einem Heer erforderlich waren, hing von der Anzahl der Büchsen und Geschütze ab. So hatte Nürnberg im Jahre 1449 zur Bedienung seiner Feuerwaffen auf den Türmen der Stadtmauer 144 Büchsenmeister, unterstützt von Ober- und Untergesellen.

Die Vielseitigkeit dieser Meister beweist ein Dokument aus dem Jahre 1436 über die Bestallung des Augsburgers Heinrich Roggenburger, worin es unter anderem heißt: »Er kann das Giessen der Büchsen groß und klein, das Schießen so behend, als man je gesehen hat, und das Pulver dazu machen. Er kann Feuerpfeile schießen und werfen, gegossene, werfende Werke groß und klein und auf einen solchen Sinn fertigen, wie es in deutschen Landen noch nie gesehen worden, denn sie stehen nach dem Wurfe still, daß sie sich nicht rühren noch verrücken, ohne daß man sie zu binden oder zu fassen nötig hat und werfen Steine von 5 bis 6 Zentner; ferner macht er Züge, mit denen man 100 Zentner heben kann, dann Schirm zu Büchsen und Streitwägen, Brücken, die man über Land führen kann, zum Anlegen auf Gräben und fließende Wasser. Überdas versteht er Türme, Häuser, Wasser-, Wind- und Roßmühlen zu bauen, gegossene, irdene und hölzerne Deicheln [Rohre] zu fertigen, Brunnen auf Berg und Thal zu leiten und Bildwerke zu formen.«

Neben den Büchsenmeistern waren die →Büchsenschmiede mit der Anfertigung von kleineren Geschützen und Handfeuerwaffen beschäftigt.

Büchsenschäfter (auch Büchsenschifter, Lademacher) übernahmen von den →Büchsenmachern mit Feuerschlössern versehene Büchsen-, Flinten- und Pistolenläufe und fertigten dazu die entsprechenden Schäfte, besonders aus Nußbaum-, Ahorn- und Buchenholz, an. Dabei bedienten sie sich verschiedener Werkzeuge wie des Balleisens, Klopfholzes, Schnitzmessers, Kreuz- und Hohlmeißels, Schaftbohrers, Stecheisens und des Rohrhobels für die Rinne des Laufes. Das Schaftholz wurde sehr oft noch mit Gold, Silber, Schildpatt, Perlmutter und Elfenbein verziert.

Büchsenschmiede (auch Rohrschmiede) entwickelten sich aus den →Grobschmieden, die seit der Erfindung des Schießpulvers bis in die zweite Hälfte des 15. Jahrhunderts Handkanonen und Feuerrohre ohne besonderen künstlerischen Anspruch herstellten. Mit den Büchsenschmieden entstand ein selbständiges zünftiges Gewerbe, dessen Ansehen mit der kriegstechnischen Bedeutung der Handfeuerwaffen wuchs. Gutes Material, vorzügliche Schmiedearbeit (Schweißung) und sorgfältige Bohrung waren kennzeichnend für die Gewehrherstellung im 16. Jahrhundert, die durch den rapide ansteigenden Bedarf schon bald von einer rein handwerklichen in eine manufakturielle überging.

Vorläufer der Handfeuerwaffen ist die Feuerlanze, ein ausgehöhlter, mit Zündmasse gefüllter, brennender Holzschaft, der mit der Hand geworfen wurde. Die arabische *Madfaa* sowie die deutsche Donnerbüchse waren die ältesten geschmiedeten Handgeschütze. Aus ihnen entwickelten sich die Knall- und die Hakenbüchsen, auch Arkebusen genannt.

Bei diesen wurde das Zündkraut, feines Pulver, auf eine Pfanne oben oder seitwärts am Lauf mit der Hand und der Lunte gezündet. Mit dem Aufkommen des Luntenschlosses konnten die Zielmöglichkeit und die Feuergeschwindigkeit wesentlich verbessert werden. Bei diesem wurde eine Lunte oder ein Feuerschwamm an einen Hahn geklemmt, der mit der Hand, später mit einer Feder auf die Pfanne niedergedrückt wurde und das Pulver entzündete. Es folgte die Einführung der Muskete, die mit Luntenschloß, später auch mit dem weit vorteilhafteren Radschloß versehen war, bei dem der Funke durch Reibung eines Rades an einem Stück Schwefelkies erzeugt wurde. Der Vorteil dieses Schlosses war, daß beim Zünden keine Erschütterung durch das Aufschlagen des Hahns auf die Pfanne auftrat, wie dies beim Luntenschloß der Fall war. Ein längerer Lauf und eine stärkere Ladung steigerten Schußweite und Durchschlagskraft und machten die Muskete zu einer wirkungsvollen, weit verbreiteten Waffe. Die Musketiere unter Friedrich dem Großen schafften in der Regel bei trockenem Wetter fünf Schuß in der Minute. Dem Luntenschloß folgten das Stechschloß mit besonders leichtem Abzug und das Schnapphahnschloß, aus dem sich das Steinschloß entwickelte. Die militärische Standardwaffe vom letzten Drittel des 17. bis in das erste des 19. Jahrhunderts wurde das Steinschloßgewehr mit aufgestecktem Bajonett. Das Gewehrschloß funktionierte mit einem zwischen die Hahnlippen geklemmten Feuerstein — englisch *flint,* daher die Bezeichnung »Flinte« —, der durch Reibung einen Funken erzeugte, wodurch das Pulver in der Zündpfanne entzündet wurde. Es schoß mit zehn Gramm Pulver eine fünfundzwanzig Gramm schwere Kugel. 1820 wurde das Perkussionsschloß erfunden und allgemein eingeführt. Hier kam bereits Knallquecksilber zur Anwendung, das, durch einen Zündstift zur Entzündung gebracht, das Treibmittel entflammte. Auch Gewehre mit gezogenen Läufen (Drall) wurden von Scharfschützen und Jägern geführt. Über die Geschichte des »gezogenen Gewehrs« hat

Friedrich Engels eine Artikelserie in *The Volunteer Journal, for Lancashire and Cheshire* (1860–1861) veröffentlicht. »Das gezogene Gewehr ist eine deutsche Erfindung«, bemerkt er, »die gegen Ende des 15. Jahrhunderts gemacht wurde. Die ersten gezogenen Gewehre wurden offenbar zu dem Zweck hergestellt, das Laden einer Waffe mit einer fast genau passenden Kugel zu erleichtern. Deshalb waren die Züge gerade, ohne jede Spiralwindung, und sie dienten lediglich dazu, die Reibung der Kugel im Lauf zu verringern. [...]

Später wurde die Beschaffenheit der Waffe durch die den Zügen gegebene Spiralwindung, die die Bohrung des Laufs in eine Art Schraubenmutter verwandelte, vollkommen verändert. Die Kugel, die wegen des eng anliegenden Pflasters den Zügen und damit auch der Schraubenwindung folgen mußte, behielt so eine spiralförmige Umdrehung während ihrer ganzen Flugbahn. Es stellte sich bald heraus, daß dieses Verfahren, das die Kugel in Rotation versetzt, Schußweite und Genauigkeit der Waffe gewaltig steigerte, und so verdrängten die spiralförmigen Züge sehr schnell die geraden.

Dies war das Modell des gezogenen Gewehrs, das mehr als 200 Jahre allgemein benutzt wurde. Wenn man von den Stechern und sorgfältig gearbeiteten Visieren absieht, ist es bis 1828 kaum verbessert worden.«

Preußen ging 1841 durch Ausrüstung seiner Armee mit dem ersten Hinterlader, dem 15-mm-Zündnadelgewehr, in der Waffenentwicklung entscheidend voran. Seine Feuergeschwindigkeit machte es allen Vorderladern überlegen, was wesentlich zur vernichtenden Niederlage der österreichischen Armeen in der Entscheidungsschlacht des Preußisch-deutschen Kriegs bei Königgrätz im Juli 1866 beitrug. Der Erfinder war ein Schlosser namens Nikolaus Dreyse aus Sömmerda bei Erfurt, der zum mächtigen Waffenfabrikanten aufstieg und geadelt wurde.

Die Rohrläufe wurden aus Eisenplatinen, die aus den Zainhämmern kamen, im rotglühenden Zustand über einem Dorn zu Rohren geschmiedet, verschweißt und danach mit

Hilfe von Wasserkraft und Stangenbohrern mit scharfen, spiralförmigen Schneiden ausgebohrt, geschliffen und poliert.

Die Feuerschlösser zu den geschmiedeten Gewehr- und Pistolenläufen stellten ursprünglich die →Schlosser her, von denen sich die Feuerschloßmacher als eigener Berufszweig abspalteten. Aus diesem Handwerk entwickelte sich ab Mitte des 16. Jahrhunderts das der →Büchsenmacher. Die Holzschäftung der Feuerwaffen besorgten die →Büchsenschäfter, die vorwiegend mit den Tischlern eine Gilde bildeten. Berühmte Zentren des Büchsenmacherhandwerks waren Suhl im Thüringer Wald, Nürnberg, Augsburg, Dresden, Braunschweig, Brescia, Ferlach und Steyr.

Bundmacher (auch Palatinmacher) stellten Bindevorrichtungen für Frauenhauben und zur Befestigung der Haartracht her.

Buntmacher (später auch Buntfutterer genannt) spalteten sich von den Kürschnern ab und verarbeiteten hauptsächlich die Felle der Eichhörnchen, aber auch gelegentlich von anderen Wald- und Wiesentieren zu Pelzwerk aller Art.

Chagrinmacher bereiteten aus der Rückenhaut von Pferden, wilden Eseln und Kamelen das echte orientalische Chagrinleder. Von den Türken wurde es *Sagri* und von den Persern *Sagre* genannt, und aus der Haut diverser Haifischarten entstand Fischhautchagrin. Beide Arten wurden zum Überziehen von Futteralen für Ferngläser, Brillen, Barbierzeug, für Messer- und Säbelscheiden und Bucheinbände verwendet. Seine eigentümliche Oberfläche, die überall mit Narben oder sehr kleinen runden erhöhten Körnchen bedeckt war, erhielt das Chagrin, indem man die enthaarte und feuchte Haut auf der Narbenseite mit den schwarzen und harten Samenkernen der wilden Melde, Allabuta genannt, bestreute und dann mit bloßen Füßen oder einer einfachen Presse in die Oberfläche eindrückte. Die Fischhäute indes wurden, nachdem sie abgezogen waren, mit der Fleischseite auf ein Brett aufgespannt, festgezweckt und zur Verhütung von Runzeln im Schatten langsam getrocknet, mit Sandstein abgeschliffen und wie das echte Chagrin gefärbt. Zur Nachahmung von Chagrin verwendete man gefärbtes Leder, in das mit heißen kupfernen Platten oder Walzen die körnigen Eindrücke gepreßt wurden.

Dienstboten (auch Dienstvolk, Dienstgesinde) fanden sich bei Hof, in adeligen Großhaushalten, in Häusern vermögender Bürger und höherer Beamter. Das »Livrévolk«, wie man in Wien sagte, bestand aus Lakaien, Tafeldeckern, Portieren, →Läufern, Zimmerputzern, Kammerdienern, Kammerjungfern, Stubenmädchen, Dienstmädchen, Hausknechten, Reitknechten, Kutschern, Vorreitern und anderen Bedienten. »In den vornehmen Häusern will man lauter große, riesenmäßige Kerls zu Lakaien. Um sie von den verbrämten Bedienten der Mittelstände auszuzeichnen, gibt man ihnen eine massive Livree mit Samt- und Seidenborten auf den Rocknähten, und, wie es überall gewöhnlich ist, von den Farben, welche das Wappen des hohen Hauses in sich faßt. In den Häusern von der zweiten und dritten Ordnung kleidet man sie gewöhnlich etwas leichter. Weiter hinunter sind sie durch ein graues Kleid mit einem farbigen Kragen kenntlich. [. . .] Der Hang zu dem Außerordentlichen macht, daß sich einige Männer und Weiber auch Neger halten, welche nach ostindischem Kostüm gekleidet sind und Lakaiendienste tun. [. . .] Im ganzen genommen ist das Lakaienvolk eine unverschämte Menschenbrut. Je vornehmer das Haus ist, desto bengelhafter sind gewöhnlich die Bedienten. Da es meist junge, gesunde, knochenfeste Kerls sind, die sich gut nähren, durch mancherlei Akzidenzien sich ihre Besoldung zu vermehren wissen, sich unter eitel vornehmen Herren und Damen herumtreiben, bei dem Tafeldienst Anekdoten aufzuhaschen und die Manieren ihrer Gebieter nachzuäffen trachten: so stellen sie die unausstehlichsten Figuren dar, die man im gesellschaftlichen

Leben finden kann. Ihre Charakterzüge sind eine Mischung von Stolz, Grobheit, Spottsucht, Naseweisheit, Verleumdung, Unwissenheit, Prahlerei, Faulheit, Affektation und Pöbelhaftigkeit.« Nachzulesen in Johann Pezzls *Skizze von Wien*, die zwischen 1786 und 1790 entstand.

In Lyon stellten die Dienstboten im 16. Jahrhundert je nach Viertel zwischen neunzehn und sechsundzwanzig Prozent der Bevölkerung, und im Großraum Paris gab es nach Angaben einer Topographie von 1754 ungefähr 12 000 Kutschen und knapp eine Million Personen, darunter annähernd 200 000 Bedienstete. Fernand Braudel berichtet in seiner *Sozialgeschichte des 15.–18. Jahrhunderts,* »daß sich auch einfache Familien soweit sie nicht nur in einem einzigen Wohnraum hausen, Dienstmädchen und anderes Hauspersonal leisten, und selbst der Bauer beschäftigt Knechte. Dieses ganze Domestikenvolk muß gehorchen, auch wenn der Dienstherr ein schäbiger Gauner ist. 1751 verurteilt der Pariser Gerichtshof einen Diener wegen Beleidigung seines Herrn zu Pranger und Ausweisung. Den Arbeitgeber selbst zu wählen, ist fast unmöglich; man wird umgekehrt von ihm gewählt, wobei jeder Dienstbote, der seine Stellung auf-gibt oder entlassen wird und nicht sofort einen neuen Arbeitsplatz findet, als Landstreicher eingestuft wird: Auf offener Straße aufgegriffene Mädchen ohne Dienstplatz werden ausgepeitscht und kahlgeschoren, die Männer auf die Galeeren geschickt. Ein Diebstahl oder auch nur der Verdacht einer Veruntreuung bedeutet den Strang.«

Diurnisten (auch, vermutlich abwertend, Dikasterianten) nannte man im josephinischen Wien die subalternen Beamten der zahlreichen Verwaltungsstellen, die zwar ein gewisses Ansehen genossen, aber nur ein bescheidenes Salär bezogen. Es waren Sekretäre, Registranten, Adjunkten, Konzipisten, Protokollisten, Ingrossisten, Kanzlisten, Akzessisten usw., die pünktlich allmorgendlich in den »Tintenburgen« der Staatskanzlei, Reichskanzlei, Kriegskanzlei, Österreichisch-

Böhmischen Kanzlei, Ungarisch-Siebenbürgischen Kanzlei, Niederländischen Kanzlei, Obersten Justizstelle, Münze, Oberst-Rechenkammer, Religionskommission, Studienkommission und im Rathaus verschwanden.

Doppelmenschen waren an Kopf oder Rumpf miteinander verwachsene Zwillinge stets gleichen Geschlechts. Einige von ihnen zerrte man als Schauobjekte über den ganzen Erdball. Ein Zwillingspaar aus Siam (heute Thailand), Chang und Eng, das am Thorax zusammengewachsen war und dem auch der Begriff »Siamesische Zwillinge« seinen Ursprung verdankt, war *die* Sensation seiner Tage. 1811 in ärmlichen Verhältnissen geboren, wurden sie 1829 von einem Schiffskapitän, der später auch ihr Manager wurde, überredet, auf Tournee nach Amerika zu gehen. Irgendwann ließen sie sich in South Carolina nieder, nahmen den Namen Bunkers an, heirateten die Töchter eines Geistlichen und zeugten, was aber nicht verbürgt ist, insgesamt achtzehn normal entwickelte Kinder.

Zu den bekanntesten Doppelmenschen, die als Show Freaks auftraten, zählten aber gewiß die »Siamesischen Zwillinge aus Böhmen«, Rosalie und Josepha Blažek. Geboren 1878 in Škrejchov bei Mnichovice, einem Nest bei einem Nest, wie Egon Erwin Kisch bemerkte, der sie als Reporter der Prager *Bohemia* kennengelernt hatte, wurden sie schon im Säuglingsalter auf Jahrmärkten gezeigt, wie sie zu zweit auf einem einzigen Nachttöpfchen saßen. Aus den böhmischen Dörfern kamen sie direkt in die Varietétheater von New York, hatten einen italoamerikanischen Impresario und spielten Geige und Xylophon. Sie führten kleine Kunststücke mit Bällen vor und boten dem Publikum die »Sensationelle Beschreibung unseres Körpers« zum Verkauf an. Sie waren nämlich kein üblicher »Ischiopage«, sondern ein »Pygopage« (ihre Rümpfe standen in einem Winkel zueinander), und als solcher erweckten sie — anläßlich eines Engagements in Castans Panoptikum — die Wißbegierde von zwei Dozenten der Psychiatrie an der

Königlichen Charité zu Berlin, die diese Schrift verfaßten. Es folgten Tourneeverpflichtungen nach Singapur, Marokko, Algier, Tunis und Ägypten, anschließend nach Europa. Und hier, in Prag, geschah 1909 das von niemandem Erwartete, Rätselhafte, gewiß von neuem Sensationelle: Rosalie gebar, vor der Öffentlichkeit geheimgehalten, einen Sohn. »Der rasende Reporter« Kisch, der sich mit den Schwestern aus Anlaß eines Interviews einmal bis in die Morgendämmerung hinein mit Whisky betrank, wollte sie besuchen und erfuhr, daß sie sich in einer Klinik namens Kukula aufhielten. Er suchte die Klinik auf, log einer Krankenschwester vor, ein Wiener Arzt zu sein, bei dem die Blažeks in Behandlung waren, und erhielt prompt die Information über die Entbindung. »Die Nachricht schwang sich aus unserer Redaktion auf den Telegrafendraht«, schreibt Kisch in seinem Kompendium *Marktplatz der Sensationen*, »sprang auf die Druckmaschinen und drang zu den Lesern in allen Ländern: Ein halbes Doppelwesen gebärt ein Kind, die andere Hälfte zeigt sich empört, denn wie kommt sie dazu, gleichfalls das Wochenbett zu hüten und Milch in ihrem jungfräulichen Busen zu spüren, unschuldig, ohne Mehranlaß!« Ein Meer von Fragen überschwemmte Prag: War der »Fehltritt« Rosas wirklich ohne Wissen, ohne Einverständnis und ohne Mitgefühl Josephas erfolgt? Hatte diese etwa geschlafen? War sie betäubt worden? Wenn nicht, warum hatte sie sich nicht entfernt, die moralisch gefährdete Schwester mit sich ziehend? Aber auch die Ärzteschaft drängte nach Prag und verstrickte sich heillos in Rivalitätskämpfe, »um wenigstens etwas von der Nachgeburt zu erhaschen«. Kisch, den der ganze Rummel sichtlich amüsierte, stellt fest: »Dank seiner machtvollen Beziehungen konnte der Wiener Hofrat Schauta, genannt ›Habsburgs Klapperstorch‹ [der berühmte Wiener Gynäkologe Friedrich Schauta], von der Entbindung Rosas und der Milchbildung Josefas den Rahm abschöpfen. ›Ich bin in der außerordentlichen Lage‹, begann er seinen Vortrag, zu dem die Tagespresse eingeladen war,

›als erster über ein Ereignis wissenschaftlich zu referieren, das bis jetzt niemals bei einer Doppelmißbildung zur Beobachtung kam: die Geburt eines Kindes.‹ Hofrat Schauta, der über jedes freudige Ereignis im Kaiserhaus oder in Theaterkreisen erschöpfende Interviews zu geben pflegte, fuhr fort: ›Es ist klar, daß mir jedes Sensationsbedürfnis fernliegt und es mir nur um die Festlegung dieses historischen Phänomens zu tun ist.‹ Ganz ließen sich die Prager Kollegen Schautas das Recht der Erstgeburt nicht rauben. Professor Pitha führte Mutter, Tante und Kind in der Aula vor, und sie mußten mit anhören, wie er in ihrer Muttersprache ironisch bedauerte, nicht auch den Freund Rosas vorstellen zu können, der sich durch die Vaterschaft den Dank der Wissenschaft erworben.«

Rosalie und Josepha Blažek starben 1922 während einer Tournee durch Amerika in Chicago. Das Schicksal des Sohnes, der angeblich auf den Namen Egon getauft wurde, weil in Wirklichkeit Kisch der Vater gewesen sein soll, ist unbekannt.

Drahtbinder (auch Rastelbinder, Pfannenflicker) zogen durch die Städte und verkauften Draht, Mausefallen, grobes Kinderspielzeug, mit buntem Glasschmelz verzierte Pfeifenstopfer, Schnürstifte, Messingkettchen und andere geringfügige Gebrauchsartikel; sie reparierten kupfernes und eisernes Geschirr und umflochten tönerne Töpfe und Schüsseln mit Draht.

Die Tracht der Drahtbinder war unverwechselbar und auffallend, wie eine Beschreibung feststellte. Knapp anliegende weiße Hosen mit sandalenartig geschnürten Schuhen, ein in Fett braun gesottenes Hemd, ein kurzer Mantel aus grobem Ziegenhaartuch, dessen Ärmel als Reisetasche und als Felleisen dienten. Um die Schultern trugen sie an einem breiten Riemen eine kleine Ledertasche, in der sie ihre Zangen und Hämmerchen aufbewahrten. Ein breitkrempiger Hut nebst einem langen Stock, der mit einer kleinen eisernen Axt statt eines Handgriffes versehen war, ergänzten den Aufzug.

Drahtschmiede stellten seit dem Altertum Draht aus verschiedenen Metallen wie Eisen, Messing, Kupfer, Gold und Silber unter dem Hammer her. Schon im VIII. Gesang von Homers *Odyssee* werden »künstliche Bande, zart wie Spinnengewebe«, erwähnt, die der eifersüchtige Hephaistos »mit rachevollen Entwürfen« in seiner Esse schmiedete und in denen sich seine betrügerische Gemahlin Aphrodite gemeinsam mit Ares im Bett verstrickte.

Draht wurde ursprünglich meist aus schmalen Blechstreifen hergestellt, die man im glühenden Zustand zu einem runden Profil eindrehte und nachher durch Feilen glättete, aber auch durch Ausrecken und Rundrollen von Flacheisenstangen. Auch nach der Erfindung des Drahtzuges mittels eines Zieheisens (→ Drahtzieher) wurde bis zum Beginn des 15. Jahrhunderts der Grobdraht noch geschmiedet oder gegossen.

Drahtzieher stellten Metalldrähte her, die seit dem frühen Mittelalter zu einer der wichtigsten gewerblichen Halbfertigwaren gehörten. Aus Eisen-, Stahl-, Kupfer- und Messingdrähten wurden Nägel, Näh- und Stecknadeln, Ketten, Siebe, Netze, Wollkratzen, Kettenhemden, Nieten, Federn, Häkchen, Ösen und andere Produkte gefertigt; Gold- und Silberdrähte dienten zur Herstellung verschiedener Schmuck- und Ziergegenstände. Schon frühzeitig setzte eine Spezialisierung des Handwerks nach Art der Metalle (zum Beispiel Gold- und Silberdrahtzieher), aber auch nach der Drahtstärke ein. So entstanden Grob-, Mittel- und Feindrahtzieher. Der → Draht- oder der → Zainschmied lieferte das Vormaterial für den groben Drahtzug in Form von geschmiedetem Zaineisen (Stabeisen), das nun ursprünglich mittels einer Zange durch die konischen Löcher einer Stahlplatte, des Zieheisens, gezogen wurde. Das Ziehen durch die im Durchmesser immer kleiner werdenden Löcher bewirkte einerseits eine Verringerung des Drahtquerschnitts, andererseits nahm die Länge des Drahtes stetig zu. Je dünner der Draht wurde, um so geringer war der erforderliche Kraftaufwand. Ab einer gewissen Drahtstärke war die Zange überflüssig, und es reichte die Zugkraft einer von Hand gekurbelten Haspel, auf die der Draht aufgewickelt wurde. Einen Drahtzieher besonderer Art zeigt eine Abbildung im *Mendelschen Stiftungsbuch* (Nürnberg): Der Drahtzieher sitzt in einer Schaukel, Schocke genannt, und zieht mit Schwung den Draht durch eine Öse des feststehenden Zieheisens. Der kraft- und zeitaufwendige Grobdrahtzug erfuhr in der ersten Hälfte des 14. Jahrhunderts eine wesentliche Vereinfachung und Produktionssteigerung durch die Ausnützung der Wasserkraft. In den sogenannten Drahtmühlen, in denen dann auch mittlere und feine Drahtsorten produziert wurden, trieben Wasserräder die Trommel oder über eine Pleuelbewegung die Zange an, die den Zug bewirkten. Die Erfindung der mechanischen Ziehbank wird dem Nürnberger Künstler Rudolph zugeschrieben, der damit viel Geld verdiente und sein *Inventum* sehr geheim hielt. Sein Sohn verriet die Konstruktion und mußte vor dem aufgebrachten Vater aus Nürnberg fliehen. Ein bedeutender Dichter der Reformationszeit, Eobanus Hessus, besingt in seinem Gedicht *Vrbs Norimberga* 1532 (4. Cap., 27) eine Nürnberger Drahtmühle mit folgenden Worten: »Wer erblickt, wie das Werk sich durch das Gewicht der Räder dreht und mit welcher Kraft es das Eisen streckt, wie wenn es mit Verstand begabt, das eine wie das andere vollbringt, was tausend Menschen nicht vermochten, ehe diese Kunst erfunden war: Wer erstaunt nicht, wenn er es sieht und verdammt alle vergangenen Jahrhunderte, welche solch herrliche Erfindung unseres Menschengeschlechtes niemals kannten? — Ein großes Rad, durch die Kraft des Wassers getrieben, bewegt einen mächtigen Cylinder mit sich, dessen äußerstes Ende mit zahlreichen Zähnen bewaffnet ist, welche durch die Kraft bewegt, die widerstehenden Maschinenteile mit sich reissen und bewegen, und ohne daß sie selbst aufgehalten werden, treiben sie durch das Rad und die Wassermengen mit ungeheurer Gewalt den schweren Cylinder. Daher wo mit solcher Gewalt die untenhängende Maschine ergriffen wird, bewegt sie um so schneller die ganze Last oben, indem sie die Werkzeuge führt, mit denen die Blätter des schwarzen Eisens zerschnitten werden *(quibus atri lamina ferri scinditur)* und sie zu mannichfachem Gebrauche dünn macht, indem es jetzt diese, jetzt jene passende Form annimmt, gezwungen, dem Befehle der unbezwinglichen Kraft zu gehorchen. Denn du wirst sehen, wie eiserne Köpfe, Drachen ähnlich, durch den Biß ein Eisen von dem andern wegreissen, der hält zurück, der zieht die Masse der Drachen (der Schleppzangen). Und während sie dies thun, drängen sie sich eilig, mit immer erneuten Angriffen kämpfend, wie wenn es sich beiderseits um das Leben und nicht um Eisen handle. So packen sie mit raschen Bissen das rohe Eisen, glätten es zu rundlichem Draht, welcher aus dem Schlangenmaule genommen in tausend Krümmungen gewunden wird.«

Im 19. Jahrhundert setzte sich die Technologie des Drahtwalzens durch und ersetzte das Drahtschmieden und den Grobdrahtzug in den Drahtmühlen, nicht aber das Prinzip des Mittel- und Feindrahtzuges, das sich bis heute erhalten hat.

»Drahtzieher« nannte man auch denjenigen, der — wie der Veranstalter des Puppentheaters die Puppen am Draht bewegt, ohne selbst öffentlich aufzutreten — andere vorschickt, um seinen Willen ausführen zu lassen.

Ebenisten waren Kunsttischler, die verschiedene Arten des wertvollen echten Ebenholzes zu Intarsien, Kämmen, Buchdeckeln, Griffen, Schatullen, Futteralen, Schalen und anderen Behältnissen verarbeiteten. Bevorzugt wurde das schwarze Ebenholz der *Diospyros*-Arten, das sehr hart, schwerer als Wasser, von dichtem Gefüge und im Kern tiefschwarz ist. Die Hölzer wurden aus Tropengebieten eingeführt, die Sorten hießen zum Beispiel Makassar-, Sansibar-, Mauritius-, Ceylon- oder Siam-Ebenholz. Verwendet wurde aber auch billigeres künstliches Ebenholz. Für die Nachahmung benutzte man am häufigsten Birnbaumholz, das mit Eisensalzen und Gerbstofflösungen oder anderen Mitteln schwarz gebeizt wurde.

Eichmeister (auch Aicher) hatten die Aufgabe, die Maße und Gewichte der Kaufleute zu überprüfen. »Es war einmal im Bezirk Zlotogrod ein Eichmeister, der hieß Anselm Eibenschütz ...«, so beginnt Joseph Roths Roman *Das falsche Gewicht.* »In bestimmten Zeiträumen geht Eibenschütz also von einem Laden zum andern und untersucht die Ellen und die Waagen und die Gewichte. Es begleitet ihn ein Wachtmeister der Gendarmerie in voller Rüstung. Dadurch gibt der Staat zu erkennen, daß er mit Waffen, wenn es nötig werden sollte, die Fälscher zu strafen bedacht ist, jenem Gebot getreu, das in der Heiligen Schrift verkündet wird und dem zufolge ein Fälscher gleich ist einem Räuber ...«

Einschlagmacher waren damit beschäftigt, die für Wein und Most bestimmten Fässer mit Schwefel, der Einschlag genannt wurde, auszuräuchern. Der Wein wurde aber auch direkt dem Einschlag ausgesetzt, wie in Grimms *Deutschem Wörterbuch* nachzulesen ist: »einschlag des weins, medicamen vini, was in den wein gehängt wird, um ihm farbe und geschmack zu geben, gewöhnlich linnene oder papierene, mit schwefel überzogene streifen«.

Eisenschmiede gelten als die ersten eigentlichen Handwerker und übten seit der Entwicklung der Eisentechnik (»Zeitalter des Eisens«) das »Mutterhandwerk« aller anderen Eisenarbeiter aus, das als geheimnisvolle Kunst galt. Ihre »Macht über das Feuer« und vor allem der Metallzauber haben den Schmieden überall den Ruf furchtbarer Zauberer eingebracht (Mircea Eliade). In den Mythen sind die Schmiede meist hinkende, verkrüppelte, häßliche und verschlagene Menschen, deren Schmiedefeuer mit dem höllischen Feuer der

1) Doppelbalggebläse
2) Doppelbalggebläse
3) Ledernes Balggebläse

Unterwelt in Zusammenhang gebracht wurde. Die Griechen verehrten Hephaistos, den lahmen Sohn des Zeus und der Hera, als Gott des Erdfeuers und der Schmiedekunst, der nach Homer seine Werkstatt auf dem Olymp hatte, die Römer Vulcanus, und in der *Edda* und *Thidrekssage* taucht der kunstreiche Schmied Wieland auf, Sohn des Riesen Wate, der bei dem Schmied Mimir und bei Zwergen in die Lehre ging.

Die Nutzung des Eisens gelang erst nach Verwendung der sieben Metalle Kupfer, Gold, Silber, Blei, Zinn, Antimon und Quecksilber, weil es, mit Ausnahme des seltenen Meteoreisens und des noch selteneren tellurischen Eisens, nur unrein vorkommt und sein Schmelzpunkt gegenüber den anderen Metallen relativ hoch liegt. Die Eisenerze, hauptsächlich Eisen-Sauerstoff-Verbindungen, hat man früher durch das Rennverfahren unmittelbar in Schmiedeeisen umgesetzt, indem man sie auf einen Haufen glühender Holzkohlen, deren Hitze durch Hand- oder Tretbälge mit Tondüsen angefacht wurde (Rennfeuer), auftrug und damit die notwendige Trennung des Erzes vom Sauerstoff (Reduktion) und von anderen Erzbegleitern (Gangart) erreichte. Der sich sammelnde Eisenklumpen, im Mittelalter Luppe (von *lupus* = Wolf) genannt, wurde mit Brechstangen und Haken aus dem niedrigen Stückofen durch die geöffnete Ofenbrust gezogen oder durch die Gicht von oben herausgezogen.

Der Schmied bediente sich zur Umformung dieser faustbis kopfgroßen Eisenklumpen in Gebrauchsgegenstände der wahrscheinlich ältesten Werkzeuge: des Hammers, des Ambosses und der Zange (Gelenk- oder Scharnierzange zum Greifen und Festhalten der glühenden Eisenteile). Als ursprünglichste Bearbeitungsweise galt das Strecken, bei dem der Schmied durch Hämmern des Werkstücks eine Ausdehnung unter Verminderung des Querschnitts erreichte. Unter Stauchen verstand man ein Verkürzen bei Verdickung, und beim Schroten wurden am Rande des Werkstücks Einschnitte eingehauen. Zur Herstellung größerer Gegenstände wurden zwei oder mehrere Eisenteile in sprühender Weißglut zusammengehämmert, was man Schweißen nannte. Erleichtert wurde die Formgebung durch die »Hörner« am Amboß oder durch Gesenke, Hohlformen, in die das glühende Metall eingeschlagen wurde.

Das Schmieden bewirkte aber nicht nur die Verformung, sondern ließ das Eisen auch zäher und biegefester werden, aber kaum härter als gehämmerte Bronze. Um den Härtegrad des Eisens, der unter anderem vom Kohlenstoffgehalt abhängig ist, zu erhöhen, entwickelten vermutlich als erste die Hethiter und Philister (1 500 beziehungsweise 1 000 Jahre vor Christus) die Technik des Härtens durch Aufkohlen. Luppenstücke, ausgeschmiedete Stäbe oder fertige Werkstücke wie Schwerter, Pflugscharen, Speerspitzen und Steinmeißel wurden mit Holzkohle bedeckt und unter Luftabschluß mehrere Stunden oder Tage bei etwa 1 000 Grad Celsius geglüht. Eine weitere Verbesserung der Härte erreichte man durch das Abschrecken, wobei das auf Rot- oder Weißglut erhitzte Eisen durch kaltes Wasser, Ochsen- oder Bocksblut, Urin und später Öl rasch abgekühlt wurde. Um Härtespannungen, die zu Rissen führen konnten, abzubauen, erwärmte man das Werkstück langsam wieder, was als Anlassen bezeichnet wurde.

Auf deutschem Boden hat sich erst im Verlauf der Völkerwanderung das Wandergewerbe des Schmiedes zum festen Hausgewerbe umgebildet, das neben den Kampf- und Jagdwaffen vor allem das Ackergerät und auch Werkzeuge wie Sicheln, Äxte, Beile, Hacken, Hämmer, Schnittmesser, Bohrer, Ziehlinge, mit Eisen beschlagene Schaufeln und Spaten herstellte.

Kein anderes Handwerk erfuhr im Laufe der Zeit eine größere Spezialisierung als jenes der Eisenschmiede. Die erste Abtrennung erfolgte unter der Herrschaft Karls des Großen, in dessen Verordnung zur Bewirtschaftung seiner Güter *(capitulare de villis)* neben dem Eisenschmied der →Schilderer oder Schildmacher aufscheint. Als nächste

dürften sich die →Messer-, →Klingen- und →Sensen-
schmiede selbständig gemacht haben.

Fächermacher stellten Fächer zur Kühlung des Gesichts und
zum Schutz gegen Sonne und Insekten her. Im Mittelalter
war der Fächer besonders in Spanien und Italien in Gebrauch,
wo er aus einem viereckigen aufgespannten Stück Stoff,
bemaltem Pergament oder Geflecht bestand, das an dem
oberen Ende eines langen Stiels befestigt wurde (Fahnen-
fächer). Im 16. Jahrhundert kam er nach Frankreich und
Deutschland, wo er bereits im 17. Jahrhundert durch den
Faltfächer verdrängt wurde, der als Teilfächer oder Klappfächer auftrat. Der Teilfächer, eine Nachahmung des alt-
japanischen hölzernen *Hi-ogi,* war aus schmalen, keilförmig
geschnittenen Stäben von Elfenbein, Schildpatt, Edelholz
oder Perlmutter gefertigt, die sich an einem Ende um den
gemeinsamen Dorn drehten und am anderen Ende durch ein
durchgezogenes Seidenbändchen zusammengehalten wurden.
Der Klappfächer (in Wien »Waderl« — von »wehen« —
genannt) bestand aus einem Gerüst von Stäben, über die ein
besonderes Fächerblatt, meist aus Pergament, Papier, Spitze
oder Seide, gelegt war, das mit Gouachemalereien oft von
Künstlerhand und mit Stickereien verziert wurde. Sogenannte
»Winterfächer« dienten weniger zur Abkühlung als zur
Zierde und bestanden nur aus gleich langen und gleich breiten Stäbchen aus Knochen, Elfenbein oder feinem Holz.

Fahrende Leute machten von alters her die Erheiterung und
Unterhaltung ihrer Mitmenschen zum Beruf und zu ihrem
Geschäft und streiften ohne festen Wohnsitz von Ort zu Ort
im Land umher. Im Mittelalter nannte man sie Spielleute
(lat. *joculatores,* franz. *jongleurs*), später kamen so allgemeine Bezeichnungen wie Abenteurer, Gaukler und Himmel-
reicher (gemeint waren Puppenspieler, aber auch Jongleure,
Luftspringer und Seiltänzer) auf, die sozusagen die Kern-
truppe der unstet wandernden Menschen waren. Begleitet

wurden sie von Akrobaten, Krämern und Quacksalbern, Hausierern und Wahrsagern, von Bettlern und vagabundierenden Studenten und Landsknechten (»Schwartenhälse«), von »fahrenden Frauen«, Landzwingern (Landfriedensbrecher) und Straßenräubern. Das grelle, ausgelassene Treiben der Fahrenden des Mittelalters entfaltete sich am eindrucksvollsten auf den Kirchweihen und Jahrmärkten der Dörfer und Städte. Sie erschienen mit tanzenden Bären, Hunden und Ziegen, Affen und Murmeltieren, liefen auf dem Seil, schlugen Purzelbäume vorwärts und rückwärts, warfen Schwerter und Messer und stürzten sich unverletzt auf deren Spitzen und Schneiden, verschlangen Feuer und zerkauten Steine, übten Taschenspielerkünste unter Mantel und Hut, mit Zauberbechern und Ketten, ließen Puppen miteinander fechten, flöteten wie die Nachtigall, schrien wie der Pfau, pfiffen wie das Reh, rangen und tanzten beim Klang der Doppelflöte, hüpften in grotesken Tiermasken umher, führten rohe theatralische Szenen auf, spielten den Betrunkenen und den Dümmling, zankten sich in komischen Streitgesprächen, parodierten weltliche und geistliche Stände und trieben zu allerart Musik ihre tollen und derben Possen.

Obgleich als Verbreiter der Dichtungen, von Neuigkeiten und Kurzweil beliebt, galten sie doch, von der kirchlichen und staatlichen Gemeinschaft ausgeschlossen, als »unehrliche Leute«. Ihre Unehrlichkeit wurde damit begründet, daß sie »Gut für Ehre nähmen und sich für Geld zu eigen gäben«, daß sie also ihr Selbst zu Erwerbszwecken preisgaben und sich damit den unfreien Knechten gleichstellten. Die Ehrlosigkeit drückte sich unter anderem durch zynische Scheinrechte aus: Wenn ihnen Unrecht geschah, durften sie nach den mittelalterlichen Rechtssammlungen Sachsenspiegel und Schwabenspiegel ihre Rache an dem Schatten nehmen, den ihr Schädiger an die Wand warf. Rechtlosigkeit aber erzeugte Solidarität mit anderen Verstoßenen; die Gehobeneren unter ihnen, besonders die Musikanten, schlossen sich hin und wieder zu zunftmäßigen Vereinigungen mit eigenem Recht, dem Pfeiferrecht, und besonderen Veranstaltungen, wie beispielsweise der Pfeifertag zu Rappoltstein, zusammen. Es ist kein Zufall, daß die Gefangennahme und öffentliche Hinrichtung des Pfeifers Hans Böheim von Niklashausen (1476), eines Spielmanns und leidenschaftlichen Volksredners, eine jener Bewegungen gegen Ausbeutung und Unterdrückung (»Bundschuh«) hervorrief, in denen sich die Bauernkriege des 16. Jahrhunderts drohend ankündigten.

Im 14. und 15. Jahrhundert waren die Spielleute etwas günstiger gestellt, doch schritt die Reformation desto schärfer gegen sie ein. In der Mitte des 16. Jahrhunderts erreichte die Fechtkunst, von den Obrigkeiten bei Bürgern und Handwerkern gern gesehen und begünstigt, ihren Höhepunkt. So mancher brave Meister hängte sein Handwerk an den Nagel und trat als Berufsfechter der großen Schar der Fahrenden bei. Einer der letzten dürfte Hans Joachim Ohlsen gewesen sein, ein »angelobter Meister des langen Schwerts von Greifenfels«, wie er sich nannte, gebürtig aus Hamburg. Er stritt sich noch 1754, wie es hieß, mit Dilettanten um einen Dukaten, mit Waffenbrüdern aber bis aufs Blut. Die Pausen füllte er mit Pistolenschießen nach hölzernen Türkenköpfen, Pikenwerfen und Fahnenschwingen.

Im Dreißigjährigen Krieg kamen zu den »Fahrenden« noch minderrangige Alchimisten, Geisterbeschwörer und Schatzgräber. Ihre Nachfahren waren auch die Drehorgelspieler, Kunstreiter, Seiltänzer, Kraftmenschen, Wasserkünstler, Schattenspieler, Komödianten, Dresseure, Springer, Puppen- und Marionettenspieler. Als im vorigen Jahrhundert die Arenen, Zirkusse, Sideshows und Varietés wie Pilze aus der Erde schossen, verließen die erfolgreichen unter ihnen die unsicheren Straßen und traten in feste Engagements ein. Andere schlossen sich der Truppe einer der unzähligen Schausteller an oder zogen allein zu den Jahrmärkten, Volksfesten und Vergnügungsparks. Entsprechend vielfältig entwickelte sich auch der Artistenberuf. In Signor Saltarinos *Artisten-Lexikon* von 1895 finden sich schon so ungewöhn-

liche Bezeichnungen wie Equilibrist, Kraftdame, Luftgym-
nastiker, Ventriloquist (Bauchredner), Saltomortale-Reiter,
Voltigeur (Trapezkünstler), Kautschukdame, Tintamaresque-
Spieler (Karikatur-Theater), Feuermaler, Zahn-Athlet, Mes-
serwerfer, Mimiker, Parterre- und Batoudespringer. Und
ab und zu schlich sich auch noch ein verächtlicher Ton in die
Berichterstattung ein, wie zum Beispiel in der Wiener *Neuen
Freien Presse* vom 21. November 1925: »Chocolate Kiddies«,
schreibt der bekannte Schriftsteller und Feuilletonist Felix
Salten, »Teufelskerle und Blitzmädchen — Tänzer und Akrobaten, fabelhafte Musikanten und gute Sänger, das sind
Affen von erschütternder Menschlichkeit, sind farbige Menschen, die grotesk heiter und manchmal wieder rührend an
unsere Verwandtschaft mit den Orangs erinnern . . .«

Falkner (auch Falkoniere) waren Jäger, die sich bestimmter
Greifvogelarten als Helfer beim Erlegen von Haar- oder
Federwild bedienten und die Haltung der zur Beizjagd
abgerichteten Beizvögel besorgten. Die Beizjagd blühte in
Europa vom 14. bis ins 17. Jahrhundert und bildete eines der
vornehmsten Vergnügen der Fürsten und Herren. Abgerichtet wurden hauptsächlich der Gerfalke, der Lanner oder
Feldeggsfalke, der Sakerfalke und der Wanderfalke, aber
auch der Habicht und der Sperber. Sie wurden zunächst so
weit gezähmt, daß sie, an den Fängen mit schwachen Lederriemen gefesselt, mit über den Kopf gezogener Haube auf
der linken, mit starkem Lederhandschuh bekleideten Faust
saßen. Zur Jagd wurde der Falke dadurch abgerichtet, daß
man ihn, erst an einen Faden gefesselt, später frei, auf eine
Taube stoßen ließ, mit der er auf Ruf (»hilo«), durch die an
eine Schnur gebundenen Flügel einer Taube (Federspiel)
angelockt, auf die Faust zurückstrich. »Gebeizt« wurden
Fasane, Rebhühner, Kraniche, Trappen, Gänse, Enten sowie
Hasen und Kaninchen, doch vorzugsweise der Fischreiher,
der deshalb auch zur hohen Jagd gehörte (Reiherbeize).
Erhob sich ein Reiher, so wurde der Falke von der Kappe

befreit und von der Faust geworfen. Konnte der Falke den Reiher überhöhen, so stieß er auf ihn herab und brachte ihn zu Boden. »Der Falke, der auf einen Kranich fliegt, wird ihn entweder schlagen oder fehlen, festhalten oder auslassen. Wenn er den Kranich schlägt und festhält, darf sich ihm der Reiter, der zu seiner Hilfe heransprengt, nicht von vorn, sondern nur von der Seite her nähern, denn es wäre immerhin möglich, daß er sein Pferd nicht rechtzeitig zum Stehen brächte und der Falke dann unter dessen Hufe geriete und zertrampelt würde. Deshalb sitze er etwas vorher ab und eile zu Fuß rasch hinzu. Sollte jedoch der Hund den Kranich schon gefaßt haben, entferne er ihn, aber nicht mit Schelten, sondern mit gutem Zureden. [. . .] Da es für den Gerfalken nützlich ist, den Schrei des Kranichs zu kennen, damit er sich daran gewöhnt, von ihm zu kröpfen, verfahre man wie folgt. Bei einem Kranich muß so kunstgerecht wie möglich, nahe am Schlund, die Luftröhre freigelegt und das Herz herausgeholt werden; doch darf man den Vogelkörper an keiner weiteren Stelle öffnen. Und weil die Luftröhre nach dem Einschnitt herausgeholt werden soll, ist es ratsam, von da, wo sie freigelegt wurde, die Haut der Länge nach abwärts zu schlitzen. Dann ergreife man das Ende der Luftröhre und blase mit aller Kraft hinein, damit Luftröhre und Lunge sich mit Luft füllen. Um zu verhindern, daß sie wieder entweicht, klemme man das Ende der Luftröhre mit zwei Fingern ab und nehme sie dann vom Mund. Will man, daß der Kranich schreit, so presse man seine Seiten zusammen, indem man zugleich die Finger, die das Ende der Luftröhre zuhalten, lockert. Auf diese Weise wird der tote Kranich wie ein lebender schreien.« Diese Unterweisung stammt aus dem Buch *De arte venandi cum avibus,* und der Verfasser, dessen Absicht es war, »in diesem Werk über die Beize die Dinge, die sind, so, wie sie sind, darzustellen und dem den Rang einer Kunst zu sichern, wovon keiner bisher Wissen besaß und das noch keiner als Kunst angesehen hat«, war vermutlich einer der geschicktesten Falkner seiner Zeit, der Staufer Fried-

rich II., Kaiser der Römer, deutscher König und König von
Jerusalem und Sizilien.

Fallmeister übten ihre verantwortungsvolle Tätigkeit an
Flußbauwerken aus, die zur Überwindung gefährlicher
Schiffahrtshindernisse, wie beispielsweise Felsabstürze oder
Stromschnellen, geschaffen wurden. Das wohl spektakulärste
Wasserbauwerk befand sich an der Traun zwischen Gmunden und Stadl-Paura, das den »wegen seiner unbeweglichen
Steinklippen und windschnellen Wasserläufe in ganz Teutsch-
land berühmten wilden Fall«, den Traunfall, bezwang. Ein
hölzerner Fahrkanal von fast vierhundert Meter Länge
schwang sich entlang der Uferböschung von der Höhe des
Felsabsturzes hinunter. Wenn sich nun ein Schiff der Ein-
fahrt in den Kanal näherte, mußte der Fallmeister im richtigen Moment das Falltor aufziehen, damit das Schiff nicht
vom reißenden Sog des »wilden Falls« erfaßt und rettungslos
in den tosenden Abgrund getrieben wurde. Er durfte auch
nur so viel Wasser in den Kanal einlassen, daß zwischen dem
Fahrbahngrund und dem Schiffsboden noch genügend Rei-
bungskontakt war, um die Geschwindigkeit zu mäßigen.
Am Ende des Kanals lief das Wasser durch einen Rost im
Boden ab, so daß die mächtigen Lastkähne krachend über
die Bohlen schlitterten, um dann mit merklich verringerter
Geschwindigkeit wieder im Fluß zu landen.

Farbenmacher (auch Farbenreiber) stellten Farbwaren her,
die zum Anstreichen, Färben und Malen gebraucht wurden.
Vor allem waren es die natürlich vorkommenden Erdfarben,
Hölzer, Blätter, Blüten und Wurzeln, die zur Herstellung von
Farbstoffen benutzt und mit einer Flüssigkeit als Bindemittel
angemacht wurden. Diese Flüssigkeit war entweder Wasser,
Wasser mit Leim, Gummi oder ähnlichen schleimigen Sub-
stanzen vermischt; oder sie war eine Auflösung von Harz in
Weingeist oder in einem ätherischen Öl wie Terpentinöl
(Weingeist- oder Terpentinfirnis). Manchmal handelte es

sich auch um ein fettes Öl wie Leinöl oder Leinölfirnis. Manche Farbstoffe wurden auch mit Milch oder Blutwasser gebunden.

Eingeteilt wurden die Farben nach Johann Joseph Prechtls *Technologischer Encyklopädie* (1830ff.) in erdige oder Oxyd- farben, in Lack- und Saftfarben. Zu den ersteren zählten vor allem Eisen- und Kupferverbindungen (Rot- und Braun- eisenstein, Ocker, Malachit) und durch Eisenoxyd intensiv gefärbte Tone (Bolus, Umbra), aber auch künstliche Pro- dukte wie Eisen-, Kupfer-, Chrom-, Kobalt-, Blei- und Zink- farbstoffe, denen sich die Metallfarbstoffe (pulverisierte Metalle, Bronzen) anschlossen. Von den vielfältigen Farb- bezeichnungen seien hier nur erwähnt Bleiweiß und Bleigelb, Chromgrün und Chromrot, Berliner Blau, Kupfergrün, Englischrot, Kasseler Braun und Frankfurter Schwarz.

Lackfarben entstanden durch Niederschlag löslicher Farb- stoffe mittels Fällungsmittel (Salze, Säuren, Seifen usw.) und waren in Wasser schwer löslich. Unter Saftfarben verstand man zunächst die eingedickten Absude oder Säfte von färben- den Pflanzen, die in Wasser oder Alkohol löslich waren und auf der bestrichenen Oberfläche nur eine durchsichtige Schicht (Lasur) bildeten.

Farben, die nicht wie die Saftfarben im Wasser löslich waren, also die eigentlichen Deckfarben, mußten vor ihrer Anwendung sehr fein gerieben werden. Im kleinen geschah dieses Zerreiben im trockenen Zustand in einer Reibschale aus Glas, Steingut oder Serpentin mit einem Pistill (Stößel) aus dem gleichen Material; im feuchten Zustand auf dem Reibstein, einer harten Platte mit glatter Oberfläche, gewöhn- lich aus Kalkstein, Marmor oder Porphyr, mit Hilfe des Läufers, eines kegelförmigen Steins mit einer breiten, eben- falls glatten Grundfläche. Die Farben wurden darauf erst trocken angerieben und dann mit Zusatz von Wasser, Öl oder Ölfirnis zu einem dicken Brei vermischt. Während der Arbeit strich man die ausgebreitete Farbe mit einem Spatel aus Holz oder Horn gegen die Mitte des Steins und unter den

Läufer. Die geriebenen Ölfarben waren entweder gleich zum Verbrauch bestimmt, oder sie wurden in Schweinsblasen abgefüllt. Größere Mengen von Farb- und Lackpasten stellte man im 19. Jahrhundert in den Farbmühlen mittels Trichtermühlen her, die mit einer Handkurbel an einem Schwungrad betrieben wurden.

In vielen Malerordnungen wurde darauf hingewiesen, daß die Farben von eigener Hand zuzubereiten waren, was mit allerhand Zeitaufwand verbunden war. Deshalb beschäftigten die Malermeister für diese Tätigkeit oft eigene Farbenreiber.

Färber übten die Kunst aus, Garnen und Geweben (Wolle, Baumwolle, Leinen, Seide) eine bestimmte Färbung der ganzen Substanz zu geben (im Gegensatz zur Färbung nur der Oberfläche, womit sich die Zeug- und → Kattundrucker beschäftigten). Die Färberei, die sich im Anschluß an die Körperbemalung entwickelt haben dürfte, bediente sich ursprünglich ausschließlich natürlicher Farbstoffe, die aus Wurzeln, Blüten, Kräutern und Blättern, Früchten und Samen, Hölzern und Rinden, Mineralien und tierischen Produkten gewonnen wurden. Um 1200 war eine Blütezeit der Färbekunst am Mittelmeer, besonders in Italien, die sich von hier über ganz Europa ausbreitete. Die berühmte Florentiner Calimala-Zunft der Großhändler und Tuchmacher erwarb Rohtuche in Flandern, um sie am Arno färben zu lassen. Mit »Petrus tintore« ist dort erstmals ein berufsmäßig tätiger Färber bekannt geworden. Aber auch die Flamen waren tüchtige Färber, die für die Verbreitung des Handwerks sorgten, und bereits 1208 werden flämische Färber, sogenannte Fläminger, in Wien erwähnt. Nach der Entdeckung Amerikas bekam die europäische Färberei durch Farbhölzer (Pernambuk, Brasilholz, Blau- und Gelbholz) neuen Auftrieb.

Zünftige Zusammenschlüsse der Färber sind seit dem 14. Jahrhundert bekannt, allerdings blieb das Färben vielfach mit der Tuchmacherei eng verbunden und löste sich nur langsam aus der Weberei heraus. Als erstes selbständiges Gewerbe — allerdings noch von den →Leinenwebern abhängig — etablierten sich die Schwarzfärber (beispielsweise 1259 in Regensburg), die zunächst nur Leinwand, sogenannte Grautuche und Loden färbten. Um dauerhafte schwarze Farben zu erhalten, kochten sie Eisensalze, Eisenoxyde oder Eisenfeilspäne (»Schliff«) mit Gerbsäuren in Wasser, später bestand die »Flotte« (Färbebrühe) aus Galläpfeln, Rauschbeeren, Schmack (Sumach) oder Knoppern.

Mit der ganzen zur Verfügung stehenden Farbpalette machten sich die Schönfärber ans Werk. Zu den wichtigsten Farben gehörte das Blau des Färberwaids (eine zu den Kreuzblütlern gehörende Pflanze) und das Rot aus den gepulverten Wurzeln des Krapps (Färberröte). Waid wurde vor allem am Rhein und in Thüringen angebaut. Die gestielten, pfeilförmigen Blätter zerquetschte man in Waidmühlen, trocknete sie und brachte sie, als Pulver in Fässer verpackt, in den Handel. Waidmesser und Menger maßen und mischten den Waid dann im *Waidhaus*, bevor ihn die Waidgießer weiterbehandelten. Noch heute finden sich in Thüringer Ortschaften sogenannte Waidsteine oder Quetschräder, und in der Gemeinde Pferdingsleben (Kreis Gotha), wo noch bis 1912 Waid angepflanzt wurde, ist die letzte Waidmühle erhalten geblieben. Der Waid wurde ab Mitte des 16. Jahrhunderts allmählich vom eingeführten Indigo verdrängt, der zunächst als »Teufelsfarbe« in üblem Ruf stand und dessen Anwendung eine Zeitlang bei Strafe (in Sachsen sogar bei Todesstrafe) verboten war. Er wurde in kristallisierter Form von den Färbereien eingekauft und dort zerkleinert und feingerieben (in größeren Färbereien von ungelernten Farbreibern im Tagelohn). Neben der bereits erwähnten Färberröte Krapp gewann man rote Farbstoffe aus tropischen Rothölzern (Pernambuk, Brasilholz), aus der getrockneten Körperflüssigkeit der Cochenillelaus oder aus »Drachenblut« (das Harz eines palmenartigen Baums). Gelb wurde mit Wau gefärbt, einem Kraut, das man auch Färberresede, Gelbkraut oder Romantisches Kraut nannte, oder mit der Querzitronrinde, mit Gelb- und Fisethölzern, wildem Safran oder Gelbbeeren.

Ein weiterer Berufszweig waren die Seidenfärber, die für gewöhnlich außerhalb der Zünfte standen und sich nur in einzelnen Zentren der Seidenweberei zu einem wirklich großen Handwerk entwickelten. Die Seide wurde vor dem Verweben gefärbt und erforderte mehr Vorbereitung (wie das Entbasten oder Degummieren) als beispielsweise Wolle. Auch wurde Seide nach dem Färben in der Regel durch ein Schlußbad mit Öl und Säure geschönt (aviviert). Die üblichen Farbstoffe wurden noch ergänzt durch den Saflor (der gelbe Farbstoff der Färberdistel), den Orlean (orangegelber Farb- stoff) und die Orseille (roter Farbstoff aus verschiedenen Flechten).

Die Werkstätten der Färber, die immer an fließendem Wasser lagen, benötigten für ihre Arbeit (Waschen, Beizen, Spülen, Färben) zwar stets reines, weiches und klares Wasser, doch aus ihren Kesseln ergoß sich eine trübe, stinkende Brühe (»Waidmost«) und verschmutzte zum Leidwesen der Anwohner die Gewässer. Bezeichnungen wie Blauhandgasse (Frankfurt am Main) oder Blaubach (Köln) weisen auf dieses Problem hin. Über die Umstände, unter denen die Färber arbeiten mußten, berichtet der italienische Arzt Bernardino Ramazzini (1633–1714), daß die Atmosphäre heiß und feucht war, und daß, »wenn man in dem Augenblick, wo die Farb- kessel in Tätigkeit sind, in die Stube tritt, aus der geöffneten Türe ein solcher Qualm dringt, daß man kaum hindurch sehen kann. Jeder Gegenstand, den dieser widerwärtige Dunst berührt, wird von demselben gefärbt; er besteht 1) aus dem Rauch der Öfen; 2) aus den Wasserteilchen, die als Dunst aus den Kesseln emporsteigen; 3) aus den verschiede- nen Salzen und Beizen, welche beim Färben angewandt wer- den; 4) aus den Teilchen, die sich von den vegetabilischen oder animalischen Farbstoffen absetzen. Die Färber müssen außerdem noch ihre Stoffe in fließendem Wasser waschen, wodurch sie leicht Rheumatismen, Katarrhe, Asthma und

Brustwassersucht bekommen. Die Färber, welche in Paris am Fluß Bièvre arbeiten, leiden oft an Wechselfiebern; viele von ihnen bekommen die Schwindsucht. Infolge der Bleipräparate, welche man zu manchen Farben gebraucht, werden die Färber zuweilen von der Metallkolik befallen.«

Im 19. Jahrhundert erfuhr die handwerkliche Färberei vor allem durch die Entdeckung der Teerfarbstoffe (Anilinfarben) 1859 einen gewaltigen Umbruch, denn nun konnte jede Farbnuance erreicht werden, und als substantive Farben verbanden sie sich unmittelbar mit der Faser, was die zur Fixierung erforderliche Beize ersparte. Der Färbeprozeß reduzierte sich auf das Waschen und das Bad in der »Flotte«, und die alten Farbstoffe verloren an Bedeutung.

Ein sicherlich ungewöhnlicher Färbermeister war Aloys Zötl aus Freistadt in Oberösterreich. In seiner spärlichen Freizeit aquarellierte er Reptilien, Vögel, Fische, Muscheln, Insekten und Säugetiere vor imaginären Landschaften, gab den Bildern Namen wie »Der große Makak«, »Die gestreifte Hyäne« oder »Exotische Muscheln« und versah sie mit genauem Datum. Als er 1887 starb, umfaßte sein phantastisches Werk schätzungsweise zweihundertsiebenundfünfzig Arbeiten, die sich heute alle im Besitz privater Sammler — unter ihnen Pierre Balmain und Alix de Rothschild — befinden. 1955 und 1956 fanden im Hotel Drouot in Paris zwei Auktionen statt, bei denen vermutlich die letzten von Zötls Aquarellen versteigert wurden. Der Versteigerungskatalog überraschte mit einem Text von André Breton: »Da uns überhaupt kein biographisches Detail bekannt ist, können wir uns nur mit unserer Phantasie ausmalen, was den Färbermeister aus Oberösterreich antrieb, in den Jahren 1832 bis 1887 mit so großem Eifer das prächtigste Bestiarium zu schaffen, das es jemals gab: Als ob das professionell in der subtilsten Selektion der Farben und Töne geübte Auge Zötls mit einem geistigen Prisma ausgestattet gewesen wäre, das wie ein visionäres Instrument arbeitete und ihm wie in einer Kettenreaktion das Tierreich bis zu seiner entferntesten (verborgensten) Spezies enthüllte, das ja bekanntlich eine rätselhafte Existenz in uns allen weiterführt und eine entscheidende Rolle im unbewußten Symbolismus spielt.«

Faßzieher (auch Gropper) sind schon früh in den Orten an der Donau und ihrer Nebenflüsse zu finden. Sie hatten die angelieferten Weinfässer, aber auch solche, in denen andere Waren verpackt waren, aus den Schiffen herauszuziehen oder auf sie zu verladen. In der Aschacher Ordnung »der vaszieher« vom Jahre 1512 heißt es ausdrücklich: »zu ziehen wein oder pier und anders«. Zum Beispiel wurden Sensen, Sicheln, Schleifsteine, Unschlitt, Leder und Ochsenhörner in Fässern verpackt. In Wien, wo es auf dem Spittelberg ein inzwischen abgerissenes Faßzieherhaus gab, das als Herberge diente, erinnert ein Gassenname an dieses einst wichtige Gewerbe.

Fechner verarbeiteten den sehr teuren und vornehmen weißen Winterpelz des Hermelins, von dem es hieß, es würde eher sterben, als seinen Pelz zu verunreinigen.

Federschmücker (auch Federputzer, Federputzmacher) bedienten sich der Federn vieler Vögel, teils wegen der Größe und zierlichen Form, teils wegen der auffallenden Färbung, und stellten Accessoires zur Verschönerung her.

Schmuckfedern für künstliche Blumen (Federblumen) lieferten Kolibris und Papageien, aber auch gefärbte Hühner- und Truthahnfedern wurden dafür verwendet. Von Paradiesvögeln stammten die langen, vom Hinterleib weit über den Schwanz hinausreichenden Federn, die als Damenkopfputz getragen wurden und zu den kostbarsten zählten. An größeren Sorten wurden verarbeitet: die Schwanz- und Flügelfedern vom Afrikanischen Strauß, dessen reinweiße und sattschwarze Federn am wertvollsten waren. Der Südamerikanische Strauß lieferte graue und braune Federn; sie dienten meist zu Fliegenwedeln oder Sonnenschirmen. Marabufedern sind die Schwanzfedern verschiedener tropischer Storcharten, sie sind kurz, blendend weiß oder grau, fein zerschlissen, flaumartig weich und zart und waren gleichfalls sehr kostbar. Schwarze und weiße Reiherfedern wurden zu erlesenen Federbüschen zusammengefaßt, und Geierfedern (Vulturfedern), aus dem Federkragen am Hals, benutzte man sowohl roh als auch gefärbt. Ferner verwendete man Rabenfedern, Fasanfedern, die Federn des Kranichs, des Schwans und der Gans.

Vor der Verwendung wurden die Federn gereinigt und entfettet, die von Natur aus weißen oft noch gebleicht, mit Gummiwasser oder Eiweiß bestrichen und dressiert. Zum Schluß wurden die Federn gekräuselt, indem man die Fahnen zwischen dem Daumen und einem stumpfen Messer durchzog.

In den Werkstätten der Federputzer(innen) entstanden, vielfach von modischen Strömungen beeinflußt, neben dem Hutschmuck und dem zarten Besatz für Damen- und Kinderkleidung, Federbüsche (für Uniformen), Federschals (Boas), Federgirlanden, Federquasten, Federblumen und Federpelzwerk (aus dem Balg einiger Wasservögel). Die Federstickerei aus den harten weißen Rücken der Schäfte von Pfauenfedern wurde besonders in Salzburg und Tirol als Verzierung der breiten ledernen Gürtel getragen. Eine eher seltene Arbeit war das Federmosaik, recht gerne mit Vogeldarstellungen, bei dem verschiedenfarbige Federn auf Papier geklebt wurden.

Federschneider (auch Kielfedernschneider, Posenschaber) verfertigten aus den Schwanz- und Flügelfedern der Gänse Schreibfedern, die seit dem 13. bis tief ins 19. Jahrhundert das gewöhnliche Schreibmittel waren. Man verwendete besonders die fünf äußeren Schwungfedern jedes Flügels (von denen die zweite und dritte — Schlachtposen — die besten waren), die den Tieren zur Mauserzeit (im Mai oder Juni) von selbst ausfielen oder ausgerissen wurden.

Die rohen Gänsekiele wurden nach Länge, Dicke und Härte sortiert, gereinigt, und die Fahne (Bart) wurde fassoniert. Anschließend erhitzte man die Kiele in heißer Asche oder Sand und schabte mit einer Messingklinge die Haut ab. Gewöhnlich wurden die Schreibfedern ungeschnitten verkauft, und jeder Schreibende konnte sie nach seinen Bedürfnissen zuspitzen und aufspalten. Eine andere Art der Verwendung bestand darin, die Gänsekiele in Stücke zu schneiden und aus jedem Stück einen Feder»schnabel« zu fertigen, der auf einen Griffel (Federhalter) aufgesteckt werden konnte.

Die Vogelkielfedern wurden allmählich von den stählernen Schreibfedern verdrängt, die gleichmäßiger schrieben und sich nicht abnutzten. Der Erfinder des Steindrucks (→Lithographen), Alois Senefelder, kam gegen Ende des 18. Jahrhunderts in München auf die Idee, Metallfedern aus Taschenuhrfedern zurechtzuschneiden. Die englischen Fabrikanten von Uhrfedern und Krinolinreifen gestalteten nach Senefelders Vorbild die ersten Stahlschreibfedern.

Feilenhauer stellten die in der Metall-, Holz-, Leder- und Hornverarbeitung unentbehrlichen gezahnten oder geriefelten Werkzeuge, Feilen und Raspeln genannt, aus gehärtetem Stahl her. Erstmals wird ein Feilenhauer 1387 in Frankfurt am Main erwähnt, in Nürnberg wird der Beruf ab 1494 häufig genannt, im 16. Jahrhundert auch in Steyr, Leipzig, Köln und Augsburg, später in vielen Städten als zünftiges Handwerk in der Gilde der Schmiede. Die Feilenhauerei war ein sogenanntes geschenktes Handwerk (die Gesellen durften »mit merklicher Beförderung ihrer Wohlfahrt« reisen und ihr Glück versuchen) mit Zeichenzwang und geregelter Ausbildung, die in der Regel je drei Lehr- und Gesellenjahre, im 18. Jahrhundert weitaus mehr, in Anspruch nahm. Als Meisterstück mußten beispielsweise die Nürnberger und Zwickauer Feilenhauer drei Werkstücke anfertigen und vorlegen: eine große, schwere, viereckige Armfeile, wie sie die Drahtzieher verwendeten; eine breite Schleiffeile für Goldschmiede und eine grobe, krumme Raspel mit gekröpfter Angel für Sattler.

Die Feilen wurden aus einem gut härtbaren Werkzeugstahl (gegärbter Roh- oder Zementstahl, weniger Gußstahl, später Walzstahl) geschmiedet, wobei man für solche mit dreieckigem und rundem Querschnitt Gesenke zu Hilfe nahm. Die geschmiedeten Feilen wurden ausgeglüht und langsam abgekühlt, um sie so weich wie möglich zu machen. Vor dem Behauen erhielten sie ihre Form sowie glatte und blanke Flächen durch Abschleifen. Dieser Arbeitsschritt geschah in eigenen Schleifmühlen oder -kotten mittels wassergetriebener Schleifsteine aus Sandstein. Eine äußerst gesundheitsschädliche Arbeit, die durch den Staub und das kalte Wasser bei den Arbeitern Silikose, Gicht und Rheuma verursachte. Die Einkerbungen auf der Feilenoberfläche entstanden durch Eintreiben eines Meißels mit dem Hammer, der einen gekrümmten, kurzen Stiel hatte und aus dem Handgelenk geschlagen wurde. Als Unterlage diente der Hauamboß, auf dem die Feile mit einem Lederriemen festgehalten wurde, den der Feilenhauer mit beiden Füßen spannte. Das Hauen fing bei der Spitze an, und mit jeweils ein bis zwei Schlägen wurde Einschnitt für Einschnitt bis zur Angel erzeugt. Waren alle Flächen mit dem Unterhieb versehen, wurden die Grate leicht abgefeilt und der Kreuzhieb aufgesetzt. Bei achtzig bis zweihundertzwanzig Schlägen pro Minute bewältigte ein Hauer bis zu fünfzig Feilen am Tag. Es sind viele Versuche unternommen worden, Feilen maschinell zu hauen. Als Beispiel sei hier eine Feilenhaumaschine erwähnt, die der Franzose Mathurin Jousse de la Flêche in seinem Buch über die Schlosserei (1627) beschreibt. Der Einsatz solcher Maschinen scheiterte aber mit Sicherheit an dem mangelnden ökonomischen Vorteil, denn ein Arbeiter, der für die Bedienung einer solchen Maschine erforderlich gewesen wäre, konnte in der gleichen Zeit die Handarbeit verrichten. Durchgesetzt haben sich solche Maschinen erst um 1890 in den Feilenfabriken.

Das Härten der Feilen war der letzte und wichtigste Schritt und ein wohlgehütetes Geheimnis einer jeden Werkstätte.

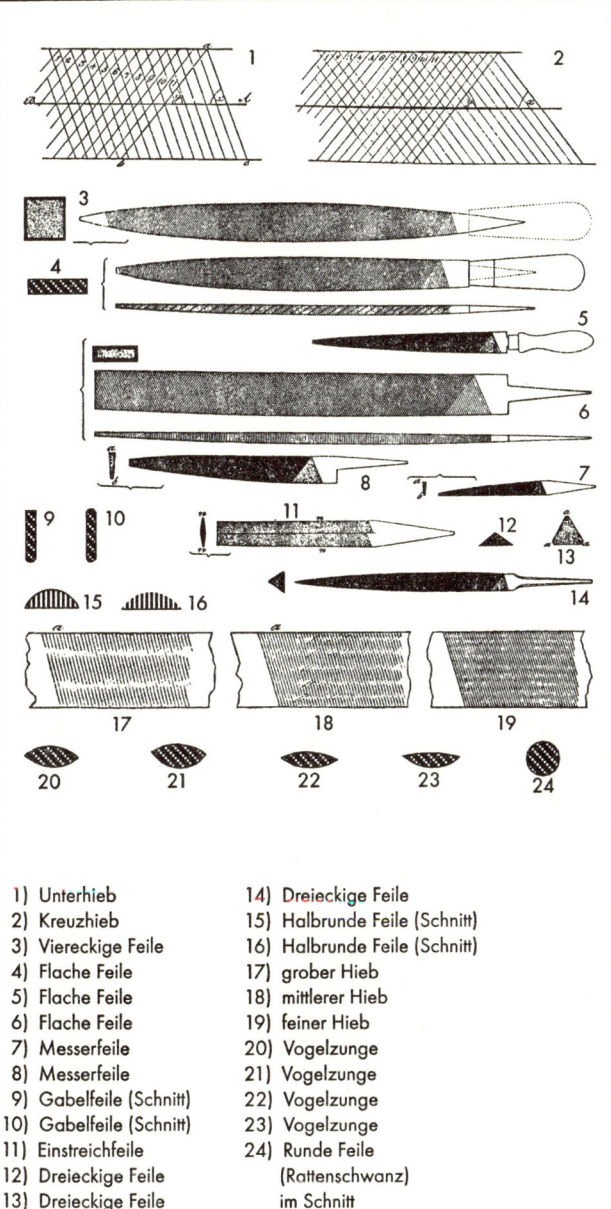

1) Unterhieb
2) Kreuzhieb
3) Viereckige Feile
4) Flache Feile
5) Flache Feile
6) Flache Feile
7) Messerfeile
8) Messerfeile
9) Gabelfeile (Schnitt)
10) Gabelfeile (Schnitt)
11) Einstreichfeile
12) Dreieckige Feile
13) Dreieckige Feile
14) Dreieckige Feile
15) Halbrunde Feile (Schnitt)
16) Halbrunde Feile (Schnitt)
17) grober Hieb
18) mittlerer Hieb
19) feiner Hieb
20) Vogelzunge
21) Vogelzunge
22) Vogelzunge
23) Vogelzunge
24) Runde Feile
     (Rattenschwanz)
     im Schnitt

In Johann Joseph Prechtls *Technologischer Encyklopädie* (1830ff.) findet sich folgende Prozedur: Um die feinen Spitzen des Hiebes vor Verzunderung zu schützen und ihnen zugleich eine große Härte zu geben, bestrich man jede Feile vor dem Glühen mit einem Überzug, der aus verkohltem Leder oder Horn (auch verkohlten Knochen, Ochsenklauen oder Pferdesehnen), Ofenruß, etwas Pferdemist, Kochsalz und Töpferton zusammengesetzt war. Nach dem Erhitzen wurde die dunkelrot glühende Feile in ein Gefäß mit Kochsalz gesteckt, dann richtete man sie, falls es notwendig war, mit einem hölzernen oder bleiernen Hammer gerade, brachte sie erneut ins Feuer und tauchte sie abschließend langsam in Regenwasser. Gereinigt, geölt und in Papier oder Stroh verpackt, kamen die Feilen zum Verkauf.

Die Verschiedenheit der Feilen war außerordentlich groß. Nach dem Grad der Feinheit unterschied man Feilen mit grobem Hieb (Armfeilen), Mittelhieb (Bastardfeilen) und feinem Hieb (Schlichtfeilen), deren Querschnitt viereckig, dreieckig, rund, halbrund und flach sein konnte. Nach der Art der Verwendung gab es Zinn-, Messer-, Gabel-, Schraubenkopf-, Säge-, Wälz- und die Unzahl der Uhrmacherfeilen (wie beispielsweise Platinen-, Zahn-, Schneckenauslauf-, Schwalbenschwanz- oder Steigradschieber-, Scharnier-, Zifferblatt-, Zapfen-, Barett-, Kreuzschenkel- und Polierfeilen). Ferner Schweiffeilen für die Schlosserei, Nadel-, Feder- und Perlfeilen für die Gold- und Silberarbeiter, Drechsler- und Schuhmacherfeilen. »Vogelzungen« nannte man Feilen zur Bearbeitung gekrümmter Flächen, und »Rattenschwänze« waren kleine, runde Feilen.

Feldschere nannte man nachweisbar seit dem 16. Jahrhundert Chirurgengesellen, die dem Heer zugeteilt und für die wundärztliche Versorgung zuständig waren. Entweder wurden sie während ihrer Gesellenzeit zum Militärdienst ausgehoben, oder sie meldeten sich freiwillig, denn der Krieg galt als »die hohe Schule der Chirurgie«. Ihren Befugnissen waren für gewöhnlich weniger Beschränkungen auferlegt als den zivilen Wundärzten, weil Notfälle im Feld ja nicht die Ausnahme, sondern die Regel darstellten. »Wir wollen alle diese vorsorglichen Anstalten loben«, sagte eines Abends der Hauptmann; »nun geht uns aber das Notwendigste noch ab, ein tüchtiger Mann, der das alles zu handhaben weiß. Ich kann hiezu einen mir bekannten Feldchirurgen vorschlagen, der jetzt um leidliche Bedingungen zu haben ist, ein vorzüglicher Mann in seinem Fache, und der mir auch in Behandlung heftiger innerer Übel öfters mehr Genüge getan hat als ein berühmter Arzt ...« (Goethe, *Die Wahlverwandtschaften*). Übrigens war Friedrich von Schillers Vater Johann Kaspar Schiller auch ein Feldscher, der unter Herzog Karl Eugen diente.

Ein anderer, des »Großen Kurfürsten Feldscher«, war Meister Johann Dietz, geboren am 18. Dezember 1665 in Halle an der Saale, der — siebzigjährig — niederschrieb, »was er als preußischer Feldscher in Ungarn wider die Türken, als Schiffsarzt mit holländischen Walfischfängern am Nordpol, auf Reisen in deutschen Landen als Barbier und Chirurg mit Räubern und Jungfern, Soldaten und Gespenstern, endlich daheim mit zweien Ehefrauen erfahren, und also auf dieser Welt insgesamt hat leiden müssen«.

Als »junger Mensch« war Dietz »sehr glücklich im Kurieren« und wurde öfters zu Kranken geholt, »wann niemand helfen konnte. Sonderlich fiel damals die ungarische Haupt-Krankheit [ein Fieber, begleitet von heftigen Kopf- und Magenschmerzen] ein, da die Herrn *Doctores* die Aderlaß verordneten und dann Wein und Trinken verboten. Ich aber ließ keinen zur Ader, ließ ein Gläschen guten Wein trinken, brauchte *confortantia* [stärkende Arznei] und *alexipharmaca* [Gegengifte]. Meine Patienten wurden besser. Die andern starben weg.«

Jahre später, der Große Türkenkrieg war 1683 ausgebrochen, machte Johann Dietz als Feldscher in einem Artillerie-Regiment der Brandenburger unter Generalmajor Ernst von Weiler den Marsch nach Ungarn und die Belagerung der Hauptstadt, die damals Ofen hieß, mit. Es war Juni 1686, als der Feldchirurgus Dietz in den Approschenzügen (Annäherungsgräben) bei einer Attacke gegen die Wasserstadt, einen an der Donau liegenden Vorort der Festung Ofen, seine ersten Kriegserfahrungen machte. »Mein Gott, was war da vor ein Geschrei und Lamentieren von den Blessierten von allerhand Nationen. Etlichen waren die Arme, Beine weg, etlichen die Köpfe entzwei, die untern Kinn weg, daß die Zunge da hing. Wann sie so mir, auf den Zeltstangen entgegen getragen wurden und schrieen erbärmlich: ›Ach, mach mich tot! Stech mich tot!‹, da dacht ich: ›Daß Gott erbarme, gehet's hier so zu? wärest du davongeblieben, wie dich dein Vater gewarnet hat.« Auch die Türken »fielen wie die Fliegen [...] und wurde auch keiner bei dem Leben gelassen, sondern alle massakriert und meist die Haut abgezogen, das Fett ausgebraten und die *membra virilia* abgeschnitten und große Säcke voll gedörret und aufbehalten. Als woraus die allerkostbareste *mumia* gemacht wird. Sie wurden auch meistens aufgeschnitten und die Eingeweide durchsuchet, ob etwa, wie ehemals, Dukaten verschlucket gefunden würden.« Tage und Wochen vergingen, und »da war nichts, als Donner, Blitz, Rauch, Geschrei, Trommeln, Lärmen und Trompeten. [...] Ich hatte selbige Zeit viel zu thun, wenig Ruhe und brachte die Stiefeln nicht Tages als Nachtes von'n Füßen.« Endlich wurde das Signal zum Hauptsturm auf die Festung Ofen gegeben. Man schrieb den 2. September 1686. Die Mannschaften bekamen Pulver und Blei, Wein und Branntwein. »Es war just umb ein Uhr bei hellem Wetter mittags, da die Türken pflegten zu schlafen oder zu essen. Und hatten sich's am wenigsten versehen, als die Unsern in der größten Stille, ohne einigen Schuß, die Bresche erstiegen. [...] So bald die ersten Gewehr losgingen, da wurde Lärmen und ging alles über und über mit Stücken, Granaten und Steinwerfen, Schießen und Hauen; sogar die türkischen Weiber und Kinder, auch die Jüden, derer viel darin waren, trugen zu und wehreten sich desperat auf der Bresche; also daß die Toten auf derselbigen über zwei Ellen übereinander lagen. Es half aber nichts. Sie mußten daran glauben. Sie mochten nun sich wehren und schreien, wie sie wollten, die Stadt war erstiegen.

Da ward das Kind im Mutterleibe nicht geschonet. Alles, was angetroffen ward, mußte sterben. Wie ich denn mit Augen gesehen, als ich auch vom Berge über die Bresche in die Stadt gedrungen, daß Weiber dagelegen und die gelösten Pistolen noch in der Hand haltend, teils bloße Säbel. So aber nackend ausgezogen, die Leiber mit Partisanen durchstochen, durch die Geburt; die Leiber aufgerissen, daß die noch nicht gebornen Kinder herausgefallen; welches mich am meisten gejammert. Nackete Kinder von ein bis zwei Jahren aufgespießet und an die Mauern geschmissen wurden! — Ich bin erstaunet, was da ist vorgegangen, daß auch Menschen viel grausamer, als Bestien gegen einander sich bezeigeten.«

Der Feldscher und Hofbarbier Johann Dietz zeugte noch einundsiebzigjährig eine Tochter, die auf den Namen Tabea Friederika getauft wurde, und starb ein Jahr darauf. Das Manuskript seiner indiskreten Lebenserinnerungen landete schließlich, ziemlich ramponiert schon, in der Königlichen Bibliothek zu Berlin, wo es die Signatur — Nic. 229.4° — erhielt.

Fertiger waren Schiffahrtsunternehmer, die im Auftrag der Landesherren als Besitzer der Salzbergwerke (der Habsburger im Salzkammergut, der Erzbischöfe in Salzburg) das Salz zu Schiff auf der Traun, der Salzach, der Donau, der Enns und dem Inn verfrachteten. Sie waren also Frächter, wie sie auch bei der Rheinschiffahrt vorkamen. An der Traun besorgten die Fertiger nicht nur den Transport der Salzküfel, sondern hatten auch die Küfel anzufertigen. Sie kauften von den Sudhütten die kegelförmigen Salzstöcke, Fuder genannt, ließen sie durch Fuderhacker und Stößer zerkleinern und in die Küfel (Holzgefäße) einfüllen. Fertiger konnte nur werden, wer vom landesfürstlichen Salzamt damit betraut wurde. Sie besaßen die Schiffe, verpflichteten →Schiffleute zu deren Führung und durften mit dem Salz auch handeln.

Fesselschneider entstanden in den Zeiten des Rittertums und der Kreuzzüge durch die große Zahl von Pferden für Reise und Kampf. Diese mußten auf der Weide und im Lager gefesselt werden, und die Riemen dafür fertigten die Fessel-schneider *(vezzelsneider)* an, die als angesehene und begüterte Bürger galten.

Fingerhüter schlugen Fingerhüte mit stählernen Stanzen und Punzen aus Messing- oder Eisenblechstreifen mit freier Hand aus. Schon im Jahre 1373 werden zünftige Fingerhutmacher in Nürnberg erwähnt.

Fischbeinreißer verarbeiteten die Hornplatten des grönländischen Bartenwales *(Balaena mysticetus)*, Barten genannt, die sich durch hohe Elastizität und fast unvergleichliche Teilbarkeit in der Längsrichtung auszeichneten. Die von Speck und Hautteilen gereinigten und gespaltenen Barten wurden im heißen Wasser erweicht, in die Werkbank gespannt und mit eigenen hobelartigen Messern zu verschiedenen Nutzstücken zersplissen: zu Streben für Sonnen- und Regenschirme, zu flachen Streifen zum Steifen von Miedern, zu dünnen Ruten zum Einlegen in Damenhüte, zu Stöcken, Reitpeitschen, feiner Korbware und Galanterieartikeln. Die Schabspäne, also jene bei der Zurichtung abfallenden Fasern, wurden wie Roßhaar als Polsterungsmaterial verwendet. Enorme Mengen Fischbein verschwanden in der Zeit des Rokoko in den mächtigen Reifröcken und panzerartigen Schnürbrüsten der Damen.

Flammenrußbrenner arbeiteten für gewöhnlich mit den →Pechsiedern und →Teerschwelern gemeinsam in einer Hütte und gewannen aus harzreichen Nadelhölzern, aus

Harz, Holzteer oder Pechkriefen (Rückstand aus der Teer-
schwelerei) Kienruß, der als schwarzer Farbstoff für Buch-,
Stein- und Kupferdruckfarben, Schuhwichse und für Leim-
farben benützt wurde. In einem eigenen Ofen wurde
das Brennmaterial bei ganz schwachem Luftzutritt schwe-
lend verbrannt, wodurch ein dicker, qualmender Rauch
(Schmauch) entstand, der durch einen langen Abzug in die
Rußkammer geleitet wurde. Diese war mit einer kegelförmigen Haube aus Leinen- oder Wollstoff bedeckt, an der sich
der Ruß absetzte. Der beste und feinste allerdings war der
Lampenruß (Lampenschwarz), der aus der sogenannten Ruß-
lampe kam, in der mit Hilfe eines dicken Baumwolldochtes
fette Öle, Fischtran, Schweinefett, Kampfer, Pech-, Terpen-
tin- und Steinkohlenteeröl bei mäßiger Luftzufuhr verbrannt
wurden. »Chinesische« Tusche beispielsweise wurde aus
Lampenruß hergestellt, den man mit Pergament- oder Hau-
senblasenleim (aus der Schwimmblase des Hausen und anderer Störarten) als Bindemittel versetzte und mit Moschus parfümierte.

In Deutschland brannte man besonders in Thüringen und
im Harz große Mengen Ruß, die auch für den Export nach
England und den Niederlanden bestimmt waren. Verpackt
wurde Ruß in Fäßchen, von denen die größeren zweieinhalb Lot (etwa vierzig Dekagramm), die kleineren nur drei
Quentchen (etwa vier Dekagramm) faßten, oder auch in
winzigen Bütten mit nur einem halben Quentchen.

Flecksieder (auch Kuttler, Kuttelwascher) reinigten und brüh-
ten die Gedärme und die Mägen der Wiederkäuer. Kuttel-
flecke, auch Flecke, Kaldaunen oder Löser genannt, sind die
Vormägen und Gedärme des Rindes, die in diversen Küchen
als Delikatesse gelten. Sie wurden mit Salz, Pfefferkörnern
und einigen Spritzern Essig mehrere Stunden lang weich
gekocht, anschließend nudelig geschnitten und in Weinsauce,
in einem Gulyasansatz, als Suppe mit Wurzelwerk zubereitet
oder mit Semmelbröseln gebacken. Das *Appetit-Lexikon* von

Habs und Rosner schließt den Artikel »Kaldaunen« mit der Feststellung: »Übrigens werden die Kutteln so fabelhaft schnell und gründlich verdaut, daß man um zwei Uhr mit dieser Speise zum Bersten gesättigt, doch bereits um vier Uhr vor erneuertem Hunger in Ohnmacht fallen kann.« Und der türkische Reisende Evliya Chelebi, der den *Alay* genannten Umzug der Gewerbe im Jahre 1638 in Konstantinopel miterlebte, berichtet: »Die Kuttelköche hatten einen eigenen Platz im Zug, weil der Prophet gesagt hatte: Kutteln sind die Königin der Mahlzeiten.«

Flitterschlager (auch Flitterer) stellten glitzernde Metallplättchen mit einem Loch in der Mitte zum Aufnähen auf Kleidungsstücke (oft in Verbindung mit Stickereien) her. Folien-Flitter waren verschieden gestaltete (rosenförmige, sternförmige) Plättchen, die aus echter oder unechter Gold- und Silberfolie mittels eines Ausschlageisens verfertigt wurden. Draht-Flitter hingegen bestand aus platt geschlagenen Drahtringelchen. Der Verkauf des Flitters geschah lotweise, die Sortierung nach Nummern.

Flößer (auch Flößler, Fluderer) führten ungeschnittenes Langholz und Schnittholz (Halbbäume, Kanthölzer, Bretterholz), das mit »Wieden« (aus gedrehten jungen Tannenstämmchen, aus Birken, Weiden, Buchen, Eichen oder Haselstauden), hölzernen Nägeln und Keilen und mit quer über das Holz gelegten Wegspangen zu einem Floß (Gestör) eingebunden wurde, stromabwärts dem Bestimmungsort zu. Man unterschied nach den Bestandteilen Baum-, Ploch-, Laden-, Stekken-, Ensbaum-, Bruckstreu-, Scharbaum- und Dillflöße, nach der Ladung Scheiter-, Kohl-, Stein- und Eisenflöße und nach ihrem Zweck Sag-, Hof- und Soldatenflöße. Mit Flößen konnten viele Flüsse befahren werden, die für die Ruderschiffahrt unpassierbar waren, allerdings war die Steuerung durch ihre Schwerfälligkeit äußerst schwierig. Gelenkt wurden die Flöße gewöhnlich durch Ruder, die vorn und rückwärts angebracht waren. Die Bremsung erfolgte mit »Sperren«, das waren Stämme, die man durch Öffnungen im Floß auf den Flußboden stoßen konnte. Bei einem der vorderen Ruder stand der Nauführer, bei einem der hinteren der Stoirer, unterstützt meistens durch Flößer im Rang von Knechten. Flößer und Schiffmann waren im allgemeinen getrennte Berufe, doch fuhren an jenen Flüssen, an denen Schiffahrt und Flößerei nebeneinander bestanden, → Schiffleute mitunter auch als Flößer und umgekehrt.

Die Bauart der Flöße, die Größe einer Floßtafel (Gestör, Gestöß oder Kahr) und ob und wie viele Floßtafeln zu einem Floßtrain (Fuhr) zusammengehängt werden konnten, wurde beeinflußt durch die terrestrische Beschaffenheit des Flußlaufes, durch die Wehre und die Schiffahrtshindernisse, wie beispielsweise der Traunfall (→ Fallmeister) oder Stromschnellen. Eine Floßtafel konnte drei bis zehn Meter breit und fünfzehn bis fünfundzwanzig Meter lang sein. Die maximale Länge eines Floßtrains war etwa sechzig Meter, mit Ausnahme jener auf der Ybbs, die weit länger waren. »Eine wahre Riesenschlange«, schrieb der Kooperator Josef Zelger aus Waidhofen an der Ybbs am 2. März 1866 im *Südtiroler Volksboten*, »wälzte sich über den Ybbsfluß, zwar langsam, aber sicheren Ganges aus den Schluchten des Ötschergebirges kommend, hier herab. Es war ein Floß von 32 Baumlängen oder einzeln zusammenhängenden Flößen mit über 600 Stämmen, darunter einzelne wahre Musterstämme. Diese Riesenschlange bewältigten nur 11 Mann; Männer, die beim Wasser aufgewachsen sind und jede Welle kennen. Die Flößer sind mit Stangen bewaffnet, die mit einem eisernen Widerhaken versehen sind. Unter den Brükken fuhren die Flößer mit so leichtem Spiele dahin, daß man staunte. Nur für das glückliche Weiterkommen über die Wehren fürchtete man. [...] Alle Herzen schlugen dem Augenblick entgegen, in welchem die Flöße im Angesichte Waidhofens, über die große Wehre gehen würden. Man konnte ein gewisses Gefühl des Grauens und der Bangigkeit nicht unterdrücken. [...] Doch man sah bald, wie leicht solchen Wassermännern auch diese Kunst ankomme. Als der Kopf des Floßes eine schiefe Richtung nach abwärts nahm, stemmte sich der erste Steuermann nach vorne fest an, stieg auf das Steuerruder, so daß es hoch in der Luft schwebte und unten nicht verletzt werden konnte und hielt sich mit der anderen Hand rückwärts an einer befestigten Stange, und so fuhr er stehend in die tiefen Fluten hinab, ohne daß ihm das Wasser über die Knöchel kam.«

Die Zahl der auf einem Floß oder Floßtrain beschäftigten Flößer schwankte zwischen zwei und zwanzig. Nach der Ennser Flößereiordnung von 1889 genügten bei niedrigem Wasserstand bis zu einer Floßlänge von sechsundzwanzig Metern zwei Flößer. Die Flößer trugen an den Stiefeln Steigeisen, um auf den durch ständiges Spritzwasser schlüpfrigen Holzstämmen nicht auszurutschen. Der Tod durch Ertrinken war ein gar nicht seltener Arbeitsunfall. Auf der Brücke über den Lech in Lechbruck erinnert ein steinernes Denkmal an die »Flußhelden« mit der Inschrift: »Dem Gedächtnis der alten Lechflößer und ihrer Meister: Enzensberger, Fichtel, Heißerer, Keller, Knappich, Petz, Weinmüller«.

Flurschützen (auch Flurhüter, Feldhüter, Bannwarte) waren Organe zum Schutz von Forsten (Forst- und Wildbann), Feldgrundstücken, Pflanzungen beziehungsweise der Früchte auf dem Feld gegen rechtswidrige Beschädigungen durch Menschen oder nicht beaufsichtigte Tiere. Ein Flurschütz besonderer Art war gewiß der Bauer Joß Fritz aus Untergrombach bei Bruchsal. Als Anführer der drei Bundschuhverschwörungen von 1502, 1513 und 1517 wurde er nach dem ersten mißlungenen Aufstand von der Obrigkeit in Unkenntnis seiner Rolle zum Flurschütz bestellt und konnte mit seinem agitatorischen Geschick sowohl den Pfarrer wie den Dorfvogt von Lehen im Breisgau zur Teilnahme an seinen Bestrebungen gewinnen.

Formschneider (auch Xylographen) beschäftigten sich mit der Herstellung von Druckformen (Druckmodeln) für die Kattundruckerei, für das Bedrucken von Wachsleinwand, Papiertapeten und Spielkarten sowie der teils künstlerischen Holzschnitte (Xylographie), zum Abdrucken von Figuren, Zeichnungen, Verzierungen, Notenzeichen, Einfassungen, Vignetten (beispielsweise in der Buchdruckerei), aber auch zur Vervielfältigung von Zeichnungen nach Art der Kupferstiche. Die auf Stöcke oder Tafeln, gewöhnlich aus Birnbaum- oder Buchsbaumholz, übertragenen Zeichnungen wurden von den Holzschneidern mit Messerchen, rautenförmigen Grabsticheln, hohlen und flachen Meißeln (Hohl- und Rundeisen, Stechbeitel) und vorn rechtwinklig abgekröpften Meißeln (Knieeisen, Grundmeißel) so ausgeschnitten, daß die nichtdruckenden Stellen aus der Holzplatte entfernt wurden. Während der Arbeit ruhte das Werkstück meistens auf einem mit Sand gefüllten Polster. 1770 verwendete der Engländer Thomas Bewick zum ersten Mal das quer zum Baumstamm gesägte Hirnholz und nannte seine Technik Hirnholzstich, im Gegensatz zum Langholzschnitt. Im Linienschnitt (Schwarzlinienschnitt), einer weiteren Technik, konnten Abbildungen in Strichmanier wiedergegeben werden.

Fragner (auch Pfragner, Merzler, Höcker, Hucker, Greißler, Krämer) hießen Kleinhändler mit Lebensmitteln; Hans Sachs reimte »zu kaufen ein ... / holtz, saltz, schmaltz, zimes, kraut und fleisch, / wann sies bedarf, lauft sie erst hin / und gibt dem pfragner den gewin«.

Fratschlerinnen (auch Fratschler- und Bolettenweiber, Hökerinnen) nannte man die Marktfrauen auf Plätzen und Straßen in Wien, wo sie Gemüse, Obst, Kräuter, Milch, Eier und Geflügel mit scharfem und reizbarem Mundwerk feilboten. Das Wort hängt mit »fratscheln« zusammen, was abfragen, ausholen bedeutet. Man charakterisierte sie als »frech, unverschämt, zudringlich, betrügerisch, grob und lästersüchtig«, und da sie den Zwischenhandel vermittelten, verursachten sie öfters empfindliche Teuerungen. »Kaum tritt ein Landmann mit Obst, mit Gemüse usw. in die Stadt«, empört sich Johann Pezzl in seiner *Skizze von Wien* (die in sechs Heften zwischen 1786 und 1790 in der Kraußschen Buchhandlung erschien), »und macht Miene, es selbst zu verkaufen, so umringt ihn dieses Weibergepack, neckt ihn, schimpft ihn, verlästert seine Ware und läßt nicht nach, bis es ihn dahin gebracht hat, aus Verdruß dieselbe an die Ständelfurien abzugeben. Diese nehmen es ihm um kleine erpreßte Preise ab und verkaufen es der Stadt um gedoppelt hohes Geld.«

Furniersäger waren hochspezialisierte Arbeiter, die es nur in großen Städten wie Paris, London und Amsterdam gab und die eine »unerhörte Fähigkeit« in der Kunst auszeichnete, dünne Furniere zu schneiden. Der Zweck des Furnierens, einer Technik, die im 16. Jahrhundert von Italien nach Mittel- und Westeuropa kam, war es, wertvolle und edle Hölzer, die in massiver Form für Privatleute unerschwinglich waren, zum Überziehen von Möbeln zu verwenden. Die dünnen Deckblätter von Edelholz wurden auf Holz (Blindholz) von geringerer Qualität aufgeleimt. Um den Holzverlust gering zu halten, kam es auf einen feinen und genauen Sägeschnitt an, wobei eine Dünne von bis zu einem Millimeter erreicht wurde.

Futteralmacher verfertigten Behältnisse für Brillen, Bücher, Geschmeide, Toilettenartikel, Bestecke, Reißzeuge, chirurgische und optische Instrumente, ferner Brieftaschen, Portefeuilles, Mappen, Taschenetuis, Pappkästchen und dergleichen. Die hauptsächlich verwendeten Materialien waren Pappe und Holz, wobei zum Ausfüttern und Beziehen Leder, Pergament, Papier, Seide und Samt verwendet wurden. Wenn Verzierungen an den Futteralarbeiten vorgesehen waren, so bediente man sich metallener Beschläge (als Einfassungsleisten, Eckstücke, Schilder, Scharnierbänder), schmaler

Bänder oder Schnüre, Borten aus gepreßtem Papier, der Vergoldung und Färbung. Zuletzt glättete oder polierte man das Äußere und, falls nötig, das Futter mittels des Glättkolbens. Manche Arbeiten wurden auch gefirnißt oder lackiert.

Fütterer besorgten den Handel mit Futter, insbesondere mit Hafer und Stroh. In Wien kommen sie als *cenatores* schon in der Marktordnung des 13. Jahrhunderts vor.

Gassenkehrer und Bachfeger wurden wegen ihrer schmutzigen und niedrigen Dienstleistung mißachtet, ja sie galten sogar wie die → Abdecker als anrüchig, weil sie nicht nur den Unrat, sondern gelegentlich auch die Kadaver von Hunden, Katzen oder anderem Kleinvieh fortschaffen mußten. Anrüchig im physischen Sinn war auch ihr Umgang mit den Fäkalien. Kloakenentleerer, Abtritt- und Heimlichkeitsfeger (in Nürnberg nannte man sie »Pappenheimer«), aber auch → Abdecker und → Scharfrichter mußten die *sprachuser furben*, das hieß die Abtritte leeren. In Thüringen hießen noch in diesem Jahrhundert die Kloaken- und Abwässerkanalreiniger »Schundmummel«. Mummel bedeutet (nach H. Güntert) Maske, Larve, Kobold, Dämon, und offenbar verwandelten sich die Unratbeseitiger in der Phantasie der Bevölkerung zu dämonischen Wesen. Der deutsche Volksglaube kannte geisterhafte Wesen, die in Staub und Schmutz des Hauses spukten. Schreckensnachrichten von Unfällen der Kloakenreiniger machten die Runde. Sie wären an den fauligen Dämpfen erstickt oder aus Unachtsamkeit in die Grube gerutscht und im Dreck ertrunken. Die vom Ekel und von den Exkrementen zweifellos ausgehende Faszination hat wahrscheinlich Beaumarchais, Nougaret und Marchand animiert, die »Kumpane des Gestanks« auf die Bühne zu bringen.

Auch Arme, Gebrechliche, Herumtreiber und Zuchthäusler wurden mancherorts verpflichtet, die Flut von Abfällen und Exkrementen sowie den Schlick aus Abzugsgräben und

Senkgruben zu entfernen. 1780 berichtete der französische Gelehrte Lavoisier voller Bewunderung, Bern sei die sauberste Stadt, die er je gesehen habe. An die Deichseln angekettete Gefangene »ziehen jeden Morgen große, vierrädrige Wagen durch die Straßen [...]; weibliche Sträflinge sind mit längeren und leichteren Ketten an die Wagen angebunden [...], teils um die Straßen zu fegen, teils um den Unrat aufzuladen.«

Gelbgießer (auch Grapen- oder Gropengießer) waren spezialisiert auf den Messingguß kleinerer Gegenstände in Sand- oder Lehmformen und die anschließende Bearbeitung durch Abdrehen, Schaben, Polieren und Verzieren sowie das Versilbern und Vergolden. Als typische Erzeugnisse können Leuchter, Figuren, Rollen, Kessel, Beschläge, Schnallen, kleine Glocken und Schellen, Mörser, Fingerhüte, Reißfederstiele, Wachsscheren, Messerstiele, Knöpfe und dergleichen gelten. Die Gelbgießer entstanden aus dem →Rotgießer- wie auch aus dem →Gürtlerhandwerk.

Getränkeleitungsreiniger bildeten etwa um 1880 einen neuen Berufsstand, der sich zunächst die Reinigung und Pflege von Bierleitungen zur Aufgabe machte. Diese wichtige hygienische Maßnahme dehnte sich im Laufe der Zeit auch auf Leitungen für andere Getränke wie Milch, Wein und Mineralwasser aus.

Die Leitungen von den Bierfässern zu den Zapfhähnen neigten zur Verstopfung, vor allem durch Bierschleim, oder froren im Winter ein. Es gab Rohrleitungen, beispielsweise für Spezial- oder Bockbiere, die nicht so häufig in Betrieb waren und infolgedessen innen verkrusten konnten. Diese Störungen schnell, gut und billig zu beseitigen, aber auch um die regelmäßige Wartung der Leitungen bemühte sich in Deutschland und Österreich eine große Schar von Leitungsreinigern, die einander durch verschiedenste Verfahren zu übertrumpfen suchten. Die Kaltwasserreiniger bemühten sich, die Röhren mit Hilfe von Sand, Kies, Glasperlen, Korkstückchen und Gummischwämmchen zu säubern, während die Dampfreiniger auf heißes Wasser schworen, das mit Soda oder Seifenstein versetzt war. Die kalte Reinigung begünstigte die Bildung eines harten Belags in den Leitungen, den man als »Bierstein« bezeichnete, und die Verfechter der Kaltwasserreinigung behaupteten, das Bier würde trübe, wenn man ihn entfernte. Die Dampfreiniger hingegen, die gegen den »Bierstein« ankämpften, sahen die Schuld an der Trübung in dem zu bleihaltigen Rohrmaterial. Unbekannt ist, wie dieser leidenschaftlich geführte Streit ausging; bekannt ist, daß sich die Dampfreiniger speziell für Bierdruckapparate zu einer Vereinigung zusammenschlossen, die vor dem Ersten Weltkrieg allein in Berlin sechsunddreißig Institute zählte.

Glaser bildeten zunächst ein kleines Handwerk, das bis zum Ende des Mittelalters meist in Mischzünften mit den Schilderern, Glasmalern, Goldschmieden oder Goldschlagern organisiert war. Fenster aus Glas waren ursprünglich auf Kirchen- und Klosterbauten beschränkt, und noch um die Mitte des 16. Jahrhunderts waren sie eine Besonderheit in den Bürgerhäusern. Die Glaserei war eines der wenigen Handwerke, das die Mitarbeit der Meisterfrau tolerierte, und in Nürnberg durften sogar Meisterwitwen ohne fremde Hilfe das Handwerk ausüben. Die Meistertöchter hingegen sollten nach einem Dekret von 1707 nicht neben den Gesellen »vor der Tafel« arbeiten, sondern nur mit dem Fenstertragen und Bleiausziehen beschäftigt werden.

Glaser übten auch die Glasmalerei aus und waren häufig bis ins 16. Jahrhundert mit den → Glasmalern eng verbunden, oft in den sogenannten Lukasbrüderschaften.

Zu den wichtigsten Handwerkzeugen des Glasers, der Butzenscheiben und Tafelglas von den Glashütten bezog, gehörten Lötkolben, Kröseleisen und Bleihammer. Der Lötkolben wurde zur Verbindung der Bleiruten verwendet, mit dem Kröseleisen trennte man das erwärmte Glas, und mit dem Hammer formte man das Blei. Ein Butzenfenster entstand, indem der Glaser die vielen einzelnen Butzen in einem Holzrahmen aufbaute, sie dann auf der Werkplatte feststiftete, die Fuge zwischen den einzelnen Butzen mit Bleiruten ausfüllte und das Bleinetz verlötete.

Glasmacher galten als wanderlustiges, unstetes Volk, deren Handwerk Goethe anläßlich eines Glashüttenbesuchs (etwa um 1770) als »eine der wichtigsten und wunderbarsten Werkthätigkeiten des menschlichen Kunstgeschickes« lobte. Doch das Leben der Glasmacher(gesellen) war hart und die Lebenserwartung im allgemeinen gering. Die extreme Hitze am Ofen, der häufige Temperaturwechsel, die Überanstrengung der Lunge, der übermäßige Biergenuß und das zum Aufputschen übliche Arsenikschnupfen hatten üble Auswirkungen auf die Gesundheit der Arbeiter. In einer Topographie von 1810 (Waldviertel) werden sie »wegen des beständigen Feuers« als »mager und fast zu sagen ausgezehrt und im Alter mit Blindheit befallen« dargestellt. Wurden sie krank oder arbeitsunfähig, waren sie der Gnade (Gnadenbrot) der Hüttenmeister oder Grundherrschaft ausgeliefert, denn eine soziale Absicherung gab es nicht. Auch ihre überlieferte Wanderlust hatte vermutlich wenig mit Lust zu tun, sondern war vielmehr eine ständige Suche nach Arbeit oder besseren Löhnen. Auf ihren Wanderungen legten sie oft weite Strecken zurück, manchmal sogar durch mehrere Länder, wie beispielsweise durch Bayern, Böhmen und Österreich. Der enorme Brennholzbedarf verschlang die Wälder im Umkreis der Glashütten, die immer tiefer in den Wald verlegt wurden. Die Schließung eines Betriebes hatte oft bedrohliche Auswirkungen auf die Existenz der Hüttenleute und ihrer Familien, die sie nur durch Nebenbeschäftigungen wie Schindel- und Rechenmachen und die Anfertigung von Weinstecken lindern konnten oder wenn sie sich saisonweise in der Landwirtschaft verdingten. Sie heirateten

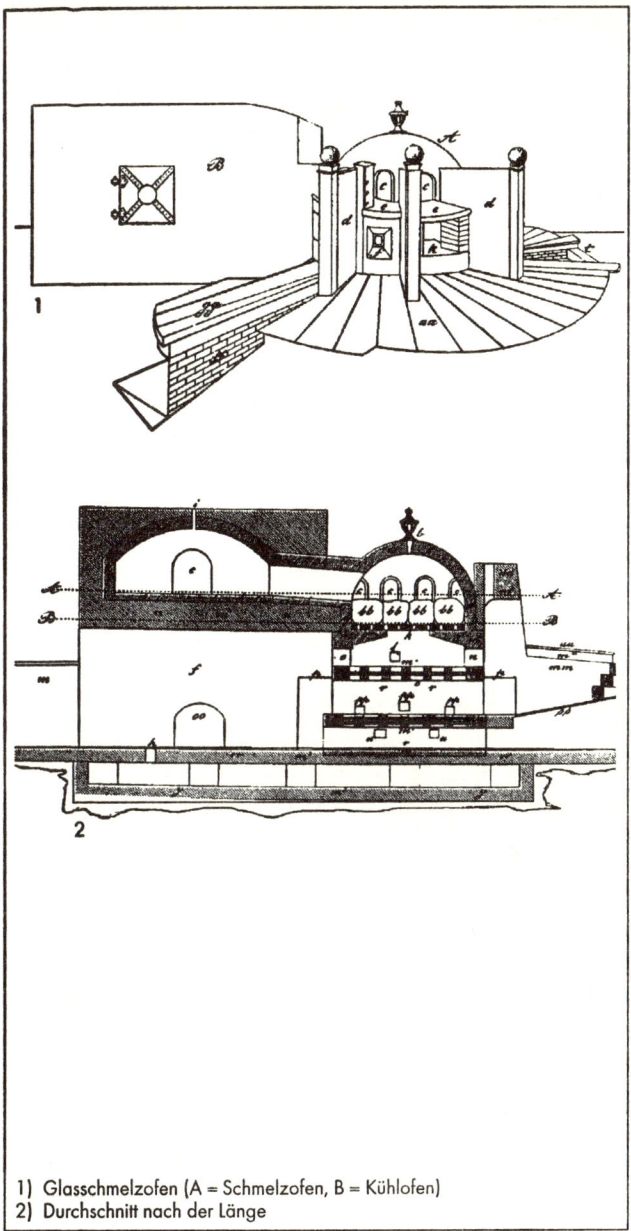

1) Glasschmelzofen (A = Schmelzofen, B = Kühlofen)
2) Durchschnitt nach der Länge

meist untereinander, hatten verhältnismäßig viele Kinder und kaum Kontakt zur bäuerlichen Bevölkerung.

Der Lohn der Glasmacher — meistens wurden sie im Stücklohn bezahlt — war im Vergleich zu dem der anderen Hüttenarbeiter relativ hoch, doch mußten sie davon ihre Helfer, wie den Aufbläser und den Eintragbuben, bezahlen. Es war üblich, daß ihnen wöchentlich oder monatlich nur Kostgeld ausbezahlt wurde, die Lohnabrechnung aber erst nach einer »Hitzereise«, die bis achtundvierzig Wochen dauern konnte, erfolgte. In dieser Zeit wurden alle Einkäufe und vor allem das Bier von der Betriebskasse kreditiert, auf dem Kerbholz (Rabisch) markiert und bei der Lohnabrechnung in Abzug gebracht. Da die Ausgaben häufig höher waren als der Verdienst, blieben Schulden zurück. Die Glasmacher hatten also kaum bares Geld in der Hand und trachteten daher danach, eigene kleine Landwirtschaften (Krautacker, Graserei, mindestens eine Kuh) zu unterhalten. Gingen die Geschäfte schlecht, konnte die Hütte den Lohn sogar mit Glas abgelten. Rund ein Drittel des Verdienstes wurde für Bier ausgegeben, der tägliche Konsum bewegte sich zwischen drei und zwölf Litern pro Kopf; ein einträgliches Nebengeschäft für die herrschaftseigenen Brauereien. Die wahrscheinlich einzigen Privilegien der Glasmacher waren die Befreiung von Robot, Soldateneinquartierung und vom Kriegsdienst, dafür gelang nur wenigen der Aufstieg vom Lohnarbeiter zum Unternehmer, also zum selbständigen Hüttenmeister.

Venedig (Murano) war bis zum Ende des 17. Jahrhunderts der Hauptort der Glasindustrie, vor allem für Luxusglas (im Unterschied zum Waldglas). Sein *cristallo* war so berühmt, daß Werkstätten in ganz Europa die venezianische Art *(facon-de-Venise)* nachzuahmen bemüht waren, und seine Glasmacher trugen im frühen Mittelalter wesentlich zum Aufbau der Glasindustrie nördlich der Alpen bei. Die Ausbreitung der Städte und die rasant steigende Nachfrage nach Hohl- und Fensterglas führten dazu, daß seit dem 13. Jahrhundert in allen großen Waldgebieten Mitteleuropas Glashütten errichtet wurden. Voraussetzungen für die Wahl eines Standortes waren neben der gesicherten Versorgung mit Holz für die Feuerung der Öfen und die Gewinnung der Pottasche das Vorhandensein der erforderlichen Rohstoffe wie Quarz und Kies, Kalk und Ton, die Versorgung mit fließendem Wasser als Energiequelle für den Kiespocher und eine günstige Verkehrslage.

Die Glashüttengebäude der frühen Neuzeit waren in der Art großer Holzstadeln auf steinernen Grundmauern mit Öffnungen im Satteldach zum Abzug der Ofenabgase gebaut. Häufig gab es drei Öfen: einen »Werkofen« für die Erzeugung von Hohlglas, einen »Streck- oder Tafelofen« für die Flachglasproduktion sowie einen Kühlofen (Temperofen) für das langsame Abkühlen der Gläser, der meist auch zum Kalzinieren der Pottasche und des Quarzsandes und zum Trocknen der Holzscheiter verwendet wurde. Rund um die Glashütte lagen das Glasmeisterhaus, die Wirtschaftsgebäude wie das Glasmagazin zur Lagerung der fertigen Glaswaren, die Materialkammer, der Meierhof, die Wagenschuppen, Ställe und Bierkeller sowie die Häuser beziehungsweise Holzhütten der Glasmacher, Schürer, Aschenbrenner, Glasveredler, Holzhacker, Fuhrleute und Tagwerker und die wasserbetriebene Pochmühle.

Die Belegschaft einer Glashütte bestand neben dem Hüttenmeister, als Besitzer oder Pächter, aus den Glasmachern (deren Zahl richtete sich nach den vorhandenen Glashäfen; eine mittlere Hütte verfügte über vier bis sechs solcher Glaswannen aus schwer schmelzbarem Ton); je einem Eintragbuben pro Glasmacher (für Hilfsdienste wie das »Eintragen« der fertigen Gläser in den Kühlofen und das Nachfüllen des Bierkrugs); den Schürern (ein Tag- und ein Nachtschürer), die das Feuer im Glasofen unterhalten und regeln mußten; den Einwärmbuben, die gewöhnlich für die Feuerung des Kühlofens zuständig waren. Der Sandpocher bediente das von einem Mühlrad betriebene Pochwerk in der Nähe der

Glashütte, wo die geglühten und durch Abschrecken mit Wasser mürbe gemachten Quarzbrocken durch eisenbesohlte Stampfsäulen zerstoßen und dann gesiebt wurden. Seine Arbeit war lebensgefährlich, denn der aggressive Staub setzte sich in der Lunge fest (Silikose) und zerstörte sie langsam. Die Einbinderin packte das fertige Glas in Stroh ein, um es vor Transportschäden zu bewahren. Die kaufmännische Leitung der Hütte hatte ein Hüttenschreiber inne; er sorgte für die rechtzeitige Beschaffung der Rohstoffe und Werkzeuge, führte über Produktion und Verkauf Buch und war für den Vertrieb zuständig. Der Meier und seine Knechte hatten die Äcker zu bestellen und das Vieh zu versorgen, eine Menge Holzhacker schlägerten und hackten das Brennholz, und die →Aschenbrenner brannten in den Wäldern die Wald- und Baumasche, sammelten Ofenasche aus den Wohnhäusern und Glutasche aus dem Glasofen, die von den →Pottaschesiedern in mehreren Arbeitsgängen zu Pottasche (Fluß) umgewandelt wurde. Bei jeder Glashütte ansässig waren noch die Glasveredler, die als →Glasmaler, Glasschneider, →Glasschleifer, Vergolder, →Graveure und →Spiegler die Nachbehandlung und »Verschönerung« der Gläser besorgten.

Der wichtigste Glasbildner war Siliciumdioxyd in Form von möglichst eisenfreiem Sand, Feuerstein und Quarzsand. Zur Senkung der Einschmelztemperatur wurde der Schmelzsand mit Soda, Kalk, Kreide, Pottasche und Glaubersalz versetzt. Dazu kamen noch in kleineren Mengen die sogenannten Entfärbungs- und Läuterungsmittel (Glasmacherseifen), wie zum Beispiel Arsenik, Braunstein (Mangandioxyd) und Salpeter. Der nach bestimmten Verhältnissen zusammengesetzten Mischung, dem Glassatz (Gemenge), fügte man bis zu einem Drittel Glasscherben zu. Dieses Gemenge gelangte in besonderen Gefäßen, den Glashäfen, zum Einschmelzen in den Ofen. Die niedrig schmelzenden Gemengebestandteile griffen unter Silikatbildung den höherschmelzenden Sand an. Nach dem Gemengeschmelzen wurde noch weiteres Rohmaterial nachgefüllt, und man brachte den Ofen auf die höchste Temperatur (Heißschüren), um das Glas dünnflüssig zu machen (Lauterschmelzen). Mit einem Eisenstab stieß man ein Stück frisches Holz, Arsenik oder eine Kartoffel bis auf den Boden des Hafens nieder und bewirkte dadurch ein lebhaftes Aufwallen der Schmelze. Nach beendeter Läuterung folgte das Kaltschüren, das heißt ein Absenken der Ofentemperatur, bis das Glas bei siebenhundert bis achthundert Grad die zur Verarbeitung erforderliche Zähflüssigkeit erreicht hatte.

Das wichtigste Werkzeug des Glasmachers war die Pfeife, ein etwa ein bis zwei Meter langes Eisenrohr mit Mundstück und Holzhandgriff. Damit wurde ein Glasposten aus der Schmelze aufgenommen und unter Drehen und Schwenken, auch durch Wälzen auf Holz-, Stein- oder Eisenplatten zu einem tropfenförmigen Külbel aufgeblasen, das dann unter mehrfachem Anwärmen mit verschiedenen Werkzeugen (Heft- und Plätteisen, Scheren, Zangen etc.) in die gewünschte Gestalt gebracht wurde. Das nannte man Stuhlarbeit, weil die Pfeife zum Hin- und Herrollen auf einer Art Stuhl aufgelegt wurde. Flachglas wurde wie Hohlglas durch Blasen aus Mondglas und Walzenglas gewonnen. Beim Mondglas wurde zuerst eine große Hohlkugel geblasen, die dann flachgedrückt und mit schneller Drehung durch die Wirkung der Fliehkraft in eine völlig ebene, gleichmäßig dicke, kreisrunde Scheibe verwandelt wurde. Aus Mondglas stammten die Butzenscheiben, die in Blei gefaßt zum Verglasen der Fenster benützt wurden. Zur Herstellung des Walzenglases wurde die Glasmasse ebenfalls durch Blasen vor der Pfeife zu einem Zylinder geformt, der von der Pfeife mit einem Spritzer Wasser abgesprengt, in der Längsachse aufgeschnitten und im Streckofen mit einer Hartholzkrücke aufgerollt, geebnet und geglättet wurde. Durch diese Verfahren entstanden Tafelgläser in größeren Dimensionen. Die Formung der Zylinder erforderte allerdings besonders große Geschicklichkeit sowie auch eine erhebliche Muskel- und Lungentätigkeit.

Während der Erstarrung entstehen im Glas innere Spannungen, die später zum Bruch führen können. Um diese Spannungen auszugleichen, war es notwendig, die Glasprodukte im Kühlofen auf die Entspannungstemperatur zu bringen und dann sorgfältig zu kühlen.

Das Sortiment an Glaswaren, das die Glashütten verließ, war vielfältig, wie eine 1807 privat erhobene *Specialstatistik* belegt: ».. . Es werden nämlich ordinari hellgrünlichte nie blind werdende Fenstertafeln, glatt oder geschiebt, verfertigt, ferners alle Gattungen gefärbter Bouteillen- und ordinärer Apothekergläser, alle Gattungen ordinärer gemalter und gepflogener Kreidengläser, alle Sorten Maschinen-, Laborir-, Elektrisir-, Ariamade-, Barometer-, Laternen-, Röhren-, Glockensturz-, Uhren- und Botzengläser, alle Arten Kristallgläser, sowohl in bas reliefs als glatt nach deutscher, englischer und französischer Art geschliffen, mit gläsernen Stöpseln und Schrauben und mit Wappen und beliebigen Zeichnungen, fein und ordinär geschrieben und vergoldet, von gesponnenem Glas Galanteriewaren zu Aufsätz u.d.g.« Eine Spezialität der böhmischen Glasmacher (Gablonz) war die Herstellung von Glasperlen (Patterln) für Rosenkränze und für den Kolonial- und Sklavenhandel.

Den Hausierhandel mit den gläsernen Produkten betrieben bis ins frühe 18. Jahrhundert vielfach die Glasträger mit Hilfe von Buckelkraxen und Schubkarren. Das Ansteigen des Produktionsvolumens und die Exportchancen (der böhmischen Glashütten zum Beispiel) ermutigte seit dem ausgehenden 17. Jahrhundert immer mehr ehemalige Glasträger und »emporgekommene« Veredlermeister, als selbständige Glashändler (Glasversilberer) aufzutreten, die mit Pferdefuhrwerken weit über ihren Standort hinauskamen. Viele zu Wohlstand gekommene Glashändler brachten die Veredelung und Endfertigung der Gläser in ihre Hand. Sie kauften von den Glashütten die Halbfabrikate und ließen sie von Malern, Schleifern, Diamantreißern und Glasschneidern in Heimarbeit veredeln. Großabnehmer für Tafelglas von wasserklar über grün bis violett waren die städtischen und anderen bürgerlichen → Glaser.

Glasmaler konzentrierten ihr künstlerisches Schaffen darauf, Glas zu bemalen und die Farben einzuschmelzen, um dadurch weiße oder farbige Fensterverglasung zu schmücken. Die Glasmalerei hat sich wohl spätestens gegen Ende des 1. Jahrhunderts aus der frühchristlichen Mosaikverglasung entwickelt, indem man die Schmelzmalerei der Töpferei auf die Fenstermosaiken übertrug.

Der Glasmaler hatte zunächst bloß eine Malfarbe, das Schwarzlot. Diese Schmelzfarbe, aus Kupfer-, später aus Eisenhammerschlag und gepulvertem Glas bereitet, diente zum Malen der Umrisse und der Schattierung. Das Silbergelb, ein Gemenge von Chlorsilber mit feinkörnigem Ton, um 1320, vielleicht zuerst in Köln, auftretend, wurde auf die Rückseite des Glases aufgetragen, dem es durch Eindringen des Silbers durchsichtige Goldfarbe in wirkungsvollen Abstufungen verlieh. Die Zeichnung wurde auf einer mit Kreide geweißten Holztafel angelegt; erst vom 15. Jahrhundert an begegnet uns die Werkzeichnung auf Papier, der Karton. Nachdem die Umrisse und Schatten in Schwarz aufgemalt waren, wurden die Glasstücke auf eine mit Kalkpulver bestreute Eisenplatte gelegt und in dem einfachen Ofen eingebrannt. Nach dem Erkalten wurden die einzelnen Teile mittels I-förmiger, gegossener Bleiruten zusammengefügt, das Bleinetz verlötet und sorgfältig verkittet.

Diese *musivische,* das heißt mosaikartige Glasmalerei war demnach eigentlich ein durchscheinendes Glasmosaik. Daneben erschien seit dem 14. Jahrhundert eine Kleinmalerei, die das Bild auf einer großen weißen Scheibe ausführte, meist unter Verwendung des goldfarbigen Silbergelbs. Wann die Glasmalerei in weltlichen Bauten Eingang gefunden hat, ist nicht bekannt; hier kam hauptsächlich die Kleinmalerei zur Anwendung. Schöne Fenster mit Wappen- und Bildscheiben zierten Burgen, Rats- und Zunftstuben, ein Brauch, der unter anderem in der Schweiz fast zum Stilmittel wurde. Für schweizerische Glasmaler zeichneten Baldung, Holbein, Urs Graf und andere die Vorlagen (»Visierungen«). Das erste Drittel des 16. Jahrhunderts lieferte eine dritte Schmelzfarbe, das Eisenrot, ein stumpfes Rotbraun, das zunehmend als Grund für Ornament und für Fleischteile, auch für Gewandungen und sonstige Einzelheiten Verwendung fand. Erst etwas später bediente man sich der fälschlich »Email« genannten farbigen Auftragfarben, und nach und nach fanden sich Meister, die sich ihrer fast ausschließlich bedienten. Schon vor der Mitte des 17. Jahrhunderts verfiel diese Kunst; Freude und Geschmack an der Farbe waren verlorengegangen.

In Zunftrollen und anderen Aufzeichnungen werden die Glasmaler in enger Verbindung mit den → Glasern genannt, was auf eine Arbeitsteilung bei der Herstellung zunächst von Kirchenfenstern zurückgeht. Der Maler entwarf die Zeichnung dazu, und der Glaser übertrug sie, brannte die gemalten Scheiben und setzte sie zusammen.

Glasschleifer (auch Glaskugler) vollendeten und veredelten feine Hohlglaswaren und andere Glasstücke (bleihaltiges Kristallglas und Schleifware) mit Schliffdekor oder gaben Glaslinsen, die zum optischen Gebrauch dienten, die sphärische Form ihrer Oberfläche. Geschliffen wurde auf einer Schleifbank (Drehbank), gewöhnlich mit eisernen, kupfernen und hölzernen Scheiben und feinem Sand, den man mit Wasser stetig zwischen das Glasstück und den Rand der Scheibe rieseln ließ. Anschließend wurden die Gläser mit Zinnasche, Kolkothar (rotes Eisenoxyd) oder geschlemmtem Trippel poliert. Die Glasschleiferei, die von den Venezianern im 16. Jahrhundert zu hoher Vollkommenheit gebracht wurde, übten die Schleifer meist in den Glashütten, aber auch in eigenen Ateliers aus.

Glocken- und Geschützgießer waren umworbene und achtbare Meister des Metallgusses, deren Technik sehr ähnlich war. Charakteristisch für die von ihnen verfertigten, vielfach zentner- und tonnenschweren Gußstücke war, daß sie allesamt mit Namen bezeichnet wurden, die oft derb, scherzhaft, schreckenerregend oder aus der Mythologie und Geschichte entlehnt waren (auch die ersten beiden abgeworfenen Atombomben trugen Namen, nämlich *Fat Man* und *Little Boy*). Die Riesenkanone von Gent hieß »Dulle Griet«, die maximilianische Artillerie feuerte »die schön Kätl« ab, und in Deutschland findet man Namen wie »Faule Gret« (Brandenburg), »Faule Mette« (Braunschweig) oder »Faule Magd« (Dresden), was vermutlich auf die Schwerfälligkeit der Geschütze hinwies. Immerhin waren schwere Belagerungsgeschütze auf Räderlafetten, wie beispielsweise die Scharfmetzen, mit sechzehn Pferden oder Ochsen und mehr bespannt. Die Furchtbarkeit der Büchsen, Schlangen, Mörser, Haufnitzen, Kartaunen, Basilisken und wie sie alle hießen, drückte man durch Namen aus wie »der Furchenmacher«, »die Schmetternde«, »die Stachlerin« oder »Rifflard, der Zerreißer«. Glocken hingegen taufte man gerne auf Namen wie »Bummerin«, »Zwölferin«, »Ossana«, »Vicencia«, »Concordia« und »Gloriosa«. »Zar Kolokol« (Glockenkaiser) heißt die größte Glocke der Welt im Moskauer Kreml, die 1733 vom Meister Michael Monterine gegossen wurde und 200 Tonnen wiegt. Angeblich hatte Napoleon die Absicht, sie als Siegestrophäe nach Paris schaffen zu lassen. Die älteste noch verwendete Glocke in Deutschland ist die Lullus-Glocke in Bad Hersfeld (1059), und die größte, die Kaiserglocke, schlägt im Kölner Dom (26 Tonnen).

Von Asien verbreitete sich die Glocke vom 6. bis 8. Jahrhundert nach Europa, wo der Glockenguß offenbar zunächst von Mönchen in Klöstern betrieben wurde, sich aber seit dem 12. Jahrhundert aufgrund des steigenden Bedarfs an bronzenen Kirchenglocken zu einem eigenständigen Handwerk entwickelte. Das Metier der Glockengießer war wegen der damaligen Unmöglichkeit des Transports ein Wandergewerbe, und die Gußhütten wurden dort errichtet, wo die Glocken läuten sollten. Hilfskräfte verpflichtete man meist am Arbeitsort, und die Gemeinden hatten die Rohstoffe sowie alle erforderlichen Materialien beizustellen und für Kost und Logis zu sorgen. Nur für kleinere Glocken sind seit dem 14. und 15. Jahrhundert ortsfeste Gießereien wie in Köln, Augsburg, Erfurt, Nürnberg und Straßburg nachweisbar.

Erste Nachrichten über bronzene Steinbüchsen (Bombarden) gehen bis in die zweite Hälfte des 14. Jahrhunderts zurück, und die ersten Geschützgießer entstammten fast ausnahmslos dem Glockengießerhandwerk, so der berühmte Meister Wenzel Kundschafter, der um 1372 in Prag auch Geschütze goß.

Theophilus Presbyter aus Helmarshausen (gestorben nach 1125), ein Mönch und Goldschmied, beschreibt als einer der ersten den Glockenguß in seinem berühmten Traktat über verschiedene Künste, die *Schedula diversarum artium*. Die Technik des Glocken- und Geschützgusses beruhte auf dem Wachsausschmelzverfahren, das später auch Leonardo da Vinci dargestellt hat. Ausführlichere Beschreibungen finden sich bei Vannoccio Biringuccio, der seine eigenen Erfahrungen als Gießer und Büchsenmeister in der 1540 erschienenen *Pirotechnia* niederlegte, und bei Kaspar Brunner, der als Zeugmeister der Stadt Nürnberg 1547 ein Zeughausbuch verfaßte.

Seit der Antike galten achtundsiebzig Teile Kupfer und zweiundzwanzig Teile Zinn als bestmögliche Zusammensetzung der Legierung für Glocken, aber auch für Grab- und Reliefplatten, Leuchter, Statuen, Vasen, Kannen, Kessel, Taufbecken, Bronzetüren und dergleichen (→Rot- und Gelbgießer). Für die Herstellung von Handbüchsen und Geschützen verwendete man hingegen eine härtere Legierung mit neunzig Teilen Kupfer und nur zehn Teilen Zinn.

Die Klangqualität und Tonhöhe einer Glocke hängt von dem Verhältnis zwischen ihrem größten Durchmesser an der

Mündung, der Wandstärke (die beim Schlagring oder Kranz am stärksten ist), der Höhe und vor allem von der Gestaltung der Rippe (Glockenprofil) ab, wobei die Schwere des Klöppels (Schwengel) meist den vierzigsten Teil vom Gewicht der Glocke betrug. Die Ausbildung der für den Schall vorteilhaftesten Glockenrippe war das Geheimnis einer jeden Glockengießerfamilie, das durch die Erfahrung vieler Generationen entstand und vom Vater auf den Sohn überging. Die besondere Kunstfertigkeit der Meister lag also im Wissen über das Glockenprofil und einem präzisen Guß, der, wenn er gelang, zu Ansehen und Ehre beitrug. Einige waren sich ihrer Arbeit so sicher, daß sie von vornherein für bestimmte Töne garantierten. So der geschätzte Meister Gerhard Wou von Kampen, der 1497 die 13,7 Tonnen schwere »Gloriosa« und zwei andere Glocken für Erfurt zu gießen hatte und schon in der Inschrift den Dur-Dreiklang festlegte: »*Arte Campanensis canimus Gerhard, Tres Deo trino; en ego sol — Gloriosa ut, Mi sed Osanna, plenum sic diapente*«. Die Silben *sol, ut, mi* waren Ausdrücke für bekannte Töne — H, E, Gis — nach der Skala der *Solmisation* des Guido von Arezzo. Über den Charakter der Töne hat der letzte Glockengießer von Krems, Gottlieb Jenichen, nachgedacht und in sein Notizbuch geschrieben: *C* klingt heiter und rein, *D* pompös und rauschend, *Es* prächtig und feierlich, *E* feurig und wild, *F* tönt sanft und ruhig, *G* angenehm und ländlich, *As* dunkel und dumpf, *A* hell und fröhlich und *B* lieblich und zärtlich (gemeint sind Dur-Akkorde).

Der Guß einer Glocke war ein vielbeachtetes und festliches Spektakel, und schon die Vorbereitungsarbeiten (Zurüstung) lockten viele Schaulustige an. Zunächst ließ der Meister in der »Dammgrube« einen Lehmkern auftragen, der den späteren Innenraum der Glocke bildete. Den Lehm vermischte man zu diesem Zweck mit getrocknetem Kuhmist, Werg, Haaren und Spreu. Der Kern wurde nun mit Wachs und Talg beschichtet, wodurch das »Hemd« entstand, das genau den Inhalt und die Gestalt der Glocke mit allen ihren beabsichtigten Bildern, Inschriften und Verzierungen darstellte. Über das Hemd wurden wiederum einige Lagen Lehm aufgetragen, die den »Mantel« bildeten, der rundherum mit eisernen Schienen und Reifen verstärkt wurde, um dem Druck des flüssigen Metalls standzuhalten. Nun konnte die Form mit Holzfeuer gebrannt, das Wachs und der Talg ausgeschmolzen werden, und der Hohlraum, der dadurch zwischen Kern und Mantel entstand, glich haargenau der Glokkenform mitsamt der Krone (Henkel). »Festgemauert in der Erden / steht die Form aus Lehm gebrannt. / Heute muß die Glocke werden, / frisch, Gesellen, seid zur Hand!« heißt es bei Schiller. Wohlan, das Fest konnte beginnen: Eine feierliche Prozession der Domherren und der Gemeinde mit brennenden Kerzen und lodernden Fahnen zog zur Gußstätte, wo bereits ein mit duftenden Blumen und zarten Zierkräutern geschmückter Altar errichtet worden war. Unweit des Altars stand schwitzend der Meister mit seinen Gehilfen am Schmelzofen und bereitete die »Glockenspeise«. Zuerst wurde das Kupfer geschmolzen, dann kam das Zinn dazu, was mehrere Stunden dauerte und von Bittgesängen und Gebeten der Anwesenden begleitet wurde. Der Chronist, der diesem Guß beiwohnte, berichtete ferner, daß immer wieder silberne Münzen als besondere Devotion von den Zuschauern in den Kupferbrei geworfen wurden, sehr zum Unwillen des Meisters, der wachsam bestrebt war, daß ja keine unberufenen Hände das Werk gefährden konnten. Dabei soll es sogar an manchen Orten zu Handgreiflichkeiten gekommen sein, und einmal, so wird berichtet, erstach der Meister im Zorn sogar einen seiner Gehilfen, weil dieser vorwitzig am Ofen hantierte (nachzulesen in Wilhelm Müllers Gedicht *Glockenguß zu Breslau*). Spät in der Nacht, so der Chronist, kamen endlich die Blasbälge zur Ruhe, noch einmal erscholl das *Te Deum laudamus,* und beim Schein Hunderter Kerzen und Fackeln wurde der Zapfen aus dem Stichloch des Schmelzofens geschlagen, und die dünnflüssige Bronze ergoß sich strahlend über eine tönerne Rinne in die

Glockenform. »Bis die Glocke sich verkühlet, / laßt die strenge Arbeit ruhn. / Wie im Laub der Vogel spielet, / mag sich jeder gütlich tun.«

Das Wachsausschmelzverfahren wurde später abgelöst durch eine Technik, bei der statt des wächsernen »Hemdes« eine »falsche Glocke« aus Lehm zwischen Kern und Mantel gebaut wurde. Nach dem Brennen hob man den Mantel ab, zerschlug die »falsche Glocke« und stülpte den Mantel genau wieder über den Kern. Mit dieser Technik konnten bedeutend größere Glocken gegossen werden. Ein weiterer Fortschritt gelang mit Einführung der Drehschablone, wodurch die Formarbeit leichter und genauer wurde.

Neben dem Glocken- und Geschützguß entwickelte sich seit dem 14. Jahrhundert vor allem der Kunstguß (→Bildgießer). Der erste erfolgreiche Versuch, die Bronzegußtechnik in größeren Dimensionen anzuwenden, gelang venezianischen Gießern Mitte des 14. Jahrhunderts, die nach einem Entwurf von Andrea Pisano die Bronzetüren für das Südportal des Baptisteriums San Giovanni Battista vor dem Florentiner Dom herstellten. Die Fortschritte der Gußtechnik waren enorm. Als Beispiel möge der für seine Gießkunst berühmte Gregor Löffler dienen, der im 16. Jahrhundert für das Grabmal Kaiser Maximilians I. in der Innsbrucker Hofkirche die letzte Figur der »Eisernen Mannder«, das überlebensgroße Standbild des Merowingerkönigs Chlodwig, in nur einem Stück goß. Auch nahezu alle Geschütze für die habsburgisch-kaiserliche Artillerie kamen damals aus Löfflers Gußhütte in Hötting bei Innsbruck.

Glockenspieler bedienten ein früher sehr beliebtes Musikinstrument, das Glockenspiel, bei dem eine Reihe von abgestimmten Einzelglocken über eine Tastatur oder mit kleinen Klöppeln zu einer Melodie angeschlagen wurden. Eine Abart des Glockenspiels waren die im 18. Jahrhundert gebauten Glocken-Klaviere für das Zimmer. Freilich gab es auch mechanische Glockenspiele, die sich vorwiegend auf Kirch-

türmen befanden, wo kleinere Glocken mittels eines Uhr-
werkmechanismus mit Stiftwalze und durch Hämmer wie
in einer Spieluhr angeschlagen wurden. Der berühmteste
Erbauer von Glockenspielen war der Niederländer Matthias
van der Gheyn (1721–1785), und große Komponisten haben
Musikstücke für Glockenspiele verfaßt, wie zum Beispiel
Michael Haydn, von dem sechzehn Melodienskizzen für das
Salzburger Glockenspiel erhalten blieben.

Goldschlager (auch Goldschläger) stellten in mehreren
Arbeitsgängen mit großer Geschicklichkeit und enormer
körperlicher Anstrengung, unter ohrenbetäubendem Lärm,
Blattgold her. Die Gesellen mit den grünen Schürzen ver-
dünnten zuerst die in Formen gegossenen Goldstreifen
(Zaine) durch Ausschmieden und Auswalzen (seit dem 17.
Jahrhundert auch im Streckwerk, einem kleinen Walzen-
paar). Das Band wurde dann in quadratische Blätter (Quartiere) geschnitten, von denen vierhundert bis sechshundert
zwischen Pergamentpapier zu einer Form (Quetsch- oder
Pergamentform) zusammengestellt wurden. Durch Schlagen
der auf einem Marmor- oder Granitblock (Goldschlagerstein)
liegenden Form mit dem zwanzigpfündigen Schlaghammer
bei ständigem Drehen der Form entstand Quetschgold. Die
Blätter wurden nochmals zerschnitten, abwechselnd zwischen
Goldschlägerhaut (aus Embryonalhüllen größerer Säugetiere
oder der innersten Hautschicht des Rinderblinddarms) geschichtet und so die Lotform gebildet. Es folgte nun das
Schlagen mit dem Formhammer, bis die Blätter zu Goldloten
verdünnt waren. Nach erneutem Zerschneiden in vier Teile
wurde in der Dünnschlagform ausgeschlagen, und den
Abschluß bildete das Garmachen mit dem symmetrischen
Doppelhammer. Nach sechs- bis siebenstündigem gleich-
mäßigem Schlagen waren die Plättchen endlich hauchdünn
ausgeschlagen, wurden geschnitten und von den Meisterfrauen und -töchtern mit Ebenholzzangen in Papierbücher
eingelegt.

Mit Blattgold umwickelten die Goldspinnerinnen ganz verschiedene Fäden zur Weiterverarbeitung im Seiden-, Bortenmacher- oder Posamentiergewerbe; Blattgold und Silberblatt benutzten die Schwertfeger zum Feuervergolden, benötigten die Maler, Schilderer, Schnitzer und Bildhauer, die Buchbinder und Vergolder, aber auch Büchsenmacher, Schlosser, Sporer, Gürtler und Tischler gehörten zu den Abnehmern; Glaser vergoldeten das Fensterblei und Apotheker ihre Pillen.

In Nürnberg wird nicht nur schon 1373 ein »ungestüm goltslaher« urkundlich erwähnt, sondern es entwickelte sich auch zu einem der bedeutendsten Standorte der Blattgoldherstellung, neben Augsburg, Fürth, Wien und Prag. Wie komplex und schwierig dieses Handwerk war, zeigt die Tatsache, daß in Nürnberg 1554 die Lehrzeit auf ungewöhnliche sieben Jahre festgesetzt wurde. Der Einsatz von Schlag- und Walzwerken um die Mitte des 19. Jahrhunderts, besonders jener des mechanischen Federhammers seit etwa 1890, rationalisierte und erleichterte vor allem dieses monotone Handwerk sehr.

Gold- und Perlsticker(innen) galten als ausgesprochene Kunsthandwerker, die verschiedene Stickgründe wie Seide, Samt und Brokat, aber auch Tuch und Leder mit drellierten Gold- und Silbergespinsten bestickten. Es ist eine sehr alte Kunst, die in China und Japan, später durch die Byzantiner ausgeübt wurde. Im 17. und 18. Jahrhundert blühte diese Technik besonders in Spanien, Italien, Frankreich und Deutschland. Die Hauptwirkung der Gold- und Silberstikkerei beruht auf der wechselnden Anordnung der verschiedenen Sticharten bei den mehr oder minder erhaben gehaltenen Formen. Glänzende und matte Gold- und Silberkantillen, Flitter, Folien, Perlen und bunte Steine erhöhten noch die Wirkung.

Der Stickgrund wurde in einen kräftigen Stickrahmen aufgespannt und das entsprechende Muster oder Motiv auf den

Stoff übertragen. Gestickt wurde in verschiedenen Techniken mit einer Goldspindel und bei stärkerem Unterstoff mit einer Ahle zum Vorstechen; man unterschied das Anlegen (einfaches Aufnähen der Goldfäden oder Schnüre, die entweder sichtbar oder unsichtbar mit Überfangstichen festgehalten wurden), die Kordeltechnik (ähnlich der Anlegetechnik, nur daß sämtliche Formen über gespannte Schnureinlagen — Kordeln — angelegt wurden), das Stechen (bei dem die Musterfiguren mit geraden oder schrägen Plattstichen bedeckt wurden), das Sprengen (der Goldfaden wurde über die Formen hin- und zurückgeführt und nach jedem Legen mit ein oder zwei Stichen festgehalten) und der Phantasiestickerei mit Kantille und Flitter. Bei erhaben zu stickenden Figuren mußten die Formen mit Baumwolle unterstickt werden oder eine Karton- oder Lederunterlage erhalten.

Grautucher werden bereits 1217 in Straßburg erwähnt und stellten ein ziemlich grobes Wollgewebe her, das sich flauschartig anfühlte.

Graveure waren Kunsthandwerker, die vertiefte oder erhabene Verzierungen, Schriftzüge und Zeichnungen, eben Gravuren, in Gegenstände aus Metall, Glas, Email, Horn, Schildpatt, Elfenbein oder Perlmutter mit Radiernadeln einritzten, mit Grabsticheln einschnitten und mit Punzen eindrückten oder einschlugen. Für Gravuren in Glas bediente man sich meistens eines Schreib-Diamanten. Gewöhnlich wurde die Vorlage (Schrift, Zeichnung etc.) mit der Radiernadel in das Werkstück leicht eingeritzt und danach mittels eines quadratischen oder rautenförmigen Grabstichels ausgearbeitet. Den dabei entstandenen scharfen Rand (Grat) entfernte man mit Schabern. Punzen kamen beispielsweise dann zur Anwendung, wenn mehrere kleine Vertiefungen wie Buchstaben und Zahlen, Tierfiguren, Kronen, Sterne, Kreuze, Punkte und dergleichen von absoluter Gleichheit sein mußten. Häufig wiederkehrende Muster wurden auf Gravier-, Guillochier-, Linien- und Schraffiermaschinen hergestellt.

Mit Bezeichnungen oder Verzierungen versehen wurden Gold- und Silberarbeiten, messingene Uhrbestandteile, Gewehrläufe, Gewehrschlösser, Säbel- und Degenklingen. Auf Instrumenten, feineren Maschinen, Zifferblättern und dergleichen stach man Zahlen, Buchstaben, Linienteilungen und ganze Aufschriften; nachgraviert (ziseliert) wurden im Bronze-, Messing- und Eisenguß stumpf und unvollständig ausgefallene feine Züge. Neben den angedeuteten allgemeinen Gravurarbeiten gab es spezielle, die von →Siegel- und Wappenschneidern, →Stempelschneidern, →Schriftschneidern, →Notenstechern, →Kupferstechern und →Guillocheuren ausgeführt wurden.

Der Graveur Walter Hofmann (geboren 1879) aus Dresden hat als Neunundsechzigjähriger seine Jugenderinnerungen niedergeschrieben und 1948 als Buch *(Mit Grabstichel und Feder)* veröffentlicht. Voll Bitterkeit schildert er darin die »Entleerung und Entpersönlichung« der Arbeit zu Beginn des Jahrhunderts: »In der alten Praxis war der Graveur nicht nur für die technische Herstellung der Formen, sondern auch für deren Gestaltung selbst verantwortlich. Jetzt gingen die Fabrikanten in vielen Fällen dazu über, den ›Entwurf‹ der Formen einem neuen Berufsstand, den Musterzeichnern, zu übertragen. Soweit sich der Fabrikant überhaupt über den Formencharakter Gedanken machte, legte er diese nun nicht mehr dem Graveur, sondern eben dem Herrn Musterzeichner vor. Der Graveur sank zum bloß ausführenden Techniker herab. Selbst wenn er früher gleichfalls nicht mehr als ausführender Techniker gewesen wäre, würde er doch auf einer höheren Stufe gestanden haben. Denn die Formen, die er als Siegelgraveur etwa schnitt, waren edel, und die Zwecke der Siegel standen im Dienste einer würdigen Lebensordnung. Hingegen die Formen, die nun der Abgott Publikum verlangte, waren in aller Regel formlos, und die Zwecke, mit denen sie verbunden waren, waren banal. Die Andacht, die

den Graveur erfüllte, wenn er das Siegel einer freien Reichs-
stadt, einer berühmten Universität, einer bischöflichen Kanzlei schnitt, eine solche Andacht war gänzlich unmöglich,
wenn es galt, nach dem Entwurf eines kümmerlichen Muster-
zeichners Jacken- und Mäntelknöpfe mit geschmacklosen
Ornamenten zu ›verzieren‹.« Und an anderer Stelle heißt es:
»Dort, wo früher der schlanke Grabstichel leise und behutsam den Span aus der silbernen oder goldenen Fläche heraus-
gehoben hatte, wurden nun gewaltige Punzen mit schweren
Hämmern in große Blöcke oder Platten von Stahl und Eisen
getrieben, und in der früher so stillen Zelle des Graveurs
dröhnte es nun oft wie in einer Kesselschmiede. Das be-
drückende Gehörleiden, mit dem mein Vater in seinen späteren Jahren zu kämpfen hatte, hatte seinen Ursprung ohne
Zweifel in dem satanischen Lärm, den das Einschlagen grob-
schlächtiger Punzen in die schmiedeeisernen Waffelplatten
hervorrief. Der Graveur mußte in seinen Sinnen selbst
gröber werden, um sich in dieser so sehr vergröberten Arbeitswelt behaupten zu können.« Am Schluß seiner Aufzeichnungen resümiert er, er habe bei seinem Vater »nacheinander die Knopfstanzenperiode, die Waffelplattenperiode, die
Glückwunschkartenperiode, die Schokoladeformenperiode
erlebt, kleinerer Zwischenspiele nicht zu gedenken. Ein
immer erneuter Zusammenbruch eines mühsam erworbenen
Kundenkreises, eine immer wiederholte Entwertung wertvoller Einrichtungen und Hilfsmittel, ein außerordentlicher,
im Grunde unproduktiver Verbrauch der Kräfte. Und das
alles, um einer urteilslosen Masse ein paar neue, gänzlich
überflüssige Geschmacklosigkeiten zu liefern.«

Grob- und Hufschmiede gingen aus dem »Mutterhandwerk«,
den →Eisenschmieden, hervor, bildeten eine gemeinsame
Zunft unter der Patronanz des heiligen Eligius und hatten
dieselben Handwerksgebräuche. Wollte ein Geselle nach
beendeter Wanderschaft selbständiger Meister werden und
war er nicht in der glücklichen Lage, die Schmiede seines

Vaters zu erben, so mußte er erst in der Stadt, in der er sich niederlassen wollte, sein »Mutjahr« abdienen. Das bedeutete, bei einem vom Zunftältesten bestimmten Meister als »Jahrgesell« zu »muten«, also zu arbeiten und dafür auch noch einen willkürlich festgesetzten »Mutgroschen« zu erlegen. Danach war er verpflichtet, eine »ehrbare Jungfer zu freien« und ein ziemlich schwieriges Meisterstück zu vollbringen. Dieses bestand bei den Hufschmieden unter anderem darin, einen vollständigen Hufbeschlag für ein Pferd zu machen, ohne Maß zu nehmen und die Hufe näher besehen zu dürfen. Das Pferd wurde nur zwei- bis dreimal an ihm vorbeigeritten.

Kriege bedeuteten immer einen wirtschaftlichen Aufschwung für die Schmiede. Für den dritten Kreuzzug (1189 bis 1192) beispielsweise lieferten die Eisenschmelzen des Forest of Dean dem König Richard Löwenherz allein 50000 Hufeisen.

Nicht wenige Hufschmiede besaßen auch Kenntnisse, Pferdekrankheiten zu kurieren (Kurschmied), und der Beruf des Tierarztes soll sich vom »Roßarzneikundigen« her entwickelt haben. Fahnenschmiede nannte man die einer Kavallerie-Eskadron oder Batterie zugeteilten Hufschmiede, so genannt nach der Fahne, die die Feldschmiede kenntlich machte.

Die Geräte und Werkzeuge, die unter dem Hammer des Grobschmieds entstanden, waren Schaufeln, Zangen, Hämmer, Äxte, Beile, Spitzhauen, Karste (zwei- oder dreizinkige Erdhacken), Brecheisen, Büchsenrohre, Ketten und Pflugscharen. Ein weiteres umfangreiches Absatzgebiet für Schmiedeteile war das Baugewerbe, wo außer Nägeln und Mauerklampfen auch Gewölbe- und Balkenanker, Ankersplinte, Erkerstützen, Streben, Steindübel, Bänder, Torangeln und Beschläge sowie die als »Bären« bezeichneten schweren eisernen Köpfe für mechanische Hämmer und Rammen benötigt wurden. Zu den schwersten Schmiedestücken zählten zweifellos die Schiffsanker. Der Ankerschaft, die gekrümmten Arme und Schaufeln wurden zunächst aus einem Bündel einzelner Stäbe ausgeschmiedet und anschließend zusammengeschweißt. Diese Arbeiten wurden früher mit schweren Handhämmern, die von vier bis fünf Schmieden abwechselnd geschwungen wurden, später mit Wasserhämmern ausgeführt. In den großen See- und Hafenstädten waren die Ankerschmiede ein eigenes zünftiges Gewerbe. Die berühmteste Ankerschmiede zu jener Zeit war die von Soderfors in Schweden.

Der Grobschmied, dessen Werkstätte häufig an Verkehrswegen lag, verrichtete auch die sogenannte Wagenarbeit an Fuhrwerken, die darin bestand, Radreifen, Radschuhe, Achsen, Bänder, Klammern und Ketten anzufertigen oder zu reparieren.

Guillocheure schnitten Linien und Muster auf Metallflächen mit Grabsticheln, die nach bestimmten Regeln durch eine besondere Vorrichtung geführt wurden. Vermutlich wurden die ersten Guillochen von Goldschmieden auf ihren Drehbänken angefertigt, denn die Drehbank diente neben Graviermaschinen häufig als Vorrichtung zum Guillochieren. Ein um seine mittlere Achse drehbarer Winkelhebel trug an einem Ende den Stichel, am anderen einen Taststift, der durch eine Feder gegen eine Patrone (Schablone) gedrückt wurde. Stand der Stichel fest und wurde die Metallplatte verschoben, so entstanden waagrechte und senkrechte Linien oder Schraffuren. Wurde die Platte gedreht, so erzeugte der stillstehende Stichel einen Kreis, bei absatzweiser Verschiebung mehrere. Drehte sich die Patrone und wurde die Platte waagrecht verschoben, so entstanden Wellenlinien; drehten sich Patrone und Platte gleichzeitig, so ergaben sich Wellenkreise. Durch Vereinigung mehrerer Bewegungen der Platte konnte man bei umlaufender Patrone Wellenovale, Wellendreiecke und dergleichen erzeugen. Guillochiert wurden hauptsächlich Druckplatten für Banknoten und Wertpapiere, Uhrgehäuse und Dosendeckel.

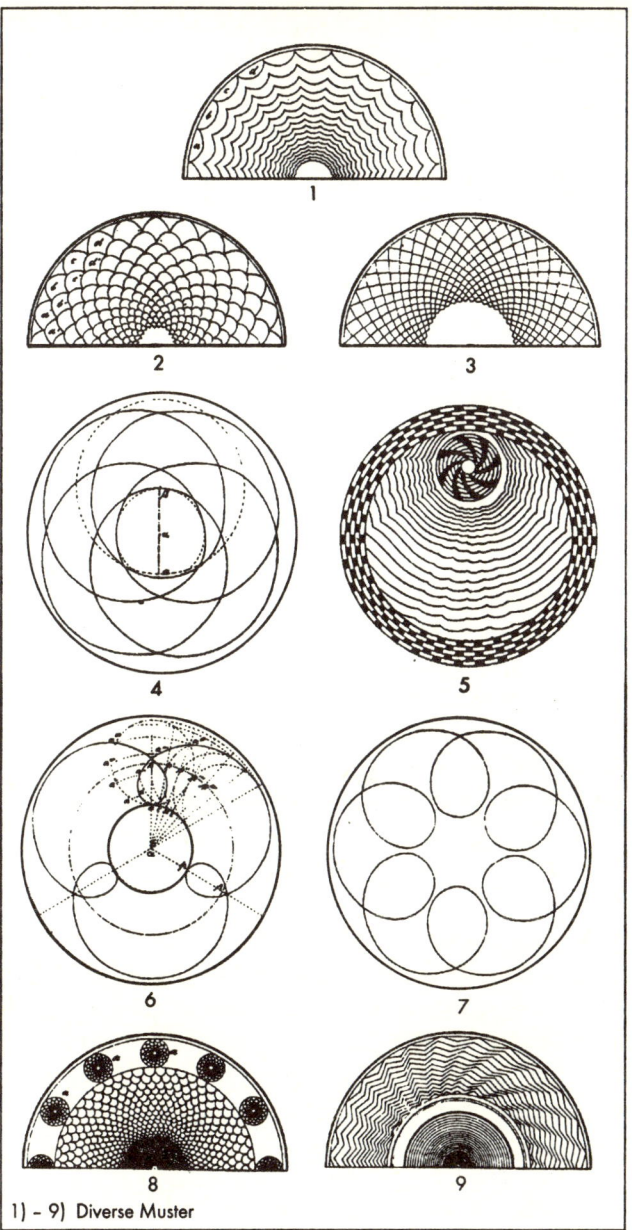

1) – 9) Diverse Muster

Gürtler arbeiteten überwiegend mit unedlen und in geringem Maße auch mit edlen Metallen und werden oft mit Riemern, Sattlern oder Taschnern verwechselt. Die Bezeichnung »Gürtler« stammt aus dem Mittelalter, das Handwerk selbst läßt sich bis in die Bronzezeit zurückverfolgen, als metallene Beschläge, Schnallen und Schließen typische Bestandteile der Kleidung waren. Als frühe Erzeugnisse sind ferner Zaumzeuge und metallene Beschläge für Pferdegeschirre und Wagen zu nennen. Neben der Bronze kannte man im Mittelalter bereits das Messing, das in der Herstellung billiger und in der Farbe dem Gold ähnlich war und für unzählige Erzeugnisse der Gürtler Verwendung fand. Auch andere Kupferlegierungen wie Tombak (Rotmessing) und Albakka (Neusilber), Eisen beziehungsweise Stahl und Zinn (für die Knopfherstellung) wurden verarbeitet. Edelmetalle durften aufgrund der Zunftgesetze nur zum Vergolden und Versilbern der Erzeugnisse verwendet werden.

Ideenreichtum, präzises handwerkliches Können und künstlerisches Einfühlungsvermögen zeichneten die Arbeit des Gürtlers aus, die nahezu alle in den übrigen Metallhandwerken angewandten Techniken umfaßte. Er mußte mit dem Gießen, Treiben, Drücken, Pressen, Prägen, Gravieren, Ziselieren und Punzieren bestens vertraut sein; durch Falzen, Bördeln, Nieten, auch durch Hart- und Weichlöten wurden die Werkstücke dann zusammengefügt und erhielten durch Polieren, Patinieren, Brünieren und Versilbern oder Vergolden ihren besonderen Charakter.

Typische Gürtlererzeugnisse waren: Beschläge für Büchereinbände, Zimmertüren, Fenster, Möbel, Uniformen und Wehrgehänge, Kirchengeräte wie Weihrauchschiffchen, Kerzenleuchter und Ewige-Licht-Ampeln, Hausrat wie Dosen, Besteckgriffe, Türklopfer, Deckel für Krüge, aber auch Prunkgeschirr, Bügeleisen, Fahnenspitzen, Knöpfe, Bijouteriewaren, Orden und Ehrenzeichen.

Zentren des Gürtlerhandwerks hatten sich in Nürnberg (1621 gab es dort bereits 36 Meister), Berlin und Wien gebildet. In Wien waren bereits um 1300 Gürtler tätig, und ab 1435 bildeten sie gemeinsam mit den Bortenwirkern eine Zeche. In den großen Städten haben sich aus dem Gürtlerhandwerk einige besonders spezialisierte Berufe herausgebildet, so etwa der Metallknopfmacher (Knopfpresser und -gießer) und Bügeleisenhersteller. Auch die → Gelbgießer hatten ihre Wurzeln im Gürtlergewerbe.

Haarmaler ahmten mit Menschenhaaren Federzeichnungen nach, was viel Geduld und Handfertigkeit erforderte. Auf einer Elfenbeinplatte, die wie zur Miniaturmalerei zugerichtet war, wurde mit Bleistift die Zeichnung entworfen. Entlang der Hauptlinien befestigte der Künstler mit feinem Leim (Hausenblase) ein Haar oder, wenn ein Strich stärker sein sollte, mehrere. Er nahm das Haar mit einem reinen und nur mit der Zunge befeuchteten Pinsel auf und gab ihm die erforderlichen Krümmungen mit dünnen elfenbeinernen Stäbchen. Mußten Ornamente, Baumblätter und dergleichen gebildet werden, so wurde ein ganzes Haarbüschel mit Leim getränkt, plattgedrückt und die jeweilige Form ausgeschnitten und auf die Vorlage geklebt.

Haarmenschen stellten ihre meist erbliche Überbehaarung, die durch das Erhaltenbleiben und die Vermehrung des embryonalen Wollhaars (Lanugo) entsteht, öffentlich auf Jahrmärkten und Messen, in Vergnügungsparks und Varietés zur Schau. Sie wurden als Darwins *missing link* von den Schaustellern angepriesen. »Lionel der Löwenmensch« beispielsweise war ein Star unter den damaligen Show Freaks. Als Stefan Bibrowski 1890 in Russisch-Polen geboren, brachte ihn der Schauunternehmer Sedlmayer nach Amerika, wo er fünf Jahre hindurch eine der Zugnummern des Zirkus Barnum & Bailey war. Einer der berühmtesten Haarmenschen war die mexikanische Tänzerin Julia Pastrana, die struppiges Barthaar an Kinn, Oberlippe und Stirn aufwies. Ihres bizarren Aussehens wegen war sie häufig Gegenstand wissenschaftlicher Spekulationen; ihr Bild findet sich noch 1920 in H. Krukenbergers *Der Gesichtsausdruck des Menschen*. Sie führte spanische Tänze vor und sang mexikanische Lieder, und ihr Entdecker und Manager Theodor Lent ließ sie in Europa und Amerika auftreten und wurde ein reicher Mann.

Haarsticker stickten mit schwarzem Menschenhaar Landschaften, Bildnisse und dergleichen, die mit Bleistift vorgezeichnet wurden, auf weiße Seidenstoffe *(Gros de Naples)*.

Haftelmacher (auch Heftleinmacher) stellten aus Draht allerlei Heftlein mit Ösen her. Hans Sachs meinte dazu: »Ich mach Steckheft aus Messingdraht, / Fein ausgebutzt, rund, sauber, glatt, / Mit runden Köpflein gut und scharf / Aller Art, wie man der bedarf, / Geschwerzt und geziert, darmit man thut / Sich einbrüsten Weib und auch Mann, / Daß die Kleider glatt liegen an.«

Die Arbeiten des Haftelmachers waren besonders fein und zierlich und erforderten besondere Sorgfalt und Genauigkeit; daher die Redensart »aufpassen wie ein Haftelmacher«.

Hansgrafen waren im Mittelalter Vorsteher in Handels- und Gewerbeangelegenheiten, auch der Kaufmannsinnung, und zugleich Richter in Innungssachen. Als erster urkundlich bezeugt ist ein Hansgraf 1183 in Regensburg als ein genossenschaftlicher Beamter, der Handelsabgaben zu erheben und das Handelsrecht zu wahren hatte. In Wien wird das Amt 1279 als *hansgrauius rector mercatorum de vienna et austria* erwähnt. In Bremen hießen zwei Ratsherren, die bauliche Streitigkeiten der Nachbarn schlichteten, Hänsegräven.

Hausierer (auch Gängler, Tallierer, Tellrer) beschreibt Joseph Roth in *Juden auf Wanderschaft* folgendermaßen: »Ein Hausierer trägt Seife, Hosenträger, Gummiartikel, Hosenknöpfe, Bleistifte in einem Korb, den er um den Rücken geschnallt hat. Mit diesem kleinen Laden besucht man verschiedene Cafés und Gasthäuser. Aber es ist ratsam, sich vorher zu überlegen, ob man gut daran tut, hier und dort einzukehren.

Auch zu einem einigermaßen erfolgreichen Hausieren gehört eine jahrelange Erfahrung. Man geht am sichersten zu Piowati, um die Abendstunden, wenn die vermögenden Leute koschere Würste mit Kren essen. Schon der Inhaber ist es dem jüdischen Ruf seiner Firma schuldig, einen armen Hausierer mit einer Suppe zu bewirten. Das ist nun auf jeden Fall ein Verdienst. Was die Gäste betrifft, so sind sie, wenn bereits gesättigt, sehr wohltätiger Stimmung. Bei niemandem hängt die Güte so innig mit der körperlichen Befriedigung zusammen wie beim jüdischen Kaufmann. Wenn er gegessen hat und wenn er gut gegessen hat, ist er sogar imstande, Hosenträger zu kaufen, obwohl er sie selbst in seinem Laden führt. Meist wird er gar nichts kaufen und ein Almosen geben.«

Helmschmiede (auch Helmer, Eisenhuter) werden in Nürnberg schon 1348 als selbständige Gewerbetreibende neben dem Plattnerhandwerk erwähnt (Hagen, ein Haubensmit). Die Haube oder der Helm gehörten zum wichtigsten Teil einer Rüstung und mußten, gleich dem Brustharnisch, mit großer Sorgfalt aus gutem und zähem Eisen oder Stahl gearbeitet werden, was wohlgeübte Hände erforderte. Ursprünglich standen mehr die leichteren haubenartigen Helme (Kessel-, Sturm- und Buckelhauben), teils schon mit einem Nasenschutz (Nasal) versehen, in Verwendung, die aus einem Blechstück geschlagen wurden und hauptsächlich für Knappen, Reisige und das Fußvolk bestimmt waren. Der eigentliche Helm indes war nur dem Ritter vorbehalten und mit ungleich größerem Aufwand gearbeitet. Er war in seinem Hauptstück aus zwei Teilen zusammengefügt, und die Naht verlief vom Nacken zur Stirn. Diese beiden Hälften mußten mit Rundhämmern in einem beinahe halbkugelförmigen Amboßgesenk getrieben werden. Der Helm mußte nicht nur wie die Haube den Schädel schützen, sondern hatte auch das ganze Gesicht, den Hals und Nacken zu bergen. Zur Zeit des Ritterwesens gab es in Deutschland Helme zum Schimpf (Scherz), die entweder offen oder mit Helmfenstern und beweglichen Visieren versehen waren und bei Turnieren getragen wurden, und Helme zum Ernst, Stechhelme, die man bei kriegerischen Auseinandersetzungen, aber auch bei Turnieren, wenn mit Lanzen gekämpft wurde, trug. Diese hatten außer einem Sehschlitz und kleinen Löchern zum Luftholen gar keine Öffnungen. Bis zum Ende des 14. Jahrhunderts entwickelten dann die Helmschmiede aus diesem Grundmodell den Visierhelm mit einem an Bolzen aufschlagbaren und über Steckscharniere abnehmbaren Visier, dessen vorspringender Teil in Form einer Hundeschnauze lang und spitz ausgetrieben war, was dem Helm die Bezeichnung »Hundsgugel« eintrug. Ihre Vollkommenheit erreichte diese Helmkonstruktion im 16. Jahrhundert in Form des Burgunderhelms, der durch einen Kamm verstärkt und mit Schirm, Wangenklappen und Nackenschutz ausgestattet war.

Herolde übten in germanischer Zeit ein höheres Amt des Heerwesens aus und wurden als Abgesandte von einem Staat an den anderen geschickt, vor allem zur Kriegserklärung. Im Mittelalter waren die Herolde Beamte an Fürstenhöfen, die das Hofzeremoniell wahrnahmen, als Verkündiger, Ausrufer und Ratgeber bei Festlichkeiten, Schwertleiten, Begräbnissen und Umzügen sowie als Boten zwischen den kriegführenden Parteien auftraten (»Und Frankreichs Kavaliere griffen an. / Voraus erschien ein Herold, der das Schloß / Aufforderte in einem Madrigale [zur Übergabe] / Und von dem Wall antwortete der Kanzler.« Schiller, *Maria Stuart,* 2.1). Ferner fiel ihnen die Aufgabe zu, Erhebungen in den Ritterstand am Vorabend von Schlachten zu protokollieren, unter den Toten nach Rittern zu suchen und die Heldentaten hervorragender Kämpfer aufzuzeichnen (Heroldsdichtung). Bei Zweikampf oder Fehde überreichten sie die Herausforderung, und in Lehens- und Adelssachen hatten sie die Entscheidungen zu

treffen, beispielsweise wenn ein Vasall gegenüber dem Lehns-
herrn die Lehnstreue brach, was Felonie hieß. Sie wachten
über die Turnierordnung, prüften die Turnierfähigkeit der
Ritter und besorgten die Aufrufung der Kämpfenden sowie
die Lobpreisung der Sieger. Bei diesen Turnieren, wo es
mehr auf Förmlichkeiten als auf Kühnheit ankam, hatte die
Ahnenprobe der Teilnehmer und die Wappenprüfung ihres
Helms und Schilds große Bedeutung. Unwürdige Ritter
durfte der Herold unverzüglich der Ritterwürde entkleiden:
»bald ward der herolt komen, / der hat im die riterschaft
genommen, / man hats im dun abkunden, / und die gulden
kett abbinden, / dar nach (ging es) an das keplin, / ab ward
er binden das schwert sin, / dar nach an die armgewand, / also
ward er geschant, / dar nach an den kuresz gut, / das det der
herolt wolgemut.« (Volkslied aus 1474, zitiert nach Freiherrn
von Liliencron) Die Herolde führten ferner die Adelschro-
niken und Wappenregister und entwickelten die nach ihnen
Heraldik genannte Wappenkunde. Zu den Gilden der Herolde, den Heroldien, denen ein »Wappenkönig« vorstand,
zählten die untergeordneten Fußboten (garzûne) und die
ritterbürtigen Roßboten und Persevanten (Gehilfen der Herolde). Besonders angesehen waren die Reichsherolde, die
vor allem auf den Reichstagen die Ordnung handhabten. Die
Herolde wurden in einer Lehrzeit ausgebildet und trugen
Amtstracht, den kurzärmeligen, trapezförmig geschnittenen,
seitlich offenen und mit dem Wappen des Herrn oder der
Herrschaft geschmückten Heroldsrock, auch Wappenrock
oder Tappert genannt, sowie als Zeichen ihrer Würde einen
Heroldsstab. Mit dem Niedergang des Ritterwesens und dem
Wandel der Kriegstechnik verlor ihre Stellung allmählich an
Bedeutung.

Hoffuriere (auch Kammerfuriere) waren niedere Hofbeamte,
die mit der Überwachung des Ordnungs- und Sicherheits-
dienstes an den Höfen und in den fürstlichen Schlössern

betraut waren. In Österreich bekleidete der Kammerfurier eine höhere Rangstufe.

Hofmarschälle waren Leiter eines Hofmarschallamts oder Hofamts und für die Verwaltung eines fürstlichen Haushalts zuständig. Bei größeren Hofhaltungen unterstanden einem Oberhofmarschall verschiedene Hofmarschälle für einzelne Zweige der Verwaltung.

Hofmeister waren im Mittelalter unter den ersten Hofbeamten der deutschen Könige und hatten die Leitung der königlichen Hauswirtschaft und den Dienst um den Monarchen inne. Später wurde das Amt geteilt in das des Haushofmeisters, der wirtschaftliche Aufgaben, und das des Obersthofmeisters (Reichshofmeister), der die Regierungsgeschäfte besorgte und dem Reichshofrat vorstand. Seit Anfang des 19. Jahrhunderts ist das Amt verschwunden.

Hofnarren waren schon im Altertum fixer Bestandteil des fürstlichen Aufwandes, des Stolzes, der Prahlerei und der Belustigung ihrer Herren. Die römischen Cäsaren waren besondere Liebhaber von »artigen« Zwergen. Marcus Antonius besaß einen Zwerg, den er zum Spott Sisyphos nannte; Augustus ließ seinen Lieblingszwerg Lucius bei Schauspielen auftreten, weil er »nur 17 Pfund wog« und eine »sehr starke Stimme« hatte; Kaiser Domitianus wiederum ergötzte sich an nächtlichen Fechtspielen zwischen Zwergen und »Weibern«.

Nach den Kreuzzügen verbreiteten sich die Spaßmacher in ganz Europa, und seit dem 15. Jahrhundert gehörten sie zu jedem vollständigen Hofstaat. Entweder waren es feingebildete witzige Hofleute oder Männer von gelehrter Bildung, die das Vorrecht (Narrenfreiheit) hatten, durch beißenden Witz und geistreichen Tadel die Gesellschaft zu unterhalten und zu geißeln, wie Maximilians I. Narr Kunz von der Rosen. Oder es waren Krüppel, Zwerge, Idioten, über die man sich lustig machte. Renaissance- und Barockfürsten übertrafen einander gelegentlich an »amüsanten« Einfällen: Zwerge wurden in Pasteten und Kuchen versteckt, bei Tisch aufgetragen und sprangen dann, der Gelegenheit entsprechend, heraus, um auf der Tafel »herumzuscharmutzieren«. Der Hofzwerg des Polenkönigs Stanislaus II., Nikolaus Ferry, von seinem Gönner Bébé genannt, mußte bei einer Festtafel in der Uniform der Garde du Corps einem als Festung gestalteten Backwerk entsteigen und wurde prompt von den anwesenden Gästen mit Bonbons beschossen. Nach seinem Tod 1764 wurde Bébés kleiner Körper durch den Leibarzt des Königs seziert und das Skelett in der öffentlichen Bibliothek zu Nancy aufgestellt. Ein anderer, wegen seines schlagfertigen Witzes bekannter Zwerg war Klemens Perkeo aus Salurn in Südtirol, der um 1720 Hofnarr und Kammerherr des Kurfürsten Karl Philipp von der Pfalz war. Der Dichter Joseph Viktor von Scheffel (1826–1886) verewigte den Kleinwüchsigen in einem Lied, in dem es unter anderem heißt: »Das war der Zwerg Perkeo vom Heidelberger Schloß, / vom Wuchse klein und winzig, vom Durste riesengroß. / Man schalt ihn einen Narren, doch er dachte: Liebe Leut', / wärt ihr wie ich doch alle feuchtfröhlich und gescheit!« Es wird erzählt, daß der nicht nur kluge, sondern auch trinkfeste Zwerg, der wahrscheinlich mit bürgerlichem Namen Johannes Clement hieß, auf die Frage, ob er das große Faß zu Heidelberg austrinken könne, mit *Perche no?* geantwortet habe, was ihm den Spitznamen »Perkeo« eintrug. Nach seinem Tod erhielt der »feuchtfröhliche und gescheite« Narr im Hof des Heidelberger Schlosses ein Denkmal.

Bedeutende Maler wie Josef Heintz der Ältere *(Erzherzog Ferdinand mit Hofzwerg)*, Velázquez *(Las Meninas)*, Rubens *(Alatheia Talbot, Gräfin Arundel mit Hofzwerg Robin)*, Carracci *(Arrigo der Haarige, Pietro der Narr* und *Amon der Zwerg)* und der in der Sammlung auf dem Tiroler Schloß Ambras vertretene Georg Hoefnagel waren bemüht, die mißgestalteten Protegés ihrer Auftraggeber zu verewigen. Als literarischer Fürsprecher der kleinen Menschen gilt der

»lachende Philosoph« Carl Julius Weber, selbst ein Mann von kleiner Statur und ein vielgelesener Autor des vorigen Jahrhunderts, der meint, »kleine Männchen erzeugen einmal lustigen Humor, den sie meist selbst besitzen, denn die Lebensgeister finden sich in ihnen leichter zusammen. Große aber erregen Ernst und Furcht, wie der Teutonenkönig Teutobald. Homo longus raro sapiens (ein langer Mensch ist selten klug), woran selbst Baco glaubte, weil er Länge mit hohen Häusern verglich, deren oberster Stock meist leer sei.«

Hofnarren waren an ihrer Tracht, die für sie Vorschrift war, zu erkennen: die Narrenkappe oder Gugel mit rotem Hahnenkamm, Eselsohren und Schellen sowie das Narrenzepter, eine Art Keule mit Narrenkopf, und ein breiter Halskragen.

Hofpfalzgrafen waren im deutschen Reich seit Kaiser Karl IV. bis 1806 Beamte zur Ernennung königlicher Notare, zur Erteilung von Legitimationen, Genehmigung von Adoptionen, Verleihung von Adels- und Wappenbriefen und dergleichen.

Hofräte hießen seit dem 16. Jahrhundert die Mitglieder der höchsten Kollegialbehörden, die nach dem Muster des Reichshofrats in Wien zur Erledigung von Regierungs- und Verwaltungsangelegenheiten und als Landesgerichte höchster Instanz bestanden.

An dieser Stelle scheint die Bemerkung interessant, daß der Barockkaiser Leopold I. (1658–1705) seine Untertanen in fünf Klassen einteilte: Zur ersten Klasse zählte er die kaiserlichen und landesfürstlichen höheren Beamten wie Vizedome, Hof- und Kriegszahlmeister, Amtsmänner, Landgrafen, Hofquartiermeister, Sekretäre (welche nicht zugleich wirkliche Räte waren), die Doktores der Rechten und Arznei, die Nobilitierten (so sie Landgüter besaßen), Kammerdiener, Hofkapell- und Vizekapellmeister und die Stadtrichter zu Wien und Linz. Der zweiten Klasse gehörten an: Nobilitierte (ohne

Landgüter), Hofmusizi, Hoffuriere, Herolde, Leibbarbiere, Stadt- und Gerichtsbeisitzer, Münzmeister, Buchhalter, Rentmeister, Bürgermeister und Richter der landesfürstlichen Städte und Märkte. Die dritte Klasse umfaßte Buchhalterei-bedienstete, Konzipisten, Kellermeister, Zimmerwarter, Tafeldecker, Türhüter, Kammerheizer, Hatschierer, Trabanten, Leiblakaien, Kammertrabanten, Trompeter, die äußeren Ratspersonen, die vornehmen bürgerlichen Handelsleute und andere vornehme Bürger, die kein Handwerk betrieben, sowie als Künstler die Buchdrucker, Maler, Bildhauer und Kupferstecher. Die vierte Klasse rekrutierte sich aus Falknern, Jägern, Hofsattlern, Mesnern, Kirchendienern, niedrigen Kanzleibedienten, Handwerkern, Köchen und Köchinnen und Bedienten. Und in der fünften Klasse waren die Untertanen und derselben »Inleute«, die Tagwerker und das übrige gemeine Volk vertreten.

Im 19. Jahrhundert (und bis 1918) wurde Hofrat als Ehrentitel in verschiedenen Stufen (Geheimer Hofrat usw.) an höhere Beamte, Professoren, Ärzte, in Preußen auch an Kanzleivorstände und verdiente Subalternbeamte verliehen. In Österreich war bis 1921 Hofrat die 5. Rangklasse der Staatsbeamten (über Regierungsrat, unter Sektionschef). Der Titel Hofrat wird in der Republik Österreich noch als Amtstitel und als Auszeichnung verliehen.

Hofrichter übten das von Kaiser Friedrich II. 1235 geschaffene Amt der Leitung des Hofgerichts aus; später waren sie auch höhere Richter in den Territorialstaaten.

Hohlhipper gingen mit Hohlhippen, einem röhrenförmigen Gebäck aus Oblatenteig, hausieren und wurden von ihren Mitmenschen meist respektlos behandelt. Sie rächten sich durch eine stark ausgeprägte Neigung zur Schmähsucht. Daraus entstand sogar das Verbum »hohlhippen«, was so viel bedeutete wie lästern, schmähen, spotten.

Holzhauer waren vor dem 19. Jahrhundert ein eigener Berufs-stand (»Holzerschaften«), vor allem bei den Hütten und Salinen mit ihrem gewaltigen Holzbedarf. Besonders in un-wegsamen Gebirgsgegenden, wo die Holzbringung schwierig und die bäuerliche Bevölkerung spärlich war, erforderte die Waldarbeit besondere Fähigkeiten. Die Holzknechte waren ganz auf sich gestellt und nur mit einfachen Werkzeugen aus-gerüstet. Nicht der Holzschlag, sondern der Transport des gefällten Holzes ins Tal war der schwierigere und gefähr-lichere Teil ihrer Arbeit. Sie mußten sich auf den Bau von aufwendigen Rutschbahnen, sogenannten Riesen, und Klau-sen (Stauwehren für die Holztrift) verstehen, und dort, wo man den gewaltigen Holzaufwand für solche Anlagen ver-meiden wollte, brachten die Holzhauer im Winter die schwe-ren Stämme auf Schlitten zu Tal, ein waghalsiges und gefahr-volles Unternehmen, das viele Menschen das Leben kostete. Diese Arbeit prägte natürlich die Holzknechte und brachte ein eigenes Selbstbewußtsein hervor. »Holzer und Köhler«, schreibt Joseph Wessely in *Die österreichischen Alpenländer und ihre Forste* (1853), »seien in den Alpen die Könige auf dem Tanzplatze und bei den Dirnen ..., sie sind die Ton-angeber bei den Lustbarkeiten, die Erfinder der gangbarsten Lieder und der treffendsten Schnacken.«

Die soziale Stellung der Waldarbeiter konnte sehr unter-schiedlich sein. Das galt vorwiegend im Hochgebirge, wo die Holzhauer der Grundherrschaft so manche Konzession ab-ringen konnten: So besaßen im 14. Jahrhundert die Holz-hauer bei der Saline Hall das Recht, bei Lohnrückständen eigenmächtig Holz zu pfänden, und Kaiser Maximilian stellte sie um 1500 den Bergknappen gleich; denn das Bergwesen hing von der Holzzufuhr ab, und viele Bergleute verdingten sich im Winter auch im Holzschlag. Die Masse der Wald-arbeiter kam aber wohl aus dem Kleinbauerntum und den unterbäuerlichen Schichten der Dörfer, die sich vom Acker-bau allein nicht ernähren konnten.

Holzmesser traten auf, als fixe Preise für eine bestimmte Holzmenge eingeführt wurden. Schon im 16. Jahrhundert gab es erste Erlasse in diesem Sinn, aber erst um 1800 wurde es allgemein üblich, daß auch das Brennholz genau gemessen und der Holzschlag durch den Käufer unterbunden wurde. Wenn das Holz durch →Holzhauer, die von den Forstbeamten kontrolliert wurden, geschlagen und aufbereitet war, konnte es gleich zu Klaftern aufgesetzt werden. Zudem konnten »viele Stücke Holz, welche sonst in das Brennholz kommen, zu Nutzholz angewendet werden« (Krünitz, 1789). Je knapper und wertvoller das Holz wurde, desto wichtiger wurde die Aufgabe des Holzmessers. In Frankfurt am Main übten diese Tätigkeit ursprünglich Frauen aus, 1623 bestimmte man aber, daß »die Weibspersonen, welche sich künftig beim Holzmessen betreten lassen, ins Narrenhaus geführt« werden sollten. Das gebräuchlichste Brennholzmaß war um 1800 der Klafter, ursprünglich ein Längenmaß, das die Spanne, die ein Mann mit ausgestreckten Armen erreichen konnte, bezeichnete. Der Klafter wurde mit dem Meßstock (Klaftermaß) festgelegt (etwa 1,9 Meter Seitenlänge und Höhe mit 0,6 bis 0,9 Meter Breite).

Holzschiffbauer (auch Schiffszimmerleute) übten an den Küsten meist in den Hafenstädten ein für die Seeschiffahrt unentbehrliches Gewerbe aus, das von äußerst schwierigen Arbeitsbedingungen geprägt war, wie Cornelius van Yk in seinem 1697 veröffentlichten Werk über die niederländische Schiffsbaukunst feststellt. Ihm »sei kein Handwerk bekannt«, heißt es in einem Kapitel, »bei dem der menschliche Körper auf so vielfältige Art geübt werde wie in der Schiffszimmerei. Der Schiffszimmermann müsse bei seiner täglichen Arbeit auf so vielfältige Weise Kraft anwenden, daß die Kleider vom Leib gescheuert würden und der Körper durch die angestrengte Arbeit vom Kopf bis zu den Zehen ›hohl‹ werde, so, daß der Werkmann wünschte, die Essenszeit käme heran, um neue Kraft zu schöpfen. Hinzu käme noch, daß alle Arbeit unter freiem Himmel geschähe und daß die Zimmerleute einmal den Winden, scharfem Hagel, schneidender Kälte ausgesetzt seien und sie ertragen müßten, zum andern wieder großer Hitze und dem Brennen der Sonne, die den Körper ausdörrten, so daß man genötigt sei, dauernd nach der Kanne oder Pumpe zu rennen. Nur ein starker und gesunder Mann könne diese Arbeit ertragen und das Ungemach überstehen.« Der Schwere der Arbeit wurde zum Beispiel der Hamburger Rat durch eine Anordnung (1588) gerecht, wonach kein Lehrknecht jünger als achtzehn bis zwanzig Jahre sein durfte. Zu den Eigenschaften der Schiffszimmerleute meint van Yk, »sie müßten wegen der schweren Arbeit gesund und stark sein, dabei geistig beweglich, jedoch nicht hastig, sondern ruhig, denn allzuviel Hast schade der Arbeit. Ein Schiffszimmermann müsse auch ein vorsichtiger Mann sein, denn er habe es mit scharfen Geräten und schweren Hölzern zu tun. Er müsse, wie man sagt, mit tausend Augen um sich sehen, damit er nicht sich und denen, die ihm helfen, ein schweres Unglück auf den Hals hole. Vor allem müsse er ein tugendsamer und frommer Mann sein, denn es sei unmöglich, daß der Baumeister, besonders, wenn das Schiff groß sei, alle Teile besonders nachsehe. Er müsse sich in vielen Dingen auf die Treue und Gewissenhaftigkeit seiner Knechte verlassen können. Diejenigen Knechte, die sorglos und böswillig seien, ein Loch nicht gut bohrten, es nicht, wie sich gehört, gut dichteten, eine Naht schlecht kalfaterten, einen Bolzen nicht sorgfältig schlössen, unbrauchbares oder fast gebrochenes Eisenwerk einschlügen, könnten großen Schaden, ja Schiffern und Besatzung den Tod bringen. Ein Knecht, der seinen vollen Taglohn verdienen wolle, müsse mit Beil und Deißel [ähnlich dem Beil, nur mit leicht gekrümmter Schneide quer zum Stiel] alle Werkstücke, die im Handwerk vorkämen, machen können. Er müsse wissen, wie man die verschiedenen Hölzer mit Hilfe von Winkelhaken überall sicher und vollständig aneinanderfügen könne, wie man Planken zur Schiffshaut und die Wegerungen [innere Schiffshaut] zubereite, wie man mit der Schlagleine alle Hölzer nach dem Schiffsverlauf rund und hohl biege, wie man Schiffsdielen einpasse, Rundhölzer mache usw.«

Selbst wenn hier gleichsam ideale Forderungen aufgestellt wurden, so waren gewiß ein hervorragendes »Augenmaß«, Formgefühl und großes Geschick im Umgang mit Material wie Werkzeug unerläßliche Voraussetzungen, ein so kompliziertes Bauwerk, wie es ein Holzschiff war, zunächst ohne jegliche Berechnungen zu schaffen. Die gesamte Technik beruhte ja überwiegend auf Erfahrung, Können und Vorbild, die sich von Generation zu Generation in der Form praktischer und mündlicher Unterweisung vererbten, mit einem Meister an der Spitze der handwerklichen Hierarchie. Auffallend war das Festhalten an Bautraditionen und die Scheu vor Neuerungen, was sich in gewisser Weise mit den exorbitanten Kosten eines Schiffbaus erklären läßt, die es schwer möglich machten, viel und riskant zu experimentieren. »So werden die Schiffbauer bey ihren Versuchen bis zur Ängstlichkeit behutsam und lediglich darauf eingeschränkt, ihre Beobachtungen an würklichen Schiffen zu machen. [. . .] Viele Schiffbauer haben zu ihrem Hauptzweck gemacht, die Methoden aufzufinden, Schiffe nachzubauen, von denen sie glaubten, daß sie den Beyfall der Seeleute erhalten hätten«, heißt es in dem damals bedeutendsten Lehrbuch über den Schiffbau des französischen Flotteninspektors und Naturforschers Henri-Louis Duhamel du Monceau aus dem Jahr 1752.

Zwischen dem 13. und 16. Jahrhundert entstanden verschiedenartige Schiffsformen in der sogenannten Schalenbauweise: im Mittelmeer die schwerfälligen, aber kampfkräftigen und für den Frachttransport geeigneten Galeassen und die leichteren Galeoten, die aus den Galeeren hervorgingen und vor allem die Küstenschiffahrt besorgten. Sie wurden nach wie vor von Sklaven und Sträflingen mit Segelunterstützung gerudert. Dazu kamen die gedrungenen Galeonen, unsichere Karracken und die sehr gut am Wind liegenden

Karavellen, mit denen Kolumbus Amerika entdeckte (1492) und Vasco da Gama den Seeweg nach Indien fand (1497–98); in der Nord- und Ostsee waren es die hanseatischen Koggen, später die Holken und die eigenwilligen, höchst erfolgreichen holländischen Fleuten. Bei der Schalenbauweise wurden die Planken schrittweise entweder überlappend (»klinker«) oder stumpf (»kraweel«) oder kombiniert zu einer großen hölzernen Schale zusammengesetzt und erst dann mit Rippen oder Spanten und Querbalken versteift. Eine regionale Eingrenzung der überlappenden oder stumpfen Rumpfbauweise ist schwer möglich, doch scheint der vorteilhaftere Kraweelbau (port. *caravela*) im Mittelmeerraum vorherrschend gewesen zu sein. Eine andere Bauart war, auf einem »platten« Boden die Seitenwände fast rechtwinklig, Planke um Planke, »kraweel« mit Wurzelknien als Spanten aufzusetzen. Die Zillen und Plätten der Binnengewässer wurden so gebaut (→ Schopper), aber auch beispielsweise Koggen, die in flachen Gewässern, in Flußmündungen und in Küstennähe segelten.

Die ersten überlieferten Aufzeichnungen über den Schiffbau sind das Manuskript *Fabbrica di galere,* vermutlich aus dem Jahr 1410, und eine Sammlung von Beschreibungen und Skizzen des Giorgio Timbotta, eines Kaufmanns, der sich auch mit dem Schiffbau beschäftigte, aus der Zeit um 1445. Daraus haben Historiker geschlossen, daß in der ersten Hälfte des 15. Jahrhunderts in Italien bereits Schiffe in Skelettbauweise entstanden. Im Gegensatz zur Schalenbauweise wurde dabei zuerst ein Gerippe aus Kiel, Vor- und Achtersteven sowie Spanten gebaut, das bereits die geometrische Form des Rumpfes andeutete, auf das die Beplankung »kraweel«, also Kante an Kante, genagelt wurde. Durch diese Bauweise konnte eines der ärgsten Übel der Schiffe, ihre Undichtigkeit, die zu vielen katastrophalen Schiffbrüchen geführt hatte, wesentlich gemindert werden. Die Planken ließen sich nicht nur leichter einpassen, sondern auch besser abdichten (kalfatern). Der Wechsel zur Skelettbauweise ist sicher einer der bedeutendsten Schritte in der Geschichte des

Schiffbaus, denn nun ging man daran, Schiffe mit dem Zirkel zu entwerfen. Ausführlich werden die Kreisbogenkonstruktionen im ersten deutschen Werk über den Schiffbau von Joseph Furttenbach aus dem Jahre 1629 beschrieben. Die Schiffe wurden nicht nur größer, sondern durch den Ausbau der Takelage auf zunächst drei Maste (Fock-, Groß- und Besanmast) auch wesentlich schneller und durch das Heckruder manövrierfähiger. Ferner ging man dazu über, die Hauptabmessungen, also die Breite des Hauptspants, die Höhe des Decks über dem Kiel und die Kiellänge nach genauen Proportionen festzulegen. Diese Normierung, der vorerst keinerlei physikalische Gesetzmäßigkeiten oder technische Überlegungen zugrunde lagen, folgte vor allem harmonischen Maßstäben und ästhetischen Vorstellungen, vernachlässigte aber die Schwimmfähigkeit und Stabilität. Nach Einführung der Stückpforten (fensterartige Öffnungen) in den Bordwänden für die Schiffsgeschütze trat das Problem der Stabilität deutlicher denn je zutage. Oft lag die unterste Geschützreihe durch Überladung gefährlich nahe an der Wasserlinie. Neigte sich das Schiff durch Winddruck, konnten die Kanonen nicht mehr auf das Ziel gerichtet werden, oder, was viel schlimmer war, das Schiff »krängte« so stark, daß es über die Stückpforten mit Wasser volllief und versank. Ein Schicksal, das vermutlich das englische Kriegsschiff »Mary Rose« bei einem Seegefecht mit den Franzosen 1545 vor Portsmouth ereilte.

Im 17. Jahrhundert herrschte in Frankreich, das seinen Außenhandel stärken und seine Flotte besonders fördern wollte, großes Interesse an den praktisch anwendbaren Naturwissenschaften. Finanzminister Jean Baptiste Colbert, seit 1669 auch Marineminister, forcierte die Entwicklung einer »Schiffstheorie«, an der sich Marineoffiziere wie Bernard Renau und so prominente Wissenschaftler wie Christiaan Huygens aus Leiden und die Brüder Jakob und Johann Bernoulli beteiligten. Einen überaus wichtigen Beitrag lieferte dazu Pierre Bouguer mit seinem *Traité du Navire*.

Darin führte er 1746 den Begriff des Metazentrums ein, ein wichtiges Maß für die Standfestigkeit eines Schiffes. Aber auch die merkantilistische Politik des Absolutismus, die die Schranken des eigenbrötlerischen zünftigen Schiffbaus durchbrach, sorgte dafür, daß die Holländer ihre bisher führende Rolle im Schiffbau an die Franzosen verloren, die ihrerseits später von den Engländern überflügelt wurden.

Trotz aller Anstrengungen setzten sich wissenschaftliche Prinzipien im Schiffbau, der sich noch immer »rein empirisch und nach Gefühl vorwärtstastete«, nur langsam durch, und erst gegen Ende des 18. Jahrhunderts fanden sie auf den Schiffbauplätzen wirklich Beachtung. Die Überzeugung, daß »die Wissenschaft vom Schiffbau niemals vom letzten Grad der Vollkommenheit getragen sein kann und daß man ihr nicht alle möglichen Eigenschaften geben kann ohne Vereinigung der theoretischen und praktischen Kenntnisse«, vertrat der Schwede Fredrik Henrik Chapman, ein gelernter Schiffszimmermann, der in Stockholm und London Mathematik und Physik studierte. Er brachte 1768 ein Tafelwerk mit Rissen verschiedener Schiffstypen heraus (*Architectura Navalis Mercatoria*), ergänzte es später mit Abhandlungen über den Schiffbau und zeigte dem Schiffbauer nicht nur, wie er einen Schiffsrumpf zu zeichnen hatte, sondern auch, wie dessen hydrostatische Eigenschaften zu berechnen waren. In einem »Lastenmaßstab« ordnete er jedem Tiefgang eine bestimmte Wasserverdrängung zu, womit die Tragfähigkeit schon in der Planung berechnet werden konnte. Damit war das von Archimedes erkannte Prinzip des Auftriebs in der Praxis anwendbar.

Zu den wichtigsten Schiffen zählten vom 17. bis zum 19. Jahrhundert die mehrdeckigen Linienschiffe, nach deren Vorbild auch die »Ostindienfahrer«, die großen, stark bewaffneten Segelschiffe der ostindischen Handelskompanien, gebaut wurden. Durch die schon erwähnten Stückpforten erhielten die Schiffe eine erheblich größere Feuerkraft, wodurch die Kampftaktik des Rammens, Enterns und des Nahkampfs vollends überflüssig wurde. Statt dessen fuhren die gegnerischen Schiffe in zwei parallelen Linien zu Seegefechten auf und bekämpften einander mit den Geschützen ihrer Breitseiten; daher die Bezeichnung »Linienschiffe«. Kleiner als die Linienschiffe waren die Fregatten, Korvetten, Briggs, Schoner sowie die Küstenfahrzeuge Ewer, Kuff, Jacht, Schaluppe, Kutter und Lugger. Ein Kennzeichen dieser Segelschiffe war unter anderem ihre Takelage, also Maste, Rahen, Gaffeln und Tauwerk (→ Segelmacher). Um die Mitte des 19. Jahrhunderts wurde in den Vereinigten Staaten als eine der Folgen des »Goldrausches« in Kalifornien der Klipper entwickelt. Als Erfinder dieses neuen schnellsegelnden Schiffstyps gilt der Bostoner Schiffbauer Donald MacKay, dessen Schiffe »Flying Cloud« und »Sovereign of Seas« eine neue Ära im Schiffbau einleiteten.

Ein Schiffbauplatz war bis zur Endphase des Holzschiffbaus im 19. Jahrhundert meist nicht mehr als ein umzäuntes Grundstück am Wasser, auf dem noch Schuppen und Buden für das Material, die verschiedenen zum Trocknen aufgestapelten Bauhölzer und Geräte standen. Das Gelände mußte zum Wasser hin leicht geneigt sein, damit man die Schiffe später ablaufen lassen konnte. Maschinen gab es praktisch keine, wohl aber mußten die Schiffbaumeister eine Anzahl Gerätschaften besitzen, ohne deren Hilfe das oft tonnenschwere Eichenholz nicht bewegt werden konnte. Verschiedene Arten von Winden, Hebezeuge wie Hubschrauben, Rollen sowie Handbäume und Speichen aus Metall und Eschenholz gehörten zum festen Inventar. Die Planken und Balken wurden der Länge nach aus dem Stamm gesägt. Zwei Säger bedienten die Zieh- oder Kransäge, wobei der eine auf dem Stamm stand und die Säge führte, der andere von unten zog. Das Biegen der Planken war eine besondere Kunst, und um die erforderliche Krümmung oder Schmiege zu erhalten, wurden sie gebrannt oder gekocht. Neben diesen Geräten und Werkzeugen, die der Meister besitzen mußte, brachte jeder Schiffszimmerer selbst eine ganze Anzahl von Werkzeugen, die sein Eigentum waren, mit auf den Bauplatz. Dazu gehörten Schneidwerkzeuge wie Beile und Dechsel (Deißel), Bohrer verschiedener Größen und Brustleier, Stemmeisen, Hämmer (wie die schweren Mooker zum Einschlagen eiserner Bolzen) sowie diverse Handsägen und Hobel. Ferner Meßwerkzeuge wie Zirkel, Zollstock, Schmiegen zum Übertragen von Winkeln und hölzerne Gelenkketten (Ledemall) zum Übertragen von Kurven.

Die Beschaffung von geeignetem Bauholz galt als schwierig, denn nirgends kam es derart auf makellose Dichte des Holzes an wie im Wasser, wo Astlöcher und faule Stellen zum Verhängnis werden konnten. Die Eichenstämme wurden nach dem Fällen zunächst im Wasser gelagert, das allmählich den Saft und etwaige Pilzsporen herauslöste, und danach bei guter Luftzufuhr getrocknet. Bei richtiger Behandlung lagen zwischen dem Fällen und der Verwendbarkeit des Holzes an die zehn Jahre. Bei der chronischen Knappheit an Bauholz von großer Länge und Stärke kam es häufig vor, daß die Bäume nicht im Winter geschlagen und zu kurz getrocknet wurden. Die Folge waren Fäulnisschäden, die den Schiffen eine nur kurze Lebenszeit bescherten. Bekannt wurde zum Beispiel der Fall der »Queen Charlotte«, die 1810 in England gebaut, zwei Jahre nach ihrem Stapellauf fast vollständig verfault war, ohne je die offene See gesehen zu haben. Holzbeschaffung und Holzverknappung wurden im Schiffbau zu hochpolitischen Themen, und rigorose staatliche Maßnahmen sorgten für den Schutz bestimmter Wälder zur Sicherung des expandierenden Schiffbaus.

Der Bau eines Schiffes begann mit dem Auslegen des Kielbalkens (»auf Kiel legen«) auf der geneigten Helling, dem Bauplatz. An den Enden des Kiels wurden Vor- und Achtersteven angefügt und dann die Spanten nach einem Spantenplan auf dem Kielbalken aufgerichtet. Steven und Spanten wurden bei größeren Schiffen aus einzelnen Hölzern zusammengesetzt und mit Holz- oder Eisendübeln verbunden. Wenn möglich, nützte man die vorhandenen Krümmungen

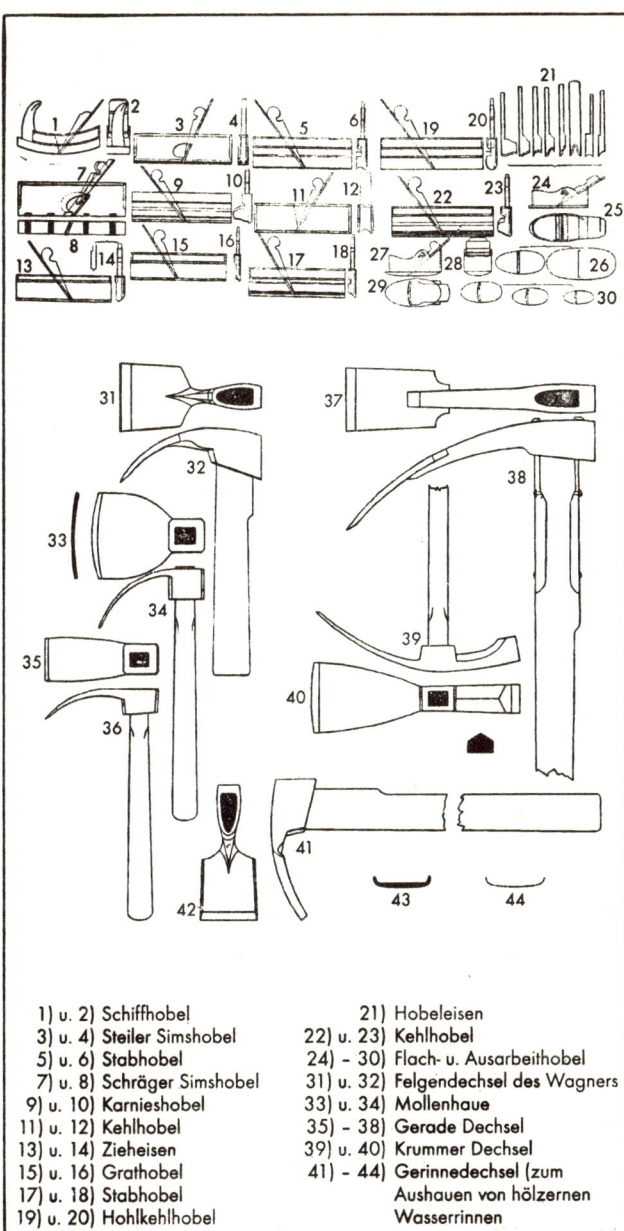

1) u. 2) Schiffhobel
3) u. 4) Steiler Simshobel
5) u. 6) Stabhobel
7) u. 8) Schräger Simshobel
9) u. 10) Karnieshobel
11) u. 12) Kehlhobel
13) u. 14) Zieheisen
15) u. 16) Grathobel
17) u. 18) Stabhobel
19) u. 20) Hohlkehlhobel

21) Hobeleisen
22) u. 23) Kehlhobel
24) – 30) Flach- u. Ausarbeithobel
31) u. 32) Felgendechsel des Wagners
33) u. 34) Mollenhaue
35) – 38) Gerade Dechsel
39) u. 40) Krummer Dechsel
41) – 44) Gerinnedechsel (zum
Aushauen von hölzernen
Wasserrinnen

des gewachsenen Holzes aus. Auf dieses Spantgerippe brachte man nun die äußere und innere Beplankung auf, wobei die innere der zusätzlichen Festigkeit und dem Schutz der Ladung vor Feuchtigkeit diente. Nach dem Einbau der Decksbalken und dem Verlegen des Decks wurden die äußeren Plankennähte mit Werg und Pech abgedichtet. Jetzt konnte der Schiffsrumpf auf einer eingefetteten Bahn »vom Stapel« ins Wasser laufen, damals wie heute ein aufregendes und festliches Ereignis. »Die Versammlung bestand aus türkischen Kapitänen und griechischen Schiffsbaumeistern«, berichtet der Orientalist Joseph Freiherr von Hammer-Purgstall anläßlich eines Halwafestes 1799 aus Konstantinopel. »Meine Einladung dazu dankte ich der besonderen Gunst Kapudan-Paschas, neben dem ich in der ersten Reihe saß. Am nächsten Tag wurde ein eben vollendeter Dreidecker in Gegenwart des Sultans von Stapel gelassen. Der günstige Augenblick hiezu war von den Hofastronomen schon lange vorher bestimmt worden. Der Kapudan-Pascha selbst zählte auf seiner Uhr Minute für Minute, und in der entscheidenden brachen die letzten Stützen des dreistöckigen Schiffes unter dem Beil, und es rollte unter dem Getöse türkischer Musik in die hochaufschäumende See. Alle Schiffe des Hafens flaggten und donnerten Kanonengrüße. Der Kapudan-Pascha verteilte Pelze und Medaillen an die Schiffbauer und ihre Leute, er selbst wurde durch den Beifall des Sultans belohnt.«

Mit dem Stapellauf war die Arbeit des Schiffszimmermanns im großen und ganzen beendet, und die Tätigkeit des Schiffers und der Bootsleute setzte ein, die das Schiff nun mit Masten, Rahen, Gaffeln sowie der übrigen Takelung (»stehendes und laufendes Gut«) und mit Segeln ausstatteten.

Am Bau eines Schiffes und seiner Ausrüstung waren nicht nur die Schiffszimmerleute (Lehrknechte, Werkleute und Meister) und ihre Hilfskräfte wie Grobhauer, Säger, Bohrer, Wergpflückerinnen, →Kalfaterer, Pech- und Teersieder beteiligt, sondern auch Schmiede der verschiedensten Spezialisierungen (zum Beispiel →Grob-, →Nagel-, →Kupfer- und Ankerschmiede), →Reepschläger, →Segelmacher, Blockdreher, Mastenmacher, Takler, Blechschläger, Kompaßmacher, →Glaser und →Rotgießer.

Die Arbeitszeit war genau vorgeschrieben und richtete sich nach dem Tageslicht, denn offenes Licht war wegen der Gefahr von Feuersbrünsten zu gefährlich. Gearbeitet wurde im Sommer von morgens um fünf Uhr bis abends um neunzehn Uhr, im Winter von sechs Uhr bis zum Dunkelwerden; wer zu spät oder mit stumpfem Werkzeug kam, dem wurde eine Stunde vom Tagelohn abgezogen. Die Werkleute wurden auch kontrolliert, ob sie nicht zuviel Holz vom Bauplatz mit nach Hause nahmen oder mutwillig Bauholz zerschnitten. Größter Wert wurde darauf gelegt, daß der Werkmann die angefangene Arbeit am Schiff nicht vor ihrer Fertigstellung verlassen durfte, es sei denn, er erhielt Urlaub vom Meister, oder er wollte zur See fahren. Diese Einschränkung traf man deshalb, um auch die Schiffe auf See ständig mit Schiffszimmerleuten zu versorgen. Denn auch während der Fahrt benötigte man ja Schiffszimmerleute, um etwaige Schäden oder durch Stürme verursachte Mastbrüche und Lecks zu reparieren.

Holzschuhmacher (auch Holzschuher, Holschemacher, Holscher) schnitzten aus Fichten-, Birken-, Erlen-, Pappel- oder Nußbaumholz entweder Schuhe aus einem Stück oder Holzsohlen, die sie mit einem Oberteil aus Leder versahen (Pantoffeln). Holzschuhe waren die Fußbekleidung des einfachen Volkes, kostbar verziert wurden sie mitunter auch von Edelleuten getragen. »Holsken«, »Trippen«, »Holschen«, »Klumpen« nannte man sie in Deutschland, »Treten«, »Trittlen«, »Hülzen« oder »Hölzen« in Österreich. Im Westmünsterland beispielsweise waren Holzschuhe noch um das Jahr 1800 so stark verbreitet, daß die ländliche Bevölkerung den Lederschuh kaum kannte. Allein im Lüdinghauser Kreis verdienten fünfundsiebzig Familien ihren Unterhalt mit der Anfertigung von Holzschuhen.

Die schwierigste Arbeit war das Herausarbeiten der Rohform mit der Breitaxt aus dem Holzklotz (Spliß). Waren beide Schuhrohlinge behauen, die Fußformen angerissen, konnten die Außenflächen mit dem Schabeisen geglättet werden. Im Anschluß daran wurden die Schuhe in die Werkbank eingekeilt, der Innenraum mit Spiral- und Löffelbohrer sowie mit Hohl- und Ringmeißel ausgehöhlt und die Unebenheiten mit dem Abrüstmesser beseitigt. »Bessere« Holzschuhe bekamen noch einen schwarzen Anstrich, und zu ihrer Verzierung schnitt man Ähren- oder Blumenmuster auf den Vorderteil, den »Himmel«.

Horndrechsler und -schneider verarbeiteten die Hörner des Rindes (Ochsen-, Kuhhorn), des Büffels, des Schafes und der Ziege sowie den Knochenpanzer der Schildkröte (Schildpatt). Gnu-, Antilopen- und Gazellenhörner waren ein sehr geschätztes Material, das wohl nur deswegen selten verwendet wurde, weil es nicht regelmäßig zu haben war.

Die wichtigsten technischen Eigenschaften des Horns sind Elastizität, Biegsamkeit, Härte, Spaltbarkeit, bequeme Bearbeitungsfähigkeit auf der Drehbank, vor allem aber das Erweichen in höherer Temperatur, das ein Biegen, Pressen und Löten gestattete. Die Hörner mußten vor der Verarbeitung erst entschlaucht und zugerichtet (Hornrichter) werden. Der massive Teil des Horns, die Hornspitzen, war ein vielgebrauchtes Drechslermaterial für Pfeifenröhren und Mundstücke, Wassersäcke für Pfeifen, Stock- und Schirmgriffe, Ringe, Knöpfe und dergleichen. Die Hohlstücke hingegen wurden aufgeschnitten (geschrotet), in einem Kessel mit Wasser gekocht und auf dem Wärmestock über Feuer erweicht und mit der Hornzange geradegebogen. Horn hat auf beiden Seiten unregelmäßige Rippen, die man noch im warmen Zustand mit dem Schnitzer und Ihler wegschnitt. Anschließend wurden die aufgebogenen Schrote zwischen zuerst warmen, dann kalten eisernen Platten ganz eben gepreßt. Eine höhere Transparenz des Horns erzielte man durch Abschaben trüber Stellen, Einlegen in kaltes und heißes Wasser, Eintauchen in geschmolzenen Talg und Pressen mit heißen eisernen Platten. Wichtige Zubereitungsarbeiten waren ferner das Spalten (mit einer stählernen Klinge oder einem Hobel) und Löten. Beim Löten wurden kleinere Stücke zu einer größeren Platte vereinigt, indem die gut abgeschrägten Kanten mit einer heißen kupfernen Lötzange so lange zusammengepreßt wurden, bis sie innig miteinander verbunden waren.

Aus Horn und Schildpatt verfertigte man Frisier- und Zierkämme, Haarnadeln, Schuhlöffel, Pulverhörner, Löffel und Gabeln, Waagschalen, Spachteln, Augengläser, Lorgnetten- und Zwickergestelle, Laternenscheiben, Vorhanghalter, Knöpfe, Dosen, Zungenschaber, Pfeile, Haarbürsten, Fächer, Zahnstocher, Spielmarken, Messerschalen, Zollstäbe, Farbenschälchen, Türgriffe und viele andere Luxus- und Gebrauchsgegenstände. Eine feine, von allen Unebenheiten befreite Oberfläche der Arbeiten erreichte man durch das Schleifen mit einem Bündel Schachtelhalm, mit einem dünnflüssigen Brei aus Wasser und gemahlener Holzkohle, Bimsstein, Tripel, Ziegelmehl und auch Holzasche. Das Auspolieren aller Hornarbeiten geschah mit gemahlener und geschlämmter Kreide, bis sich höchster Glanz einstellte. Beliebt waren Verzierungen mit Golddraht oder vergoldetem Kupferdraht, der in die Oberfläche eingelegt wurde, oder ausgeschnittenen, gravierten dünnen Metallblechen.

Hutmacher (auch Huter, Hutwalker, Hutfilter) waren bereits im 13. Jahrhundert in Paris tätig, in Lübeck werden 1321 die Meister der Filter erwähnt, 1360 treten sie in Nürnberg unter dem Namen Filzkappenmacher auf, in Wien erhielten sie 1400 ihre erste Handwerksordnung, und von 1407 stammt eine erste Ordnung der *hudemecher* in Frankfurt am Main. Das Handwerk der Hutmacher hat sich aus dem der →Tuchmacher und →Wollschläger entwickelt, denn eine der wichtigsten Arbeiten der Hutmacherei, das Fachen, war dem Wollschlagen sehr ähnlich. In Straßburg haben Hutmacher bis zur Mitte des 14. Jahrhunderts auch Wolle um Lohn geschlagen, in München fand erst 1428 eine Abgrenzung zwischen den →Lodenwebern und den Hutmachern statt, und in Hamburg bildeten sie noch bis zum Beginn des 15. Jahrhunderts mit den Tuchmachern ein Amt.

Eine weitverbreitete Hutform war der kegelförmige Filzhut, der seit dem 11. Jahrhundert vor allem vom Adel getragen und später mit aufgekrempeltem Rand und mit Pelz oder Pfauenfedern ergänzt wurde. Die Juden mußten einen behördlich verordneten gelben Spitzhut tragen, der sie dem Spott der Straße preisgab. Der Spitzhut wurde dann eine Zeitlang durch die Gugel verdrängt, kam aber bald in Verbindung mit ihr als Gugelhut wieder auf und erhielt sich bei Jägern und Reisenden bis ins 16. Jahrhundert. Nach der Zeit des Baretts (→Barettmacher) kam um 1550 wieder der Hut zu Ehren, zuerst als hoher, gesteifter spanischer Hut ohne Krempe, dann als niederländischer, später sogenannter Rubenshut und bald nach Beginn des 17. Jahrhunderts als breitkrempiger schwedischer Schlapphut oder »Wallensteiner«. Unter Ludwig XIV. wurden die Hüte auch hinten aufgeschlagen und auf beiden Seiten hinaufgebogen, woraus die zweispitzigen und die dreieckigen Hüte (Dreimaster, Dreispitze) entstanden, die fast hundert Jahre hindurch überall getragen wurden. Auf die dreieckigen Hüte folgten die *Chapeaux bas,* ganz flache Hüte, die nur unter dem Arm getragen wurden. Kurz vor der Französischen Revolution kamen, zuerst in England, dann auch in Frankreich, die runden Hüte auf. Die dreieckigen Hüte herrschten noch, besonders in Deutschland, bis zum Ende des 18. Jahrhunderts vor. In Frankreich kamen nach 1796 eine Zeitlang wieder dreieckige Hüte, die *Incroyables,* mit ungeheuer großen Krempen auf. Seidene Zylinderhüte tauchten, obgleich in ähnlicher Form bereits im 15. Jahrhundert getragen, als Modeerzeugnis zuerst um 1805 in London auf und bestanden aus schwarzem Felbel (Seidenplüsch) mit einem Gestell aus Pappe, die mit Schellack gesteift war. »Mechanische« oder Gibushüte *(Chapeaux claques)* bestanden aus Tibetstoffen oder Atlas, der über einen Mechanismus zum Zusammenklappen gespannt war und bei höchster Gala, bei Hof und von Diplomaten getragen wurde. Die bei den revolutionären Bewegungen in der ersten Hälfte des 19. Jahrhunderts aufgekommenen breitkrempigen niedrigen (hellfarbigen oder schwarzen), anfangs als Carbonari-, Hecker-, Turner- und Demokratenhüte mißliebigen Hüte sind in vielerlei Formen verwendet worden. Der Hut galt auch als Standeszeichen der geistlichen Würdenträger (Kardinals-, Erzbischofs-, Bischofs- und Protonotarienhut) und weltlichen Standespersonen (Fürsten-, Markgrafen-, Kur-, Herzogs- und Doktorhut).

Die Hauptaufgabe der Hutmacher war es, durch Verfilzung aus Wolle oder Tierhaaren ohne irgendwelche Bindemittel einen festen und dichten Stoff zu bilden und diesem Filz ohne Naht eine beliebige Form zu geben. Für die nicht aus Schafwolle verfertigten Hüte verwendete man vor allem Haare von Bibern, Bisamratten, Seehunden, Affen, Kamelen, Waschbären, Fischottern, Hasen, Kaninchen und Ziegen. Zur Herstellung des Hutfilzes wurden nun die Haare der mit Scheidewasser (das Quecksilber und Arsenik enthielt) gebeizten Felle durch Rupfen mit einem Rupfeisen oder Schneiden (Abmeißeln) mit dem Schneidblech entfernt, sortiert, gewaschen und getrocknet. Die Beize und ihre Zusammensetzung hat man früher streng geheimgehalten und ihr deshalb den Namen *secret* gegeben. Dieses Geheimnis trug freilich zur typischen Hutmacherkrankheit bei, die sich durch Zittern in den Gliedern, Gliederschmerzen und Lähmungserscheinungen äußerte. Ja bisweilen traten sogar geistige Störungen auf, und der englische Ausdruck *as mad as a hatter,* »verrückt wie ein Hutmacher«, verweist aller Wahrscheinlichkeit nach auf diese Erkrankung. Die nächste Arbeit war das »Fachen« auf der Fachtafel, dem Arbeitstisch. Mit Hilfe des Fachbogens, einer langen Holzstange, die mit einer Darmsaite bespannt war und mit dem Schlagholz zum Schwingen gebracht wurde, lockerte man die Haare auf und formte aus der sich bildenden flaumigen Haarschicht ein dreieckiges sogenanntes Fach. Das Fach wurde angefeuchtet und durch Drücken, Reiben, Schieben unter Benutzung eines Siebes (Fachsieb) und weiteres Kneten in Leinentüchern oder dickem Papier in Filz verwandelt. Zum Formen des Hutes vereinigte man kegelförmig zwei Fache an den Rändern durch andauerndes Walken mit den Händen unter Zuhilfenahme des Rollholzes und Eintauchen in eine siedende Walkbeize; dabei wurde die Krempe gebogen und dann der Boden (Kopf) durch Ein- und Ausstoßen in die Form gebracht (in den Kranz geschlagen). Zum Trocknen und zur Formvollendung zwang man den Hut über eine Form aus Linden- oder Erlenholz. Die Anfertigung wollener Filzhüte war mühsamer und nahm mehr Zeit in Anspruch als bei Haarhüten; diese wurden aus Wollvlies, der wie ein Fach zugeschnitten war, gewalkt und geformt. Nach dem Färben und Lüften erfolgte über Holzformen ein abermaliges Waschen mit weichen Bürsten, das sogenannte Glänzen, und nach dem Trocknen das Steifen mit Leim, der eingedampft wurde. Nun konnte der Hut zugerichtet werden, wobei er durch Bügeln Strich und Glanz erhielt. Seine gänzliche Vollendung erhielt er durch das Staffieren (Ausschmücken), worunter das Einfassen der Krempe, das Anbringen des Futters und des Schweißleders, das Aufnähen von Tressen und Federn gemeint war. Zu Beginn des 17. Jahrhunderts bildete sich ein eigenes, meist unzünftiges Gewerbe der Staffierer (Hutschmücker, Hutstepper) heraus, die auch Putzmacherinnen beschäftigten. Gegen Ende des Jahrhunderts finden sich in Deutschland mehr und mehr (meist durch Hugenotten betriebene) Hutmanufakturen, wie beispielsweise in Berlin und Erlangen; aber auch im kleinbetrieblichen Handwerk setzte sich die Arbeitsteilung allmählich durch. Das Haarrupfen und -schneiden, das Fachen und Walken, das Färben und Staffieren wurde immer mehr von unterschiedlichen Arbeitskräften verrichtet. Den Meisterfrauen und Töchtern war es jedoch untersagt, »Männerarbeit« zu leisten, und ihr Beitrag beschränkte sich auf das Hutschmücken und den Verkauf. Ende des 19. Jahrhunderts hatte sich die fabrikmäßige Hutproduktion schließlich durchgesetzt und das Handwerk weitgehend verdrängt. Gelegentlich bezogen die Hutmacher noch gefärbte Stumpen, die sie zu Hüten formten und staffierten, doch immer mehr verlegten sie sich auf den Handel, das Umformen und die Reparatur.

Joppner fertigten Überkleider mit Ärmeln an, die den Oberkörper bedeckten und die Joppen, Jopen, Jupen oder Jacken genannt wurden. Für Frauen war die Joppe in der Art eines Korsetts aus stärkerem Stoff geschnitten. Joppen waren oft aus edleren Stoffen wie Atlas und reich ausgestattet, ja für vornehme Personen sogar mit Perlen bestickt. Die Ärmel hatten nicht selten andere Farben als das Leibstück. Nach der ältesten bekannten Satzung in Wien von 1433 durften nur die Joppner Joppen, aber auch Nestelkittel anfertigen und verkaufen. Nestelkittel waren Kittel von Zwilch oder anderem gröberem Leinenstoff, die nicht geknöpft, sondern zusammengeschnürt und nur von den untersten Klassen getragen wurden.

Kalamalmacher waren Schreibzeugmacher und stellten Pappbehälter für Rohrfedern *(calamus)* und Vogelkielfedern (→Federschneider), Federhalter aus blankem Ebenholz und Tintenfässer aus gelbem Sandelholz oder Horn her. Das Tintenfaß, das mit Gallapfeltinte gefüllt war, wurde mit Schnüren am Federbehälter befestigt. Eine kolorierte Federzeichnung im Hausbuch der Mendelschen Zwölfbrüderstiftung zu Nürnberg zeigt den am 17. Oktober 1535 verstorbenen Kalamalmacher Ulrich Huber, halb von rückwärts gesehen, das Messer am Gürtel, den Hut ins Gesicht gezogen, auf einem Dreibein am Arbeitstisch sitzend. Auf Tisch und Boden fertig verbundene Schreibzeuge, einzelne Tintenfässer und Federbüchsen und neben dem Hocker ein henkelloser Leimtopf.

Kalfaterer nahmen die Dichtung der Plankennähte eines Holzschiffes mit Werg und Pech vor. Die Arbeit bestand darin, in Drähte gewickeltes Werg mit Hilfe des Kalfat- oder Dichteisens in die Nähte zu schlagen. Man schlug üblicherweise drei bis vier Drähte übereinander. Zum tieferen Eintreiben des Wergs bzw. zum Öffnen der Plankennaht benützte man das Klammeisen, während das Rabatteisen dazu diente, den letzten Wergdraht zu glätten. Nach dem Dichten vergoß man die Nähte mit Hilfe eines Pechlöffels mit Pech, um das Werg gegen Feuchtigkeit und Verrottung zu schützen. Die Arbeit des Kalfaterns wurde bisweilen auch von den Schiffszimmerleuten verrichtet.

Kammacher (auch Strählmacher) verfertigten in ihren übelriechenden Werkstätten Kämme hauptsächlich aus Horn, aber auch aus Schildpatt, Elfenbein, Ochsenknochen, Buchsbaum- und Ebenholz. Zahlreich waren die Gattungen von Kämmen: feine und ordinäre Staubkämme, Toupet- oder Frisierkämme, Aufsteck- oder Putzkämme, weite Ausricht-, krumme Stirn-, Locken- und Chignonkämme. Bereits 1428 erhielten die Wiener Kammacher eine Ordnung, und in Nürnberg schlossen sie sich 1535 mit den Hornrichtern und →Kalamalmachern zusammen.

Sehr beliebt war ungarisches Ochsenhorn, dessen hohle Teile, wie auch die von anderen Hörnern, vorerst zu Platten gepreßt und mit der Örtersäge in dünne Scheiben geschnitten wurden (→Hornschneider). Die meist zu dicken Platten wurden dann mit dem Meißel gespalten, wieder gepreßt, mit dem Behaumesser an der Zahnseite keilförmig verdünnt und mit dem Bockmesser völlig eben geschabt. Zum Abrichten ihrer Kanten und zum Glätten aller Flächen bediente man sich der Bestoß- und Handfeile. Schildpatt, Elfenbein oder Buchsbaumholz bedurften weit weniger Vorarbeit als Horn.

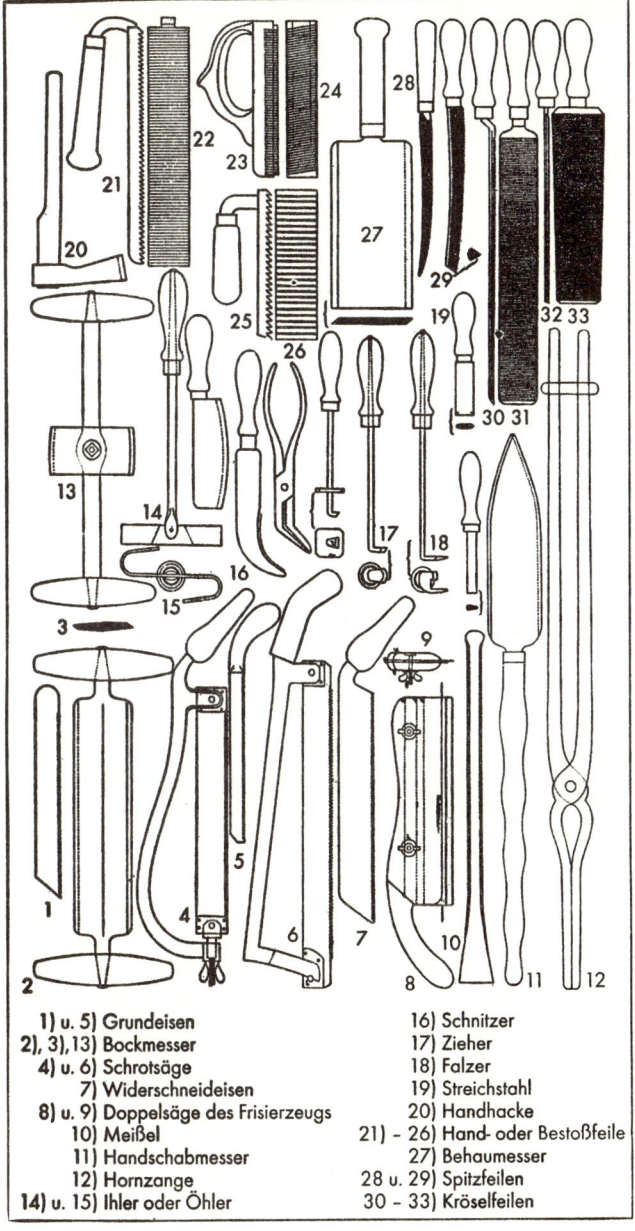

1) u. 5) Grundeisen
2), 3),13) Bockmesser
4) u. 6) Schrotsäge
7) Widerschneideisen
8) u. 9) Doppelsäge des Frisierzeugs
10) Meißel
11) Handschabmesser
12) Hornzange
14) u. 15) Ihler oder Öhler

16) Schnitzer
17) Zieher
18) Falzer
19) Streichstahl
20) Handhacke
21) – 26) Hand- oder Bestoßfeile
27) Behaumesser
28 u. 29) Spitzfeilen
30 – 33) Kröselfeilen

Das folgende Einschneiden der Zähne blieb bis zur Mitte des 19. Jahrhunderts ausschließlich Handarbeit. Die Länge der Zähne wurde vorgezeichnet oder angerissen und die Horn-platte in eine hölzerne Kluppe eingespannt, die auf einer niedrigen Bank befestigt war. Die Sägen zum Einschneiden waren nach Stärke oder Feinheit der Zähne verschieden. Die fertigen Zähne wurden mit Feilen angespitzt und gerundet. Völlige Glätte und höchsten Glanz erhielten die Kämme durch Schleifen (Reiben) und Polieren. Oft waren die Kämme an Schild oder Feld mit durchbrochenen oder gepreßten Verzie-rungen versehen, gebeizt oder gefärbt.

Im 19. Jahrhundert wurde das Horn und Bein dann weit-gehend durch die billigeren Materialien wie Hartgummi, Zelluloid und Galalith verdrängt, die maschinell in größeren Betrieben verarbeitet wurden.

In Gottfried Kellers 1856 erschienener Erzählung *Die drei gerechten Kammacher* treten als Protagonisten ein Kamm-machermeister in Seldwyla, seine drei Gesellen und die schon etwas ältliche Jungfer Züs Bünzlin auf.

Kämmerer waren ganz allgemein die Vorgesetzten einer Kam-mer (eines bestimmten Zimmers oder einer Abteilung), wie beispielsweise der Kunstkämmerer über die Kunstkammer, der Silberkämmerer über die Silberkammer und der Licht-kämmerer über die Lichtkammer. Ferner waren sie angese-hene Gefolgsleute bei Hof und versahen als Schatzmeister zunächst eines der vier obersten germanischen Ämter, ge-meinsam mit →Marschall, →Truchseß und →Schenk. Sie waren vorzugsweise als ständige Räte des Herrschers, als Vormunde und Erzieher unmündiger Könige, als Führer kaiserlicher Heere, als Gesandte beauftragt mit der Vermitt-lung der wichtigsten Staatsgeschäfte; sie verwalteten in Deutschland den Besitz des Reiches und des Kaiserhauses, wurden als Boten oder Statthalter entsandt, und es gab kein wichtiges Ereignis dieser Zeit, bei welchem nicht der Name des einen oder des andern von ihnen genannt wurde. Im

Mittelalter und später in den Territorien oblag ihnen als Hof- und Erzamt die Leitung des fürstlichen Finanzwesens, das bis 1806, bis zum Ende des Heiligen Römischen Reiches, die Markgrafen von Brandenburg erblich innehatten. Stadt- und Ratskämmerer verwalteten das Vermögen der Städte und die Kämmereigüter.

Kardätschenmacher stellten Weberdisteln, eine Art Striegel, aus den eigroßen Fruchtkörpern der Kardendistel her, die zum Reinigen und Auflockern der Baum- und Schafwolle sowie zum Aufrauhen von Wollgeweben von →Wollschlägern, →Baumwollstreichern, Tuchrauhern und →Tuchscherern verwendet wurden. Die besten Karden wurden um Bologna, Avignon, Rouen, Sedan und Essex gezogen.

Kastrierer (auch Gelzer, Gelzenleichter, Sauschneider, Nonnenmacher) verstanden sich auf den Kunstgriff, weiblichen Tieren die Eierstöcke und männlichen die Hoden zu entfernen. Daß man sie für infame, des Handwerks unfähige Leute hielt, sei nichts anderes als »des gemeinen Pöbels Irrwahn«, wie sich eine österreichische Verordnung von 1699 ausdrückte. In dieser besonderen »Deklaration« Kaiser Leopolds werden übrigens die »supplicirenden Schwein-Schneider« für zunftfähig erklärt. Jedoch das Kastrieren blieb ein verspottetes Gewerbe, und eines der beliebtesten Volkslieder des 18. Jahrhunderts hieß *Acht Sauschneider müssen sein,* das sogar im *Galimathias musicum* des zehnjährigen Mozart und im *Capriccio für das Fortepiano* von Haydn vorkommt.

Ursprünglich ein sakraler Ritus, wurde das Tierverschneiden später meist aus wirtschaftlichen Gründen von den Kastrierern an Männchen, weniger an Weibchen ausgeführt; heute praktizieren es hauptsächlich die Tierärzte. Der männliche Kastrat heißt beim Pferd Wallach, beim Rind Ochse, beim Schaf Hammel, beim Schwein Borg, beim Huhn Kapaun; die kastrierten Hennen heißen Poularden und Gelze das kastrierte weibliche Schwein.

Kattundrucker beherrschten die Kunst, Baumwollgewebe (Kattune, Kalikos, Kammertuch, Perkal, Musselin, Croisé) mit farbigen Mustern zu bedrucken (örtliche Färbung). Dazu bedienten sie sich verschiedener Druckmodel (→Formschneider), Beizen und Farben. Die Druckform wurde mit Farbe versehen, auf das Gewebe gebracht und die Farbe durch einen Schlag mit einem hölzernen Hammer auf die Rückseite des viereckigen Holzblocks in das Zeug getrieben. Eine Nachahmung der Handarbeit war die Plattendruckmaschine (nach dem Erfinder Perrot *Perrotine* genannt) mit mechanischer Auf- und Abbewegung der flachen hölzernen Formen, auf denen das Muster durch hervorragende Messingfiguren gebildet war. Das Gewebe wurde auf einem gepolsterten Tisch ausgespannt; nach jedem Druck gingen die Formen zurück, wurden mit Farbe versehen, während das Gewebe jedesmal um die Breite einer Form vorrückte. Dieser Pressendruck wurde von der wirtschaftlicheren Walzendruckmaschine abgelöst.

Beliebt waren, nach orientalischem Vorbild, Rotdrucke, chinesische Motive, ornamentale und landschaftliche Dekorationen, besonders aber Nachahmungen der Seidenstoffmuster des Rokoko- und des Empirestils. Volkstümliche Zeugdrucke bildeten Taschentücher, oft mit politischen Darstellungen, Vivatbänder mit Gedichten zu Hochzeiten oder als Erinnerungen an Schlachten.

Die Technik der Woll-, Seiden- und Leinendruckerei glich jener der Baumwolldruckerei.

Kauderer (auch Kuderer) bearbeiteten einerseits den rohen Flachs auf dem Schwingbrett und mit dem Riffelkamm, um ihn spinnfertig zu machen, andererseits traten sie auch als Werg- und Garnhändler auf.

Ketten- und Ringschmiede stellten vielerlei Arten von Ketten her wie Meß-, Sperr-, Wagen-, Hemm-, Brunnen-, Brücken-,

Anker-, Band-, Zaum- und Halfter-, Brust-, Deichsel- und Kuhketten. Außerdem machten sie Ringe und Schnallen sowie Pferdegebisse (Trensen und Kandaren). Die Erzeugnisse, die entweder rauh blieben oder durch Bestreichen mit Pech, Wachs, Talg, Hornspänen oder Steinkohlenteer im glühenden Zustand geschwärzt wurden, schmiedete man aus Rund- oder Quadrateisen, bog es glühend auf dem Horn des Ambosses zur Ringform, hängte es in ein schon fertiges Glied und schweißte es im Feuer zusammen. Sollten sie aber verzinnt werden, wie in der Regel die Pferdegebisse, so geschah dies durch die Zinner.

Kipper und Wipper wurden seit dem Dreißigjährigen Krieg im Volksmund Personen genannt, die in nicht zugelassenen Hecken-Münzstätten Münzen weit unter dem vorgeschriebenen Feingehalt herstellten und betrügerischen Geldwechsel betrieben und die mit dem Geldhandel Geschäfte machten oder daraus zweifelhafte Gewinne zogen. Unter »kippen« verstand man ursprünglich das Beschneiden des Geldes und auch das Aussondern von besonders guthaltigen Münzstücken. Das Wippen hingegen bedeutete das betrügerische Wiegen auf der Goldwaage. Das Geschäft muß so umfangreich gewesen sein, daß es sich die geschäftstüchtigen Fugger nicht entgehen ließen, in der Nähe von Lindau eine Heckenmünze zu betreiben, in der die groben Silbermünzen für die spätere Ausfuhr nach Lindau bearbeitet wurden, wo sie dann den auf Umwechslung angewiesenen ausländischen Kaufleuten ausgehändigt wurden. Den vielfachen Betrugsmöglichkeiten entsprachen die strengen Strafbestimmungen. Wer falsches Geld ausgab, ohne es selbst hergestellt zu haben, verlor die rechte Hand, bei großen Beträgen sogar das Leben, während das Beschneiden von Münzen mit Verlust der vorderen Glieder der Hand an zwei Fingern, in schweren Fällen aber mit Blendung oder Abhauen aller Finger geahndet wurde. Die Folgen der »Wipperzeit« (besonders zwischen 1620 und 1623) waren eine zunehmende Teuerung und immer schlechter werdendes Geld. Das Volk reagierte wütend auf die Inflation. Überall wurden Spottlieder auf die Kipper und Wipper gesungen, in dem Ruf der Wachteln glaubte man ihre Namen zu hören, und der Pöbel schrie »kippediwipp« hinter ihnen her. An vielen Orten rottete sich das Volk zusammen und stürmte die Häuser der angeblich Schuldigen. Die »Kleine Kipperzeit« nannte man die von etwa 1680 bis 1710, in der ähnliche Münzwirren herrschten.

Klausmeister bedienten und hüteten zusammen mit ihren Knechten (Klauswächter oder -wärter) Klausanlagen an den Ausflüssen von Seen und an Flüssen. Die Klausen waren eine Art Schleuse zum Aufstauen des Wassers, um Schiffahrt und Holztrift zu ermöglichen. Durch Tore, die gehoben werden konnten, wurde das gestaute Wasser abgelassen, der Fluß schwoll an, und die Schiffe oder das Holz konnten somit die seichten Stellen leichter überwinden.

Kleiber (auch Kleber, Placker, Klicker) besorgten beim mittelalterlichen Hausbau alles »Kleib- und Flickwerk«. Die Felder oder Fächer eines Fachwerkhauses wurden mit Stroh-, Rohr-, Flecht- oder dünnem Sparrenwerk versehen und dann von den Kleibern mit Lehm, Mörtel und dergleichen ausgefüllt und verschmiert (verputzt). Dabei halfen ihnen die »Humpeler«, ungelernte Arbeiter, die auch die Materialanfuhr besorgen mußten.

Klempner (auch Klemperer, Klampferer, Blechler, Spengler) entwickelten sich aus den →Blechschmieden und stellten auf kaltem Weg alle möglichen Blechwaren durch Schlagen, Walzen und Treiben her. Die Berufsbezeichnung bildete sich durch Lautmalerei aus dem klappernden Geräusch des Blechhämmerns. Von Spange oder Klampfe (in Österreich), einem Erzeugnis des Handwerks, stammt die Bezeichnung Spengler (Spängler) und Klampferer. Unter den Klempnern finden

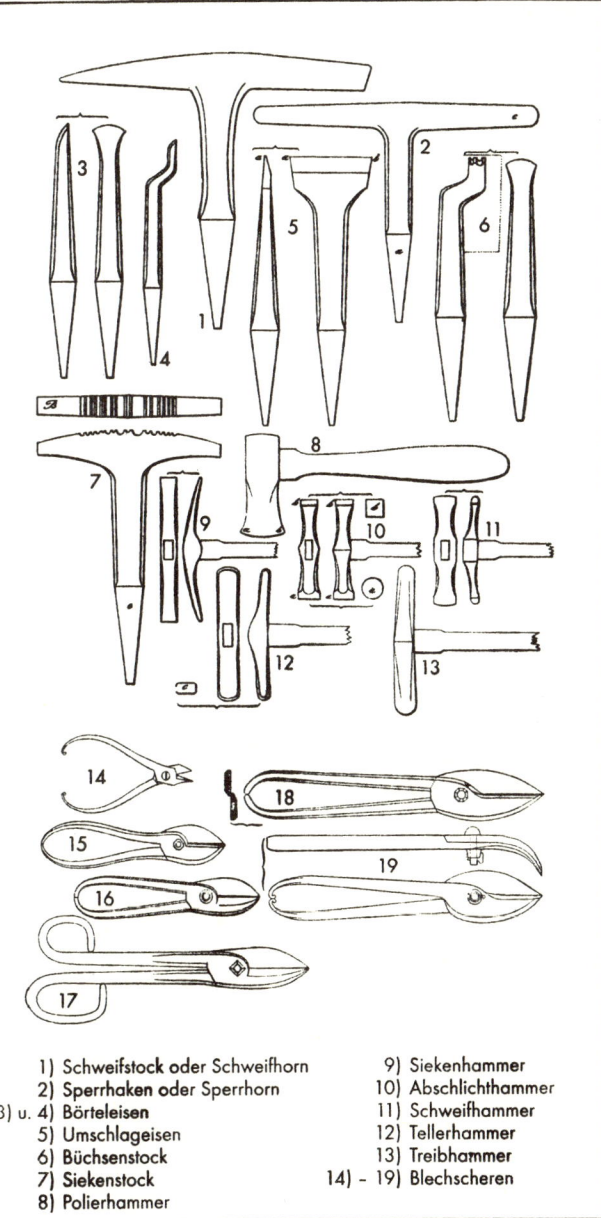

1) Schweifstock oder Schweifhorn
2) Sperrhaken oder Sperrhorn
3) u. 4) Börteleisen
5) Umschlageisen
6) Büchsenstock
7) Siekenstock
8) Polierhammer
9) Siekenhammer
10) Abschlichthammer
11) Schweifhammer
12) Tellerhammer
13) Treibhammer
14) – 19) Blechscheren

sich auch nach ihren Haupterzeugnissen benannte Handwerke wie Flaschner, Löffelschmiede, Rechenpfennigschläger, Laternen- und Schellenmacher. Die Flaschner verarbeiteten meist nur weißes (verzinntes) Blech zu Reise-, Feld- und Pulverflaschen. Die Schellenmacher stellten Schellen und Glöcklein her, die als Fuhrwerks- und Schlittengeläute und als Besatz und Schmuck für Gürtel, Schuhe und Kleidung (Schellentracht) üblich waren. Die Rechenpfennigschläger wiederum erzeugten eine mit Bild oder Schrift beprägte blecherne Rundscheibe, mit der man durch Hin- und Herschieben auf dem Rechenbrett vom 13. bis zum 17. Jahrhundert Rechnungen (Raitungen) vollzog.

In seiner Werkstätte, die mit einem Amboß sowie mit Hämmern (Teller-, Schweif- und Treibhammer), Faustkeilen, Schlegeln und Zangen ausgerüstet war, stellte der Klempner aus schwarzen, weißen und gelben Blechen Gebrauchsgegenstände wie etwa Trichter, Dosen, Eimer, Gießkannen, Reibeisen, Feuerzeuge und Kinderspielzeug her. Seit dem 17. Jahrhundert wurde die Anfertigung und Montage von Dachtraufen, Dachrinnen und Wasserspeiern oder Dachrohren zur Aufnahme und Ableitung des Regenwassers zu einem ganz wesentlichen Arbeitsgebiet. Ein weiteres wichtiges Werkzeug war die Blechschere, mit der das Blech zertrennt und die einzelnen Werkstückteile ausgeschnitten und dann wieder durch Nieten, Bördeln oder Löten zusammengefügt wurden.

Die Ordnung von 1651 der Klempner und Eisen-Leuchtenmacher zu Braunschweig forderte als Beweis der Meisterschaft die Anfertigung eines Gegenstandes sowohl aus Eisen- als auch aus Messingblech sowie ein weiteres Werkstück, bei dem beide Werkstoffe zu kombinieren waren. Das Meisterstück konnte etwa bestehen aus einer großen Messinglaterne, einem Knauf mit Windfahne aus Eisenblech und einer zusammenklappbaren Laterne in einem Futteral.

Die seßhaften und zünftigen Klempner erhielten oft Konkurrenz von den umherziehenden →Drahtbindern, Kessel- und Pfannenflickern, aber auch die →Kupferschmiede sowie

166

Messing- und Beckenschläger, die gleiche oder ähnliche Erzeugnisse anboten, gaben häufig Anlaß zu Auseinandersetzungen.

Klüttenbäcker schürften in Kuhlen (kleinen Gruben) oder sogenannten Klüttengründen Braunkohle. Diese wurde dann mit Wasser vermischt, mit den Füßen zerstampft und in kleine Kübel geschlagen und gestürzt. In der Sonne getrocknet entstanden so »Klütten«, die Vorläufer der heutigen Briketts. Als Klüttenbäcker verdingten sich bereits im 16. Jahrhundert Bauern, Waldarbeiter und Tagelöhner in der Gegend westlich von Köln.

Köhler (auch Kohlenbrenner) lebten meist in der einsamen Abgeschiedenheit dunkler Wälder, wo sie in Meilern Holz zu Holzkohle verkohlten. Ihre Lebensart war recht armselig und mühsam. Tag und Nacht mußten sie wachsam sein, und die wenigen Stunden, die zum Ausruhen blieben, verbrachten sie in primitiven Hütten (Kothen) auf einem Lager aus Reisig und Baumrinden. Es wird berichtet, das Köhlerdasein sei durch Schlafmangel und »dauernde Angstzustände« und die meisten Köhler »durch vernarbte Brandwunden« gekennzeichnet gewesen. Ihre tägliche Mahlzeit bestand oft nur aus einer dünnen Wassersuppe, und hin und wieder fingen sie einen Hasen oder Fuchs. Sie galten als rebellische Gesellen, deren Symbole und Riten beispielsweise von den Carbonari, einem politischen Geheimbund, der während der französischen Herrschaft über Neapel 1806 entstand, entlehnt wurden. Die »Reinigung des Waldes von Wölfen«, das hieß der Kampf gegen die Tyrannei, war die Grundlage ihrer Symbole; die Mitglieder nannten sich »gute Vettern«; der Versammlungsort hieß »Hütte« *(baracca)*, deren Inneres »Kohlenverkauf« *(vendita)*. Sie strebten nach nationaler Unabhängigkeit und freisinnigen Staatsformen. Auch Frauen finden sich in der Köhlerei, die in den Ostalpen ein Erwerb für ältere, steif gewordene Waldarbeiter war, und in den Pyrenäen wurde sie von Leprakranken und ihren Nachkommen betrieben.

Die Holzkohle war der wichtigste Brennstoff für die Eisenverhüttung und -verarbeitung in früheren Zeiten. Die Hochöfen verschlangen riesige Mengen an Meilerkohle. Forstbeamte des englischen Königs zählten schon Ende des 13. Jahrhunderts allein im Forest of Dean mit einer Waldfläche von etwa 40000 Hektar 2290 Meiler. Wo das Holz wie im Gebirge nicht am Schlag verkohlt werden konnte, mußten die Stämme im Sommer auf Holzriesen oder in Flüssen getriftet oder im Winter auf Schlitten ins Tal transportiert werden, wo in der Nähe der Stauweiher und Schleusen Zentralköhlereien eingerichtet waren. In Österreich gab es solche unter anderem an der Enns bei Hieflau und Großreifling, wo zu Beginn des 19. Jahrhunderts jährlich 12000 bis 18000 Klafter Holz verkohlt wurden.

Bei der seit dem Altertum üblichen Meilerverkohlung wurden gesunde, lufttrockene Holzscheite in kegelförmigen Haufen (Meilern) um Pfähle (Quandel) aufgesetzt und mit einer luftdichten Decke von Gras, Laub, Moos und feuchter Walderde überzogen. Nun zündete man den mit trockenem Reisig, dürren Blättern und Kienspänen gefüllten Feuerschacht, der rund um den Pfahl frei gelassen worden war, von oben an, und nach sechs bis acht Tagen »kochte« der ganze Meiler. Bei einer Temperatur von dreihundert bis dreihundertfünfzig Grad Celsius verflüchtigten sich Wasser, Teer, Kohlensäure, Kohlendioxyd, Wasserstoff und Kohlenwasserstoff, und der Kohlungsprozeß setzte ein. Die Aufgabe des Köhlers war es, mit Fingerspitzengefühl Tag und Nacht den Windzug so zu »dirigieren«, daß der Meiler weder erlosch noch in helle Flammen geriet und »durchging«. Große Meiler mit einem Volumen von sechzig bis hundert Raummetern brannten bei guter Witterung für gewöhnlich mehrere Wochen. Verkohlt wurde auch in Gruben und ab dem Ende des 18. Jahrhunderts in Öfen. Liegende Meiler, bei denen das Holz horizontal um die Achse geschichtet wurde, waren

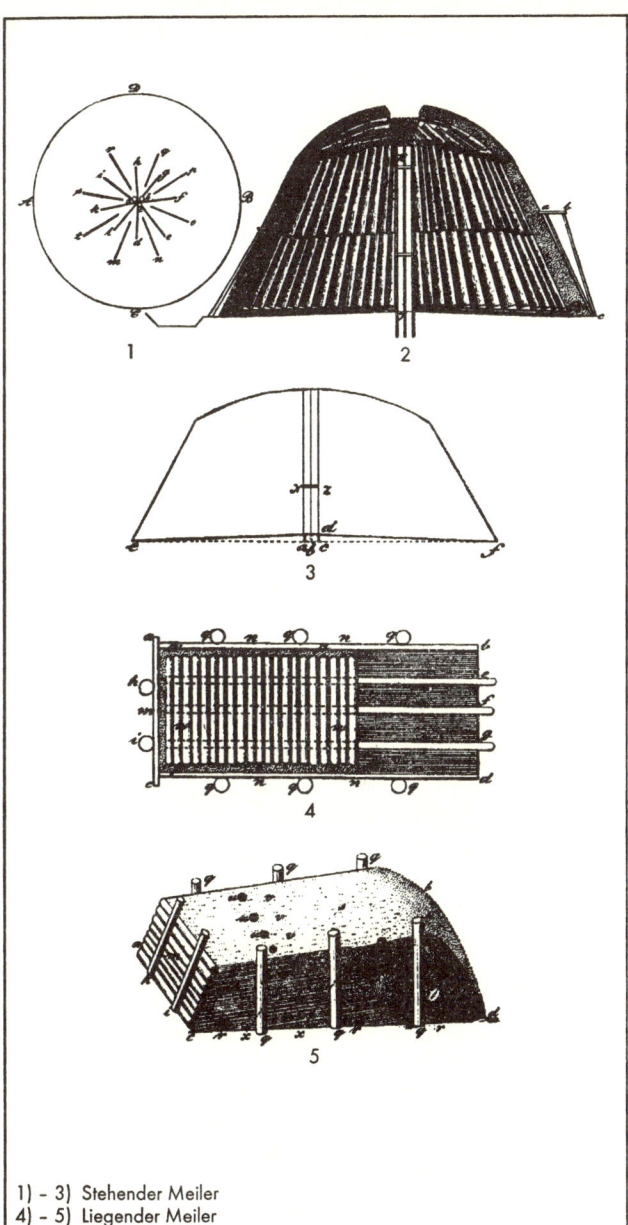

1) – 3) Stehender Meiler
4) – 5) Liegender Meiler

speziell im östlichen Europa und in Skandinavien gebräuchlich.

Kompastmacher (auch Kräutler) waren mit der Verarbeitung von Vegetabilien für Genußzwecke beschäftigt und versorgten die Stadt mit süßem und saurem Kraut, Kohl sowie mit eingelegten Rüben.

Korbflechter (auch Körber, Kerbler, Zeinler) stellten Flechtwerke hauptsächlich aus Ruten der strauchartig wachsenden Weiden (Korb-, Sal- und Blendweiden) her, die in der Regel Ende April oder Anfang Mai geschnitten wurden. Mit einem einfachen Werkzeug, einer Art Zange, die man »Klemme« nannte, wurden die Weidenruten geschält. Für feine Geflechte spaltete man die Zweige oft noch mit dem »Reißer« in zwei oder mehrere Teile (Schienen), hobelte die rauhen Schnittflächen mit dem Korbmacherhobel und beschnitt die Kanten mit dem »Schmaler«. Um die Biegsamkeit der zugerichteten »Schienen« zu verbessern, weichte man sie vor der Verarbeitung ein. Die Flechtarbeit bei einem Korb beispielsweise begann mit dem Bodenkreuz, in das die Ruten für das Gerüst hineingesteckt wurden. In das Gerüst wurde dann der Rumpf geflochten, wobei die ersten über dem Boden angebrachten Flechtringe »Kimme«, der angeflochtene untere Rand »Fuß« und der obere »Borde« genannt wurden. Viele Körbe fertigte man über hölzerne Klötze oder Formen, um leichter die regelmäßige und symmetrische Gestalt zu erhalten. Während des Flechtens schlug man die Ruten oder »Schienen« mit einem Klopfeisen ständig dicht zusammen. Die Erzeugnisse des Korbmachers reichten vom einfachen Korb über Reise- und Flaschenkörbe, Handarbeits- und Blumenkörbe, muschelförmige Wannen (zur Reinigung des Getreides und für verschiedene Sämereien) bis hin zu Korbmöbeln (»Gestellarbeit«).

Korkschneider schnitten aus der Oberhaut der Rinde von Korkeichen mit scharfen Messern aus freier Hand vor allem

Pfropfen (Stöpsel) zum Verschließen von Flaschen und anderen Gefäßen (Fässer, Ballons). Angeblich wurde der Flaschenverschluß mit Korkstöpseln von dem Pater-Kellermeister der Abtei von Haut-Villers, Dom Perignon, um 1700 erfunden. Kork (Pantoffelholz) zeichnet sich durch geringe Dichte, Elastizität, Undurchdringlichkeit für Flüssigkeiten und Gase und Widerstandsfähigkeit gegen äußere Einflüsse aus. Die abgelösten, gereinigten fünf bis zwanzig Zentimeter dicken Platten tauchte man in siedendes Wasser, preßte und trocknete sie. Außer als Flaschenverschluß diente Kork ferner zur Anfertigung von Korksohlen, Korkjacken, Galanteriewaren, von Schwimmern für Fischnetze und Bojen, von Schwimmgürteln und zum Überziehen von Dampfleitungen. Im 15. Jahrhundert verarbeitete man Kork zum Beispiel in Danzig auch zu Pantoffeln.

Kotzenmacher woben die sogenannte Kotze (ahd. *chozzo, chozza*), eine grobe, zottige Wolldecke, wie zum Beispiel Pferdedecken. Am Niederrhein verstand man darunter auch einen Flausch- oder Filzrock sowie ein Kriegskleid (Wehrkotze), das offenbar dazu bestimmt war, unter dem Panzer getragen zu werden, um die Wucht von Schlägen und den Druck der Kettenhemden oder der Rüstungsplatten zu mindern.

Kupferdrucker sorgten für einen sauberen Abdruck, der von den →Kupferstechern hergestellten Druckplatten. Auf die Platte wurde Druckerschwärze aufgetragen und mit dem sogenannten Tampon in die feinen Vertiefungen der Kupferplatte gedrückt. Man wärmte die Platte über einem Holzkohlenfeuer an, um die zähe Farbe dünnflüssiger zu machen. Danach mußte die Plattenoberfläche mit Gazebausch und Handballen blank gewischt werden. Nur in den Vertiefungen blieb noch die Farbe zurück. Die Kupferdrucker verwendeten im 15. Jahrhundert zunächst die Pressen der Buchdrucker. Erst in der Mitte des 16. Jahrhunderts erhielten die Kupferdruckpressen ihre heute übliche Form. Das stabile Balkengestell nimmt die beiden durch Holz und Pappe-einlagen nachstellbar gelagerten Walzen auf. Die obere ist mit dem »Stern« verbunden, der zum Antrieb dient. Zwischen den Walzen befindet sich das in horizontaler Richtung bewegliche Laufbrett. Die eingeschwärzte und gewischte Platte wird mit der Bildseite nach oben auf das Laufbrett gelegt. Darüber kommt das saugfähige, angefeuchtete Auflagenpapier, das wiederum mit mehreren Lagen Filz und Papier bedeckt wird. Kräftiges Drehen der Sternwalze ist nötig, um das Laufbrett mit Druckplatte und Papier unter starkem Druck zwischen den beiden Walzen hindurchzuziehen. Das Papier drückt sich dabei in die Kupferplatte ein und übernimmt die Farbe aus den Vertiefungen. Die fertigen Drucke müssen zum Trocknen ausgelegt oder aufgehängt werden. Die Auflagenhöhe von Kupferdruckplatten ist wegen des hohen Preßdrucks beschränkt und hängt von der Härte des Plattenmaterials und der Art der Herstellung ab. Gestochene Platten ergeben etwa sechshundert gute und eine Anzahl schlechtere Drucke; Radierungen gestatten an die zweihundert bis vierhundert gute Drucke. Seit etwa 1840 können Kupferplatten zur Erzielung höherer Auflagen verstählt, verchromt oder galvanisch abgeformt werden. Besonders geschätzt waren die unter Aufsicht des Künstlers hergestellten Probedrucke (Épreuves d'artiste), ebenso die Abdrucke *avant la lettre,* die noch nicht signiert waren.

Kupferschmiede und Kupferhammerschmiede unterschieden sich dadurch, daß die einen in handwerklichen Kleinbetrieben, die anderen in arbeitsteiligen Hammerschmieden mit wassergetriebenen Hämmern ihre Produkte herstellten, wobei sich das Arbeitsgebiet bei größeren und schwereren Kesseln und Zubern für Bierbrauer, Färber, Seifensieder und Lichterzieher, zum Baden, Waschen und Kochen überschnitt.

Kupfer war wohl das erste Gebrauchsmetall zur Herstellung von Waffen und Geräten. Die Ägypter betrieben schon

5000 vor Christus auf der Halbinsel Sinai den Kupferberg-
bau, und die Phönizier bauten den »roten Stein« in eigenen
Gruben auf Zypern, der wichtigsten antiken Lagerstätte, ab.
Nach der Insel benannten die Römer das Metall *aes cyprium,*
später *cuprum.* Während der Völkerwanderung kamen viele
Bergbaubetriebe zum Erliegen — mit Ausnahme der im frän-
kischen Lahngebiet und Siegerland gelegenen. Fränkische
Bergleute verbreiteten dann wieder die Kenntnis von der
Gewinnung des roten Metalls. Im 15. und 16. Jahrhundert
errichteten die Fugger nahezu ein Kupfermonopol durch
Konzentration der Gewinnung in Tirol, Ungarn und Spanien
sowie durch ihre überregionalen Handelsgesellschaften.

Um die nachteiligen Eigenschaften des Kupfers wie seine
geringere Härte auszugleichen, legierte man es beispielsweise
mit Zinn zu Bronze oder mit Zink zu Messing. Dadurch
eröffnete sich eine Vielfalt an Verarbeitungstechniken und
Erzeugnissen, die schon im Spätmittelalter zum Entstehen
von kupferverarbeitenden Berufen beitrug. Die Messing- und
Beckenschläger, →Rot- und Gelbgießer, →Draht- und
→Blechschmiede, →Gürtler, →Zeug- und Zirkelschmiede,
Waagen- und Gewichtemacher stellten Waren für den eher
gehobenen Bedarf her, während die Kupferschmiede vor
allem Gebrauchsgegenstände für den täglichen Bedarf ver-
fertigten. Sie hießen auch nach ihrem verbreitetsten Produkt
Kesselschmiede oder Keßler und nach der hauptsächlichen
Arbeitstechnik Kaltschmiede. Neben den schon genannten
Großgefäßen hämmerten, dengelten und trieben die Schmiede
in ihren Werkstätten aus Kupfertafeln und -blechen Pfannen,
Töpfe, Becher, Backformen, Flaschen, Kannen, Herdschiffe,
Wasserbehälter, Gießkannen, Badewannen, Waschbecken,
Trichter, Siebe, Fuß- und Bettwärmer, aber auch anspruchs-
vollere Geräte wie Samoware, Branntweinblasen und Kühl-
röhren, Leuchter und Lampen. Zu ihrem Arbeitsbereich
gehörte ferner die Verkleidung von Dächern und Turmspit-
zen mit Kupferblechen (→Klempner). Die wichtigsten
Werkzeuge waren neben diversen Ambossen verschiedener

Größe Gesenke und Punzen, der Polter-, Boden-, Seiten- und Stemphammer aus Holz sowie der Verschlag-, Reihen-, Tief-, Weiter-, Kreuz- und Kruglhammer aus Eisen; ferner Schneid- und Beißzange, Lötkolben, Meißel, Durchschläge, Feilen und Raspeln, Schabeisen und Grabstichel, Schraubstock und Gerbstahl (zum Polieren) sowie die Esse mit dem Blasebalg. Zusammengefügt wurden die Werkstücke durch Löten mit Hartlot, durch Falzen und Nieten, und oft verzinnte, versilberte oder vergoldete man sie noch.

Kupferstecher übten die Kunst aus, durch Eingravieren einer Zeichnung in eine Kupfertafel eine Druckplatte herzustellen, die beim Abdruck (→ Kupferdrucker) ein Abbild der Zeichnung ergab. Bei dem eigentlichen Kupferstich wurden mit dem Grabstichel gerade, geschwungene, an- und abschwellende Linien in die Platte eingegraben. Eine andere Technik war die Radierung, bei der man die völlig ebene und polierte Platte mit einem Ätzgrund aus harzigem Firniß überzog und die Zeichnung mit der spitzen Radiernadel einritzte. Sodann goß man das Ätzwasser (Salpetersäure) auf, das die geritzten Linien sofort angriff und vertiefte. Waren alle Striche hinreichend geätzt, wurde die Platte mit Wasser abgewaschen und der Ätzgrund mit Terpentinöl und einem Lappen entfernt. Im Gegensatz zur Radierung wurden bei der Aquatinta, einer weiteren, von Jean Baptiste Le Prince um die Mitte des 18. Jahrhunderts erfundenen schwierigen Technik, die Umrisse der Zeichnung leicht eingeätzt, dann wurde die Platte gleichmäßig mit Kolophonium oder Mastix bestäubt und erwärmt. Auf der so erhaltenen rauhen Fläche wurden durch wiederholtes Abdecken oder Ätzen Lichter, Halbschatten und Schatten abgestuft. Zuletzt sei noch die Crayonmanier (von François erfunden) zur Nachahmung von Kreidezeichnungen erwähnt, bei der man mit der Roulette, einem kleinen, gezahnten Rädchen, dem Mattoir, einer gezahnten Punze, sowie mit Nadeln und Grabsticheln die Zeichnung in Punkten auftrug. Der farbige Kupferstich, der in Aquatinta oder

Crayonmanier eine buntfarbige Darstellung erzeugte, wurde mit mehreren verschiedenfarbigen Kupferplatten nacheinander ausgeführt (Farbenkupferdruck).

Bedeutende Kupferstecher waren Schongauer, Dürer, Lucas van Leiden, Antonio Raimondi (der Interpret Raffaels), Jost Amman, Rubens und seine Gehilfen, Rembrandt, Matthias Merian, Christoff Weigel, Daniel Chodowiecki, Goya und Käthe Kollwitz.

Küter (auch Kuttler) schlachteten das Vieh der Knochenhauer (Fleischhacker) und bekamen dafür die Abfälle, die Eingeweide (Kutteln), Fett usw., die sie weiter verarbeiteten. Der Name war besonders in Norddeutschland gebräuchlich.

Landkartenmaler und -stecher übertrugen die geographischen Erkenntnisse von See- und Landfahrern, Navigatoren, Soldaten, Kaufleuten, Geographen, Geologen, Forschungsreisenden, Kolonisten, Pilgern und Landvermessern in eine graphische Darstellung in Form von handlichen Karten, deren Genauigkeit mit der Zeit stetig zunahm. Die ersten kartographischen Versuche waren Aufzeichnungen eher primitiver Art, die als Erinnerung an einen Ort oder für den Rückzug auf Papyrus, Bast, Häuten, Knochen oder Holz festgehalten wurden. Die Bewohner der Marshallinseln bedienten sich noch um die Mitte des 19. Jahrhunderts eines feinen Netzwerks aus Palmblattfasern zur Orientierungshilfe, wobei Muschelschalen die Lage der einzelnen Inseln andeuteten. Noch bis zur Mitte des 16. Jahrhunderts wurden Karten mit der Hand auf Papier oder meist auf Pergament gezeichnet und gemalt, reichlich verziert mit Miniaturen, die das Leben in fernen Ländern, Schiffstypen, Wappen, Windgötter, Porträts der Herrscher und dergleichen abbildeten.

Der griechische Naturforscher Claudius Ptolemäus, der in Alexandria wirkte, faßte im 2. Jahrhundert nach Christi Geburt das geographische Wissen, welches sich durch Anaximander, Eratosthenes, Hipparch, Posidonius, Strabo, Marinus von Tyrus und andere Philosophen, Astronomen und Geographen angehäuft hatte, kartographisch zusammen. Dadurch, daß er die Örtlichkeiten nach ihrer geographischen Breite und Länge verzeichnete und die sphärische Erde auf einem Kegelmantel darstellte, kann er als der erste wissenschaftliche Kartograph angesehen werden. Seine Kartenwerke dienten noch den Kartenstechern der Renaissance als Vorlage.

Die Römer brauchten »Straßenkarten« besonders zu militärischen Zwecken und hatten schon im 1. Jahrhundert vor Christus eine Übersichtskarte des Reichs, die auf Straßenvermessung beruhte: die *Weltkarte des Agrippa.* Der Inhalt der Römerkarten bildete den Kern der späteren Mönchskarten, die, meist rund, als »Radkarten« Osten (mit dem Paradies) oben, Jerusalem in der Mitte zeigten. Die große *Ebstorfer Weltkarte,* auf dreißig Pergamentblättern um 1235 gemalt, zeigt das Weltbild des christlichen Mittelalters am vollkommensten. Diese *mappae mundi* mit einem Durchmesser von dreieinhalb Metern wurde 1830 in dem Benediktinerkloster zu Ebstorf (in der östlichen Lüneburger Heide) entdeckt, wo die Mönche sie als Altarbild verwendeten. Im Zweiten Weltkrieg verbrannte das unersetzbare Meisterwerk bei einem Bombenangriff auf das Staatsarchiv von Hannover. Gegen Ende des Mittelalters erschienen in Hunderten von Handschriften sogenannte »T-O«-Karten. Gezeichnet wurde eine T-förmige Figur, die den Erdkreis in drei Teile teilte. Gesehen wurde die Karte vom »Westende« der Erde, der Enge von Gibraltar, bei den Säulen des Herkules. Afrika lag zur Rechten, Europa zur Linken und Asien zwischen beiden; die Grenzen wurden durch das Mittelmeer und den Querbalken der Figur gebildet, der das Asowsche Meer mit dem Don (Tanais) und den Nil darstellte. Umflossen wurde das grob schematisierte Weltbild vom *mare oceanum,* in das sich nach Dantes Wort kein Sterblicher wagen darf: ». . . quella foce stretta / Ov'Ercole segnò li suoi riguardi / Acciocchè l'uom più oltre non si metta.« (*Inferno,* XXVI)

Unberührt von dieser abendländischen Kartographie, die mehr oder minder in Imaginationen und Legenden aus der *Heiligen Schrift* festgefahren war, gingen Schiffskapitäne und Navigatoren (vorwiegend Italiener und Katalanen) ans Werk, um sogenannte *Periplus* anzulegen, brauchbare Karten aller Häfen, Küsten und Strecken, die sie befuhren. Dabei bedienten sie sich bereits des magnetischen Kompasses, und ihre Karten, die Portolankarten genannt wurden, zeichneten sich durch regelmäßig darauf verteilte Windstrahlenbüschel oder Rumbenlinien als Navigationshilfe und reichgegliederte und beschriftete Küsten aus. Doch je weniger ein Land bekannt war, um so mehr freie *weiße* Flächen — »*Hic sunt leones!*« — blieben auf den Karten zurück. Die kühnen Entdeckungsreisen Marco Polos, Ibn Battutas, der Piloten Heinrich des Seefahrers, jene Engelbert Kämpfers, David Livingstones und Sven Hedins, um nur ein paar zu erwähnen, waren immer auch ein Kampf um diese »weißen Flecken«. Bartolomeo Diaz umsegelte während eines dreitägigen Sturms, ohne es zu wissen, im Winter 1487 die Südspitze Afrikas und nannte sie *Cabo tormentoso* (das »stürmische« Kap; später änderte der portugiesische König den Namen in »Kap der guten Hoffnung«). Zehn Jahre später fand Vasco da Gama über dieselbe Route den Seeweg nach Indien, und Magellan, dem portugiesischen Seefahrer in spanischen Diensten, gelang zwischen 1519 und 1521 die erste Erdumsegelung, womit der Beweis für die Kugelgestalt der Erde erbracht war.

Zum erwähnten Kompaß erscheint die Anmerkung nützlich, daß die Chinesen schon recht früh die richtungweisende Eigenschaft des Magnetsteins kannten. Die magnetisierte Nadel als nautischer Wegweiser, die zunächst, auf einem Strohhalm liegend, in einem mit Wasser gefüllten Gefäß schwamm, wird in der europäischen Literatur am Ende des 12. Jahrhunderts erwähnt. Als Geburtsstätte gilt allgemein die italienische Stadt Amalfi. Aber schon im 14. Jahrhundert waren Kompasse vorhanden, die den heutigen sehr ähnlich waren. Christoph Kolumbus kannte und benutzte den Kompaß, doch sein fester, aber irrtümlicher Glaube, er hätte auf seiner zweiten Reise 1494 in Kuba das Festland von Asien entdeckt, beruhte auf der damals völlig falschen Einschätzung des Erdumfanges. Der Atlantische Ozean wäre, wie er erklärte, »nicht sehr breit«. Das erste gedruckte Kartenwerk, auf dem der Name »Amerika« — freilich nur für den Südkontinent — verwendet wurde, war die 1507 erschienene große Weltkarte *Universalis cosmographia* der Kartographen Martin Waldseemüller und Matthias Ringmann. Sie wählten den Namen *America* zu Ehren des fälschlicherweise für den Entdecker des neuen Kontinents gehaltenen Amerigo Vespucci, der immerhin die erste Beschreibung verfaßte. In ihr vertrat er die These, es handle sich bei dem neugefundenen Land nicht um Asien, sondern um — »*quartam pars mundi*« — einen neuen Weltteil, einen anderen Kontinent.

Das historische Ereignis des 15. Jahrhunderts war der Fall Konstantinopels 1453, durch den nicht nur die griechischen Gelehrten und damit die Kenntnisse des Ptolemäus ins Abendland gelangten, sondern der auch — weil die Osmanen den Zugang nach Indien gesperrt hatten — die verzweifelte Suche eines direkten Seewegs dorthin auslöste. Hinzu kam, daß Buch- und Plattendruck gerade begannen, die Verbreitung solcher Kenntnisse zu fördern: die Ptolemäuskarten in Holzschnitt und Kupferstich wie jene berühmten, 1482 in Ulm gedruckten Karten des deutschen Kosmographen Donnus Nicolaus Germanus. Die erste moderne in Deutschland in Kupferdruck hergestellte Karte, die nicht auf Ptolemäus zurückging, zeigt Zentraleuropa und wurde 1491 in Eichstätt in Kupfer gestochen. Ihre Anfertigung wurde dem Philosophen, Kirchenpolitiker und späteren Kardinal von Brixen Nicolaus Cusanus (Nikolaus von Kues) zugeschrieben, der um 1451 in Eichstätt (damals Eichstädt) gelebt haben soll. Wir wissen allerdings, daß er bereits 1464 in Umbrien starb. Sehr wahrscheinlich handelt es sich bei der Eichstätt-Karte daher um die gestochene Kopie einer von Cusanus früher gezeichneten Karte, die allerdings den Hinweis enthält, daß für diese Karte dem Cusanus Dank gebühre.

Im Jahre 1578 kam der letzte große »Ptolemäus« heraus, hundert Jahre nach dem ersten, gestochen von dem flämischen Geographen Gerhard Kremer, besser bekannt unter dem Namen Gerhardus Mercator. Er war ein Schüler des Mathematikprofessors und Globenmachers Gemma Frisius und übertraf alle früheren Karten dadurch, daß er seine geographischen Karten kritisch bearbeitete und ihnen einen ihrem Inhalt und Zweck gemäßen Netzentwurf gab. Schon um 1544 entwarf er einen Globus in handlicher Größe, der sehr genau gezeichnet und auch an Bord zu verwenden war. Seine größte Leistung war freilich die Weltkarte *ad usum navigantium* 1569, die *Mercatorkarte,* der er einen Zylindermantel mit vergrößerten Breiten zugrunde gelegt hatte, in erstmaliger Nutzanwendung ihrer winkeltreuen Eigenschaft. Die nach ihm benannte Mercatorprojektion führte dazu, daß zwei beliebige Punkte auf der Karte durch eine Gerade, die sogenannte Loxodrome, verbunden werden konnten, die alle Meridiane unter dem gleichen Winkel schneidet. Diese Besonderheit war für die Seefahrt von größter Wichtigkeit, da es die einfachste Art war, den richtigen Kurs zu bestimmen. Es ist schwer zu sagen, wann Mercator den Entschluß gefaßt hatte, eine umfassende Kartensammlung mit der Bezeichnung »Atlas« herauszubringen. Er selbst berichtet im Jahre 1578 in einem Brief, daß er dafür bis zu hundert Karten würde anfertigen müssen. Der Mangel an fähigen Kupferstechern, aber auch an verläßlichen Quellen trug zum schleppenden Fortgang der Arbeiten bei, und erst 1585 konnte der erste Teil des *Atlas sive cosmographicae meditationes de fabrica mundi et fabricati figura,* bestehend aus einundfünfzig Tafeln betreffend Gallia — Belgia — Germania erscheinen. Vier Jahre später folgte der zweite Teil Italia — Slavonia — Graecia, der dreiundzwanzig Karten umfaßte. Mercator war es nicht vergönnt, die Vollendung seines epochalen Werkes zu erleben, das schließlich sein jüngster Sohn Rumoldus 1595 der Öffentlichkeit vorstellte.

Die Idee, die Titelseiten von Kartenwerken mit dem Bild des Titanen Atlas, der die Welt auf seinen Schultern trägt, zu verzieren, allerdings ohne die Bezeichnung »Atlas« zu gebrauchen, stammt von dem angesehenen Kupferstecher Antonio Lafreri (eigentlich Antoine Lafréry aus Besançon), der sich in Rom niedergelassen hatte und dessen Kartenwerke zum nationalen Denkmal erklärt wurden.

Mit dem Verkauf der Mercatorschen Kupferplatten nach Amsterdam (1604) ging die Führung im Kartenwesen auf Holland über. Dort erschienen die großen Atlanten von Jodocus Hondius und Willem Janszoon Blaeu, einem Schüler von Tycho Brahe. Schon 1645 traten durch Nicolas Sanson — er und sein Sohn gaben mehr als dreihundert Karten heraus — französische Atlanten neben die holländischen. Aber erst seit 1700 mit Guillaume Delisle, der die astronomischen Beobachtungen umfassend zu verarbeiten begann, wurde das Kartenbild der Erde inhaltlich erneuert. Übertroffen wurde er nur von dem großen kritischen Kartographen Jean Baptiste Bourguignon d'Anville, der alles verwarf, was er nicht nachweisen konnte. »Das Ausräumen unrichtiger Vorstellungen«, war er überzeugt, »ist an sich eine der Bedingungen für den Fortschritt der Wissenschaften.«

Auch Deutschland begann wieder mit eigenen Karten und Atlanten aufzutreten: Johann Baptist Homann (1702), Johann Michael Franz (1730), Johann Matthias Hase (mit seiner kritischen Karte von Afrika kam er 1737 d'Anville zuvor), Tobias Mayer (mit einer kritischen Karte von Deutschland 1750) und der Tiroler Pfarrer Georg Matthäus Vischer, der in mehreren Kartenwerken eine Reihe österreichischer Länder neu kartierte.

Für die Darstellung des Geländes waren bis zu Beginn der Flächenvermessungen im 17. Jahrhundert sogenannte Kammzeichen (in Ornament-, Sägezahn-, Wellen- und Zackenform) und Maulwurfshügel vorherrschend, und die

Wasserflächen füllte man mit Wellen, Schiffen und Seeunge-
tümen aus. Was man nicht wußte, die »weißen Flecken« auf
den Karten, versuchte man oft mit grotesken Zeichen und
Figuren zu kaschieren. Jonathan Swift, der anglo-irische
Satiriker, machte sich darüber in einem Vers lustig: »Geo-
graphers in Afric maps / With savage pictures fill their
gaps / And over inhabitable downs / Place elephants, for
want of towns.«

Dann kam man allmählich über die »Kavalierperspektive«
zum Grundriß, fast stets mit den Vorläufern unserer Schraf-
fen als Bildelementen. Unter »Kavalierperspektive« verstand
man die längengetreuen (isometrischen) Darstellungen in
Halbperspektive, wie sie Beobachter vom »Kavalier«, dem
hochgelegenen Wall älterer Festungsbauten, über das Vorfeld
hatten. In der schwierigen Aufgabe der Raumabbildung des
Geländes kam es zu neuen Lösungen durch den sächsischen
Militärkartographen Johann Georg Lehmann (1799) mit
seiner gesetzmäßigen Schraffierung zur Darstellung der
Böschungsverhältnisse, deren Verbreitung durch Senefelders
fast gleichzeitige Erfindung der Lithographie gefördert wurde.
Zur plastischen Wiedergabe der Geländeformen behalf man
sich mit Schattenschraffen, Höhenlinien und farbigen Höhen-
schichten. Durch Schummerung erreichte man eine Flächen-
tönung in gleitenden Übergängen (zum Beispiel dunkle Töne
für steile, helle Töne für flache Hänge, Ebenen bleiben weiß).
Karl Peucker leitete in Wien die Veröffentlichungen des
Kartenverlags Artaria, mit dessen Farbenplastik die Höhen
maßanschaulicher wurden. Eines seiner Hauptwerke erschien 1898 und trägt den Titel *Schattenplastik und Farbenplastik*.

Die »edle« Technik des Kupferstichs zur Herstellung eines
Kartenbildes wurde abgelöst durch die Heliogravüre (Photo-
gravüre) unter Zuhilfenahme der Galvanoplastik. Zur Vervielfältigung übertrug man Fettdrucke auf Stein. Der Steindruck, die Lithographie, war vorherrschend. Gerippe und
Schrift entstanden dabei durch Gravur oder Tuschzeichnung

auf Stein oder durch Zeichnung auf Papier und ihre photo-mechanische Übertragung auf Kupfer, Zink oder Aluminium (Photoalgraphie), meist aber auf Stein (Photolithographie). Stich wie Zeichnung und Photographie auf den Originalplatten gelangten durch Umdruck auf die Druckplatten.

Landsknechte waren »Leute aus dem Lande« und verdingten sich vom 15. bis zum Ende des 17. Jahrhunderts, als es in Deutschland noch keine stehenden Heere gab, »der blanken Gulden wegen« als Söldner bei den jeweiligen Kriegführenden. Krieg geführt wurde damals fortwährend, und ein Heer aufzustellen war nur eine Frage des Geldes, denn Berufssoldaten und solche, die es werden wollten, gab es genug. Es waren Handwerksgesellen darunter, die das Betteln um Arbeit und die Ausbeutung durch die Meister leid waren; Bauern, die durch Überfälle Hof und Familie verloren hatten, entlaufene Mönche, verbummelte Studenten, ganze Räuberbanden aus Leuten, die der Fron entflohen waren; abenteuerlustige Söhne reicher Bürger, die sich eine Offiziersstelle zu kaufen trachteten und reiche Beute machen wollten; und alle jene, die kein Dach über dem Kopf und nichts im Magen hatten, aber doch leben wollten. Der Kriegsherr gab einem erprobten Krieger als Feldhauptmann oder Feldoberst das Patent (Artikulsbrief), »ein Regiment Knechte aufzurichten«. Der Feldhauptmann hatte meist schon seinen Stellvertreter (Oberstleutnant) zur Hand, auch ein paar bewährte Hauptleute, oft heruntergekommene Adlige, die ihrerseits kampferfahrene Haudegen um sich hatten, die ihre Leutnants und Feldwebel wurden. Was sich in diesen Landsknechtsheeren zusammenfand, war ein wildes Volk mit »Haaren auf den Zähnen«, das heißt mit dem Schnauzbart auf der Oberlippe, in auffälligem Kleiderprunk, dem vielfach geschlitzten Obergewand, durch das überall das Unterfutter farbenprächtig hervorquoll, dem herausfordernden Hosenlatz und später der verrufenen Pluderhose. Die sich gerne selbst als die

»frummen Landsknechte« bezeichnenden Soldaten erhielten ein Handgeld (Laufgeld) und wurden in eine Musterrolle eingetragen. Sein Handwerkszeug — Piken, Hellebarden, Schwerter, Schußwaffen, Blechhaube und Harnisch — hatte jeder Landsknecht selbst mitzubringen; besonders gut Ausgerüstete erhielten doppelten Sold. Den Sold zahlte der Pfennigmeister aus (Spießträger erhielten beispielsweise vier Gulden, Hauptleute vierzig und Obersten vierhundert), und nach geglücktem Feldzug gab es Schlacht- oder Sturmsold und meist reiche Beute. Die wichtigsten Personen im Stab (»hohe Ämter« oder Offiziere) waren: Schultheiß (Auditor), Wachtmeister, Quartiermeister und Profos (Ankläger), dem der Stockmeister mit den Steckenknechten zum Vollzug der Leibesstrafen unterstand, der Freimann (Henker) und für den Troß aus Marketendern und Marketenderinnen, Wirten, Köchen, Huren, Soldatenfrauen und -kindern, Schacherern und allerlei Gesindel der Hurenweibel (im Hauptmannsrang) mit Rennfähnrich und Rumormeister. Der Hauptmann befehligte das Fähnlein, das aus vierhundert Mann bestand (ein Regiment hatte zehn bis sechzehn Fähnlein), und als seinen Stellvertreter ernannte er den Locotenente oder Leutnant. Jedes Fähnlein hatte noch einen Fähnrich, einen Feldwebel, dem auch die taktische Ausbildung oblag, einen von den Leuten gewählten Gemeinweibel und die Rottmeister, die die »Rotten« zu zehn Mann führten. Durch eine strenge Gerichtsbarkeit und das »Recht mit den langen Spießen« wurden die »turbulenten und aufsässigen Renommisten« notdürftig in Zucht gehalten. Ein zum Tode Verurteilter mußte sich selbst in die Spieße einer Gasse von Landsknechten stürzen. Bei Streitfällen trugen Ambosaten den Hauptleuten die Beschwerde der Söldner vor.

Auf ihren völlig ungeordneten Märschen übers Land war diese verwilderte Soldateska im wahrsten Sinne des Wortes eine Landplage, und Bürger und Bauern waren vor ihnen nie sicher. Nach einem zeitgenössischen Ausspruch (Hans Michael Moscherosch) bestand die Eigenschaft eines echten und tüchtigen Soldaten darin, alles, was ihm vorkam, zu rauben, zu verderben und umzubringen. Ging man »auf Partei«, so wurden Plünderungen in der Feldsprache genannt, wendete man die grausamsten Mittel an, um des von den Bauern versteckten Gutes habhaft zu werden. In der bekannten Plünderungsszene im *Simplizissimus* (I.4) schildert Grimmelshausen, »was für Grausamkeiten in diesem unserm Teutschen Krieg hin und wieder verübet worden«. Der »schwedische Trunk« bedeutete beispielsweise das Eingießen von Jauche in den mit einem Holzstück geöffneten Mund. Man rieb den Opfern die Fußsohlen mit Salz ein und ließ sie von Ziegen ablecken. Führte auch das nicht zum Ziel, so band man den Hartnäckigen die Hände auf den Rücken und zog mit einer Ahle ein Roßhaar durch die Zunge und bewegte dieses leicht auf und ab. Und auch die Drohung mit dem »roten Hahn«, dem Abbrennen von Haus und Hof, verfehlte ihre Wirkung selten. »Landsknechte lassen nichts liegen als Mühlsteine und glühende Eisen«, war eine sprichwörtliche Redensart. Wo man aber hinkam und nichts mehr mitnehmen konnte, vergewaltigte man Frauen und Kinder. Entlassene Landsknechte bedeuteten ein ständiges Element der Unruhe, und viele haben sich als Einzelgänger oder auch haufenweise dem Gaunertum angeschlossen.

Im Winter 1620 gehörte ein gewisser Chevalier du Perron zu den Truppen des deutschen Kaisers in Südböhmen. Ein Glücksritter, ein Söldner ohne Sold, der nur mit einem Anteil an der Kriegsbeute bezahlt wurde — und den man »die feinste Klinge Europas« nannte. Hinter dem Namen verbarg sich kein Geringerer als René Descartes, der große Erneuerer der abendländischen Philosophie und Begründer der modernen Mathematik. »Er hat das Garnisonsleben mit Trinkgelagen, Mädchen und Glücksspiel kennengelernt«, schreibt Dimitri Davidenko in seinem Roman *Ich denke, also bin ich* (1990). »Auf den Stuben, in den Wachräumen und in den Spielsälen, in der Freizeit wie im Dienst spielen die Söldner mit Karten oder Würfeln. In endlosen Partien, die ganze

Tage und Nächte dauern, bringen sie ihre gesamte Kriegsbeute durch.

René Descartes, alias du Perron, ein Berufsspieler ersten Ranges, hat allzu leichtes Spiel gegen die Bauerntölpel. Er trinkt, spielt und langweilt sich. Manchmal provoziert ihn ein schlechter Verlierer, und der Streit endet im Duell.«

Der Herr du Perron, mittlerweile im Corps der französischen und wallonischen Söldner des Herzogs von Bucquoy kämpfend, »zeichnet sich durch seine Bravour aus und festigt seinen Ruf als Experte, sowohl bei der Belagerung als auch bei der Verteidigung von Befestigungen. Doch dem Tod wird er auf freiem Feld begegnen, in einer Reiterschlacht.«

Der Herzog von Bucquoy belagert die Stadt Neuhäusel. Die Artillerie der Kaiserlichen, von Chevalier Descartes und seinen Soldaten in Stellung gebracht, zertrümmert zwar die Stadt, doch sie kann noch nicht völlig eingenommen werden. »Am 10. Juli [1621] greift eine ungarische Einheit mit 1500 Pferden einen Nachschubtransport an, der von 1000 Kavalieren eskortiert wird. Der Herzog von Bucquoy und seine Offiziere, unter ihnen der Chevalier Descartes du Perron, galoppieren nach vorn, um sich an die Spitze zu setzen. Ein gewaltiger Todesruf erschallt von den enggestaffelten ungarischen Schwadronen, als sie mit gesenkten Lanzen und im Angriffsgalopp gegen die Flanken des Konvois geschickt werden. Mit dem Aufprall wird das Gros der Kaiserlichen zerschlagen. Das Hämmern der Stiefel, das dumpfe Geräusch der Rüstungen, die in vollem Tempo getroffen werden, der Leiber, die fallen und auf der gestampften Erde der Wege aufprallen, die Todesschreie, unterbrochen von Detonationen und dem Befehl, sich zu sammeln, der Geruch verbrannten Pulvers, all diese Eindrücke berauschen Descartes. Er stürzt sich ins Getümmel.« [...] Es herrscht völlige Verwirrung. »Übrig bleiben nur die erfahrenen Kombattanten. Als echte Berufssoldaten bringen sie sich lautlos, nüchtern, in turbulenten Mann-gegen-Mann-Gefechten gegenseitig um. Auf den Hals seines Wallachs gestützt, macht der Chevalier du Perron jähe Wendungen, um einen Durchgang zum Herzog von Bucquoy zu suchen. Gegen die Rüstungen ist ihm sein Degen zu nichts nütze. Er sticht auf die verwundbareren Pferde ein. Einige bäumen sich auf, andere winden sich oder stürzen. Die aus dem Sattel gehobenen ungarischen Lanciere lehnen sich mit dem Rücken gegen ihre unbrauchbar gewordenen Reittiere, laden ihre Pistolen, zielen... Descartes kann sich entwinden, weicht den frontalen Attacken aus, verschwindet im Getümmel.« [...] Die Ungarn verfolgen ihn. »Eine Gruppe der Feinde kreist ihn ein. Mit dem Griff des Degens pariert er die Schläge der gekreuzten Lanzen, schlägt auf die Nüstern, um sich die schweren Schlachtrosse vom Leib zu halten. Das Blut strömt auf ihn, er ist über und über scharlachrot.« In seinem Arm klafft eine tiefe Wunde, das Feuer einer Muskete versengt ihm das Gesicht, sein Herzog fällt, von Kugeln durchsiebt. Der Tod des Herzogs entbindet ihn von seinem Eid. Nach vier Jahren Landsknechtleben verkauft Descartes Pferd, Muskete, Rüstung und Beute an seine Kampfgefährten und quittiert im Herbst 1621 den Dienst.

Last- und Reffträger waren in den Städten und Seehäfen unentbehrliche Hilfskräfte zum Be- und Entladen von Fuhrwerken, Schiffen und dergleichen. Unter Reff verstand man in manchen Mundarten einen hohen Tragkorb, der auf dem Rücken getragen und mit Schulterriemen befestigt wurde.

Laternenträger boten ihre Dienste seit dem 17. Jahrhundert in den europäischen Großstädten an. Sie erfüllten die Funktion einer sozusagen mobilen öffentlichen Beleuchtung, und man konnte sie wie Droschken mieten, um sich heimleuchten zu lassen. Zu sehr unterschiedlichen Berufsauffassungen scheint es bei den Laternenträgern in Paris und London gekommen zu sein. In Paris waren häufig Polizeispitzel unter ihnen zu finden, berichtet Louis-Sébastien Mercier in *Paris am Vorabend der Revolution* (dt. 1967): »Die nächtlichen Wanderer mit ihren brennenden Laternen stehen im Dienst der Polizei und sehen alles, was vorgeht; Spitzbuben, die in kleineren Straßen Schlösser aufbrechen möchten, sind vor diesen unverhofft auftauchenden Lichtern niemals sicher. Der Laternenträger geht sehr spät schlafen und berichtet der Polizei am nächsten Tag alles, was er bemerkt hat. Nichts unterhält die Ordnung und verhindert die verschiedensten Unfälle wirksamer als diese Fanale, die hier und dort herumgehen und durch ihr plötzliches Auftauchen nächtliche Delikte unterbinden. Beim geringsten Tumult laufen sie zur Wache und legen Zeugnis über den Hergang ab.«

Die Londoner Laternenträger hingegen waren für ihre Kontakte oder gar Zugehörigkeit zur Unterwelt bekannt. Auch darüber gibt ein schriftlicher Beleg Auskunft, verfaßt 1892 von William C. Sidney *(England and the English in the 18th Century):* »Häufig steckten diese ›Diener der Öffentlichkeit‹ mit Straßenräubern und Wegelagerern unter einer Decke und zögerten selten, auf das kleinste Zeichen solcher Komplizen hin das Licht auszulöschen und in der Dunkelheit zu verschwinden.« Und John Gay, der Verfasser der *Beggar's Opera,* warnt in seiner Londoner Sittenbeschreibung *Trivia* (1716) die nächtlichen Passanten mit einem Reim: »Though thou art tempted by the Linkman's call / Yet trust him not along the lonely wall, / In the midway he'll quench the flaming brand, / And share the booty with the pilf'ring band.«

Läufer waren Bedienstete, die vor den Wagen- oder Reitpferden vornehmer Herrschaften herliefen, um freie Bahn zu schaffen oder um nachts mit einer Fackel zu leuchten. Die aus dem Orient stammende Sitte nahm nach der Französischen Revolution rasch ab und erhielt sich nur noch hie und da bei festlichen Gelegenheiten. Ferner stellten die Läufer Briefe und Nachrichten in der Stadt zu. Zur Landsknechtzeit nannte man jene Soldaten Läufer, die dem »verlorenen Haufen«, einer Art Vorhut des nachfolgenden »hellen Haufens«, angehörten. Läufer nannte man auch die militärischen Melder (Ordonnanzen), die zu Fuß Befehle und Meldungen, unter Umständen durch Läuferketten, übermittelten. Der Lügenbaron Freiherr von Münchhausen erzählt von den unglaublichen Leistungen eines solchen Läufers.

Lebzelter (auch Lebküchler) stellten Backwerk aus Mehl und Honig (Honig- oder Pfefferkuchen) her und verfeinerten es mit Gewürzen, Mandeln und Nüssen. Seine Beliebtheit verdankt der Lebzelten aber vor allem den vielfältigen Formen (Tafeln, Scheiben, Herzen, Rauten) und Gestalten (Nikolaus und Krampus, Wickelkinder, Soldaten, Reiter, Jäger, Paare, Hirsche, Adler), die oft noch mit religiösen oder profanen Motiven oder Schriften verziert waren, die mit Holzmodel in den Teig gepreßt wurden. Gebräuchlich war die Darstellung des Lebensbaums, der »Acht Seligkeiten«, von Sicheln, Sagengestalten oder Gnadenbildern, und die Zahl drei auf einem Lebkuchenherz bedeutete — durch den annähernden Gleichklang beim Aussprechen — soviel wie »treu«.

Der *richtige* Lebzeltteig, dessen genaue Rezepte gut gehütet wurden, mußte nicht nur mühevoll geknetet werden, sondern etliche Wochen im Keller »rasten«. Berühmtheit erlangten die Nürnberger Lebkuchen, stets durch die eingedrückten fünf Mandelkerne erkenntlich, die Leckerli aus Basel, deren Oberfläche mit Vanillezucker marmoriert war, die »Karlsbader«, mit einer dichten Eiweißglasur überzogen, die »Preßburger«, mit gestifteten Mandeln bestreut, und schließlich der Lebzelten aus Thorn und Danzig. Im 19. Jahrhundert kam dann die »beeiste Ware« auf, bei der mit Spritzsäcken feine Linien, breitere Bänder und aufgesetzte Rosetten aus weißem oder farbigem Zuckereis aufgetragen wurden. Lebzelter übten recht oft auch den Beruf des → Wachsziehers aus, denn für beide Produkte waren der Honig und das Wachs der Bienen erforderlich. Pfeffern hieß ein weihnachtlicher Volksbrauch in Süddeutschland und Österreich, worunter das Peitschen mit der glückbringenden Rute und das Beschenken des Schlagenden mit Lebkuchen verstanden wurde

Als Pfefferleinstag galt meist Sankt Stephan (26. Dezember) oder der Tag der »unschuldigen Kinder« (28. Dezember).

Lederer (auch Gerber) verarbeiteten tierische Häute und Felle mit Gerbstoffen zu Leder. Das Handwerk wurde zunächst auch von Kürschnern, Schuhmachern, Riemern, Sattlern und Säcklern, meist für den eigenen Bedarf, ausgeübt, und gelegentlich waren die einen oder anderen mit den Lederern in einer Zunft vereint. Unklare Abgrenzungen zwischen den einzelnen Handwerken und ökonomische Probleme führten an vielen Orten immer wieder zu heftigen Streitigkeiten, wie eine Vielzahl von Verordnungen belegt. Schon im Mittelalter fand eine deutliche Aufspaltung des Lederergewerbes nach den unterschiedlichen Gerbverfahren statt.

Die Weißgerber (Irher, Ircher) stellten vor allem aus Kalbs-, Schafs- und Ziegenfellen durch Mineralgerbung mit Alaun oder Kochsalz die edleren und dünneren Ledersorten (beispielsweise Glacé- und Kidleder beziehungsweise Chevreaux) her.

Die Rot- oder Lohgerber (Loher, Lorer, Lauer) verarbeiteten die Häute fast aller Tierarten zu Sohl-, Brandsohl- und Oberteilleder, zu Riemen-, Koffer- und Möbelleder, zu Wagenverdeck-, Geschirr-, Zeug- und Blankleder für die Sattlerei und den Wagenbau. Als Gerbstoffe benutzte man besonders Rinden, zum Beispiel von Eiche, Fichte, Tanne, Weide Hemlocktanne, Birke und Erle. Rotgerber waren ferner spezialisiert auf die Herstellung von Luxusleder wie Lack-, Saffian-, Marokkoleder und Juften oder Juchten und zählten, im Gegensatz zu den Weißgerbern, meist zu den wohlhabenden und sozial angesehenen, oft im Rat einer Stadt vertretenen Handwerkern. Corduaner (Lederbereiter) hießen jene Gerber, die Corduanleder für feine Schuhmacher-, Buchbinder- und Galanteriearbeiten aus Ziegenfellen verfertigten, die mit Sumach (Blätter des Essigbaums) gar gemacht und anschließend gekrispelt wurden.

Die Sämischgerber, die mit den Weißgerbern eng verbunden waren, verwendeten als Gerbstoffe tierische Fette, vor allem Trane (Robben-, Wal-, Seehund-, Leber- und Fischtrane), die in die Haut der Kalbs-, Ziegen-, Schafs- und Rotwildfelle gewalkt wurden. Das auf diese Art gegerbte Sämisch- oder Waschleder war angenehm weich und außerordentlich widerstandsfähig gegenüber Wasser und Hitze und wurde vorzugsweise für Handschuhe, Bandagenzwecke, Reithosen, Wämser, Schürzen und Putzleder verwendet.

Die frischen Häute, die zur Verhütung der Fäulnis entweder sofort verarbeitet oder mit Kochsalz konserviert werden mußten, bezeichnete man als grüne Häute. Die erforderliche Vorbereitung für die Gerbung war für alle Verfahren ungefähr gleich. Die grünen Häute kamen in die sogenannte Wasserwerkstatt und wurden zur Reinigung und zum Aufquellen (Weichen) in reines Wasser geworfen oder eingehängt. Gewässert wurde einige Tage in Bächen und Flüssen oder in besonderen Weichbottichen. Danach kamen die Häute mit der Fleischseite nach oben auf den Schabebaum und wurden mit dem Scherdegen (Streicheisen) von Fleisch- und Fettresten befreit. Der nächste Schritt war die Enthaarung und Beseitigung der Ober- (Epidermis) und Unterhaut (vom Lederer als Fettschicht oder Fleisch bezeichnet), um die eigentliche Lederhaut, das Corium, zu erhalten. Die älteste Methode war das Schwitzen in feuchten, warmen Räumen oder Kammern; es trat Enthaarung durch Fäulnis ein. Die übliche Methode zur Haarlockerung aber war das Einwirken von Kalk, was als Äschern bezeichnet wurde. Das Äschern wurde in mit Holz ausgekleideten, später gemauerten Gruben vorgenommen, in die man die geweichten Häute zuerst mehrere Tage einem alten abgearbeiteten Weißkalkäscher, dem sogenannten Fauläscher, und nachher etwa die gleiche Zeit einer frisch angesetzten Kalkmilch, dem Schwelläscher, aussetzte. Waren die Haare bzw. die Wolle genügend gelockert, wurden die Häute wieder gespült und mit Hilfe des Scherdegens auf dem Schabebaum von Ober- und Unterhaut

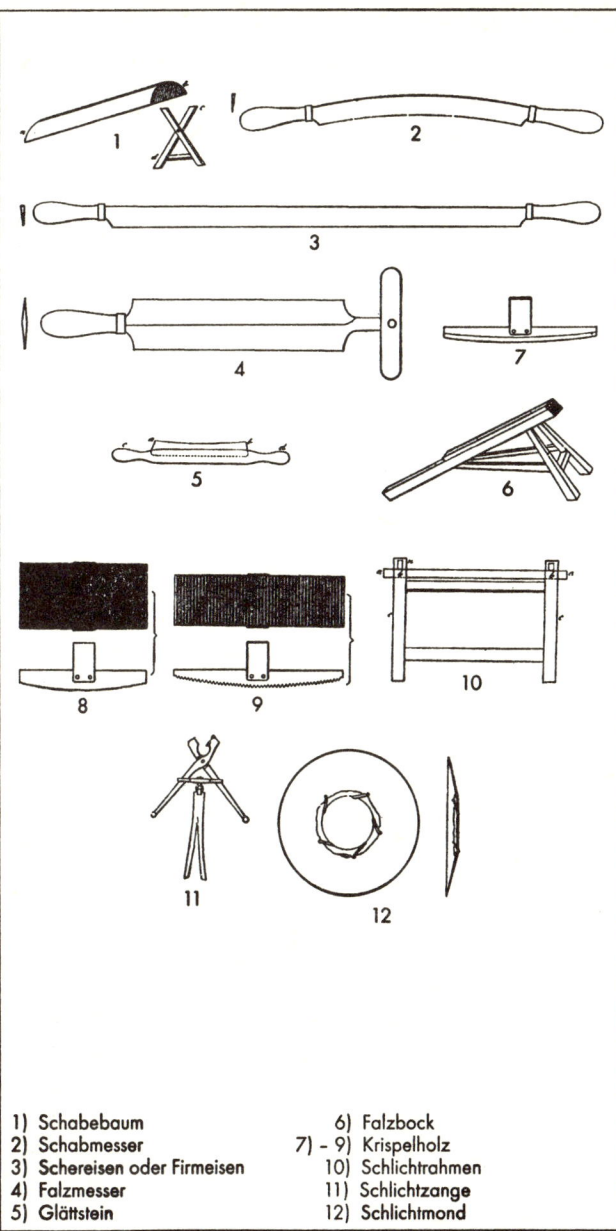

1) Schabebaum
2) Schabmesser
3) Schereisen oder Firmeisen
4) Falzmesser
5) Glättstein

6) Falzbock
7) – 9) Krispelholz
10) Schlichtrahmen
11) Schlichtzange
12) Schlichtmond

befreit. Diese Arbeit erforderte besonderes Geschick, um die Lederhaut nicht durch Schnitte zu beschädigen und damit zu entwerten. Die Abfälle der Unterhaut, Leimleder genannt, fanden Verwendung in der Leimherstellung (→Leimsieder).

Nach dem Ausscheren folgten die Reinmachearbeiten. Die Häute, die nun Blöße hießen, mußten von Haar- und Hautresten, Fettstoffen, und jene, die geäschert worden waren, von Kalkrückständen befreit werden. Zu diesem Zweck wurden sie erneut gewässert und dann auf dem Baum mit dem Streicheisen geputzt oder gestrichen. Das Entkalken der geäscherten Blößen erfolgte durch Beizen in lauwarmen Aufgüssen von Hunde-, Hühner- oder Taubenkot. Diese ekelerregenden Kotbeizen verschwanden zu Beginn dieses Jahrhunderts und wurden durch künstliche Beizen abgelöst.

Nun konnte der eigentliche Gerbprozeß beginnen, bei dem man eben verschiedene Gerbverfahren unterschied. Die Weißgerberei war bereits den alten Ägyptern bekannt, die sie bei der Leichenkonservierung (Mumifizierung) anwandten. Man gerbte die Blößen einfach durch Einhängen in eine Alaunbrühe, was in der Regel höchstens drei Monate dauerte. In der Rot- oder Lohgerberei hingegen wurden die Blößen ursprünglich mit Lohe (zerkleinerte Eichenrinde oder andere) in Gruben abwechselnd geschichtet und dann mit Wasser übergossen (Grubengerbung). Je nach der Dicke war das Leder erst in ein bis drei Jahren »lohgar«. In manchen Gerbereien dehnte man den Gerbprozeß zuweilen auf vier bis fünf Jahre aus. Schneller kam man mittels eines Fasses ans Ziel, das mit den Blößen und einer durch Auflösen von Gerbextrakten entstandenen Brühe (Flotte) gefüllt und hin- und hergerollt wurde. Dabei erneuerte der Gerber mehrmals in bestimmten Zeitabständen, entsprechend seiner Erfahrung, die Brühe in jeweils höherer Konzentration, bis die Leder vollständig gar waren, was in wenigen Monaten oder sogar Wochen erreicht werden konnte (Faßgerbung). Bei der Sämischgerberei walkte der Gerber die Blößen mit den Händen wiederholt im Tranfaß, bis sie kein Fett mehr aufnahmen.

Dann spannte er sie auf Rahmen und setzte sie der Luft aus, wodurch sich der Gerbprozeß als chemische Reaktion vollzog. Nach vollständiger Gare mußte das überschüssige Fett mit Hilfe einer Soda- oder Pottaschelösung ausgewaschen werden. Zum Walken bedienten sich viele Weißgerber gerne der von den Textilhandwerkern genutzten Walkmühlen.

Nach beendeter Gerbung wurden die Häute zur Entfernung des überschüssigen Gerbstoffes mit Wasser gewaschen. Dann warf man sie zum Abtropfen auf einen Bock und hängte sie zum Ablüften auf Stangen in den Trockenboden, in dem man durch witterungsbedingtes Öffnen und Schließen der Türen und Fensterläden den Luftzug regulierte.

Die Zurichtung war der letzte Arbeitsschritt, der meist von den Lederzurichtern besorgt wurde und bei dem das Leder durch Hämmern, Walzen, Glätten, Falzen, Spalten, Stollen am »Stollpfal«, Schlichten, Blanchieren, Beschneiden und Fetten geschmeidig und in eine seiner Verwendung entsprechende Beschaffenheit gebracht wurde.

Der enorme Wasserbedarf brachte es mit sich, daß die Häuser der Lederer üblicherweise an Flüssen oder Bächen lagen, was zu einer starken Verschmutzung der Gewässer führte. Der scheußliche Gestank, der von Gerbereien ausging, zwang sie häufig zur Ansiedlung am Stadtrand, oder es wurden ihnen bestimmte Quartiere bzw. Straßen zugewiesen. In Prag wurden die Lederer im Spätmittelalter schlicht als »Stänker« verunglimpft.

Die Arbeit der Lederergesellen war strapaziös und bedrohte zudem ihre Gesundheit. Am meisten gefährdet waren jene, die mit den rohen Häuten zu tun hatten, weil davon häufig Milzbrandinfektionen ausgingen, die fast stets tödlich endeten. Beim Arbeiten in den Kalkäschern litt die Haut der Hände durch die Ätzwirkung des Kalkes, und das lange Stehen im kalten Wasser und die Durchnässung führten zu andauernden Erkältungen und rheumatischen Leiden.

»Natürlich wußte Madame Gaillard«, heißt es am Beginn von Patrick Süskinds Geschichte *Das Parfum,* »daß Grenouille in Grimals Gerberwerkstatt nach menschlichem Ermessen keine Überlebenschance besaß.« Jean-Baptiste Grenouille, der finstere Held des Romans und zu diesem Zeitpunkt gerade acht Jahre alt, wird von seiner Ziehmutter Madame Gaillard an einen Gerber namens Grimal verschachert. Es ist das Jahr 1747 in Paris. »Tagsüber arbeitete er, solange es hell war, im Winter acht, im Sommer vierzehn, fünfzehn, sechzehn Stunden: entfleischte die bestialisch stinkenden Häute, wässerte, enthaarte, kälkte, ätzte, walkte sie, strich sie mit Beizkot ein, spaltete Holz, entrindete Birken und Eiben, stieg hinab in die von beißendem Dunst erfüllten Lohgruben, schichtete, wie es ihm die Gesellen befahlen, Häute und Rinden übereinander, streute zerquetschte Galläpfel aus, überdeckte den entsetzlichen Scheiterhaufen mit Eibenzweigen und Erde. Jahre später mußte er ihn dann wieder ausbuddeln und die zu gegerbtem Leder mumifizierten Hautleichen aus ihrem Grab holen.

Wenn er nicht Häute ein- oder ausgrub, dann schleppte er Wasser. Monatelang schleppte er Wasser vom Fluß herauf, immer zwei Eimer, Hunderte von Eimern am Tag, denn das Gewerbe verlangte Unmengen von Wasser zum Waschen, zum Weichen, zum Brühen, zum Färben. Monatelang hatte er keine trockene Faser mehr am Leibe vor lauter Wassertragen, abends troffen ihm die Kleider von Wasser, und seine Haut war kalt, weich und aufgeschwemmt wie Waschleder.«

Der Rückgang der handwerklichen Produktion, zuerst in den Städten, dann in den ländlichen Gebieten, war im Laufe des 19. Jahrhunderts unübersehbar. Immer mehr Lederfabriken entstanden, die einerseits mit der Einführung des Quebrachoholzes als Gerbstoff und mit der Chromgerbung (mit Metallsalzen) den Gerbprozeß immer mehr verkürzen konnten; andererseits brachte die Mechanisierung und Arbeitsteilung die Entbehrlichkeit von gelernten Gerbern mit sich.

Leimsieder stellten ein Bindemittel für Papier, Pappe, Holz, Leder und dergleichen her. In einem Leimkessel aus Kupfer wurde das aus Häuten und Leder, Knochen, Fischschuppen, aus Abfällen der Gerberei, Schlächterei und Abdeckerei bestehende Leimgut mit Wasser so lange unter mäßigem Aufwallen gekocht, bis die festen Teile aufgelöst waren und eine mit einer halben Eierschale entnommene Probe an der Luft nach einigen Minuten eine feste Konsistenz annahm. Dann wurde die heiße Flüssigkeit in einen mit Bleiblech ausgelegten Kübel oder Bottich abgelassen und zum Schutz vor Fäulnis mit fein gepulvertem Alaun versetzt. Noch in heißem Zustand wurde die Leimbrühe in Fichtenholztröge abgezogen, wo sie zu Blöcken erstarrte.

Leinenweber verarbeiteten ursprünglich sowohl gesponnenen Flachs als auch Hanf zu Leinwand; seit etwa 1500 wurde Hanf hauptsächlich nur noch für Haustuch, Sack- und Packleinwand, grobe Zeuge wie Segeltuch und Seilerwaren verwendet. Der Flachsanbau und die Leinenweberei sind uralt. Gräberfunde zeigen, daß die Weberei in Ägypten bereits 2000 Jahre vor Beginn unserer Zeitrechnung auf hohem Niveau stand. So wurden beispielsweise Mumienbänder aus feinstem Leinen mit 152 Fäden in der Kette und 71 Fäden im Schuß auf einen Quadratzoll gefunden.

Im Gegensatz zur Tuchmacherei (Wollweberei), die sich doch meist als städtisches Handwerk etablierte, war die Leinenweberei lange Zeit im ländlichen Raum als Heimgewerbe verbreitet und wurde vielfach von hörigen Bauern und Tagelöhnern, die als unehrlich galten, betrieben. Von den Webern hieß es, sie machten aus fremdem Garn ihre Leinwand, und überhaupt brandmarkte sie der Volksglaube als Diebe, obwohl sie den »Galgen«, gemeint war der Webstuhl, stets vor Augen hatten. Wenn sie das Schiffchen hin und her warfen, so war es mit »tausend Sakrament« beladen, denn kein Handwerk war angeblich mehr dem Fluchen und Schelten ergeben als dieses. Das seltsamste der altdeutschen Spottlieder auf die Leinenweber ist wohl *Igel und Leinweber.* Es schildert, wie die Leinenweber sich vermessen, den Igel totzuschlagen, dann aber im Kampf mit ihm schmählich unterliegen. Ihre Armseligkeit schildert ein anderes Lied: »Die Leineweber haben eine saubere Zunft, / Mit Fasten halten sie Zusammenkunft; / Die Leineweber schlachten alle Jahr zwei Schwein, / Das eine ist gestohlen — das andere ist nicht sein. / Die Leineweber nehmen keinen Jungen an, / Der nicht sechs Wochen hungern kann.«

Die einjährige Pflanze des zur Gattung *Linum* aus der Familie der Linazeen gehörenden Gemeinen Flachses (Lein) mit lanzenförmigen Blättern, blauen Blüten, zehnfächeriger Kapsel und öl- und schleimreichem Samen wurde von den Landwebern selbst angebaut und versponnen. Sobald das untere Drittel der Stengel »zeisiggelb« geworden und die Blätter abgefallen waren, wurde der Flachs gerauft. Beim Raufen begann schon das Sortieren nach Länge, Stärke und Reife der Stengel, die dann auf dem Feld ausgebreitet wurden, bis sie lufttrocken waren. Danach wurden die Samenkapseln (Leinknoten) abgedroschen, später mit der Riffel oder der Riffelbank, einem eisernen Kamm, abgeriffelt, und der Bast wurde in warmem Wasser mehrere Tage geröstet (gerottet). Der geröstete Flachs wurde dann getrocknet (gedörrt), gebrochen, mittels einer Schwinge (einer stumpfen Holzklinge) geschwungen, um die holzigen Teile (Schäbe) vollständig zu entfernen, und zuletzt gehechelt. Beim Durchziehen durch die spitzen Stahlnadeln der Hechel wurde der Bast in Fasern zerlegt, und kurze Fasern (Werg, Hede) und noch eingeschlossene Holzteilchen wurden ausgeschieden. Der so gewonnene Reinflachs zeichnete sich durch seidenartigen Glanz, Feinheit und Weichheit aus. Für die Herstellung feinster Garne wurde der Reinflachs noch geklopft und gebürstet sowie durch Kochen mit Pottaschelösung vom Pflanzenleim befreit.

Leinwand war im Mittelalter ein hochgeschätztes Gewebe, aus dem nicht nur Hemden und Bettzeug, sondern auch Kleider, Waffenröcke, Satteldecken, Hutbezüge und Paniere verfertigt wurden. Nach Art der Webtechnik unterschied man Stoffe mit Leinwand- (Hausleinwand, Batist), Köper- (Zwillich- und Drillicharten, Gradl) und Atlasbindung (Damast).

Die Zentren der Leinenweberei waren ursprünglich die Niederlande und Westfalen, dann blühte sie nach und nach in der oberschwäbischen Landschaft (Konstanz, Augsburg, Ulm), in Hessen, Thüringen, Böhmen, Oberösterreich (Linz) und Sachsen auf. Bedeutendstes Leinengebiet war um 1800 Schlesien. Bereits Friedrich der Große förderte die Ansiedlung von Webern in Schlesien, teils durch wirtschaftliche Versprechungen, teils durch »gewaltsamen Menschenraub« in seinen minder mächtigen Nachbarstaaten. Die Leinenproduktion steigerte sich zwar bis zur Mitte des 19. Jahrhunderts, doch verstärkte sich auch durch irische, böhmische und russische Konkurrenz der Preisdruck auf dem Weltmarkt, wodurch die Handleinenweberei in eine schwere Krise geriet. Weberelend und Weberaufstände, nicht nur in der Leinenweberei, waren die unausweichlichen Folgen und wurden zum zentralen Thema nicht der Machthaber, die mit brutaler Gewalt jedes Aufbegehren erstickten, sondern vieler Dichter und bildender Künstler. Der Hungerrevolte und den aufständischen schlesischen Webern von 1844 beispielsweise, der ersten bedeutenden Erhebung des deutschen Proletariats, widmete Gerhart Hauptmann sein in Peterswaldau (von wo aus der Aufstand auf andere schlesische Dörfer übergriff) spielendes Drama *Die Weber*. Käthe Kollwitz schuf einen Zyklus von Radierungen, die das revolutionäre Geschehen jenes Frühsommers zum Gegenstand haben; und auch der aus politischen Gründen verfolgte und zur Emigration nach Frankreich gezwungene Heinrich Heine ergriff Partei für die verelendeten Weber mit seinem Gedicht *Die schlesischen Weber*, dessen dritte Strophe heißt: »Ein Fluch dem König, dem König der Reichen, / Den unser Elend nicht konnte erweichen, / Der den letzten Groschen von uns erpreßt, / Und uns wie Hunde erschießen läßt — / Wir weben, wir weben!«

Der Verdrängungsprozeß wurde durch Maschinengarn und mechanische Webstühle verstärkt, und schließlich versiegte um 1900 der Flachsanbau, da die Nachfrage nach Leinen zurückging, dafür die nach Baumwollgeweben stieg (→ Barchent- und Baumwollweber).

Leinhösler waren die Verfertiger von leinenen Strumpfhosen. Noch 1597 wird in München ausdrücklich die Zunft der Schneider und Leinhösler erwähnt. In Niederdeutschland hießen diese Handwerker Hosenneger, was soviel wie Hosennäher hieß.

Lersener verfertigten hohe, zum Überziehen bei schlechtem Wetter bestimmte Stiefel, Lerse genannt. Später stellten diese Handwerker auch lederne Beinkleider her, die hoch hinaufgezogen wurden. Daraus entstand der Beruf der Lederhosenmacher.

Lichtputzer waren mit der Aufsicht und Pflege der Beleuchtungseinrichtungen auf der Bühne und im Zuschauerraum von Theatern betraut. Im Barocktheater des 17. Jahrhunderts und auch später glich das Auditorium ja mehr einem Festsaal, der wie die Bühne beleuchtet war. Der allabendliche Einsatz an Beleuchtungsmaterial eines großen Theaters war nicht nur mengenmäßig beachtlich, sondern auch äußerst kostspielig. In Molières Palais Royal rechnete man für Saal, Bühne und Nebenräume mit einem Tagesverbrauch von zweihundertachtundsechzig Kerzen, und bei der Eröffnung des königlichen Opernhauses in Berlin 1742 brannten Hunderte dicke Wachslichter auf insgesamt acht Kronleuchtern an der Decke des Zuschauerraumes und des Proszeniums, in Wandleuchtern in den Logen sowie an deren Brüstungen. Neben den teuren, aber weniger rußenden Wachskerzen verwendete man als Lichtquelle Kerzen aus Unschlitt, Pech- und Wachsfackeln und Öllampen, die aber qualmten und überdies einen unangenehmen Geruch verbreiteten. Eine Besucherin der Pariser Opéra echauffierte sich nach einer Vorstellung, »daß der sich ergebende Dampf schwarzbraun und dicht, wie aus einer Bierbrauerey in die Höhe stieg. Wir mußten ihn einathmen . . .«; und natürlich blieben auch die Schauspieler und Sänger vom stinkenden Qualm des »*huile de pied de bœuf*« nicht verschont.

Die Bühne wurde an der Rampe von unten mit Wachs- oder Talgkerzen erleuchtet, dem sogenannten Rampenlicht, hinter dem sich die Schauspieler, so wird es jedenfalls berichtet, sehr oft um einen effektvollen Platz drängelten. Der Ausdruck Lampenfieber für eine nervöse Erregung vor einem öffentlichen Auftreten hieß ursprünglich Rampenfieber und stammt aus dieser Zeit.

Jedes Theater beschäftigte einen oder mehrere Lichtputzer, die während einer Aufführung die Dochte mit Lichtputzscheren »putzen« oder »schnuppen«, schief brennende Kerzen aufrichten, Öl nachfüllen oder Kerzen austauschen und Reflektoren reinigen mußten. Ihrer Aufgabe kamen sie während der Zwischenakte nach oder aber auch auf offener Szene. In Frankreich hießen die Lichtputzer *moucheurs*, und sie gehörten gleichsam zur Aufführung dazu. Erledigten sie ihre Arbeit mit Sorgfalt und Eleganz, so sparte das Publikum nicht mit gehörigem Beifall und lobenden Zurufen. Sie sollen sogar gelegentlich in »kleinen Rollen« aufgetreten oder für sich unpäßlich fühlende Schauspieler eingesprungen sein. Aus Hamburg ist bekannt, daß man Lichtputzer »die Acteurs und Actrizen richten, puzzen und schneuzen« ließ. Ganz anders ging es an Englands Theatern zu, wo zunächst die Garderobiers für die Beleuchtung zuständig waren. Dort pflegte das Publikum einen ziemlich rauhen Umgang mit den *candlesnuffers*, die recht oft groben Witzen und übermütigen Tätlichkeiten ausgesetzt waren.

Mit der Einführung der sogenannten Argand-Lampe, einer Öllampe mit einem röhrenförmigen Docht und einem Glaszylinder, die keine Rauchwolken mehr von sich gab, und verbesserter Dochte erübrigte sich allmählich das Putzen der

Kerzen. Die beliebte Theaterfigur des Lichtputzers wandelte sich zum Beleuchter, zum Lampier, zum Lampinisten.

Lithographen übten das älteste Flachdruckverfahren aus, das auf dem Gegensatz von Fett und Wasser beruhte und bei dem als Druckform eine Platte aus Kalkstein diente. Die besten Steine kamen aus der Umgebung von Solnhofen in Bayern, ein Schiefer, der sehr feinporig ist und Wasser und Fett leicht aufnehmen kann. Der 1771 in Prag geborene Schauspieler und Theaterschriftsteller Alois Senefelder entdeckte bei Vervielfältigungsversuchen von Musiknoten, daß eben dieser Solnhofener Schiefer, mit Fettkreide, die aus Wachs, Seife, Hammeltalg und Lampenruß bestand, oder Tusche beschrieben und mit Scheidewasserlösung geätzt, nur an den beschriebenen Stellen Druckfarbe annahm. Seine Erfindung nannte er chemische Druckerei oder Steindruckerei, die in Frankreich seit etwa 1803 Lithographie genannt wurde. Die Lithographiesteine waren fünf bis zwölf Zentimeter dick und konnten durch Abschleifen der Oberfläche wieder zur Aufnahme neuer Zeichnungen hergerichtet werden.

Zunächst wurde der Steindruck nur für nichtkünstlerische Zwecke wie den Text- und Notendruck und bis ins späte 19. Jahrhundert für Reproduktionen angewandt. 1826 gelang Senefelder der Druck farbiger Blätter, die Ölgemälden ähnlich waren, und 1833, kurz vor seinem Tod in München, der Druck auf Stein übertragener Ölgemälde auf Leinwand. Der Musikverleger André aus Offenbach am Main veranlaßte die Verwendung der Lithographie für die Vervielfältigung von bildnerischen Darstellungen und leitete damit die Entwicklung der Künstler-Lithographie ein, die mit der Herausgabe der *Specimens of Polyauthography* 1803 in London begann, denen 1804 in Berlin W. Reuter mit den *Polyautographischen Zeichnungen* folgte.

Lodenweber (auch Lodner, Loderer, Marner) waren ein besonderer Zweig der →Tuchmacher und stellten ein Tuch meist aus grobem, starkem Wollgarn in Leinwand- oder Köperbindung her, das man nach dem Weben walkte und rauhte, um es dicht und haarig zu machen. Loden diente als Stoff für Bekleidung (zum Beispiel für im Freien arbeitende Menschen, die der Witterung ausgesetzt waren, wie Jäger, Hirten, Bauern) sowie zur Herstellung von Decken. Früher war Loden (ahd. *lodo* — grobes Tuch) kein Gewebe, sondern wurde nur durch Filzen erzeugt.

Löher schälten üblicherweise im Mai, wenn der Saft steigt, die Eichenrinde vom stehenden Stamm, die zur Lohegewinnung an die →Lederer geliefert wurde. Lohgerber schätzten am meisten achtzehnjährige Eichen, die nach der Entrindung gefällt und zu Holzkohle verkohlt wurden. Besonders im 18. und 19. Jahrhundert war der Verkauf von Eichenlohe so einträglich, daß allein dieses Geschäft den Waldbau rentabel machte. Zu jener Zeit legten vor allem in Franken, wo die Lederherstellung aufblühte, viele Grundbesitzer Eichenschälwälder an. Die Zunft der Löher und Schuhmacher galt als vornehmste Bruderschaft des Siegerlandes. Die Nachfrage nach Eichenlohe nahm erst ab, als am Ende des 19. Jahrhunderts ausländische Gerbstoffe (Tannin aus Quebrachoholz) importiert wurden.

Lohnkutscher wurden auch Fiaker genannt, obwohl, entrüstet sich der edle Ritter von Coeckelberghe-Dützele 1846 in seinem *Curiositäten- und Memorabilien-Lexicon von Wien,* »mir diese sinnlose Benennung immer schon ein Gräuel war. Wenn man bedenkt, daß Fiaker ein französischer Heiliger ist, der dort ehemals sehr verehrt wurde, und daß gar kein Grund vorhanden ist, eine rohe Volksklasse mit diesem Namen zu bezeichnen. 1680 erhielt zu Paris ein gewisser Sauvage die erste Bewilligung, Lohnwagen zu halten, die er bei dem Hotel St. Fiacre aufstellte, woher in der Folge alle Lohnkutscher den Namen des Heiligen erhielten.«

Lumpensammler (auch Hödel, Hodeler) traten vermutlich in Erscheinung, als Papier durch Verfilzung aus Gewebeabfällen (Lumpen, Hadern, Strazzen) hergestellt wurde. In der Regel waren es arme, invalide, arbeitsunfähige, teils aus Randgruppen stammende Menschen, die diesem Gewerbe nachgingen. Bei den Lumpensammlern, aber auch im Lumpenhandel waren viele Juden vertreten, besonders in der österreichisch-ungarischen Monarchie. In Nürnberg war das Sammeln von Lumpen von Frühzeit an das Vorrecht von Frauen, auch in Wien sind Frauen als Lumpensammlerinnen überliefert, während im allgemeinen der Anteil der Frauen an diesem Gewerbe erst im 19. Jahrhundert wuchs. Das Erscheinungsbild der in ihrem »Reich« herumziehenden Lumpensammler war meist erbärmlich; ihre Gesichter und Hände waren von Dreck und Staub geschwärzt, und ihre abgetragene, zerschlissene Kleidung ähnelte mitunter mehr der zusammengetragenen Lumpenfracht, die sie auf Karren hinter sich herzogen oder von vorgespannten Hunden ziehen ließen. Ihre Tätigkeit wurde lange Zeit als unehrliches Gewerbe diskriminiert, man beschimpfte sie als Haderlumpen und überschüttete sie mit unflätigen Worten, wenn sie beispielsweise ihre stinkenden Hadern irgendwo zum Trocknen ausbreiteten. Sie standen unter den Lumpenreißern an letzter Stelle der Papiermacherhierarchie und gehörten eigentlich gar nicht zum Handwerk, obwohl sie eine so wichtige Tätigkeit ausübten. Denn die ausreichende Versorgung der Papiermühlen mit dem begehrten Rohstoff war durch den stetig steigenden Bedarf an Papier seit der Erfindung des Buchdruckes zu jeder Zeit problematisch, ja es herrschte sogar hin und wieder eine regelrechte Lumpennot.

Zu jeder Papiermühle gehörte damals ein bestimmter Lumpensammelbezirk, der durch die Erteilung eines Lumpensammelprivilegs geschützt wurde. Die Lumpensammler konnten auf eigene Rechnung tätig oder von Lumpenhändlern oder Papiermüllern (→Papiermacher) verpflichtet werden. Vom Konzessionsinhaber des Lumpensammelbezirkes

bekamen sie Berechtigungsscheine, die bei Nachfrage vorzu-
weisen waren. Meist mußten sie noch zusätzlich einen Eid
ablegen, daß sie die Lumpen ordnungsgemäß beim Konzessionsinhaber abliefern und auch nicht betrügerisch handeln
würden. Die Lumpenausfuhr war infolge der ständigen Roh-
stoffknappheit in den meisten Ländern streng verboten, für
den einträglichen Lumpenschmuggel wurden harte Strafen
angedroht. Sogar die Pfarrer forderten in eigenen »Lum-
pen-Predigten« die Gläubigen auf, ihre Lumpen sorgfältig
aufzubewahren und sie nur den befugten Lumpensammlern zu geben.

Häufig wurden die Lumpen nicht bezahlt, sondern gegen
Naturalien wie Bänder, Papier, Nadeln eingetauscht, was sich
aber nachteilig auf die Qualität der Lumpen auswirkte. Also
ging man dazu über, die Bevölkerung durch Bezahlung zur
Abgabe von besseren und mehr Lumpen zu animieren, und
verbot ferner, feine, aber auch grobe, leinene und wollene
Lumpen zu verbrennen oder auf den Mist zu werfen. Allein
die Lumpenqualität entschied darüber, welche Papiersorten
gefertigt werden konnten. Feine Lumpen lieferten feines
Papier. So ergab Batist, Nesseltuch und holländische Lein-
wand Postpapier, schon etwas gröbere Lumpen aus feiner
Leinwand Herrenpapier, mittlere Leinwand und Kattun
Druckpapier, Bauernhemden oder Leinenlumpen mittlerer
Qualität Konzeptpapier; aus groben Leinenhadern wurde
Makulatur- und Packpapier gefertigt, aus wollenen Lumpen
Löschpapier.

Der Umgang mit den alten Hadern und Lumpen war im
höchsten Maße der Gesundheit abträglich. Der bekannte
italienische Arzt Bernardino Ramazzini schreibt in seinem
Handbuch über die Krankheiten der Künstler und Handwerker (De morbis artificum diatribe erschien erstmals 1700 in
Modena) über die Lumpensammler: »... nachgehends aber
werfen sie solche garstige Lumpen in ihren Häusern über
einen großen Haufen zusammen. Man muß sich aber wun-
dern, und ist fast ungläublich, wie garstig es stinket, wenn sie

diese alten Haufen aufreißen und große Säcke davon anfüllen, um diese unsaubere Ware denen Papyrmühlen zuzuführen. Bei dieser Verrichtung nun werden sie mit Husten, Keuchen, Ekel und Schwindel befallen. Denn was kann man sich wohl garstiger, ja, was kann man sich mehr abscheulicheres denken, als einen von allem Unflat zusammen gesammelten Haufen von unsauberen Lumpen der Menschen, Weiber und Leichen ...« Die Lebenserwartung in diesem Beruf war nicht hoch. Der Lumpenstaub und die in den Lumpen enthaltenen Krankheitserreger verursachten oder begünstigten Infektionskrankheiten wie Blattern, Krätze, Rotlauf, Typhus und Cholera. Die häufigste, als Hadernkrankheit bezeichnete Infektion aber war der Milzbrand und insbesondere der Lungenmilzbrand, der mit starkem Hustenreiz, blutigem Auswurf und Atemnot zum raschen Tod führte.

Im vorigen Jahrhundert entdeckte die Dichtkunst das jämmerliche, meist kurze Leben der Lumpensammler und brachte es in romantisierender Form mit Titeln wie *Der Lumpensammler von Paris* oder *Der Abenteurer und die Lumpensammlerin* auf die Bühne. Die Lumpensammler von Paris, *Chiffonniers* genannt, übten allerdings auch den Aufstand, und Heinrich Heine berichtet darüber am 19. April 1832 in der *Augsburger Allgemeinen Zeitung*. Es wütete gerade die Cholera in Paris, und eine *Commission sanitaire* verfügte, daß der Unrat nicht länger auf den Straßen liegenbleiben dürfe, sondern auf Karren verladen zur Stadt hinausgebracht werden müsse. Das brachte die *Chiffonniers,* »die den öffentlichen Schmutz als ihre Domäne betrachten«, so in Wut, daß sie gewalttätig die Reinigungsreform zu hintertreiben suchten, indem sie die neuen Karren zerschlugen und in die Seine warfen.

Lupinenverkäufer boten auf kleineren Märkten oder im Hausierhandel, vor allem in den Mittelmeerländern, die weichhaarigen Samenhülsen der Lupine oder Wolfsbohne an. Gesualdo Bufalino, der sizilianische Romancier, erinnert sich an einen *Luppinaru* in seinem *Museo d'ombre* (1982): »Wenn an den kalten Winterabenden die Familie um das Kohlenbecken versammelt war, alle mit zusammengepreßten Knien und eng aneinander gedrängt, hörte man, wie von der Straße, mit dem Wind vermengt, dieser Ruf hereindrang: ›Lupineddi aruci! Tastatili, su' comu 'a miennula‹ (›Süße Lupinen! Probiert sie, sie schmecken wie Mandeln‹). Ließ der Vater sich vom Betteln der kleinen Kinder überzeugen, so erschien der Lupinenverkäufer in der Türöffnung, in einen alten Mantel gehüllt, am linken Handgelenk eine Laterne, in der Rechten einen vollen Schöpflöffel, bereit, im Tausch mit ein paar Centesimi, auf den hingehaltenen weißen Teller eine Kaskade gelber Lupinen auszugießen.«

Lustfeuerwerker widmeten sich der schönen Kunst der Verschwendung und unterhielten ihr Publikum zu verschiedenen Anlässen wie Geburten, Taufen, Hochzeiten und Krönungen von fürstlichen Persönlichkeiten, Siegen und Friedensschlüssen mit wirbelnden Feuerrädern, rasenden Schwärmern, krachenden Kanonenschlägen, berstenden Lustkugeln, mit Raketen, aus denen plötzlich vielfarbige Bouquets hervorbrachen, und mit gleißenden Schnurfeuern und Kaskaden. Feuerwerke wurden zur Kunstform und zum Höhepunkt der Huldigung an Könige und Fürsten. Nach der *Entrée Royale* (1707) des Artilleriekommandanten von Brest, Amédé François Frézier, gab es keine sinnvollere, geeignetere Form, Gott und sein Abbild auf Erden, den König, zu ehren als durch Licht, Flammen und Wärme. Denn sie symbolisierten die Überwindung der Nacht, den Sieg über Dunkel und Chaos. Festarchitekten ließen riesige Kulissenbauten errichten, Feuerwerkspantomimen wurden aufgeführt, Belagerungen simuliert, Duelle der apokalyptischen Monster Leviathan und Behemoth, die Eroberung des Goldenen Vlieses oder die Geschichte der Zauberin Circe inszeniert, wobei man Tanz, Theater, Parklandschaft und Wasserspiele mit einbezog. Ein

Höhepunkt in dieser Entwicklung war zweifellos die Aufführung der *Feuerwerkmusik* von Georg Friedrich Händel im Jahr 1749 in London, die während eines Feuerwerks zur Feier des im Jahr zuvor erfolgten Friedensschlusses von Aachen gespielt werden sollte. Nach geglückter Generalprobe mußte allerdings die eigentliche Uraufführung abgebrochen werden, weil ein Teil der Feuerwerkskulissen in Brand geraten war.

Die europäische Premiere der Lust-Feuerwerkerei fand vermutlich am Pfingsttag 1379 in Vicenza statt. Es war kurz nach dem Friedensschluß der Scaliger und der Visconti, als eine funkensprühende Rakete in Form einer *colomba,* einer Taube, an einer Schnur vom Turm des bischöflichen Palasts in einen Festbau hinabglitt. Ein Chronist berichtet, die Gläubigen hätten sich, erschüttert von dem »Wunder«, auf ihr Gesicht geworfen und in »fremden Zungen« gesprochen, so wie die Bibel es von der ersten Pfingstgemeinde nach der Einwirkung des *sanctus spiritus* berichtet. Fast alle namhaften Pyrotechniker stammten aus Italien, mit der Hochburg Florenz, und ihre Kunst der raffiniert ausgetüftelten und perfekt ausgeführten Licht- und Lärmeffekte brachte ihnen einträgliche Engagements an ausländischen Höfen. Die Architektenfamilie Galli-Bibiena, die an verschiedenen deutschen Fürstenhöfen tätig war, wurde von Kaiser Leopold I. nach Wien geholt; Giacomo Torelli, einer der wenigen, die das ganze Trickrepertoire der verschwenderischen Festgestaltung genial beherrschten, übersiedelte 1645 nach Paris. Besondere Berühmtheit erlangte die Familie Ruggieri; der Vater Petronio führte den Theaterblitz und den Theaterdonner ein, ließ Schauspieler in Gewändern, die von oben bis unten mit Brandkörpern besteckt waren, zu seinen *feux d'artifice* griechische Mythen aufführen und amüsierte Ludwig XV. Sein Sohn Claude-Fortuné war kaiserlicher Hoffeuerwerker Napoleons, der erstmals 1801 den Bastillesturm pyrotechnisch hochleben ließ und so ziemlich alle Heldentaten des Imperators feurig feierte.

Das Grundgemenge der meisten Feuerwerkskörper bestand aus dem »weiblichen« Salpeter, dem »männlichen« Schwefel und der Holzkohle. Im Laufe der Feuerwerksgeschichte kamen noch Antimonsulfid, Rauschgelb, Arsensulfid und andere Stoffe dazu, die man mit Rohöl, Terpentin und Alkohol ergänzte, um die Verbrennung zu erleichtern.

Die Herstellung von Feuerwerkskörpern und das Abbrennen von Feuerwerken lagen bis zum Ende des 18. Jahrhunderts oft auch in den Händen der militärischen Feuerwerker und Büchsenmeister bzw. der Artillerieoffiziere.

Mandolettikrämer waren eine charakteristische Erscheinung im Wiener Straßenleben der josefinischen Zeit. Sie boten Butterpasteten, Kuchen von Germ, mit Mandeln und Zimt gewürzt, Biskotten und Torten mit dem Kaufruf »Letti! Mandoletti! Bonbiletti!« an. Noch im 18. Jahrhundert war das Zuckerbäckerhandwerk in Wien auf keiner allzu hohen Stufe. Es gab zwar Feinbäcker, die süße Mehlspeisen erzeugten, Oblatenbäcker, Krapfenbäcker und Hohlhipper, doch in der Hauptsache blieb der Lieferant für Süßigkeiten der →Lebzelter. In dieser Situation tauchten fremde Meister der süßen Kunst aus Italien auf, nannten sich Mandolettikrämer (von ital. *mandorlato* = Mandelteig) und brachten neuen Schwung in das Gewerbe. Die Mandolettibäcker waren beliebt, die Geschäfte gingen gut, aber die eingesessenen Zuckerbäcker erklärten sie zur Plage und bekämpften sie mit Verordnungen. Von Johann Pezzl, dem Vorleser und Sekretär von Minister Fürst Kaunitz, Freimaurer und Schriftsteller, erhielten sie 1786 literarische Unterstützung. »Vor sechs Jahren«, ätzte er, »waren ihrer nur zwei bis drei solcher welschen Schleckereitrödler. Heute sind ihrer wohl vierzig, Welsche und Deutsche. Sie rennen allenthalben mit ihren Körben herum, besetzen alle Straßenecken, öffentliche Spaziergänge, Gärten, Schauspielhäuser und überhaupt jeden Platz, wo sie viele Menschen beisammen sehen oder vermuten. Ihre süßen Näschereien sind — wie man behauptet — nicht selten aus verdorbenem Zucker, Mehl und anderen unsauberen Ingredienzen gebacken; sie können also den zarten Magen der Kinder, für welche sie häufig gekauft werden, gefährliche Umstände zuziehen. Unter Ludwig XIV. wurden einst ebenfalls solche Zuckergebäcke öffentlich ausgerufen und auf den Straßen herumgetragen. Der Kanzler L'Hopital verbot es und führte zum Grund in dem Befehl an, daß dadurch Leckerei und Müßiggang begünstigt werden. Man könnte diesen Mandoletti-Handel in Wien aus ähnlichen Gründen und auch aus Sorge für die Gesundheit ganz füglich abstellen oder doch sehr einschränken.«

Mäntler waren die Hersteller und zugleich die Verkäufer von Mänteln und mantelähnlichen Überkleidern, die auch mit altem Gewand handelten.

Märchen- und Geschichtenerzähler, wußte Robert Walsh, der Kaplan der britischen Gesandtschaft zu Konstantinopel, (in einer kurzen *Geschichte Constantinopels* und der Erklärung der Stahlstiche von Thomas Allom, dt. Braunschweig 1841) zu berichten, traten für gewöhnlich im Kaffeehaus auf. »In der Regel hat er einen kleinen Tisch vor sich, hinter dem er entweder steht oder auf dem er sitzt. Seine Ärmel sind aufgestreift, und er hält gewöhnlich ein kleines Stäbchen in der Hand. Wenn er ein Sprichwort erklärt, gibt er erst den Text an und beginnt sodann seine Erzählung. Er stellt Personen von allen Sekten und Nationen vor und ahmt mit wunderbarer Genauigkeit die Sprache aller nach. Vorzüglich geschickt aber ist er in der Nachahmung der Juden, deren unvollkommene Aussprache jeder Sprache, die sie zu sprechen versuchen, ihm einen glücklichen Gegenstand zur Karikatur gibt. So ahmt er die verschiedenen Akzente der mannigfachen Bevölkerung des türkischen Reiches mit einer glücklichen Wahl ihres charakteristischen Ausdruckes nach. Unter den Sprichwörtern, die hier erläutert und dramatisiert werden, sind folgende die häufigsten. ›In einem Wagen, den ein Ochse zieht, kannst Du einen Hasen fangen.‹ ›Wenn Du auch sagst, Honig, Honig, kommt er noch nicht in Deinen Mund.‹ ›Niemand kann zwei Melonen unter einem Arme tragen.‹ ›Wenn Dein Feind auch nicht größer ist als eine Ameise, so halte ihn doch für eben so groß als einen Elefanten.‹ ›Mit einem Tropfen Honig fängt man mehr Fliegen als mit einem Eimer voll Essig.‹ ›Wer nur auf einem geliehenen Pferd reitet, reitet nicht oft.‹ ›Vertraue nicht auf die Weiße eines Turbans.‹ ›Obgleich die Zunge keine Knochen hat, so zerbricht sie doch Manches.‹ In diesen und ähnlichen werden die Folgen des Fleißes, der Beharrlichkeit, der Trägheit, der Vorsicht, der List und anderer sittlichen Eigenschaften auf eine eben so schlagende als unterhaltende Weise dargestellt.« Stundenlang konnte das Volk unter Lachkrämpfen seinem unterhaltenden Vortrag lauschen, der mit einer auffallenden und unerreichbaren Leichtigkeit von Ernst zu Scherz überging.

Marschälle (Marschalk, vom ahd. *marh,* »Mähre, Pferd«, und *scalc,* »Diener«) waren ursprünglich Inhaber eines der vier germanischen Erzämter (→ Kämmerer, → Truchseß, → Schenk) und Aufseher über die Pferde und Reiter. Der spätere königliche Oberstallmeister kommandierte als Erzmarschall die Dienstmannschaft, woraus sich der militärische Feldmarschall entwickelte. Erblicher Inhaber des Erzmarschallamts war der Herzog von Sachsen, der den damit verbundenen Dienst durch den Erbmarschall verrichten ließ, dessen Würde in der Familie der Grafen von Pappenheim erblich war. Nach dem Erbmarschall kam der Untermarschall oder Reichsquartiermeister. Hofmarschall war bis 1918 Titel eines höheren Hofbeamten, der die Aufsicht über Haushaltung und Baulichkeiten sowie das niedere Hofpersonal führte und bei Hoffestlichkeiten die Anordnungen traf.

Melber (auch Melbler) waren Mehlhändler und Mehlverkäufer. »Der Melber lässet sein Mehl und seinen Griesz von dem Müller mahlen, wozu er ihm das benöthigte Getraid verschafft und selbiges, so oft es ihm beliebet, aufzuschütten befiehlet, um ein desto schön- und reineres Mehl zu überkommen, welches er sodann neben dem Griesz wieder zu verkaufen und zu verhandlen pfleget« (Abraham a Sancta Clara, 1711).

Messer- und Klingenschmiede, seit dem Mittelalter Messerer und Klinger genannt, entwickelten sich aus dem Eisenschmiedehandwerk und spezialisierten sich auf die Fertigung von Trutzwaffen und aller Arten von Messern, wobei die Messerer vorzugsweise Dolche, Haumesser (Sachse), Waidmesser, Degen und andere einschneidigen Klingen mit Rücken schmiedeten, die Klingenschmiede hingegen die zweischneidigen Schwertklingen. Unter dem Begriff »Messer« war in früherer Zeit mehr eine einschneidige Hieb- und Stichwaffe gemeint als ein Messer in herkömmlichem Sinn. »Das Messer sei länger als der ›Tegen‹ (der Dolch) und kürzer als das ›Swert‹«, heißt es in Thalhofers Fechtbuch.

Im Mittelalter war der Aberglaube allgemein verbreitet, daß der Klingenschmied einen Zauber in das Schwert schmieden konnte, und deshalb mußte der Geselle, der Meister werden wollte, einen besonderen Eid leisten, keine Hexerei zu treiben. Um die Gefahr des bösen Zaubers zu bannen, ließ der gläubige Ritter seine Klinge erst noch durch den Priester weihen, und im *Parzival* heißt es: »Das Schwert bedarf ein Segenswort«. Die Schwerter der Helden wurden in den Sagen und Heldengedichten verherrlicht und mit Namen belegt. So empfing Roland sein berühmtes Schwert »Durendarte« von der Fee Oziris, mit dem er bei Gavarnie die Rolandsbresche durch die Pyrenäen schlug, und das Schwert des Königs Artus hieß »Excalibur« und kam der Sage nach in den Besitz von Richard Löwenherz.

Zur Herstellung der Schwert- und Säbelklingen wurde im Mittelalter und später eine aus dem Orient stammende komplizierte Technik angewandt, die Gärbung oder Damaszierung hieß. Dazu waren Stäbe von Eisen und Stahl erforderlich, die vor Einführung der wassergetriebenen Reckhämmer im 16. Jahrhundert ausschließlich von Hand bearbeitet wurden. Um die für die Klinge gewünschte Härte, Elastizität und Zähigkeit zu erreichen, schmiedete man das zähe Schmiedeeisen mit dem harten elastischen Stahl lagenweise zusammen, wobei eine Eisenschiene zwischen zwei Stahlschienen gepackt und zusammengeschweißt wurde. Diese Stange reckte man unter dem Hammer auf die doppelte Länge aus, hieb sie mit dem Schrotmeißel in der Mitte auseinander, legte die zwei gleichen Hälften wieder aufeinander und schweißte sie erneut zusammen. Auf diese Weise kam jetzt in der Mitte eine doppelte Lage Stahl aufeinander zu liegen, und diese Doppellage ergab später die Schneide. Nach Ansetzen der Angel wurde die Klinge mit großer Vorsicht und bei wiederholtem Anwärmen ausgeschmiedet. Das Fertigmachen der »schwarzen« Schwert-, Säbel-, Degen-, Dolch- oder Messerklinge geschah nunmehr auf dem Schleifstein, einem rundumlaufenden Sandstein von bis zu zwei Meter Durchmesser. Die Arbeit der Schleifer erforderte großes Feingefühl und war durch den herumwirbelnden Schleifstaub schmutzig und sehr ungesund. War die Klinge geschliffen, folgte das Härten und Anlassen, wozu große Sorgfalt und Erfahrung gehörte, waren doch Härte und Elastizität davon abhängig. In den Zentren der Klingenschmiede wie Solingen, Nürnberg, Regensburg und Steyr entwickelte sich ein eigener Berufsstand, der des Härters, der sich ausschließlich auf diese Arbeit konzentrierte, während anderswo der Schmied seine Klinge selbst härtete. Die erste Härtung erhielt die rotwarme Klinge, indem sie durch angefeuchteten Hammerschlag gezogen und danach in kaltes Wasser oder in eine andere Flüssigkeit (Blut, Urin, Talg) getaucht wurde. Hierauf wurde sie nochmals auf dem rotierenden Stein behutsam abgeschliffen und kam dann, weil sie beim Schleifen einiges an Härte eingebüßt hatte, wieder an den Härter zurück, der sie auf den richtigen Härtegrad anließ. Nun konnte das Glätten und Blankmachen mit einem Brei aus Schmirgel und Öl auf lederbezogenen Holzscheiben und das Polieren folgen, eine Arbeit, die von den Schwertfegern verrichtet wurde. Die Griffe und Gefäße (mit Eselshuf, Quer- und Hinterparierstangen, Bügel, Korb usw.) wurden von den Kreuz- oder Knaufschmieden und Gefäßmachern angefertigt, die Scheiden von den Schwertfegern, und die Reider setzten alles zusammen und machten die Klingen gebrauchsfertig und handelten auch damit.

In Nürnberg wird im Jahre 1285 zum erstenmal ein »Mezzerer« *(cultellator)* Henricus Merndorfer genannt, in Augsburg 1301 ein Christian Mezzerschmit. In Solingen begründeten vermutlich in der Ära Friedrich Barbarossas Waffenschmiede aus Armata (Brescia), Bergamo und der Steiermark die Herstellung von blanken Waffen. Schon ziemlich früh begannen sich aufgrund ihrer Spezialisierung die Klingenschmiede von den Messerern abzugrenzen und die Härter, Schleifer, Schwertfeger und Reider als eigene privilegierte Handwerkszweige zu etablieren.

Die Kunst der Klingenschmiede, Härter und Schleifer stand in hohem Ansehen, und bestimmte Technologien, wie beispielsweise das Härten, wurden als strenges Geheimnis der jeweiligen Bruderschaft gehütet. Deshalb mußten die Zunftgenossen den Verbleibungseid leisten, der ihnen verbot, das Land zu verlassen, und gebot, keinem anderen die Kunst anzuvertrauen als ihren eigenen Söhnen oder nächsten Verwandten, falls keine Söhne das Gewerbe fortsetzen konnten. Diese Verpflichtung galt nicht für Schwertfeger und Reider, deren Technik einfacher war.

Die Herkunft der bis heute erhaltenen Messer und Schwerter läßt sich in vielen Fällen deshalb noch ermitteln, weil in alle Klingen das Beschauzeichen und außerdem das Meisterzeichen (zum Beispiel Wolf, Reichsapfel und Königskopf des berühmten Solinger Schmieds Johannes Wundes) eingeschlagen worden sind. Die Fälschung von Zeichen führte immer wieder zu Streitigkeiten auf den Märkten.

Das Handwerk der Klingenschmiede stagnierte nach Beendigung des Dreißigjährigen Krieges vorerst, jenes der Messerschmiede, die auch Gabeln und Scheren erzeugten, nahm einen großen Aufschwung durch den Fernhandel und die Erschließung neuer Märkte. Erst im 19. Jahrhundert wuchs die Nachfrage nach Blankwaffen für die nationalen Heere wieder.

Messingbrenner gossen in Messinghütten erschmolzenes Kupfer und Zink, dem Holzkohlenstaub zugesetzt wurde, in Steinformen zu Tafeln, die als Ausgangsmaterial für die Blech- und Drahterzeugung sowie für die Gelbgießerei dienten.

Metsieder bereiteten ein weinähnliches Getränk aus Honig, Wasser und Gewürzen (Nelken, Anis) zu, den Met oder Honigwein, der früher in ganz Europa getrunken, im Mittelalter jedoch durch das Bier zurückgedrängt wurde. Auf ein Kilo Honig durften höchstens zwei Liter Wasser zugesetzt werden; man kochte die Mischung, schäumte ab und vergor nach dem Abkühlen mit frischer Hefe. Im germanischen Mythos ist Met der Trank der Götter und Helden in Walhall, ähnlich dem griechischen Nektar. Seine berauschende Wirkung wurde als Übergang göttlicher Kraft auf den Menschen gedeutet.

Mühlenbauer galten als *die* Maschinenbauer der »vorindustriellen« Zeit, sie konstruierten und bauten Wasser- und Kehrräder, Wellbäume, Zahn-, Stock- und Schneckenräder und die damit angetriebenen Arbeitsmaschinen.

Mit der Einführung des Wasserrades (zunächst das unterschlächtige Wasserrad und seit dem 14. Jahrhundert jenes mit oberschlächtiger Wasserführung, wobei die gesamte Wassermenge von oben auf die Schaufeln drückte, was die Leistung verdoppelte) an Flüssen und Bächen im Mittelalter begann ein unaufhaltsamer Prozeß der Mechanisierung von Arbeitsvorgängen. Mühlen mahlten Getreide, Senf und Quarzsand, stampften Textilien für die Papierherstellung und

Schießpulver, walkten Tuche, pochten Erz und Knochen, rührten Farben und Tone, zwirnten Seide, trieben Schmiedehämmer und Blasebälge, zogen Draht, sägten Holz, bohrten Baumstämme, Zylinder sowie Kanonenrohre, bewässerten Wiesen und Felder, pumpten Trinkwasser und Wasser (aus Bergwerken), ja sogar für die Fontänen absolutistischer Lustbarkeit und königlichen Repräsentationsbedürfnisses (Versailles).

Die Umsetzung der vom Schaufelrad ausgehenden horizontalen Drehbewegung in eine Auf- und Abbewegung (für Stampfen und Hammerwerke) besorgten Nocken- und Daumenwellen, die Umwandlung in eine vertikale Drehbewegung wurde durch Zahnrad-Winkelgetriebe gelöst. Unter Stangenkunst verstand man die Übertragung der Wasserradbewegung über ein hin- und hergehendes Gestänge, wodurch eine Verbindung von der Kraftmaschine zur Arbeitsmaschine hergestellt wurde. Die Konstruktion der einzelnen Maschinenteile, ihr wirksames Zusammenspiel, Hubhöhen und die Übersetzung der Geschwindigkeiten durch Auslegung der Raddurchmesser und die Zahl der Zähne erforderten technisches Wissen, praktische Erfahrung und handwerkliche Geschicklichkeit des Mühlenbauers.

Vom 13. bis zum 17. Jahrhundert entwickelte sich der Durchmesser der Wasserräder von einem bis drei Meter auf zehn Meter und mehr bei einer entsprechenden Leistungssteigerung von etwa einer Pferdestärke auf rund zehn. Nach den Schätzungen von Fernand Braudel verfügte Europa im ausgehenden 18. Jahrhundert über 500000 bis 600000 Wassermühlen.

Um das Jahr 1615 wußte der kurfürstlich pfälzische Ingenieur Salomon de Caus die Arbeitsmaschinen in drei Klassen einzuteilen, und zwar in die »*Acrobatica,* dardurch allerhandt Läste erhoben werden, und deren sich Zimmerleuth, Steinmetzen und auch Kauffleuth, wenn sie ihre Wahren auß den Schiffen heben, zu gebrauchen pflegen; *Pneumatica,* dieweil sie ihre Bewegung von der Lufft hat, so entweder durch Wasser oder durch andere Mittel verursacht wird: daher denn die machinae, so zur Zierdte der Grotten und springenden Brunnen dienlich, entspringen, und *Banausica,* deren man sich nicht allein in Bewegung großer Läste, sondern auch zu anderen Sachen dienlich, zu gebrauchen: und hier gehören Wasser und Windtmühlen, Pompen, Pressen, Uhrwerk, Wagen, Schmidtsbälge und andere dergleichen, deren man in gemeinem Leben nicht wohl kann entrathen.« Jacob Leupolds unvollendet gebliebenes *Theatrum machinarum generale,* welches zu Beginn des 18. Jahrhunderts im Druck erschien, klassifizierte die Maschinenteile oder Rüstzeuge in fünf Gruppen *(potentien):* Der Hebel *(vectis),* Seil und Kloben oder Flaschenzug *(trochlea),* Der Haspel nebst Rad und Getriebe *(rota, axis in peritrochio),* Der Keil *(cuneus)* und Die Schraube *(cochlea).* Aus diesen einfachen Rüstzeugen konstruierte man die »zusammengesetzten Maschinen«.

Die wohl gigantischste Wasserkraftanlage der damaligen Zeit wurde 1685 bei Marly an der Seine in Betrieb genommen, die wie kein anderes Werk die Fähigkeiten, aber auch die Grenzen der Mühlenbaukunst aufzeigte. Das Wasser der Seine drehte vierzehn Wasserräder mit je zwölf Meter Durchmesser, die über ein kompliziertes Gestänge insgesamt zweihundertneunundfünfzig Kolbenpumpen antrieben und das Wasser in drei Stufen etwa einhundertdreiundsechzig Meter zum Schloß Marly hinaufpumpten und auch die Fontänen im Schloßpark von Versailles versorgten. Auftraggeber dieser nach Plänen des aus Lüttich stammenden Arnold de Ville gebauten Maschinenanlage war Ludwig XIV. Das Werk verschlang nicht nur immense Summen, auch der Materialverbrauch war enorm. Allein an Eisen wurden 17500 Tonnen, an Blei 900 Tonnen und an Kupfer 850 Tonnen verarbeitet.

Der bedeutende englische Ingenieur William Fairbain, der dank seiner Verbesserungen an Spinnereimaschinen vom Tagelöhner zum Fabrikbesitzer aufstieg und der einige Jahre vor seinem Tod 1874 noch geadelt wurde, nennt den Mühlenbauer jener Zeiten den einzigen Vertreter des Maschinenbaus: »Er war die unübertroffene Autorität, wo immer es galt, Wind und Wasser als Antriebskraft für irgendeinen Betrieb zu benutzen. Er war der Ingenieur des Bezirkes, in dem er lebte, er war eine Art Hansdampf in allen Gassen, der ebensogut an der Drehbank, dem Amboß und der Hobelbank Bescheid wußte«, ja der »sogar Brücken und Kanäle« baute und viele Arten von Arbeit ausübte, »die jetzt der Bauingenieur durchzuführen hat«.

Mit der Weiterentwicklung der Newcomen-Dampfmaschine durch den gebürtigen Schotten und gelernten Feinmechaniker James Watt, der 1769 sein erstes Patent nahm, entstand eine zunächst sehr teure, reparaturanfällige und brennstoffverschlingende Antriebsmaschine, deren Verbreitung in Deutschland eher schleppend vor sich ging. Die kostenlose Wasserkraft als Antriebsquelle wurde noch bis zur Mitte des 19. Jahrhunderts intensiv genützt, und erst dann setzte ein langsamer Prozeß der Verdrängung des Wasserrades ein. Das Wasser als Energieträger wurde von der Kohle, das Holz, der bisher wichtigste Werkstoff für den Maschinenbau, durch das Gußeisen und das schmiedbare Eisen abgelöst, und aus dem Mühlenbauer wurde ein Maschinenbauer.

Musfallskrämer waren Drahtwarenhersteller, die nach ihrem auffälligsten und im ganzen Rheinland bekannten Produkt, nämlich der Mausefalle, so genannt wurden. Die aus Draht gebogenen Fallen waren mit kleinen Falltüren ausgestattet, die zuschnappten, sobald eine Maus, durch Speck und Käse angelockt, in die Falle ging. Berühmt für seine Drahtwaren, die vorwiegend in Heimarbeit erzeugt wurden, war Neroth im Kreis Daun (Eifel), von wo auch die Berufsbezeichnung stammt. Für die Anfertigung von Mausefallen und anderen Drahtartikeln wie Körben, Hängeampeln für Blumentöpfe oder Tortenbodentellern waren nur wenige und einfache Werkzeuge erforderlich; neben Hämmern, Leierbohrern und

Zangen gehörten mit Stahlstiften gespickte Holzklötze, mit deren Hilfe die Drähte gebogen wurden, zum Werkstattinventar.

Mutzenbäcker buken, zum Beispiel 1491 in Frankfurt am Main, die Mutsche oder Mutze, ein zwiebackartiges Feinbrot, das nach einer damaligen Verordnung durch die Beschauer nicht etwa nach dem Gewicht, sondern nach dem Aussehen zu beurteilen war. Es handelte sich also ganz offensichtlich um ein Luxusgebäck, bei dem es vor allem auf die Qualität und auf die Aufmachung ankam.

Nachahmer waren im Orient seit »unvordenklichen« Zeiten zu finden. Friedrich Schrader beruft sich in seinem 1917 in Tübingen erschienenen Buch *Konstantinopel. Vergangenheit und Gegenwart* auf Evlia Tschelebi (Evliya Çelebi), der im 17. Jahrhundert über die alte Türkei so wunderbare Dinge erzählte und wissen wollte, daß schon, als Kain den Abel erschlug, die Menschen sich in zwei Teile geteilt haben, die aus Hohn und Spott einander nachgeahmt haben. »Der alte türkische Reisende«, schreibt Schrader, »muß ein großer Liebhaber der *Muqallids* [so wurden die Unterhalter genannt] gewesen sein. Denn er kann nicht genug Schnurren über sie erzählen. Er führt uns auf den Hof Sultans Bajasid Jildirims und stellt uns den berühmten *Muqallid* Kjör Hassan vor, der den strengen Sultan, der einige Ulemas [höhere Geistlichkeit, Gelehrte] gefangen hielt und nicht freilassen wollte, durch den Scherz zur Nachgiebigkeit bewegte, daß er sich als griechischer Bischof anzog und behauptete, nach dem damals noch nicht eroberten Konstantinopel gehen zu wollen, um christliche Geistliche zu holen, da der Sultan die Ulemas auszurotten beschlossen habe. Dann erzählt der Tschelebi vom *Muqallid* Sultan Murads, dem berühmten Schehbas, der alle Künste verstand und besonders die Kunst der Schattenspiele zu Ansehen brachte. Er verband also die Darstellung des *Muqallid* mit der der Schattenspieler und führte sowohl den arabischen Bettler wie den Arnauten, den Verschwender, den jungen eleganten Herrn, die drei Gentlemen-Räuber und vieles andere vor, alles in allem 300 verschiedene Nachahmungen. In des Tschelebi eigenen Tagen und besonders unter dem kunst- und poesieliebenden Eroberer von Bagdad Sultan Murad IV. stand die Kunst der *Muqallid* sehr in Gunst bei Hofe sowohl wie bei der Bevölkerung. Einige der *Muqallids* gehörten Derwischorden an. Sie waren ungemein witzige Improvisatoren, so daß sie, wie Evlia Tschelebi sagt, bei dem unverwüstlichen Nasreddin Hodscha selbst Unterricht genommen zu haben schienen. Sie besaßen außerdem große Sprachkenntnisse, und einer von ihnen konnte auf dem Podium in siebzehn Sprachen sprechen. Noch unser Aschki Effendi beherrschte das Griechische und das Spaniolische erstaunlich gut. Einige *Muqallids* machen in ihrer Darstellung das Unwahrscheinlichste glaubhaft. So schneidet sich Ssorna Tschelebi, wenn er einen *Tirjaki,* einen ausschweifenden [Opium]Raucher spielt, so stark in die Hand, daß das Blut fließt. Aber der Mann besaß das Geheimnis, das Blut auf wunderbare Weise plötzlich zum Stillstand zu bringen. Ein anderer *Muqallid,* der in Büjükdere wohnte, war groß in der Darstellung von Tierszenen. Er spielte den Hund und die Katze oder den uns alten Peroten [Bewohner Peras, eines Stadtteils von Istanbul] noch erinnerlichen Streit zweier Straßenköter aus verschiedenen Stadtvierteln oder den Streit eines eifersüchtigen Kamels mit seinen Genossen. Er konnte alle die Rufe aller Vögel nachahmen und ihren melancholischen Gesang. ›Es war ein seltsamer merkwürdiger Mann‹, sagt Evlia Tschelebi. ›Aber tief innerlich fromm und gottesfürchtig.‹ Was für Elemente einer künstlerischen höheren Auffassung der Natur und des Menschenlebens lagen nicht in dieser jetzt halbvergessenen alten türkischen Kunstausübung! Leider hat diese vor der europäischen Kultur weichen müssen, so daß sie jetzt nur noch von Leuten aus dem Volke geschätzt wird.«

Nachtwächter gingen wohl aus den kriegerischen Posten hervor, die schon in alter Zeit bekannt und bei den Griechen und Römern *(triumviri nocturni* und *cohortes vigilum)* straff organisiert waren. Im *Hohenlied* (3, 1-3) des Alten Testaments durchstreift die Braut die nächtliche Stadt auf der Suche nach dem Geliebten: »Die Wächter trafen mich an / auf ihrer Runde durch die Stadt.«

Nachtwächter bewachten einzelne Gebäude oder ganze Ortschaften und Städte, und das Abrufen (Singen) der Stunden war vermutlich eine deutsche Einrichtung, um 1600 allgemein verbreitet, wobei auch Hörner, Knarren, Schnarren und dergleichen verwendet wurden. Montaigne fand auf seiner Reise im Jahre 1580 das Rufen der Nachtwächter in den deutschen Städten sehr sonderbar. Die Wächter, sagt er, »gehn Nachts um die Häuser herum, nicht so wohl der Diebe, als vielmehr des Feuers oder andern Gelärms wegen«. Wenn die Uhren schlugen, so mußte einer dem andern aus vollem Halse zurufen und fragen, was die Glocke sei; worauf der andere ebenso laut antwortete und ihm überdies noch eine gute Wache wünschte. »Aus der Nacht verborgnem Schoß / Macht der böse Feind sich los, / Schleicht mit leisen Mörderschritten / Um der Menschenkinder Hütten ... / Böser Feind, hast keine Macht: / Jesus betet, Jesus wacht«, sang ein Nachtwächter von Altensteig in Württemberg um drei Uhr nachts; und der Nachtwächter in Richard Wagners *Meistersingern* beschwört die Geisterfurcht mit den Worten: »Bewahrt euch vor Gespenstern und Spuk / Daß kein böser Geist eur' Seel' beruck!«

Nach 1800 waren die Nachtwächter vielfach mit Pfeifen ausgerüstet, später versahen sie »lautlos« ihren Dienst und wurden um die letzte Jahrhundertwende in den Städten durch Polizisten ersetzt.

Nadler standen in enger Verbindung mit der Drahtherstellung (→Drahtzieher) und fertigten aus Eisen-, Stahl- und Messingdraht einfache Näh- und Stecknadeln zum alltäglichen Gebrauch, gewerbliche Nadeln für zahlreiche andere Handwerke und die sogenannten Nadlerwaren wie Stifte, Haken, Ösen, Hefteln, Stricknadeln, Ketten, Schreibtafelgriffel, Angelhaken, Siebgewebe, Drahtgitter, Vogelbauer, Mausefallen und andere.

Das älteste Produktionszentrum für Näh- und Stecknadeln war Nürnberg, wo das Gewerbe der Nadler im Jahre 1370 bereits zünftig war. Später entwickelten sich in Schwabach in Franken, Aachen und Umgebung und in den sauerländischen Städten Altena und Iserlohn bedeutende Nadlerwerkstätten.

Ursprünglich wurden die Nähnadeln in der Weise hergestellt, daß man mit der Schere ein Stück Draht entsprechend der Länge der Nadel abschnitt, an einem Ende zuspitzte und am anderen Ende platt schlug. In dieses abgeplattete Ende wurde in der Mitte vom äußeren Rand aus ein Spalt eingeschlagen, den man zur Haltung des Fadens vorn wieder zusammenschlug. Diese Art von Nadeln wurden Glufen genannt, ihre Hersteller Glufner oder Glufenmacher. Später wurde es üblich, das Nadelöhr in das abgeplattete Ende zu bohren und es mit einer kleinen spitzen Feile, der Fitzfeile, länglich zu feilen.

Nagelschmiede waren auf die Anfertigung von Nägeln aus zähem Nagel- oder Krauseisen spezialisiert, das von den →Zainschmieden ausgereckt bezogen wurde. Der Nagelschmied bediente sich außer des Handhammers nur einiger einfacher Werkzeuge. Das rotglühende, auf die erforderliche Dicke ausgeschmiedete Nageleisen wurde am Amboß mit dem Nagelhammer zugespitzt und das andere Ende über dem Blockmeißel, der in dem Amboßstock steckte, abgeschlagen. Mit einer Federzange, der Kluft, faßte der Schmied nun den heißen Nagel, steckte ihn mit der Spitze nach unten in das Nageleisen oder in eines der verschiedenen Löcher im Amboß und schmiedete mit wenigen Schlägen den Nagelkopf aus. Ein kräftiger Schlag neben das Nageleisen ließ den fertigen

Nagel aus dem Loch springen. Kleinere Nägel wurden auch durch eine unter dem Nageleisen angebrachte Feder ausgeworfen. Die Blasebälge der Schmiedeherde wurden meist getreten, aber auch durch Treträder, in denen Hunde liefen, bewegt. Als sprichwörtlich galt der Appetit der großen Nagelschmiedhunde.

Die Nägel wurden nach Größe, Gewicht, Form der Köpfe und nach der Verwendung eingeteilt. Es gab kantige und runde Nägel, Nägel mit kleineren und größeren, ganzen und halben, mit glatten, mit pyramidalen, mit konischen, halbkugeligen, sogenannten Champignonköpfen, mit dreieckigen und viereckigen (Hufnägel); ferner Brettnägel, Lattennägel, Schindelnägel, Schiefernägel, Schloß-, Reif- und Bandnägel, Blasbalgnägel, Schlossernägel, Maurernägel, Schuhnägel (Pinnen), Bootsnägel und Tornägel. Die größten Nägel hießen Schleusennägel und waren bis zu fünfundvierzig Zentimeter lang, gefolgt von den Schiffsnägeln mit zwanzig bis fünfundzwanzig Zentimetern. Andere wie die Zwecken *(broquettes)*, welche Tapezierer, Sattler und Stellmacher gebrauchten, waren so klein, daß tausend Stück lediglich einhundertfünfundzwanzig Gramm wogen.

Die Nagler bildeten eine alte Zunft, teilten sich aber relativ früh in Schwarz- und Weißnagelschmiede, von denen die letzteren rostbeständige, verzinnte Nägel zu machen verstanden. Dazu wurden die schwarzen Nägel vorerst mit warmem Essig und Kupferwasser in steinernen Krügen vierundzwanzig Stunden lang gebeizt und anschließend in ein Bad von geschmolzenem Zinn, dem Talg zugesetzt war, getaucht. Nach der Verzinnung wurden sie in heißer Seifenlauge vom Talg befreit und in feinen Sägespänen getrocknet.

Die Schwarz- wie die Weißnagelschmiede hatten eine fünf- bis sechsjährige Lehrzeit, und zum Beweis ihrer Handfertigkeit mußten beispielsweise die Gesellen in Koblenz bei der Meisterprüfung, die drei Tage dauerte, an einem Tag 1500 Nägelchen fertigen, die so klein sein mußten, daß sie in einer Hühnereischale Platz fanden.

Nestler (auch Senkler) stellten Lederschnüre und dünne Riemen, sogenannte Nestel, zum Binden der Schuhe, Hemden, Hosen, Kittel und Mäntel her, aber auch Beutel, die sie im Gegensatz zu den → Beutlern nur aus Lederstreifen anfertigen durften. Ferner waren sie als Lederfärber tätig.

Notenstecher waren → Graveure, die sich auf die Kunst des Notenstichs verstanden, der für die meisten Musiknoten gebräuchlich war. Ausgeführt wurde der Notenstich auf etwa ein Millimeter starken Platten aus Zinn und Blei, auf die zuerst die Notenlinien vertieft gezogen wurden. Nachdem dann der Stecher mit einem stumpfen Stahlzeichenstift alles, was gedruckt werden sollte, »verkehrt« leicht auf die Platte gezeichnet hatte, wurden die Teile von gleichbleibender Form wie Schlüssel, Vorzeichen, Notenköpfe, Pausen, Ziffern und Schrift mit Stahlstempeln in die Platte eingeschlagen. Die veränderlichen Teile wie Stiele, Balken, Bogen und dergleichen wurden mit Sticheln in die Platte gestochen. Die beim Schlagen und Stechen entstandenen Unebenheiten wurden mit einem scharfkantigen dreieckigen Schaber entfernt. So entstand eine Tiefdruckplatte, die auf der Kupferdruckpresse abgezogen wurde, aber nicht zum Druck der Auflage diente. Für diese wurde von der Platte ein Abdruck mit fetthaltiger Wachsfarbe auf chinesischem Papier genommen, der Abdruck wurde durch Umdruck auf den Stein oder eine Zinkplatte übertragen.

Oberstküchenmeister war der höchste Rang innerhalb der Hofküche im österreichischen Kaiserhaus. Ihm unterstand, streng hierarchisch gegliedert, ein ganzes Regiment von Mitarbeitern mit höchst skurrilen Amtstiteln wie Hofwirtschaftsadjunkt, Hoftafeldecker 2. Klasse, Hofsilberputzer oder Hofrechnungsrevident. Das Ende der Skala bildeten die Hofwäschebewahrerinnen, zuständig für die Pflege der 31 700 Tischtücher und Servietten, ferner die Dreckweiber und die

Strapaziermenscher, das heißt Dienstmägde für die grobe Arbeit. Für offizielle »Galadiners«, für »besondere Diners« und für »Serien-Diners«, bei denen bis zu 3000 Personen an der Tafel saßen, wurde in zwölf saalartigen Räumen unter der Burgkapelle der Wiener Hofburg aufgekocht. Nicht selten mußten innerhalb einer Stunde zwölf Gänge auf den Tisch gebracht werden. In einem der Küchensäle wurden nur Fische zubereitet, im zweiten nur Filets von Krammetsvögeln (Wacholderdrosseln) oder Schnepfen, im dritten nur Hirsche und Rehe. Selbst für die beliebte »Oglio«-Suppe — eine spanische Kraftbrühe aus Ochsen- und Kalbfleisch, Hammelkeule, Hasen, Hühnern, Rebhühnern und Gemüse — war eine eigene Abteilung reserviert. An der Stirnseite der Hauptküche stand ein handbetriebener, kolossaler Bratspieß, der bis zu fünfzig Stück Geflügel faßte. Je eine Kochmaschine arbeitete für zweihundert Personen, je ein Guglhupfbecken faßte Teig für fünfzig Kuchen. In den großen Kupfertöpfen sotten jeweils vierzig bis fünfzig Kilogramm Fleisch.

Das Abschiedsdiner, das Oberstküchenmeister Rudolf Munsch am 27. Februar 1919 dem bereits entmachteten Kaiser Karl bereitete, bestand nur noch aus drei Gängen: »Gemüsesuppe, gebackene Gemüseschnitzel, trockene Biskuits«.

Ohrenseifenbläser demonstrierten auf Varietébühnen öffentlich die enorme Leistungsfähigkeit ihrer Luftkanäle im Kopf. Ein gewisser Mister Charles, der sich Erster Ohrenseifenbläser der Welt nannte, konnte mit den Ohren luftballongroße Seifenblasen erzeugen.

Öler (auch Ölmüller, Ölschläger, Ölstampfer) stellten in Ölmühlen durch Auspressen von Pflanzensamen und Früchten einiger Sträucher und Bäume, die vorher zerstampft oder zerquetscht worden waren, verschiedenste Arten von Ölen wie Rüb-, Kohlraps-, Sommerrüben-, Mandel-, Mais-, Buchecker-, Senf-, Lein-, Nuß-, Mohn-, Hanf-, Rizinus-, Traubenkern-, Kürbis-, Sonnenblumen- und Olivenöl (Baumöl) her, mit denen sie auch Handel trieben. In ihrem Angebot waren ferner gelegentlich Unschlitt, Pech und Kerzen. In diesem Gewerbe, das in die früheste Zeit zurückreicht, brachten es immer wieder einzelne Mitglieder zu Reichtum und Wohlstand. In Wien wurde beispielsweise Heinrich der Öler 1350 Bürgerspitalmeister und verheiratete seine Tochter mit dem Bürgermeister Lucas dem Popphinger.

Der Wirkungskreis der Öler berührte sich vielfach mit den verwandten Gewerben der → Schmerbler, → Wachszieher und → Seifensieder.

Öl- und Erdwachsschürfer waren Kleinstunternehmer, die am nördlichen Rand der Karpaten, im einstigen österreichischen Kronland Galizien, seit Mitte des 19. Jahrhunderts nach Erdöl und Erdwachs (eine plastische Masse, die durch Oxydation von Erdöl entsteht und aus der Paraffin destilliert wurde) schürften. Die eigentliche Grab- und Förderarbeit wurde meist von täglich angeworbenen und miserabel bezahlten männlichen und weiblichen Arbeitern (zumeist Juden und ruthenische Bauern) unter entsetzlichen Bedingungen verrichtet. Drohobycz war das Zentrum des »galizischen Pennsylvanien«, im nahegelegenen Dorf Boryslaw befand sich die »galizische Hölle« — eine wahre Kraterlandschaft, mit Tausenden planlos in den Boden getriebenen engen Schächten, in denen sich das Rohöl am Grund sammelte, das dann wie aus einem Brunnen mit Kübeln über eine Haspel herausgeschöpft wurde. Ganz ähnlich waren die Erdwachsgruben angelegt, nur daß hier ein »Häuer«, mit einem Bein im Kübel stehend, in die Tiefe hinuntergelassen wurde, um das Erdwachs von den Schachtwänden abzustechen. Ein Augenzeuge, der Bergingenieur Wilhelm Jicinsky, beschrieb in der Österreichischen Zeitschrift für Berg- und Hüttenwesen vom Jahre 1865 die Zustände: »Man sieht ein zweites Kalifornien vor sich, ein reges Leben, wovon man ungesehen keinen Begriff hat. Es steht Haspel an Haspel, Mann an Mann, dazwischen sich drängende Käufer des eben geförderten Naphthas und Wachses, ein Schreien und Lärmen wie auf einem Jahrmarkte. Da sieht man das Faustrecht ausüben an einem unberufenen Störenfried, dort wird ein Naphthadieb verfolgt, hier kratzen Weiber mit ihren Händen aus dem Haldengestein die weggeworfenen Bergwachsabfälle, um selbe zu sammeln und noch zu verwerten.« Auf den winzigen Schachtterrains war oft kein Platz mehr für den Aushub zu finden, und so kam es nicht selten vor, daß man den unbewachten Schacht seines Nachbarn in der Nacht einfach mit den ausgehobenen Erdmassen zuschüttete, was stets zu wilden Kämpfen führte. Die Schächte selbst waren in einem elenden Zustand, und es verging in jener Zeit selten ein Tag, an dem sich nicht ein oder mehrere Unglücksfälle ereigneten. Alte, aufgelassene und unbedeckte Schächte wurden zur tödlichen Falle, herabstürzende Gesteinsmassen begruben die Menschen unter sich, giftige Grubengase führten zu Erstikkungen oder explodierten. Gänse sollten vor diesen Gasen warnen; überlebten sie die Schachtfahrt bis zur Sohle und zurück, schien die Gefahr vorerst gebannt.

Begonnen hat das Ölfieber in Galizien, das ein Heer von Glücksrittern und Spekulanten aus allen Winkeln des Landes anlockte, mit dem Wunsch, das sich hier schon seit jeher in Bodenvertiefungen ansammelnde Erdöl besser zu destillieren und als Lampenöl zu nutzen. Ein findiger Apothekerprovisor in Lemberg, ein gewisser Ignacy Lukasiewicz, fand 1852 eine Methode, aus Erdöl Petroleum zu gewinnen. Nach seinen Anweisungen baute der Schlosser Bratkowski die erste Petroleumlampe, mit der Lukasiewicz das Schaufenster seiner Apotheke illuminierte. Bereits 1855 wurde im Lemberger Landesspital die erste Operation bei Petroleumlicht durchgeführt, und drei Jahre später entschloß man sich in Wien, den Nordbahnhof mit Petroleum aus Drohobycz zu beleuchten.

Jahrzehnte später hatten sich Großbanken im Ölgeschäft breitgemacht, und die kleinen Gruben und Raffinerien waren zu internationalen Konzernen mit klingenden Namen verschmolzen worden (um die Jahrhundertwende lag Galizien in der Welterdölproduktion hinter den Vereinigten Staaten, Rußland und Niederländisch-Indien an vierter Stelle). »Aus dem unerträglichen Wechsel von Hoffnung und Mutlosigkeit befreite den kleinen Grubenbesitzer erst die mächtige Hand des großen und der ›Gesellschaften‹. Sie konnten viele Terrains auf einmal kaufen und mit der relativen Gelassenheit, die eine männliche Tugend des Reichtums ist, die Launen des unterirdischen Elements belauern. Zwischen diesen Mächtigen, denen die Geduld gar nichts kostete und die schnell Millionen säen konnten, um langsam Milliarden zu ernten, schoben sich die mittelgroßen Terrain- und anderen Spekulanten, mit dem mittelmäßigen Kredit und der mittelmäßigen Risikotapferkeit, und verringerten noch die Chancen des kleinen Abenteurers«, berichtet Joseph Roth am 29. Juni 1928 in der *Frankfurter Zeitung* über die mittlerweile polnischen Erdölquellen in und um Boryslaw.

Panzerschmiede (auch Brünner, Sarburher, Sarwürcher, Sarworchte) waren Kaltschmiede und verfertigten zum Schutz des Körpers gegen Verwundungen den Ringelpanzer, der aus einer großen Anzahl miteinander verflochtener oder vernieteter Eisenringe in mühseliger Handarbeit hergestellt wurde. Die Maschenrüstung bestand aus dem Panzerhemd (Brünne, Brunnika, Haubert), den Rüsthosen und der Ringel- oder Kettenkapuze (Camail, Helmbrünne), die den Kopf schützte und meist am Panzerhemd befestigt war. Neben den Ringelpanzern trug man als Schutzausrüstung bis ins 12. Jahrhundert auch noch den viel älteren Schuppenpanzer, der aus metallenen oder hörnernen Schindeln und Rauten bestand, die, ähnlich den Ziegeln auf dem Dach, auf derbe Wämse und Lederkoller aufgenäht oder aufgenietet waren.

An der Wende vom 14. zum 15. Jahrhundert wurden die Panzerer durch den Übergang zu Plattenharnischen von den

→Plattnern verdrängt und mußten sich auf die Produktion anderer Artikel wie Pferdegebisse, Steigbügel und Kleineisenwaren verlegen.

Papiermacher (auch Papierer) und das Produkt ihrer Mühsal standen auffallend oft im Mittelpunkt literarischer Äußerungen. Die erste bekanntere Betrachtung zum Papier findet sich schon in Polydorus Vergilius' Werk *De rerum inventoribus*, über die Erfinder der Dinge, das 1537 in x-ter Auflage in Augsburg erschien. Hans Sachs reimte über den »Papyrer« in Jost Ammans Ständebuch (1568), und Jahre später erschien das Werk *Julius Caesar redivivus* des Dichters Nikodemus Frischlin, in dem der Humanist Eobanus den zum Leben erweckten Cicero über die Fortschritte in der Papierherstellung aufklärt. Fast zur selben Zeit übte sich in England Thomas Churchyard in unerschütterlicher Technikzuversicht, pries das Papier und lobte den Deutschen Johann Spielmann, der mithalf, es zu produzieren, in einem überladenen Gedicht: »Sechshundert Mann gibt er durch Arbeit täglich Brot, / Die heimatlos wohl sonst und auch des Hungers wären, / Jetzt leben sie geordnet und leiden keine Not, / Und rühmen sich voll Stolz, sich von Papier zu nähren. [. . .] Die Mühle wehrt der Not, dem Reichen tut's nicht weh, / Erfindung und Gewinn stehn beid' auf gleicher Höh'. / Ist auch die Arbeit schwer, sie lohnt die Müh', denn seht: / Ein altes Handwerk jetzt aufs neue uns ersteht! [. . .] Es muß, so wie's Papier durch eine Mühle geht, / der Mensch sich mühn, daß er den heißen Kampf besteht.« Bei Grimmelshausen (*Der abenteuerliche Simplicissimus,* Schluß des 11. Kapitels) beginnt das Papier (»ein Oktav von einem Bogen«) sogar zum Helden zu sprechen, als dieser es nach dem Stuhlgang beschmutzen will: »Ach!, so muß ich denn nun auch für meine treu geleisteten Dienste und lange Zeit überstandenen vielfältigen Peinigungen, zugenötigten Gefahren, Arbeiten, Ängste, Elend und Jammer, nun erst den allgemeinen Dank der ungetreuen Welt erfahren und einnehmen? ach warum hat mich nit gleich in meiner Jugend ein Fink oder Goll [Gimpel, Dompfaff] aufgefressen, und alsobald Dreck aus mir gemacht, so hätte ich doch meiner Mutter der Erden gleich wiederum dienen, und durch meine angeborne Feistigkeit ihro ein liebliches Waldblümlein oder Kräutlein hervorbringen helfen können, ehe daß ich einem solchen Landfahrer den Hintern hätt wischen, und meinen endlichen Untergang im Scheißhaus nehmen müssen.« 1689 erschien in Nürnberg der *Curiöse Spiegel* des Elias Porzelius, in dem er »Das wohlausgesonnene Pappiermachen« in einem Dialog zwischen Meister und Gesellen behandelt, und auch der bekannte Wiener Prediger Abraham a Santa Clara hat sich mehrmals in seinen derben Sprüchen über das Papier geäußert. Am Ende des 18. Jahrhunderts erschien ein hymnisches Lehrgedicht in Hexametern eines Turiner Gelehrten namens Johannis Bernardi Vigi, und von Johann Wolfgang von Goethe ist bekannt, daß er von der Papiermacherei sehr angetan war. Als junger Mann soll er die Papiermühle in Stützerbach im Thüringer Wald besucht und sich eifrig an der Bütte versucht haben. In der Biographie des Malers Philipp Hakkert schildert er jedenfalls recht versiert die neapolitanische Papiermühle des Don Stefano Merola. Ganz anders eine Miszelle von Benjamin Franklin, die den Titel *Papier* trägt und in der menschliche Eigenschaften mit Papiersorten verglichen werden. Der Habgierige wird zum »Packpapier«, der Verschwender zum »Pariser Assignat«, die Dichter werden samt ihren Werken zur »Makulatur«, das unschuldige Mädchen ist ihm das »weiße Papier«, der große Geist das »Royalpapier«, und die Handwerker, Bedienten und Tagelöhner sind »Conceptpapier, von wohlfeilern Preis, weniger geschätzt, im jeden Nothfall bey der Hand, und zugänglich für jede Feder«. Auch Heinrich Heine bediente sich der Papiersorten, um Schreibstile zu charakterisieren: »Warum hat Kant seine ›Kritik der reinen Vernunft‹ in einem so grauen, trocknen Packpapierstil geschrieben?« fragt er in

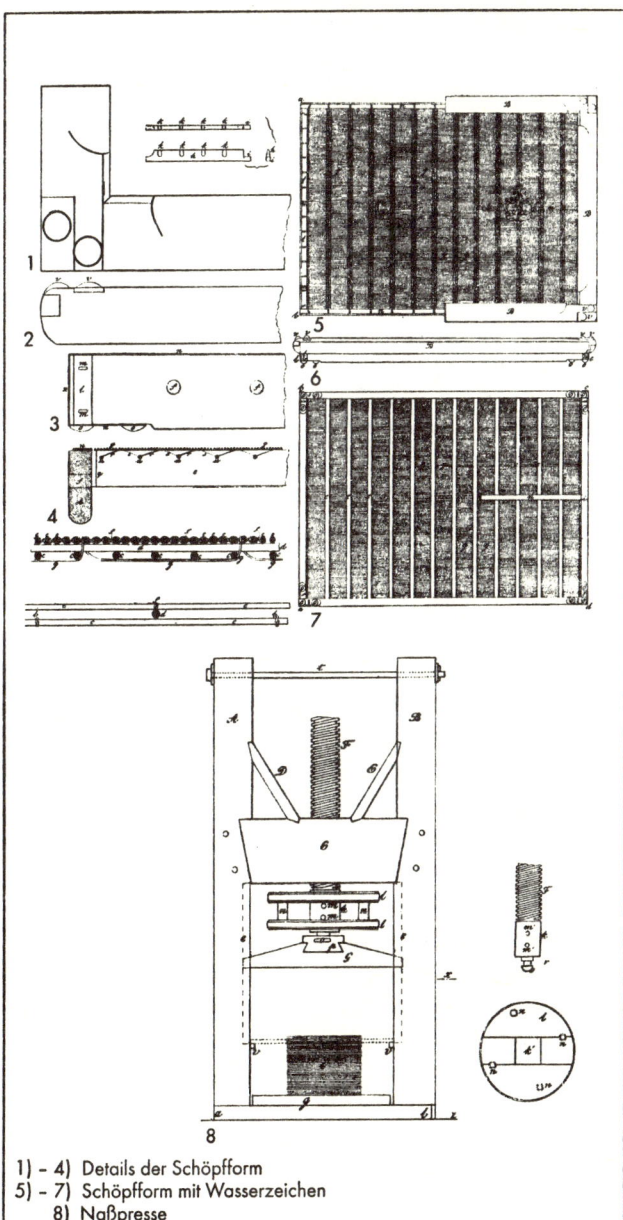

1) – 4) Details der Schöpfform
5) – 7) Schöpfform mit Wasserzeichen
   8) Naßpresse

dem Text *Zur Geschichte der Religion und Philosophie in Deutschland*, und in der Denkschrift über Ludwig Börne spricht er vom »sauren fließpapierenen Deutsch« und vom »velinschönen Englisch«. Annette von Droste-Hülshoff gibt in ihrer Schilderung der Grafschaft Mark einen Einblick in die dortigen Papiermühlen, und Honoré de Balzac weist in seiner Geschichte *Die Leiden des Erfinders* auf die Rohstoffproblematik in der Papiermacherei hin. Sozialkritisches klingt bei Wilhelm Raabe in *Pfisters Mühle* an, und so manche Äußerungen von Heinrich Manns herrischem papierherstellendem »Untertan« Diedrich Heßling könnten einem Fachblatt für Papierfabrikation entnommen sein. Und um Liebe und Karriere in einer Papiermanufaktur geht es schließlich in dem 1890 entstandenen Bühnenstück *Die Haubenlerche* von Ernst von Wildenbruch, wo es im Text an einer Stelle heißt: »Das ist eine schöpferische Tätigkeit, und darum nennt man den Büttgesellen einen Schöpfer, und auf dem Titel da bild' ick mir was ein, das ist ein schöner Titel.«

Die Erfindung des durch Verfilzung feinster Fasern hergestellten Schreibblatts stammt vermutlich von den Chinesen und wurde durch die Araber nach Vorderasien und ins Abendland gebracht. Der chinesische Hofbeamte Tsai Lun soll 105 nach Christus das Papier erfunden haben, doch weisen neuere archäologische Funde nach, daß es bereits um 100 vor Christus pflanzliche Papiere in China gegeben hat. Es scheint auch unwahrscheinlich, daß eine »Volkstechnologie«, die sich meist allmählich entwickelt, von einem einzelnen Menschen zu einem bestimmten Zeitpunkt entdeckt worden sein soll. Im 12. Jahrhundert wurde die Kunst dann von Spanien aus über Europa verbreitet. Erste schriftlich belegte Produktionsstätten in Europa sind Xativa bei Valencia (1074), Genua (Anfang 13. Jahrhundert) und Fabriano in der italienischen Mark Ancona (erste Hälfte 13. Jahrhundert). In Fabriano wurden auch entscheidende Produktionsverbesserungen initiiert, die dann in ganz Europa aufgegriffen wurden. So setzte man wassergetriebene Lumpenstampfwerke zur Rohstoffaufbereitung ein, und anstelle der flexiblen Siebe aus Bambus, Schilf oder Gras benützte man starre Drahtsiebe, die eine schnellere Schöpffolge ermöglichten und einen arbeitsteiligen Prozeß einleiteten. Die Papierbögen wurden auch nicht mehr vegetabilisch geleimt, sondern mit tierischem Leim behandelt. Durch die zunehmend besser werdende Qualität des Papiers verlor im Verlauf des 14. Jahrhunderts das Pergament (→Pergamentmacher) weitgehend an Bedeutung und wurde nur noch für Urkunden, Chroniken, bibliophile Bucheinbände und dergleichen verwendet.

In Deutschland gründete Ulman Stromer, ein Kaufmann, der in der Lombardei mit der Technik der Papiermacherei in Berührung gekommen war, 1390 die erste Papiermühle an der Pegnitz vor den Toren Nürnbergs. Weitere Gründungen folgten (Ravensburg, Augsburg), um die Einfuhr italienischen Papiers zu drosseln. Sehr begünstigt wurde die Papierherstellung in der Renaissance durch die Erfindung der Buchdruckerkunst und durch die anschwellende literarische Produktion (Streitschriften) der Reformationszeit. Die Ausübung des »neptunischen Gewerbes«, wie Armin Renker die Papierherstellung nennt, war abhängig vom Wasser, sowohl quantitativ als auch qualitativ. Eine häufig erwähnte Zahl nennt den Bedarf von 1000 bis 1500 Liter reinen Wassers für die Herstellung von einem Kilogramm Papier. Wo die Bedingungen günstig waren, entstanden ausgesprochene Papiermacherreviere (Sachsen, die niederländische Veluwe, die Nürnberger Gegend), und an manchen Flüssen (Strunde, Ruhr) reihte sich eine Papiermühle an die andere. Das führte natürlich nach und nach zu einer dramatischen Verschlechterung der Wasserqualität, gegen die sich die Bürger vielerorts zur Wehr setzten. Mit dem Wortlaut »Aber die Papiermüller haben aus ihren Stampfen den ganzen Unflat der Lumpen in den Bach laufen lassen, mit dessen Wasser fünf Dörfer ihr Bier braueten, und viel jahrsüber gewonnene Eymer Bier erhielten deswegen den Namen Lumpenbier, das verachtet und nicht mehr gekauft wurde, was zu peinlichen Beschwerden und schließlich Schluß der Papiermühle führte« wurde beispielsweise 1673 in Thüringen gegen die Wiederinbetriebnahme einer Mühle protestiert.

Die Produktion verlagerte sich immer mehr auf das platte Land, und recht oft wurden Papiermacher, neben verlegten Betrieben und Manufakturen, selbst zu Mühlenbesitzern. Zu jeder Papiermühle gehörte damals ein bestimmter Lumpensammelbezirk, in dem der begehrte Rohstoff von den →Lumpensammlern zusammengetragen und an die Mühle abgeliefert wurde. Die Lumpen, Hadern oder Strazzen wurden auf dem Lumpenboden von Frauen und Kindern zunächst sortiert, zerrissen und zerschnitten sowie vom gröbsten Schmutz befreit, eine langweilige, ekelerregende und ungesunde Arbeit, bei der viel Staub und Schmutz entstand. Die unterschiedlichen Textilien ergaben natürlich auch unterschiedliche Papiersorten. Weißes Leinen lieferte gutes Schreibpapier, hingegen konnten grobe, dunkle Stoffe nur für Packpapier verwendet werden.

Die sortierten und zerkleinerten Lumpen wurden nun einige Tage lang angefault und anschließend im Stampfgeschirr mit viel Wasser und Zusätzen von Kalk in ihre feinsten Bestandteile getrennt und zu »Halbzeug« zerstampft. Den gewonnenen Faserbrei lagerte man einige Tage in Zeugkästen, um ihn dann weiter zu »Ganzzeug« zu zerstoßen. Ende des 17. Jahrhunderts wurde in Holland ein Mahlwerk erfunden, das als »holländisches Geschirr« oder »Holländer« Verbreitung fand und das alte Stampfgeschirr bald verdrängte. Auch wassergetriebene Lumpenschneider und Lumpenwaschmaschinen kamen mehr und mehr in Gebrauch.

Der wichtigste Gegenstand im Schöpfraum war die Bütte, ursprünglich ein großes Faß, in die der Ganzzeug zusammen mit Wasser geschüttet und durch einen Rührapparat fortwährend in Bewegung gehalten wurde. Die Bütte war beheizbar, damit sich Zeug und Wasser besser vermischen konnten. Die an der Bütte Hand in Hand arbeitenden Büttgesellen hießen Schöpfer, Gautscher und Leger. Der Schöpfer tauchte die Schöpfform mit beiden Händen in den Faserbrei, schöpfte sie beim Hochheben voll und schüttelte sie hin und her, damit sich der Faserstoff auf dem Sieb (in der Form und Größe eines Papierbogens) gleichmäßig verteilen und das überschüssige Wasser ablaufen konnte. Dabei überprüfte er den geschöpften Bogen auf Knoten, Unebenheiten und Unreinheiten. Anschließend gab er die Siebform an den Gautscher weiter, der sie auf ein Stück Filz umstülpte, auf dem bei behutsamer Abnahme der Form das Papier unversehrt liegenblieb. War durch abwechselndes Übereinanderschichten von Filz und Papier ein Stoß (Pauscht) von 181 Bogen erreicht, kam dieser unter die Naßpresse. Zum Drehen der großen Spindel der Presse, das einen hohen Kraftaufwand erforderte, mußten immer mehrere Arbeiter zusammengerufen werden. Später setzte man die Wasserkraft zum Antrieb der Pressen ein, wobei die Kraftübertragung auf die Spindel entweder über einen Seilzug oder über ein hölzernes Zahnradgetriebe erfolgte. Den entwässerten Stoß übernahm nun der Leger, der die Papierbogen von den Filzen trennte und sie auf dem sogenannten Legestuhl ausbreitete. Meist unterwarf man die Bogen (im weißen Pauscht, also ohne Filze) einer zweiten Pressung und übergab sie danach den Frauen in den Trockenräumen, die sie zum Trocknen aufhängten.

Durch Aufnähen von Draht in Form von Zeichen (Firmen, Zahlen, Figuren) auf die Schöpfform entstanden im Papier dünnere, durchscheinende Stellen, die Wasserzeichen. Zur Verwendung als Schreibpapier mußte das Fließpapier geleimt werden, indem man die Bogen bündelweise in eine Leimbrühe tauchte, auspreßte und trocknete. Nun konnten die »Saalarbeiten« beginnen: Die Glätter glätteten das Papier von Hand mit einem Glättstein, die Stampfer später mit Hilfe von Glätthämmern (Schlagstampfen). Die Ausschießerinnen hielten die Bogen einzeln gegen das Licht und sortierten die fehlerhaften aus. Die Zählerinnen kontrollierten die Ausschießerinnen, zählten und legten die verschiedenen Sorten zu Büchern à fünfundzwanzig Bogen zusammen, die sie an den Saalgesellen oder den Saalmeister zum Verpacken weitergaben. Als Papiermaße galten das Ries, das 480 Bogen Schreibpapier und fünfhundert Bogen Druckpapier zählte, und der Ballen, der zehn Riese enthielt.

Die Papiermacher waren nicht zünftig organisiert, wohl aber in manchen Städten in anderen Zünften inkorporiert und befolgten üblicherweise gewisse Vorschriften und Regeln. Wie in vielen zünftigen Handwerken wurden die Meistersöhne bevorzugt. Sie mußten nur drei Jahre lernen, während die übliche Lehrzeit vier Jahre betrug, und waren teilweise vom Wanderzwang befreit. Das Ende der Lehrzeit wurde mit einem »Lehrbraten« gefeiert, den die Lehrlinge allerdings selbst bezahlen mußten und der recht oft zur Abhängigkeit führte, weil sie das Geld nicht besaßen und es vom Meister leihen mußten. Nach dem teuren Schmausen war es üblich, daß der Lehrling noch vierzehn Tage auf der Mühle weiterarbeitete und dann erst den Bechertrunk, das »ehrliche Geschenk«, sowie das Lehrzeugnis erhielt. Nun konnte er, wenn er nicht den Lehrbraten abzuarbeiten hatte, auf Wanderschaft gehen.

Die Arbeit in den Papiermühlen war gekennzeichnet durch einen erschöpfenden Zwölf- bis Fünfzehnstundentag, der schon um zwei Uhr morgens beginnen konnte und von ewiger Nässe (an den Bütten), Luftzug, Staub, Hitze, Gestank (in den Leimküchen) und Lärm begleitet war. Diese Bedingungen führten zwangsläufig zu einer Menge Berufskrankheiten. »Die schöne Waldlandschaft täuschte nicht über die gesundheitlichen Mißstände hinweg. Immer wieder fand ich in den Kirchenbüchern den Tod noch sehr junger Papiermacher verzeichnet, und oft stand als Todesursache *Auszehrung* dabei«, konstatierte der Papierhistoriker Heinrich Kühne über sächsische Papiermühlen. »Auszehrung« nannte man die Lungenschwindsucht, die schlechthin die Krankheit der armen Leute war. Dazu kamen Taubheit, hervorgerufen durch den Lärm der Stampfgeschirre, rheumatische Erkrankungen durch Nässe, Zugluft und rasches Arbeitstempo und der nicht grundlos als »Hadernkrankheit« bezeichnete, todbringende Milzbrand, der vom Staub der Lumpen ausging und besonders die mit der Lumpenzurichtung beschäftigten Frauen und Kinder bedrohte.

Die wesentlichste Umgestaltung erfuhr die Papierherstellung durch die Erfindung der Papiermaschine. Louis Robert in Essonne bei Paris erhielt 1799 ein Patent auf eine Schüttelmaschine, die das handwerkliche Schöpfen mechanisierte und erstmals eine fortlaufende Papierbahn produzierte.

Parfümmacher (auch Profumierer, Parfümeure) beschäftigten sich mit der Herstellung wohlriechender Parfüms (von lat. *per fumare* = »durchduften, -dampfen, -rauchen«) aus meist natürlichen Riechstoffen, die dem Pflanzen- und Tierreich entstammten. Als Beispiel für das Angebot eines Parfümeurs des Ancien régime möge hier jenes des Maitre Baldini auf dem Pont au Change aus Patrick Süskinds *Das Parfum* dienen, das »von Essencen absolues, Blütenölen, Tinkturen, Auszügen, Sekreten, Balsamen, Harzen und sonstigen Drogen in trockener, flüssiger oder wachsartiger Form, über diverse Pomaden, Pasten, Puder, Seifen, Cremes, Sachets, Bandolinen, Brillantinen, Bartwichsen, Warzentropfen und Schönheitspflästerchen bis hin zu Badewässern, Lotionen, Riechsalzen, Toilettenessigen und einer Unzahl echter Parfums« reichte. Ferner offerierte er auch »Potpourris und Schalen für Blütenblätter, Weihrauchbehälter aus Messing, Flakons und Tiegelchen aus Kristall mit geschliffenen Stöpseln aus Bernstein, riechende Handschuhe, Taschentücher, mit Muskatblüte gefüllte Nähnadelkissen und moschusbedampfte Tapeten, die ein Zimmer länger als einhundert Jahre mit Duft erfüllen konnten«.

Pflanzliche Duftspender, aus denen ätherische Öle (durch Pressung oder Destillation), Concrètes (durch Extraktion — Auszug — mit flüchtigen Lösungsmitteln) und Absolues (durch Extraktion von Concrètes mit Alkohol) gewonnen wurden, waren Blüten, Blätter, Stengel, Früchte, Schoten, Beeren, Fruchtschalen, Samen, Wurzeln, Hölzer, Rinden, Kräuter, Nadeln, Zweige, Harze und Flechten. Als sogenannte Parfümpflanzen begehrt waren — und sind teilweise noch — die Familie der Ruchgräser (Palmarosa-, Lemongras- und Zitronellöl), das Agavengewächs Tuberose (deren Blüten vor Sonnenaufgang gepflückt werden mußten), die Schwertlilie (Iris- oder Veilchenwurzelöl), der Nelkenbaum (Nelkenöl aus den getrockneten Blütenknospen und den Blättern), der Amberbaum (Storaxbalsam aus der Rinde), das Moos, das auf Stämmen und Ästen von Eichen, Fichten und Kiefern wächst (durch Extraktion wurde das Resinoid gewonnen und daraus das Absolue), der Ylang-Ylangbaum (Ylang-Ylangöl), der Zimtstrauch (Zimtblätter- und Zimtrindenöl), die Pelargonie (Geraniumöl), die Rosengewächse (Rosenöl aus handgepflückten Blütenblättern), der Cassie-Strauch, der Bergamottbaum (das Bergamottöl, aus den grünen Fruchtschalen gepreßt, galt als wichtiger Duftbaustein für *Eau de Cologne*), der Bitterorangenbaum (Neroliöl aus den Blüten, Petitgrainöl aus den unreifen kleinen Früchten, den Blättern und Zweigen), der Patschulistrauch (Patschuliöl), die Myrte, der Jasmin, der Lavendel, der Rosmarin, der Thymian, Limetten und Mandarinen und viele andere. Zahlreiche dieser Pflanzen wurden und werden feldmäßig angebaut (wenn in Europa, dann vor allem in Südfrankreich und Italien), denn der Bedarf war und ist mitunter recht beträchtlich. So sind beispielsweise etwa dreitausendfünfhundert Kilogramm Rosenblüten für ein Kilogramm Rosenöl erforderlich, für die gleiche Menge Lemongrasöl mußte man zweihundert Kilogramm Lemongras destillieren, und etwa tausend Kilogramm Veilchenblätter ergaben nicht mehr als dreißig Gramm ätherisches Blütenöl.

Die Parfümeure bedienten sich recht oft auch an sich übelriechender animalischer Ausscheidungen, aus denen sie ihre Düfte komponierten: die aus dem Darm des Pottwals abgestoßene Ambra, der man aphrodisische Kräfte zuschrieb; das Geschlechtssekret des kanadischen und sibirischen Bibers, Castoreum oder »Bibergeil« genannt, und jenes des asiatischen Moschushirsches (man muß an die hundertvierzig Tiere töten, um ein Kilo Moschus zu erhalten); schließlich das Markierungssekret der männlichen und weiblichen Zibetkatze, die in Indien, Indonesien und Afrika heimisch ist. Diese vier Riechstoffe — Amber, Castoreum, Moschus und Zibet —, denen man, ehe sie weitgehend durch synthetische ersetzt werden konnten, fast bis zur Ausrottung der Tiere nachjagte, waren für Parfüms als Fixativ unentbehrlich, wenn es galt, den natürlichen Prozeß des »flüchtigen Eindrucks« zu verzögern. Durch sie blieb der Duft »haften«. Parfümeure sprachen von der »sinnlichen Wärme des Tierkörpers«, vom »erregenden Atem der Brunft« und der »lastenden Süße eines schwer erklärbaren Charakters«.

Der Geruch besitzt eine große Zahl von Qualitäten, die sich schwer begrifflich ordnen und noch schwerer beschreiben lassen. Aus Hagers *Handbuch der pharmazeutischen Praxis* (vollständige 4. Neuausgabe 1980) erfahren wir einige Klassifikationen, wie jene von John Amoore, der sieben Grundgerüche unterscheidet: die kampferartigen, die moschusartigen, die blumigen, die pfefferminzartigen, die ätherischen, die stechenden und die fauligen, während Crocker und Henderson von nur vier ausgehen: blumig, sauer, brenzlig und ranzig. Claude Lévi-Strauss berichtet von den südamerikanischen Suya-Indianern, die auch auf die Menschen, je nach Geschlecht, Alter und politischer Funktion, eine Klassifikation nach Gerüchen anwenden, die sie in vier Kategorien einteilt. »Der englischsprachige Forscher gibt sie durch *strong or gamey, pungent, bland* und *rotten* wieder, das heißt auf Deutsch annäherungsweise: ›stark oder wildbretartig‹, ›scharf oder pikant‹, ›mild‹ und ›faulig‹. Diese Klassen von Gerüchen korrespondieren nicht so sehr sinnlich wahrnehmbaren Kategorien als vielmehr geistig-moralischen Werten (sprechen wir nicht heute noch, nahezu immer im figurativen Sinne, vom ›Geruch der Heiligkeit‹, und sagen wir nicht bei drohender Gefahr: ›*Ça sent mauvais*‹ [das riecht faul]?).«

Das menschliche Riechfeld, in der Nasenhöhle liegend und ausgestattet mit schätzungsweise 1,5 Millionen Riechzellen, ist in der Lage, zahlreiche Geruchsqualitäten zu unterscheiden. Freilich, alle Gerüche, ob gute oder schlechte, würzige oder krautige, saure oder bittere, lösen im Gehirn Vorstellungen und Empfindungen aus. »Es gibt eine Überzeugungskraft des Duftes«, heißt es bei Süskind, »die stärker ist als Worte, Augenschein, Gefühl und Wille. Die Überzeugungskraft des Duftes ist nicht abzuwehren, sie geht in uns hinein wie die Atemluft in unsere Lungen, sie erfüllt uns, füllt uns vollkommen aus, es gibt kein Mittel gegen sie.« Und der Erlangung dieser Macht scheint der ruhelose Ehrgeiz der Parfümeure gegolten zu haben, aus immer verführerischeren Ingredienzien und ausgeklügelteren Kombinationen das »flüchtige Reich der Gerüche« zu mischen.

Die Kunst, Blumendüfte in flüssige Form zu bringen, wurde um die Mitte des 16. Jahrhunderts meisterhaft von dem Italiener Mauritius Frangipani praktiziert, der Auszüge wohlriechender Blüten mit Weingeist herstellte. »Indem Frangipani seine Riechpülverchen mit Alkohol vermischte«, schreibt Süskind, »und damit ihren Duft auf eine flüchtige Flüssigkeit übertrug, hatte er den Duft befreit von der Materie, hatte den Duft vergeistigt, den Duft als reinen Duft erfunden, kurz: das Parfum erschaffen. Was für eine Tat!«

In der italienischen Renaissance erreichten die »Aromatika« allgemein übermäßigen Gebrauch, der sich in Frankreich unter Ludwig XV., besonders weil man überaus unsauber war, schließlich ins Unsinnige steigerte. Bei Hof schrieb die Etikette täglich ein anderes Parfüm vor. Alles war parfümiert: Handschuhe, Schuhe, Strümpfe, Hemden und sogar Münzen. In den Voile-Ärmeln trug man elegante silberne Kugeln, Pomander genannt, gefüllt mit Moschus, Muskatblüte oder Kümmelsamen, hielt Ambrakronen in der Hand

und füllte Elfenbeinschalen mit Rosenwasser. Unter Rein-
lichkeit verstand man vor allem eine »trockene Toilette«.
Mit Wasser gewaschen wurden höchstens die »sichtbaren«
Körperteile, also Hände und Gesicht, während der übrige
Körper trocken abgerieben und parfümiert wurde. Denn der
Wohlgeruch sollte nicht nur unangenehme Körperausdün-
stungen überdecken, sondern auch — so war man überzeugt
— vor Miasmen schützen, so nannte man außerhalb des
Körpers gebildete Ansteckungsstoffe. Mit parfümierten
Gesichtsschleiern hoffte man sogar die Pest abzuwehren.
Für die Reinigung der Haare benutzte man für gewöhnlich
Puder, oder man rieb die Kopfhaut mit Branntwein ab.
Gegen Ende des 18. Jahrhunderts kam es zur Ablehnung
tierischer Riechstoffe. »Seit unsere Nerven empfindlicher
geworden sind«, liest man in einem 1765 verfaßten Artikel in
der *Enzyklopädie,* sind Ambra, Zibet und Moschus verpönt.
Der als archaisch geltende aufdringliche Duft »wird zum
schicksalhaften Merkmal der alternden Kokotten oder
Bäuerinnen« (Corbin). Giacomo Casanova wurde fast ohn-
mächtig von dem »unausstehlichen Moschusgestank« der
verwelkten nymphomanischen Herzogin von Ruffec, wie er
in seinem Lebensbericht gesteht. Er selbst bevorzugte Myrrhe
und Räucherharz, um die »Rolle des Magiers« spielen zu
können, und die Beträufelung des nackten Frauenkörpers
mit Rosenwasser trug zur Steigerung seiner Geilheit bei. Der
große Erfolg des Rosenwassers dehnte sich aus auf Veilchen-,
Thymian-, besonders aber Lavendel- und Rosmarindüfte.
Es wurde üblich, den Mund mit Rosenwasser auszuspülen
und den Atem mit Irispaste zu parfümieren. Napoleon Bona-
parte war geradezu neurotisch fixiert auf Reinlichkeit und
Wohlgeruch. Seine Seife, die exquisite »Brown Windsor«, die
Bergamott-, Gewürznelken- und Jasminöl enthielt, ließ er
aus England kommen, und sein Lieblingsparfüm war das
Eau de Cologne, das er sogar schlückchenweise vor einer
Schlacht getrunken haben soll. Dieses Kölnische Wasser
wurde von dem in Köln seit 1709 ansässigen Giovanni Maria

Farina, gebürtig aus Santa Maria Maggiore e Crana (Novara), kreiert. Schon dessen Onkel, Gian Paolo Feminis, ein Barbier, hatte mit diesem hochdestillierten »Wasser« herumexperimentiert. Die Hauptbestandteile waren Bergamottöl, Lavendelöl, Nelkenöl, Orangenblütenöl, Rosmarinöl und Zitronenöl in feinstem Traubengeist digeriert.

Die Parfümherstellung konzentrierte sich mit Ausnahme des Kölnischen Wassers vor allem auf die südfranzösischen Orte Grasse und Montpellier und auf Paris und London. Die meisten natürlichen Öle wurden im Destillierapparat gewonnen, den die Parfümeure »Mohrenkopf« nannten, vermutlich, weil der aufgesetzte Kondensiertopf, der kaltes Wasser enthielt, einem Turban glich. Die Dämpfe enthielten sowohl Wasser wie Öl. Das Destillat wurde Tropfen für Tropfen von einer sogenannten Florentiner-Flasche aufgefangen, wobei sich das Öl infolge seines spezifischen Gewichtes entweder über oder unter dem Wasser sammelte. Andere Möglichkeiten der Extraktion waren die Enfleurage (gefilterte Fette wurden mit getrockneten Blütenblättern so lange bedeckt, bis das Fett von Blütenduft durchtränkt war), die Mazeration (Blütenölgewinnung mit Hilfe heißer Fette) und die Lavage (bei der aus dem duftdurchtränkten Fett durch Versetzung mit Weingeist der parfümierte Alkohol rückgewonnen werden konnte).

Ab der Mitte des vorigen Jahrhunderts verloren die Bouquets wieder ihre Schlichtheit, der »Fächer der Wohlgerüche« wurde komplizierter, das Verhältnis der Duftkomponenten zueinander rätselhafter, und die Namen der großen Meister mit den unbestechlichen Nasen gewannen an Popularität: Askinson, Lilly, Yardley, Rimmel (er schrieb die erste Parfümchronik *The Book of Perfumes,* die 1865 in London erschien), Lubin, Piver, Chardin, Violet, Legrand, Piesse und vor allem Coty mit *L'Origan* und *Chypre,* Houbigant mit *Quelques fleurs,* Worth mit *Dans la Nuit* und Guerlain mit *Eau Impériale* (das er für Kaiserin Eugénie schuf) und *L'Heure bleue.* »So weit also ist es mit den Parfümeuren gekommen«, ärgert sich Auguste Debay in seinem *Nouveau manuel du parfumeur-chimiste* (1856), »daß sie sich anmaßen, von Harmonie, von vollendeten Akkorden (Heliotrop, Vanille, Orangenblüte) und von Dissonanzen (Benzoe, Nelke, Thymian) zu sprechen!« Ein Romancier, Joris-Karl Huysmans, entwarf schließlich in seinem Roman *A rebours* (dt. *Gegen den Strich*) 1884 das Bild des modernen Parfüm-Komponisten: Sein hochsensibler Held Jean Des Esseintes beherrschte das ganze Repertoire, er hielt sich an kein Rezept, rühmte die Gerüche der Modernität und überließ sich ganz seinen poetischen Entwürfen: die »blühende Wiese«, ein »leichter Regen menschlicher Essenzen«, oder der Duft des »Lachens im Schweiß, der unter strahlender Sonne entfesselten Freuden« und »der Hauch der Fabriken«. Über eine frühere Geliebte Des Esseintes' schreibt Huysmans, sie war »eine hemmungslose, nervöse Frau gewesen, die die Spitzen ihrer Brüste in Parfüm badete, aber in berauschende und zermalmende Ekstase eigentlich nur dann geriet, wenn man ihr mit einem Kamm den Kopf kraulte oder wenn sie unter Zärtlichkeiten den Geruch von Ruß oder von Gips bei Neubauten oder den Geruch von Staub, auf den die ersten großen Regentropfen eines Sommergewitters gefallen waren, atmen konnte«. Mit der Vielfalt der Erzeugnisse ging nicht nur eine Verfeinerung des Vokabulars einher, sondern auch den Flakons wurden raffinierte Formen und phantastische Namen verliehen wie *tombeau, violon, cerf-volant, en étui* oder *gourde*. Auch der Orient bewahrte seinen Zauber, was nach Meinung des Meisterparfümeurs Eugène Rimmel mit dem großen Erfolg von Carsten Nieburs *Reisebeschreibung nach Arabien* (1774–1778) und den zahlreichen Reiseberichten über Ägypten zusammenhing. Gustave Flaubert versuchte in *Correspondance* mit leidenschaftlicher Hingabe die Düfte der Wüste wiederzugeben, und die Brüder Edmond und Jules de Goncourt schreiben über ihren Helden Anatole Basoche in *Manette Salomon*, allein der Name Konstantinopel »erweckte in ihm Träume von Poesie und Parfümerie, in denen sich alle

seine Vorstellungen über das ›Sultaninenwasser‹, die Riech-
pastillen des Serail und die in der Sonnenglut sitzenden Türken vermischten«.

»Wer sich für den *Jockey club,* das *Bouquet de l'Impéra-
trice* oder gar die *Pommade de Triple Alliance* entscheidet«,
heißt es in Alain Corbins Geschichte des Geruchs, »wird —
in der Imagination — hinaufbefördert in den Kreis der
hohen Geschlechter.« Doch der unaufhaltsame soziale
Abstieg des *Eau de Cologne* bezeugt, »daß auch der Arme
den Kampf gegen den fauligen Gestank seiner Sekretionen
aufgenommen hat«.

Pecher (auch Pechler, Harzscharrer, Pechhauer) pachteten in
Waldgebieten meist von den Waldeigentümern eine bestimmte Anzahl Fichten und Föhren, schlugen Kerben ins
blanke Stammholz, versahen diese mit Pechscharten und
Töpfen und sammelten das in den Sommermonaten heraus-
gequollene Harz ein. Die Kerben mußten immer wieder neu
aufgehackt werden, damit möglichst viel Harz austreten
konnte, eine Arbeit, die viel Erfahrung und Sorgfalt erforderte. Es durfte bei einem Arbeitsgang nicht zu viel Rinde
weggehackt werden, weil dies die Nutzungsdauer der Bäume
beeinträchtigt hätte. Je wärmer die Jahreszeit, desto öfter
mußten die Bäume an ihrem halben Umfang aufgehackt
werden. Dabei bediente sich der Pecher einer ganz eigen-
artigen kleinen Hacke, eines Dechsels, deren Schneide quer
zum Hackenstiel stand und die rasiermesserscharf geschliffen
war. Dieser Dechsel wurde erst zu Beginn der vierziger Jahre
unseres Jahrhunderts von einem »Pechhobel« abgelöst, mit
dem man die bisher notwendigen etwa dreißig Hackhiebe
durch zwei rasche Hobelzüge ersetzte. In schräg geschlagenen Kerben steckten hölzerne Pechscharten, die das Harz
auffangen und in die Töpfe leiten mußten. War ein Baum
einmal bis obenhin aufgehackt, halbseitig von der Rinde
entblößt, war die Harznutzung zu Ende.

Das Einsammeln des Harzes war eine mühsame Tätigkeit, bei der die Hände unvermeidlicherweise so klebrig wurden, daß sie nur schwer vom Pechlöffelstiel, mit dem das Harz aus den Töpfen geholt wurde, und vom Griff des Sammelbehälters (Harzbüttel) gelöst werden konnten. Die vollen Harzbüttel brachte man zu einer Sammelstation, wo sie in große Holzfässer, die hundertfünfzig bis zweihundert Kilogramm faßten, entleert wurden. Sobald die Fässer voll waren, erfolgte der Transport zu den Pechhütten (→Pechsieder).

Die Pecherei war nie ein herkömmliches Lehrgewerbe; jeder konnte diesen harten Beruf ergreifen. Zumeist waren es die Pechersöhne, die das von ihren Vätern von Kindeszeiten an vermittelte Wissen nutzten und sich als selbständige Pachtpecher ebenfalls vom »Pechwald« ernährten. In manchen Gegenden des Bayerischen Waldes waren die Pecher als »schlimme Schmarotzer des Waldes« vogelfrei und durften vom Förster niedergeschossen werden. Bekannt sind auch bewaffnete »Raubpechler«, die sich in Banden organisierten; in Bayern gab es allerdings im 18. Jahrhundert auch eine Pechlerzunft, die dieses Geschäft zu monopolisieren suchte.

Pechsieder trennten Holzteer (→Teerschweler) oder Harz von Fichten und Kiefern (→Pecher) in den Pechhütten durch Erhitzen oder Destillieren von den flüchtigen Bestandteilen (Pechöl) und vom Wasser. Das so gewonnene Pech hatte dunkle Farbe, zersprang in der Kälte wie Glas und diente zum Kalfatern des Schiffsrumpfes (Schiffspech), zum Steifen des Schuhmacherzwirns (Schusterpech), zum Auspichen der Bierfässer (Pichpech), zur Herstellung von wasserdichten Kitten, Terpentinöl, Kolophonium (Geigenharz), Heilsalben, Wagenschmiere, Schuh- und Lederpasten.

Pech war im Mittelalter ein wichtiger, besonders in deutschen Wäldern gewonnener Handelsgegenstand. Mit siedendem Pech hat man Burgen und Städte gegen deren Angreifer verteidigt, die ihrerseits mit brennenden Pechfackeln und

-pfeilen Feuer an Haus und Hof legten. »Pech haben« kommt wohl vom Vogel, der an die Pechrute gerät und kleben bleibt (althochdeutsch heißt *peh* auch soviel wie Hölle).

Josef Traxler, der Sohn eines Pechers, erinnert sich in seiner Erzählung *Im Pechwald* an eine aufgelassene Pechhütte in Niederösterreich, die in Kindertagen zu seinem Spielplatz wurde: »Dort gab es Kessel und große Eimer, die noch mit Überresten vom Pechsieden behaftet waren, überall lagen Kolophoniumbrocken und verschiedene Gerätschaften herum. Zu einem der beliebtesten Kinderspielzeuge wurde eine Vorrichtung, mit der man einst für die Kesselfeuerung große Holzscheite zersägt hatte. Das war ein etwa zwei Meter hohes, bockartiges Gestell, an dem, ähnlich einer Schaukel, eine Halterung für die inzwischen entfernte Säge hing. An der Hinterseite dieser Halterung war ein aus Steinen bestehendes Gegengewicht angebracht, das beim Holzsägen den ansonsten erforderlichen zweiten Mann ersetzt hatte und mit dessen Schwungmasse der Druck auf das Sägeblatt verstärkt werden konnte.«

Peler übten im Mittelalter ein Hilfsgewerbe der Fleischhacker aus. Sie waren berufsmäßige Schlachter, denen gewisse in den Fleischbänken nicht verwertbare Teile (*pel* = Knochen, Häute) des geschlachteten Viehs, für die sie den Eigentümern einen angemessenen Preis zu entrichten hatten, zum Verkauf überlassen wurden. →Küter.

Pergamentmacher (auch Pergamenter, Pirmenter, Buchfeller) stellten aus ungegerbten Häuten von jungen Rindern, Schafen, Ziegen und Eseln Pergament und Trommelleder her). Das anfänglich klösterliche Hilfshandwerk für die geistliche Kunst des Schreibens prosperierte mit der Entfaltung des Urkunden- und des Buchwesens. Pergament — das Wort stammt vom antiken Pergamon in Kleinasien, wo im 3. Jahrhundert vor Christus die Pergamentherstellung erfunden worden sein soll — mußte ursprünglich aus Griechenland und Italien eingeführt werden. Die Pergamentmacher fühlten sich, ihrem Zusammenhang mit dem Schriftwesen entsprechend, als vornehme Handwerker, die nur in größeren und geistig gehobenen Städten etabliert waren. Mit dem Aufkommen des Papiers geht die Pergamentbereitung langsam, aber stetig zugrunde; in Lübeck war in der zweiten Hälfte des 16. Jahrhunderts nur noch ein Pergamentmacher tätig.

Perlmutterdrechsler verarbeiteten die inneren Schichten der Schalen der Perlmuscheln und der Gehäuse einiger Seeschnecken. Die kostbarsten weißen Muscheln kamen aus Makassar (Ujung Pandang) auf Celebes (Sulawesi), die dunkel glänzenden schwarzen aus Tahiti und die matt schimmernden grauen von den Fidschiinseln. Je flacher eine Muschel, desto besser konnte sie verarbeitet und ausgenützt werden. Die Schalen und Gehäuse wurden meist unter Wasser zersägt, mit einem Meißel gespalten, die Rinde abgeschabt oder abgeschliffen, Schroppen genannt, und zu Tabatieren, Etuis, Rosenkränzen, Gebetbucheinbänden, Halsketten, Messergriffen, Furnieren, Gemmen und Kameen verarbeitet. Ein besonders mühsamer und arbeitsintensiver Produktionszweig war die Knopferzeugung. Mit der Einführung des Kronenbohrers, eines zylindrischen, unten gezähnten Bohrers, der rasch die kreisrunden Plättchen für die entsprechende Knopfform herausfräste, wurde die Arbeit für die Drechsler nicht nur einfacher, sondern auch die Produktivität erheblich gesteigert. Die Knöpfe wurden auf einer Drehbank gebohrt, in Trommeln mit Wasser und Bimsstaub geschliffen, nach einem Zwischenbad in verdünnter Salzsäure abgebrannt, um den schillernden Glanz zu verstärken, und zuletzt poliert.

Die irisierende Schönheit des Muschelmaterials war trügerisch, denn der bei der Bearbeitung frei werdende Staub, der *Conchiolin* enthielt, drang beim Einatmen in das Lungengewebe und Knochenmark der Arbeiter ein und führte zu Lungentuberkulose (1892 waren fast 70 Prozent der Drechsler in Österreich davon betroffen), aber auch zu schmerzhaften Knochenentzündungen *(Conchiolin-Osteomyelitis),* die häufig Gelenksverkrüppelungen zur Folge hatten.

Perückenmacher entstanden zunächst als Hofhandwerker mit dem Aufkommen der Perückenmode in der Zeit Ludwigs XIV., als die Perücke in den Rang eines Kleidungsstückes erhoben wurde. Man benutzte natürlich schon im Altertum Perücken aus Menschen- und Tierhaaren sowie aus Pflanzenfasern und Gräsern, um ehrfurchtgebietender oder furchterregender zu erscheinen. Im Mittelalter und später war es dann üblich, bei Verlust des natürlichen Haares, Perücken, die aus ledernen Deckelhauben mit angehefteten fremden Haaren bestanden, zu tragen, wobei die Träger es hinnehmen mußten, daß »zwischen ihrer Kopfhaut und dem Schopf aus zweiter Hand zollbreite Lücken« klafften. Das änderte sich, als der französische *Perruquier* Ervais in der zweiten Hälfte des 17. Jahrhunderts begann, Perücken mittels sogenannten Tressen zu verfertigen, womit die Kopfform nachgeahmt werden konnte. Die Tresse war eine Art schmales Band, an dem einzelne Haarbündel mit Seidenfäden aneinandergeknüpft waren. Mit diesen Tressen, von großer Zahl und bestimmter Länge, wurde die über einen hölzernen Perückenkopf gespannte textile Haube oder Montur benäht, die den Kopfmaßen des Kunden entsprach.

Die französische »Erfindung« der Perücke verbreitete sich durch hugenottische Flüchtlinge rasch über die meisten Länder Europas. Allein in Frankfurt am Main waren bis 1714 ein Viertel aller Perückenmacher Franzosen. In Berlin entstand 1716 die erste Perückenmacherzunft, nachdem unter dem Großen Kurfürsten Friedrich Wilhelm (1620–1688) die Perücke als Repräsentationsobjekt an deutschen Fürstenhöfen Eingang gefunden hatte. Aber auch bei Beamten,

Ärzten, Richtern, Geistlichen, Lehrern und niedrigen Hof-
bediensteten setzte sich die Perücke als Standessymbol durch.
Schließlich wurde sie durch günstigere Herstellungsmöglich-
keiten — weniger und kürzere Haare — auch für das Bürgertum in den Städten erschwinglich und zum »unentbehrlichen
Stücke einer anständigen Kleidung«. Vom Einfluß der Perücke auf das Körperverhalten berichtet Goethe in *Dichtung
und Wahrheit*: »Da ich aber vom frühen Morgen an so auf-
gestutzt und gepudert bleiben und mich zugleich in acht
nehmen mußte, nicht durch Erhitzung und heftige Bewegung
den falschen Schmuck zu verraten, so trug dieser Zwang
wirklich viel bei, daß ich mich eine Zeitlang ruhiger und
gesitteter benahm, mir angewöhnte mit dem Hut unterm
Arm und folglich auch in Schuh und Strümpfen zu gehen [. . .]
War mir unter diesen Umständen eine heftige körperliche
Bewegung versagt, so entfalteten sich unsere geselligen Ge-
spräche immer lebhafter und leidenschaftlicher, ja sie waren
die interessantesten, die ich bis dahin jemals geführt hatte.«
Die Beliebtheit der Perücke machten sich die Herrschenden
sogleich zunutze und belegten ihre Träger mit einer gar nicht
geringen Steuer. Ob sie entrichtet wurde, konnte an einem
an der Innenseite der Perücke angebrachten Siegel überprüft
werden. Solche Kontrollen verliefen, wie berichtet wird,
nicht immer reibungslos. Weigerte sich nämlich der Perük-
kenträger, seine Kopfbedeckung abzunehmen und dem
Beamten die Steuermarke zu zeigen, dann mußte dieser versuchen, mit Gewalt der Perücke habhaft zu werden, was
gelegentlich in handgreifliche Auseinandersetzungen ausartete. In Preußen wurde die Perückensteuer 1717 abge-
schafft.
»Die Paroquen seynd wie die Verwandlungen bey dem
Ovidio«, stellt Herr Reiner in seinem 1748 zu Nürnberg
erschienenen *Curiosen Tändel-Marckt* fest, »sie machen aus
einem alten Greisen einen munteren Jüngling, und wird durch
ihre lange Wuckel mancher Buckel unsichtbar, die Paroquen-
macher müssen sich fast närrisch studiren über die neue

Erfindungen so vielerley Paroquen, man sieht lange Paroquen, knüpffte Paroquen, kurtze Paroquen, züpffte Paroquen, kahle Paroquen, zauste Paroquen, grauste Paroquen, zierte, frisirte und geschmirte Paroquen, Spanische und Französische Paroquen, in Summa allerhand Paroquen.« Die Vielfalt an Perückenmodellen war erstaunlich: von der *Encyclopédie perruquière* werden 1764 insgesamt einhundertfünfzehn unterschiedliche Modelle beschrieben. Jeder Berufsstand trug bald eine distinktive Perücke, ja sogar Lehrlinge und Waisenhausschüler zierten sich mit weißen »ziegenhaarnen Perrucken«. Die prächtigste aller Perücken war zweifellos die Allongeperücke mit hüftlangen gekräuselten Haaren. Kreiert hatte dieses »Symbol des Zeitalters« Binet, der Leibfriseur Ludwigs XIV., etwa um 1670. Nach 1700 verbreitete sich die bequemere Knotenperücke, bei der das seitliche Haar zopfähnlich zusammengebunden war. Die Haarbeutelperücke faßte die nun kürzer gewordenen Haare am Hinterkopf in einem schwarzen Taftsäckchen zusammen, das mit einer im Nacken sitzenden Schleife geschlossen wurde. Bei der Stutzperücke, einer verkürzten Nachahmung der Allongeperücke, waren die kinnlangen Seitenhaare in horinzontale Locken um den Kopf gelegt. In Deutschland kam um 1750 die Zopfperücke auf, in Anlehnung an den natürlichen Zopf beim preußischen Heer seit Friedrich Wilhelm I., die neben der eleganteren Haarbeutelperücke die männliche Haarmode der zweiten Hälfte des 18. Jahrhunderts beherrschte (Zopfzeit). Spätere Perücken, die nur den sonst behaarten Teil des Kopfes — beispielsweise bei Kahlköpfigkeit — einhüllten, nannte man Touren, solche, die nur eine Stelle bedeckten und aufgeklebt oder durch Federn festgehalten wurden, halbe Perücken, Atzeln, Toupets und Platten.

Der Perückenmacher beschäftigte sich nicht nur mit der Herstellung neuer Perücken, sondern auch mit der Auffrischung, dem »Accomodieren«, der Aufbewahrung und der Umarbeitung gebrauchter Perücken. Werkzeuge und Techniken werden auf Tafel 1888 und 1889 in Diderots *Encyclo-pédie* abgebildet. Zu sehen sind: Kardätschen, Hecheln, Kräuselhölzer, eine Tressierbank, ein Etagierlineal (auf dem die Maße der Tressen verzeichnet wurden), verschiedene Kämme und Brenneisen, Scheren, Puderquasten und -masken, Papilloten (Haarwickel), Aufrolltechniken, Haarpakete und Knüpftechniken der Tressen. Das rohe Haar, das vielfach von Menschen aus Zuchthäusern, Kriegsgegenden und ver-armten Landregionen stammte, wurde von Schmutz und Fett befreit, gehechelt, nach Farbe und Länge sortiert und gekräuselt. Dazu dienten die runden, fingerlangen Kräusel-hölzer aus Buchsbaumholz, auf die man die Haare auf-wickelte und bis zu drei Stunden lang in Regenwasser kochte. Nach dem Trocknen wurden die Haare, ohne sie von den Hölzern abzunehmen, in Brotteig eingeschlagen und ungefähr weitere drei Stunden im Backofen gebacken, damit die Lockenform dauerhaft wurde. Aus den losgewickelten Haaren konnten nun die bereits erwähnten Tressen verfertigt werden. War die Perücke fertig, wurde sie frisiert, parfü-miert, oft auch mit Pomade gefestigt und gepudert.

Gegen Ende des 18. Jahrhunderts wich die Perückenmode nach und nach der natürlichen Haarpflege, und die beschäf-tigungslosen Perückenmacher sattelten auf Damenfriseure um.

Pfaidler (auch Pfaidmacher) waren Hemdenmacher im all-gemeinen Sinn. Zu Beginn des 16. Jahrhunderts werden auch Pfaidlerinnen erwähnt. Die Bezeichnung leitet sich von *pfaid* (got. *phaida* = Rock) ab.

Pfeilschnitzer stellten die für den Bogen (→Bogner) erforder-lichen Geschosse meistens aus Birkenholz her. Der Pfeil hatte eine eiserne lanzett- oder rhombenförmige Spitze und war am hinteren Ende zur Steuerung und Erhöhung der Treffsicherheit mit Federn eines Vogelflügels ausgestattet, die schräg zur Achse des Pfeils angeordnet waren, damit der abgeschossene Pfeil durch den Luftwiderstand einen Drall um seine Längsachse bekam.

Plattner gehörten den Waffenschmieden an und beschäftigten sich mit der komplizierten und kostspieligen Anfertigung der Plattenharnische, die sich als Schutz gegen stärkere Waffenwirkung, besonders aber nach der Erfindung des Schießpulvers, aus den Ringel- und Schuppenpanzern (→Panzerschmiede) entwickelten. Die Plattner waren zunftmäßig meist mit den →Helmschmieden verbunden, übten aber ihr Handwerk getrennt aus. Eine solche Körperpanzerung besaß eine raffinierte Mechanik aus Scharnieren und ineinandergreifenden Schienen, war wesentlich kompakter und bot mehr Schutz für den ganzen Körper als alle früheren; ihr Nachteil war allerdings die Schwerfälligkeit, die so manchem Träger im Feld oder auf dem Turnierplatz zum Verhängnis wurde.

Die Plattenpanzer, auch Krebse genannt (gewiß, weil der bewegliche Harnisch an die Schale des Krebses erinnerte), wurden aus geschmiedeten Eisenblechen getrieben und bestanden aus verschiedenen Teilen: Das gewölbte Stück, welches die Brust bedeckte, hieß Harnisch, Harnasch oder Küraß und mußte besonders stark und sorgfältig gearbeitet sein, weil es das Hauptziel der Stoß- und Wurfwaffen war. Der Brustplatte entsprach eine Rückenplatte, und beide wurden mit Riemen verbunden. An den Harnisch schloß sich das mit verdeckten Schnallen befestigte Armzeug, bestehend aus den Armschienen und den Meuseln oder Ellbogenkacheln. Die Beine waren zunächst von den ledernen Gurthosen bedeckt, auf welche die Beinberge (Dielinge, Beinschienen) aufgeschnallt waren. Das Knie war besonders gepanzert durch eine starke, oft in eine Spitze zulaufende Eisenplatte. Die Füße steckten in spitzen Schnabelschuhen, später in bogenförmigen »Bärenklauen«, und die Hände waren durch gefingerte Handschuhe geschützt. Unter dem Harnisch pflegte man ein gestepptes oder gefüttertes

Lederwams *(gambesson)* zu tragen, um den Druck zu mindern.

Die groben Treibarbeiten wurden mit Hämmern und Ambossen verschiedener Größe ausgeführt, die feinen mit diversen Punzen auf einer weichen Unterlage, dem Treibkitt aus Pech, Wachs, oder bei Stahl zumeist aus Blei. Der mühevollen Arbeit des Treibens folgte die kunstvolle des Dekorierens. Das Anlassen verlieh dem Stahl eine blaue Farbe, Braun und Schwarz erreichte man durch Glühen und Beizen. Die schwarze Farbe ist dem Eisen am natürlichsten und bildet sich von selbst bei jedem reduzierenden Glühen in Holzkohlenpulver; eine beliebte Beigabe war Ochsengalle, die dem Stahl nach dem Ausglühen einen Moschusgeruch verlieh. Zum Brünieren oder Braunbeizen des Stahls bediente man sich der Spießglanzbutter, einer Lösung von Schwefelantimon in Salzsäure. Die Rüstungsteile wurden mit dem Polierstahl glatt gerieben und dann die Spießglanzbutter mit Baumöl vermischt auf die gereinigten Flächen mit einem Pinsel aufgetragen, getrocknet und mit einem in Öl getränkten Lappen abgerieben.

Rüstungen, die als fürstliche Prunkgewänder und für Turnierkämpfe »nach Maß« angefertigt wurden, waren vielfach reich verziert, und bedeutende Künstler wie Dürer, Altdorfer, Holbein d. J. und Cranach lieferten die Entwürfe dazu. Mit den Plattnern arbeiteten Gold- und Silberschmiede, Tauschierer, Ätzmaler, Ziseleure, Eisenschneider und andere Kunsthandwerker an der weiteren Ausschmückung der Rüstung zusammen. Bei der Ätzmalerei wurde die Zeichnung oder das Muster auf der meist mit Wachs und Pech (Ätzgrund) überzogenen Metalloberfläche eingraviert und die bloßgelegten Linien und Flächen mit Ätzwasser, häufig Salpetersäure, oder mit einer »Beize aus Salmiak, Sublimat [Quecksilberchlorid], Grünspan und ein wenig Galle mit Essig« (nach Biringuccio), je nach Dauer der Einwirkung, vertieft. Nach Entfernung der Schutzschicht (Ätzgrund) blieben nur die geätzten Linien und Flächen zurück.

Eine Variante war die Schwarzätzung, bei der die geätzten Stellen mit einer Mischung von Ruß und Öl eingerieben wurden und die Masse durch Erhitzen zusammenschmolz und haften blieb. Die gediegenste Art der Metallverzierung war die Tauschierung, eine uralte Kunst, die zu jener Zeit wieder aufblühte. Sie geschah in zweierlei Weise: entweder mit dem Rauhhammer und aufgeschlagener dünner Folie von Gold oder Silber, oder mit eingegrabenen Linien, die mit Gold-, Silber- oder Messingdraht ausgelegt und ausgeschlagen wurden. Das Niello war dem Tauschieren ähnlich und in Italien sehr geschätzt. Dabei wurde eine dunkel gefärbte Metallegierung in dem eingegrabenen hellen Metallgrund eingeschmolzen. Das Niello grenzte wieder unmittelbar an das Email. Hierfür wurde ein leichtflüssiges, bunt gefärbtes Silikat ein- oder aufgeschmolzen. Eine weitere Technik der Eisenveredelung war die Schneidekunst (Glyptik), bei der man aus einem vorgeschmiedeten Stück Eisen oder Stahl die Verzierungen und Figuren mit Meißel und Grabstichel herausarbeitete.

Nach dem Zusammenbau der Harnischteile wurde das Werk vom Plattner mit einem eingeschlagenen Stempel signiert. In den Städten kam noch eine eigene Beschaumarke durch den jeweiligen Zunftmeister hinzu. In der Regel wurde diese Prüfung als Beschußprobe mit einer Armbrust durchgeführt.

Von den Plattnern getrennt werkten die Harnischpolierer, die auf einer Bank die Rüstungsteile mittels eines langen Holzes, auf dem der Polierriemen aufgespannt war, auf Hochglanz polierten. Poliert wurde aber auch maschinell mit rotierenden Schleifrädern.

Die Kunst der Plattner prosperierte im 15. und 16. Jahrhundert besonders in den Städten Nürnberg, Augsburg, München, Mailand und Innsbruck. Die Einzelanfertigungen der Innsbrucker Plattnerei hatten sogar jenseits der Alpen und trotz der hochentwickelten lombardischen Konkurrenz einen hervorragenden Ruf. Berühmte Plattnerdynastien waren die Kolman und Pfefferhäuser in Augsburg, die Treitz und Seusenhofer in Innsbruck und die Grün(e)wald und Lochner in Nürnberg. Bestimmte Fabrikationstechniken, wie ungewöhnliche Härte des Blechs bei geringem Gewicht der Panzerung, wurden in den Familien als Geheimnis sorgsam gehütet und gingen, da sie entweder absichtlich irreführend oder gar nicht niedergeschrieben wurden, vielfach verloren.

Die fortschreitende Kriegstechnik machte die Ganzkörperrüstungen mehr und mehr entbehrlich, und die handwerkliche Geschicklichkeit der Plattner entwickelte sich in anderen Berufen wie in der Schwertfegerei, bei den Goldschmieden und Büchsenmachern weiter.

Portefeuillemacher stellten Gegenstände des täglichen Gebrauchs wie Etuis für Messer, Scheren, Taschenbürsten und -spiegel, Brief-, Geld-, Visitenkarten- und Zigarrentaschen, Akten- und Schreibmappen, Necessaires, Handschuh- und Taschentuchbehälter her. Verarbeitet wurde durchweg echtes Saffian aus Ziegen- und Bocksfellen, später Leder aus Schafs- und Kalbsfellen, echtes oder imitiertes Chagrinleder, aber auch Alligator-, Javaeidechsen-, Affen-, Schlangen-, Seehund-, Walroß- und selbst Elefantenhäute. Nach vorliegenden Schnittmustern schnitt der Zuschneider die einzelnen Lederteile zu, die dann der Portefeuiller zusammenfügte und, falls erforderlich, mit Bügeln, Rahmen, Schlössern, Beschlägen und Futterstoffen versah. Die feine Ware wurde vielfach noch mit reliefartigen Verzierungen, Prägungen, bildlichen Darstellungen oder Mosaikarbeiten ausgestattet.

Posamentierer (auch Bortenmacher, Bortenwirker, Bandmacher, Bandweber, Schnürmacher) verfertigten kunstvolle Besatzartikel (Posamenten) wie Borten, Krepinen, Troddeln, Tressen, Bänder, Litzen, Fransen, Quasten und Schnüre aus Seide, Wolle, Baumwolle, Leinengarn oder Zwirn. Besonders luxuriöse Borten, wie beispielsweise die Tressen (eine Art goldener, silberner und mit Seide als Kette gewebter Spitzen), wurden meist mit echtem Gold- und Silbergespinst als Einschuß hergestellt. Diese Gespinste kamen aus den Werkstätten der Gold- und Silberspinner, die Seiden-, Leinen- oder Baumwollgarne mit Lahn (geplätteter Gold- oder Silberdraht) umwickelten, der entweder flach, gewellt (Frisé) oder schraubenförmig gewunden (Kantillen) war. Tressen dienten hauptsächlich zur Verzierung von Kirchengewändern, Mänteln und Hauben. Krepinen waren kleine Blumen, die aus geballtem Lahn zusammengeschlungen und, oft noch mit kleinen Knoten, Flitter und Kügelchen besetzt, für Epauletten (Achselquasten), Achselschnüre, Hutschlingen und -bänder, Schärpen, Portepees, kleine und große Rosen für Tschakos und Hüte verwendet wurden.

Zu den wichtigsten Arbeitsgeräten der Bandmacher gehörten der dem Trittwebstuhl ähnliche Posamentierstuhl und die sogenannte Bandmühle (Bandstuhl, Mühlenstuhl), auf der gleichzeitig mehrere Bänder gewebt werden konnten. Der Göttinger Professor Johann Beckmann erwähnt in seinem Lehrbuch *Anleitung zur Technologie* (1777) eine Bandfabrik in Wiener Neustadt, in der neben gewöhnlichen Bandstühlen einundzwanzig Bandmühlen betrieben wurden, und auf jeder konnten vierundzwanzig Bänder nebeneinander produziert werden. Die Mechanik der Maschine betätigte die Schäfte, die vierundzwanzig Schiffchen mit dem Schußmaterial und die Aufrollvorrichtung für die fertigen Bänder und Borten. Betriebe, die mit Bandmühlen vorwiegend im Verlag produzierten, brachten die zünftigen Posamentierer in eine schwierige Lage und »tausende Personen und gantze Familien an den Bettel-Stab«. Ein kaiserliches Edikt in Preußen, das 1685 von den Posamentierern erwirkt wurde und bis 1749 wirksam blieb, richtete sich zwar gegen die Verbreitung der Bandmühlen, konnte sie aber freilich nur verzögern. Bereits um 1800 liefen in Berlin einhundertdreiundfünfzig Seidenbandmühlen mit zwanzig Gängen, zweihundertsiebenundfünfzig mit fünf und achthundertneunundsiebzig eingängige. Karl Marx schrieb der Bandmühle sogar eine wegbereitende Funktion für den Industrialisierungsprozeß zu: »Diese Maschine, die so viel Lärm in der Welt gemacht hat, war in der Tat Vorläufer der Spinn- und Webmaschinen, also der industriellen Revolution des 18. Jahrhunderts.«

Die Kleidermode des Barock verhalf der Posamentenherstellung zu einem starken Aufschwung. Das Handwerk florierte besonders in Basel, Hamburg, Berlin, Frankfurt am Main, Straßburg, Köln, Augsburg, Nürnberg, Amsterdam, Lyon und Wien, aber auch im sächsischen Erzgebirge (Annaberg und Buchholz). Die Posamentierer bildeten ein »geschenktes« Handwerk, Lehrlinge mußten in der Regel fünf Jahre lernen, die Gesellen auf Wanderschaft gehen. Ihr Meisterstück bestand beispielsweise in der Verfertigung einer Bandtresse und einer »polnischen Eichel«. Die Beschäftigung von Frauen in der Bandweberei war im Spätmittelalter noch keineswegs ausgeschlossen. Später, um 1600, sollte dann wie etwa in Augsburg kein Meister »Weibspersonen« außer seinen Töchtern das Handwerk lehren, und im späten 17. Jahrhundert setzten schließlich die Gesellen das Verbot der Stuhlarbeit für Frauen landesweit durch. Den Frauen und auch Kindern blieben schließlich die vorbereitenden Arbeiten wie das Zwirnen, Winden, Spulen und Glätten vorbehalten, oder sie mühten sich in Manufakturen als billige Arbeitskräfte an den Bandmühlen.

Positur-Macher nannte man im 18. Jahrhundert die Verrenkungskünstler, deren Kunst wahrscheinlich zu den ältesten Schaustellungen gehörte. Später wurden sie entsprechend ihren ungewöhnlichen Fähigkeiten als Kautschukmenschen, Schlangenmenschen, Eidechsenmenschen, Krokodilmenschen oder Froschmenschen angekündigt. Als 1836 der berühmte Gymnastiker und Affenmimiker Eduard Klischnigg im Theater an der Wien gastierte, schrieb ihm Johann Nestroy in ein paar Tagen das Stück *Der Affe und* *der Bräutigam* auf den Leib, das neunundvierzigmal *en suite* mit Klischnigg im Affenkostüm über die Bretter ging.

Postillione (auch Postknechte, Postreiter, Postjungen) kutschierten Postfuhrwerke, die erstmals im Jahre 1690 zwischen Nürnberg und Frankfurt am Main verkehrten und Personen, Briefe und Pakete beförderten. Sie lösten nach und nach die recht unbequemen Landkutschen oder Haudererwagen ab. Besonderes Aufsehen wegen ihrer Schnelligkeit und Pünktlichkeit erregte die sogenannte *Journalière* zwischen Berlin und Potsdam, die vom Jahre 1754 an zunächst einmal, bald darauf täglich zweimal hin- und zurückfuhr und für die sechsundzwanzig Kilometer lange Strecke vier Stunden benötigte. Etwa um die gleiche Zeit wurde eine Personenpost zwischen London und Edinburgh eröffnet, die in der sensationellen Zeit von sieben Tagen die etwa sechshundert Kilometer lange Strecke bewältigte. Die nun auf immer mehr Kursen regelmäßig verkehrenden Personenpostwagen, Eilpostwagen, *mail-coaches, malle-*Postwagen, Post-Omnibuswagen, kurz Postkutschen genannt, mit vier und mehr kräftigen Pferden bespannt, vergleichsweise elastisch gefedert und weich gepolstert, fanden beim Publikum allgemein große Anerkennung, doch auch die Gegner meldeten sich eifrig zu Wort: »Außerdem kann es für Niemand gesund sein«, urteilt einer der Nörgler über die Strapazen, die ein Passagier auf sich nehmen mußte, »daß er ein oder zwei Stunden vor Sonnenaufgang aus dem Bett in die Postkutsche muß, daß er bis in die Nacht hinein in vollster Hast von Ort zu Ort weitergebracht wird, so daß er, wenn er den ganzen Tag gesessen, im Sommer von Staub und Hitze erstickt, im Winter halb erfroren und hungrig bei Fackellicht in die Herberge kommt, um am andern Morgen wieder so zeitig in die Postkutsche gepackt zu werden, daß er nicht einmal frühstücken kann. Wird eines Mannes Gesundheit oder Geschäft gefördert, wenn er mit kranken, alten Personen oder mit heulenden Kindern fährt; wenn er allen Launen sich fügen muß, durch stinkende Düfte vergiftet, durch Schachteln und Ballen zum Krüppel gedrückt wird? Ist es ihm etwa gesund, wenn er auf schlechten Wegen umgeworfen wird, bis an die Knie im Dreck waten muß und in der Kälte sitzt, bis neue Pferde herbeigeholt sind, welche die Kutsche weiterziehen? Ist es gesund, in verfaulten Kutschen zu fahren, bis eine Achse oder ein Rad bricht, so daß man alsdann drei oder vier Stunden, oft auch einen halben Tag warten und bisweilen selbst die ganze Nacht reisen muß, um das Versäumte wieder nachzuholen?« Und der Göttinger Gelehrte und Schriftsteller Georg Christoph Lichtenberg (1742–1799) sorgte sich um die Moral in den bequemen Postwagen, »die immer voll schöner wohlgekleideter Frauenzimmer stecken, und wo die Passagiere so sitzen, daß sie einander ansehen müssen; wodurch nicht allein eine höchst gefährliche Verwirrung der Augen, sondern zuweilen eine höchst schändliche, zum Lächeln von beiden Seiten reizende Verwirrung der Beine, und daraus endlich eine oft nicht mehr aufzulösende Verwirrung der Seelen und Gedanken entstanden ist«.

Die äußeren Kennzeichen des Postillions, der auch Schwager — angeblich vom französischen *chevalier* — genannt wurde, waren auffallend und fast überall gleich: eine in Farbe und Schnitt besondere Dienstkleidung (blaue Jacken mit rotem Kragen und silbernen Litzen) als Ausdruck der amtlichen Würde, das Posthorn an einer farbigen Schnur, das quer über die Brust hing, das Wappen des Landes- oder Dienstherrn in einem Schild, das auf der Brust oder auf dem Arm befestigt war, die hohen steifen Stiefel (um beim Reiten einen möglichst guten Halt im Sattel zu haben) und schließlich der »Postzettel« als Legitimation für die Inanspruchnahme der eingeräumten Vorrechte. Der Postillion durfte beispielsweise von den öffentlichen Landstraßen abweichen und Nebenwege benützen, ja unter Umständen sogar Äcker und Wiesen befahren. Er war von Zoll und Geleitabgaben befreit und genoß obrigkeitlichen Schutz gegen jede Art von

Bedrohung und Gewalt. Ferner durfte er während seines Dienstes weder verhaftet noch vor Gericht zitiert werden, und auf ein Signal mit dem Posthorn mußten die Schlagbäume und nachts die Stadttore geöffnet werden. Die Postillione waren angewiesen, das weitschallende Posthorn sowohl beim Abfahren, beim Passieren der Schlagbäume, Stadttore und Ortschaften als auch bei der Ankunft in der Station »fleißig und wohl zu blasen«, wie es die Königlich Preußische Postordnung (1712) ausdrücklich anordnete, widrigenfalls Entlassung oder Versetzung auf kleine Nebenkurse drohte. »Töne, Schwager, ins Horn, / Raßle den schallenden Trab, / Daß der Orkus vernehme: wir kommen, / Daß gleich an der Türe / Der Wirt uns freundlich empfange«, heißt es bei Goethe. Aber auch andere Dichterkollegen wie Lenau, Rückert, Müller, Chamisso, Scheffel, Heine und Eichendorff ließen sich von Postillion und Posthornklang zu stimmungsvoller Lyrik hinreißen.

Der Postillion lenkte entweder vom hohen Platz auf dem Bock aus mit großer Anstrengung der Arme das Gespann, oder er ritt auf einem Sattelpferd und war allen Unbilden der wechselnden Witterung ausgesetzt. Durch das viele Reiten litten die Postillione vielfach unter Geschwüren am Hintern und an Hämorrhoiden. Der italienische Mediziner Morgagni (1682–1771) versicherte, bei keiner Berufsklasse so häufig Aneurysmen (eine krankhafte Erweiterung der Aorta) angetroffen zu haben wie bei Postillionen. Nach einer anderen medizinischen Aussage waren die Postillione »sehr geneigt für die Freuden der Liebe; ohne Zweifel eine Folge der Friction des Mittelfleisches (zwischen Skrotum und After) an dem Sattel und der gelinden Erschütterung, welche sich den Samensträngen mittheilt. Dieser Ursache sind auch die Pollutionen beym Reiten zuzuschreiben, woran manche leiden und natürlich dadurch sehr entkräftet werden.«

Pottaschesieder (auch Flußsieder) übernahmen die von den →Aschenbrennern angelieferte Holzasche, sumpften sie in

Bottichen (Äscher) ein und laugten den Kaligehalt in mehreren Durchgängen aus. Die Lauge wurde anschließend in großen Sudkesseln eingedampft und der braune Rückstand im Kalzinierofen zu Pottasche (mehr oder weniger reines Kaliumcarbonat) gebrannt. Das Endprodukt diente in der Glaserzeugung (→ Glasmacher) als Flußmittel, und man gab es dem Glasgemenge bei, um die Schmelztemperatur zu senken. Pottasche wurde weiters zur Herstellung von Schmierseifen, in der Färberei, Bleicherei, Wollwäscherei, in der Konditorei und Schnupftabakherstellung verwendet. Die aus Holzasche gewonnene Pottasche war bis in das letzte Drittel des vorigen Jahrhunderts allein gebräuchlich. 1838 begann die Herstellung aus Rübenmelasse, 1859 aus Wollschweiß und 1861 aus Kaliumsulfat.

Pulvermacher stellten Sprengstoff her, der hauptsächlich als Treibmittel für Geschosse verwendet wurde. Das älteste Schießpulver ist das »Schwarzpulver«, ein Gemenge aus pulverisiertem Salpeter, Schwefel und Holzkohle. Der Namensgeber Bertold Schwarz, ein Mönch und Alchimist, soll angeblich um 1259 die Treibwirkung der Pulvermischung bemerkt haben, was aber mittlerweile als reine Fabel gilt. Der erste sichere Hinweis auf die Sprengkraft des Schießpulvers im christlichen Abendland findet sich in den Schriften (1267) des in Paris lehrenden englischen Philosophen und Theologen Roger Bacon, allerdings läßt sich die Verwendung von Schießpulver als Treibmittel in »Büchsen« in Europa erst nach 1313 nachweisen.

Rechnungs- und Urkundenbücher von Städten wie Aufzeichnungen von → Büchsenmeistern des 15. Jahrhunderts geben Einblick in die Fertigungsverfahren von Schießpulver. Zunächst war nur das sogenannte Mehlpulver als Gemenge von Salpeter, Holzkohle und Schwefel bekannt, das wegen des Mangels an Luft zwischen den einzelnen Pulverteilchen nur sehr langsam abbrannte. Um eine raschere Verbrennung zu erreichen, versuchte man das Pulver zu »körnen«, was um

1420 zum ersten Mal gelang. Der Salpeter wurde durch Feuchtigkeit aufgelöst und bildete so eine optimale Bindung zwischen den übrigen Bestandteilen des Mehlpulvers. Zerschlug man einen solchen Pulverkuchen, wenn er trocken war, so entstanden viele kleinere und größere unregelmäßige Körnchen. Mit diesem »Knollenpulver«, das ziemlich resistent gegen Feuchtigkeit war und beim Zünden weit heftiger reagierte, hatte die Pulverherstellung einen Stand erreicht, der jahrhundertelang kaum wesentlich verbessert wurde.

Der ständig steigende Bedarf an Pulver sorgte zu Beginn des 15. Jahrhunderts für die Entstehung der ersten Pulvermühlen, da die Pulvermacher und Büchsenmeister in ihren Handmörsern nur geringe Mengen herzustellen in der Lage waren. Die Kunst der Zubereitung des Schießpulvers lag in der Dichte und im Mischungsverhältnis, das je nach Verwendung als Kanonen-, Musketen-, Flinten-, Pistolen- und Sprengpulver schwankte und außerdem von Land zu Land verschieden war. Eine recht oft in kriegstechnischen Handbüchern erwähnte Rezeptur nennt sechs Teile Salpeter, einen Teil Schwefel und einen Teil Lindenholzkohle als ideales Mengenverhältnis.

Diese Bestandteile des Schießpulvers wurden zunächst in Pulverstampfen (muldenförmige Tröge), die entweder handbetrieben mit federnd aufgehängten Stampfbalken arbeiteten oder durch Tiergöpel, Tret- oder Wasserräder angetrieben wurden, pulverisiert und gut vermengt. Um einer Entzündung infolge Reibung vorzubeugen — immer wieder flogen Pulvermühlen in die Luft — und gleichzeitig das Pulver zu körnen, feuchtete man es mit Wasser, Essig, Wein, Branntwein oder mit »Mannesharn« an. In der Regel betrug die Stampfzeit bei guter Pulverqualität bis zu dreißig Stunden. Später setzte man für diese Arbeit Walzmühlen ein, sogenannte Kollergänge mit aufrecht stehenden, mühlsteinähnlichen Läufern aus Marmor, was die Explosionsgefahr minderte. Den verdichteten Pulverzusatz preßte man anschließend zu Pulverkuchen, zerkleinerte diesen grob und brachte ihn in eine Körnmaschine, wo er zerrieben und gesiebt wurde. Abschließend mußten die feuchten Pulverkörner entweder an der Luft im Freien oder in Trockenhäusern (Dörrstuben) getrocknet werden; vielfach wurden sie auch noch zusätzlich in rotierenden Trommeln poliert. Das fertige Schießpulver verpackte man in mit Zinnfolie ausgelegten Fässern und bewahrte es an einem sicheren und völlig trockenen Ort, in sogenannten Pulvermagazinen oder Pulvertürmen, auf.

Die aus dem Kriegswesen bekannte Sprengwirkung des »Schwarzpulvers« wurde erstmals für zivile Zwecke in Tirol angewandt, beim Ausbau des Kunters-Weges im Eisacktal zu einer Fahrstraße, der 1481 begonnen wurde. Die Verwendung von Schießpulver im Montanwesen ließ auf sich warten, weil die Auswirkungen einer Sprengung unter Tage zunächst einfach nicht zu kontrollieren waren. Mit der bergmännischen Schießarbeit wurde erst 1627 im niederungarischen Schemnitz — angeblich durch den Tiroler Bergmann Caspar Weindl — und ein Jahr später in St. Lamprecht in der Steiermark begonnen.

Die Einführung rauchschwacher Schießpulver aus Schießbaumwolle (Nitrocellulose) oder aus Schießbaumwolle mit Nitroglyzerin (Sprengöl), verbesserte Verfahren und die Entdeckung des Dynamits durch Alfred Nobel (1867) ließen eine Sprengstoffindustrie entstehen, mit der kleine und mittlere Pulvermühlen nicht mehr mithalten konnten.

Raschmacher (auch Rascher oder Roscher) stellten Rasch her, ein leichtes Wollgewebe aus Kammgarnen. Unter anderem wurde es als Unterfutter für Teppiche und Borten verwendet. Die Raschweberei kam im 16. Jahrhundert im französischen Arras auf und entwickelte sich zunächst durch vertriebene Niederländer in den Hansestädten.

Reisner(innen) verfertigten eine der zierlichsten und ältesten Kopftrachten der Frauen, das Gebende (Gebände), das aus einer Stirnbinde (Wimpel oder Kronreif) und einem Kinn-

und Wangentuch (Rise), das oft mit Stickereien und Krausen reich verziert war, bestand. Das Gewerbe der Reisner(innen) findet bereits in Ottokars Reimchronik (1305–1319) Erwähnung.

Riesen machten ihre ungewöhnliche Körpergröße zum Geschäft. Die Schaustellung von Riesen läßt sich erst gegen Ende des 16. Jahrhunderts nachweisen. 1571 soll in Paris ein »Gigant« aus Siebenbürgen, der sich in einer gemieteten Wohnung bewundern ließ, großen Zulauf gehabt haben. Aus Irland stammten eine ganze Reihe von Schau-Riesen wie der 236 Zentimeter große Cornelius MacGrath, dessen Skelett für wissenschaftliche Zwecke erhalten blieb, oder James Murphy, der oft zusammen mit der Schweizer Riesin Marie Schubinger auftrat. Es wurde behauptet, Napoleon III. hätte die beiden unbedingt verheiraten wollen, um ein Geschlecht von Riesen heranzuzüchten, doch Schubinger war schon verheiratet. Als besonders grotesk werden die Auftritte der Riesin Dora Helms geschildert, die 1907 im Berliner Passage-Panoptikum als »Riesenbackfisch Dora« und als »Brunhilde« zu sehen war. 1937 debütierte auf der Pariser Weltausstellung ein Mann namens Georg Kiefer, der aus Metz stammte und sich »Riese aus dem Elsaß« nannte. Ein anderer Hüne, Gilbert A. Reichert aus Ohio, wirkte in dem 1952 von Cecil B. DeMille gedrehten Film *The Greatest Show on Earth* zusammen mit anderen Show Freaks mit, und noch Anfang der siebziger Jahre unseres Jahrhunderts stellte der aus Mozambique stammende Gabriel Munjane seine riesenhafte Körpergröße von 261 Zentimetern im Tivoli in Stockholm zur Schau.

Rosogliobrenner standen in arger Konkurrenz mit den Apothekern, denn sie destillierten aus Wein ebenfalls das »wunderbare Wasser«, das Kardinal Vitalis de Furno zum Allheilmittel gegen jede Krankheit erklärte. Aus dem Alkohol stellten sie einen *Liqueur* her, der mit Rosenöl, manchmal auch mit Orangenblüten, und mit dem aus Arabien importierten Zucker versetzt war, und priesen ihn als Heilmittel an. Sie hatten vor allem in Zeiten der Pest und Cholera Konjunktur, weil man erkannt hatte, daß Wasser krank machen konnte, Alkohol aber nicht.

Roßtäuscher betrieben ursprünglich den Tauschhandel, später das Geldgeschäft mit Pferden; nach Grimm galten sie »als Betrüger« und erschienen meist »in schlechter Gesellschaft«, was ihnen den Spottnamen »Roßtäuscher« eintrug. Sie färbten unter anderem grauhaarige Pferde und rieben ihnen Pfeffer in den After, um Temperament vorzutäuschen.

Rotgießer (auch Apengießer) stellten aus einer Legierung von (im wesentlichen) Kupfer und Zink (Messing) so typische Rotgußarbeiten wie etwa Feuerspritzen, Statuen, Kron- und Armleuchter, Taufgefäße, Tabernakel, Grabplatten und dergleichen her. In den meisten Städten übten Rotgießer bis ins 18. Jahrhundert vielfach auch die Tätigkeit der → Gelbgießer aus, und in Nürnberg war das Gewerbe um diese Zeit außerordentlich verzweigt: Es gab Gießer, Former, Ausbreiter, Gewichtmacher, Zapfen- und Hähnemacher, Leuchtermacher, Wägleinmacher, Rollenmacher und Messingdrechsler.

Saitenmacher verfertigten aus den Därmen der Schafe und Ziegen dünne Stränge, die auf Musikinstrumente (Violinen, Baßgeigen, Cellos) gespannt wurden oder zum Antrieb von kleinen Maschinen wie Spinnrädern, Drehbänken und Bohrern dienten. Vorzüglich eigneten sich die Därme von jungen und mageren Tieren, die zuerst gewaschen, dann mit stumpfen Messern geschabt, durch wiederholtes Auswaschen in Pottaschelauge entfettet und in mehrere Bänder gespalten wurden. Diese Bänder verdrehte man sorgfältig, so daß eine an allen Stellen gleichmäßig dicke und feste Schnur entstand, die mit Bimsstein abgerieben und mit Mandel- oder Olivenöl getränkt wurde. Gute Darmsaiten mußten bei sehr hoher Festigkeit und Widerstandskraft gegen Dehnung auch geschmeidig sein.

Aus den Werkstätten der Saitenmacher drang ein grausiger Gestank von Fäulnis, der sich bis ins Unerträgliche verstärken konnte, wenn sich — was oft der Fall war — eine Abdeckerei in der Nähe befand. 1824 schrieb der Pariser Apotheker Labarraque — der den Chlorkalk als wirkungsvolles Desinfektionsmittel zur Anwendung brachte — ein Handbuch für Darmsaitenmacher, in dem er Anweisungen gab, wie sie ihr Gewerbe ohne Geruchsbelästigung ausüben konnten.

Salamikrämer traten im vorigen Jahrhundert vornehmlich in Wien mit ihrem unverwechselbaren Kaufruf: »Salamini, da bin i! — Salamoni, geh doni [zur Seite]!« zum Gaudium der Bevölkerung in Erscheinung. Die *Salamucci,* wie sie genannt wurden, waren meistens Lombarden, Friauler und Venetianer, die in den Straßen, Schenken und Wirtshausgärten Würste und Käse feilboten. »Nichts ist abstechender«, meint ein Chronist, der das Fremde schon damals als störend empfand, »als diese Abkömmlinge der alten Weltbeherrscher. Wohl gewachsen, munteren, braunen Gesichts, laufen sie schnellen Fußes mit lebhaftem Blick bald hierhin, bald dorthin, und rufen mit selbstgefälliger Miene in gebrochenem Deutsch ihre Ware aus.«

Salinisten nannte man die Verfasser einer eigenständigen Fachliteratur, die sich in Anbetracht der Bedeutung der Salzgewinnung seit dem späten 16. Jahrhundert etablierte. Es waren meist wissenschaftlich vorgebildete Technologen, die sich praktisch und theoretisch mit der Solegewinnung und Versiedung befaßten. Die erste Monographie über das Kochsalz und das deutsche Salinenwesen stammt von dem Pfänner und Ratsherrn im thüringischen Frankenhausen Johann Thölde und erschien 1603 unter dem Titel *Haligraphia, Das ist Gründliche vnd eigendliche Beschreibung aller Saltz Mine-*

ralien ... Von den unzähligen Salinisten des 18. Jahrhunderts seien hier nur zwei erwähnt, die zur Weiterentwicklung der Salinenkunde wichtige Beiträge geleistet haben: Johann Wilhelm Langsdorf, Kammerrat und Reorganisator der Saline Salzhausen, und sein Bruder Karl Christian Langsdorf, Professor in Heidelberg.

Seit Urzeiten waren das Salz, seine Gewinnung und der Salzhandel von höchster Wichtigkeit. Salz diente vielfach als wichtiges Tauschmittel, und die Salzquellen genossen besondere Verehrung. Im Salz glaubte man eine göttliche Wesenskraft verkörpert, die Kraft des Lebens (Blut schmeckt salzig!), der Treue, der Gastlichkeit. Gemeinsamer Salzgenuß verband unauflöslich oder für eine gewisse Zeit. Das Salzverschütten oder Vergeuden galt und gilt zum Teil noch als Vorbedeutung von Streit oder Blutvergießen. Im ehrfürchtig behüteten und verehrten Salzfaß erblickten zum Beispiel die Römer ein Symbol für den geheimnisvollen Bund zwischen den toten, den lebenden und den künftigen Gliedern der Familie. Abgaben und Staatsgehälter *(salarium)* wurden in Salzrationen gezahlt, und der Begriff »Salär« war noch vor nicht allzulanger Zeit — vor allem in Österreich und der Schweiz — eine gängige Bezeichnung für Honorar, Gehalt oder Lohn.

Vom Bergbau auf Steinsalz und von der Gewinnung des Salzes aus natürlichen Solequellen sprachen schon im 1. Jahrhundert nach Christus der griechische Historiker und Geograph Strabon aus Amasia in Pontos und der Römer Plinius der Ältere. Er beschrieb zusätzlich die Einrichtung von »Salzgärten« an Meeresküsten. Die Verfahren zur Salzgewinnung blieben lange Zeit weitgehend unverändert. Das galt vor allem für die Meersalzgewinnung an den Küsten im südlichen Europa, aber auch für den bergmännischen Abbau von Steinsalz (→Bergarbeiterschaft). Bei der Gewinnung von Salzsole aus einer salzhaltigen Quelle durch Auslaugen mit Süßwasser, das in Steinsalzvorkommen geleitet wurde (Sinkwerke), sowie bei der Soleförderung wurden nach und nach verschiedene

Methoden angewandt. Gefördert wurde mit Schöpfgalgen ähnlich den Ziehbrunnen der ungarischen Pußta, mit Haspelwerken, an deren Seilen Kübel oder Ledersäcke (Bulgen) hingen, mit »Heinzenkünste« genannten Schöpfvorrichtungen und zunehmend mit Saugpumpen, die von Hand oder durch Wasserräder angetrieben wurden. Die von Hasplern, Schöpfern, Störtzern und Zäpfern — so die einzelnen Berufsbezeichnungen — ans Tageslicht geschöpfte oder gepumpte Sole wurde entweder in Zubern von Soleträgern zu den Pfannhäusern getragen oder in hölzernen und bleiernen Röhren vom Salzberg zum Sudhaus geleitet. Gewiß ein Meisterwerk der damaligen Technik war die Soleleitung von Reichenhall in das zweiunddreißig Kilometer entfernte Traunstein. Die Sole aus Reichenhall konnte dort wegen der bereits herrschenden Holzknappheit nicht versotten werden. Auf Vorschlag seiner Berater verfügte Herzog Maximilian I. den Bau einer neuen Sudhütte in Traunstein, die durch eine Soleleitung aus Reichenhall gespeist werden sollte. Das besondere Problem war die Überwindung von insgesamt zweihundertsechzig Höhenmetern. Mit den Arbeiten beauftragt wurde der Hofbaumeister Hans Reiffenstuel, der die Rohrleitung und den Bau der Pumpwerke in den Jahren 1617 bis 1619 bewerkstelligen konnte. Sie versahen dann fast zweihundert Jahre lang erfolgreich ihren Dienst. Für den Bau waren allein 7000 gebohrte Holzröhren und zahlreiche gegossene Bleileitungen erforderlich.

Für das Salzsieden bediente man sich der Siedepfannen, die im Laufe der Jahrhunderte durch immer größere ersetzt wurden und deren Befeuerung enorme Mengen an Nadelholz verschlang. Schon 1367 waren auf der Tiroler Saline Hall vier Pfannen aus Eisenblech in Verwendung, die jeweils fünfzehn Meter lang und fünf Meter breit waren und eine Tiefe von einem halben Meter aufwiesen. Die gegen die sogenannte Pehrstatt hin leicht geneigten Siedepfannen waren aus verschieden großen geschmiedeten Eisenblechen zusammengesetzt, die mit Nägeln oder Nieten schuppen- oder dachziegelförmig übereinander befestigt waren. Sie ruhten auf einem Ofen aus Bruchsteinen oder Ziegeln in einem überdachten Sud- oder Pfannhaus und wurden zusätzlich durch Haken am Gebälk des Dachstuhls gehalten. Nach dem Verdampfen des Wassers blieb das kristalline Salz als Rückstand in der Pfanne. Es wurde in feuchtem Zustand in hölzerne Formen (Kufen) gepreßt und mit Stößeln festgestampft. Die konischen Salzstöcke (Fuder) brachte man danach in Dörrhäuser, wo sie durch Heißluft bis zum klingenden Zustand austrockneten. Alle diese Tätigkeiten konnten nur gelernte Arbeiter, die sogenannten Pfannhauser, verrichten, an deren Spitze der Pfannmeister stand. Es gab Schürer, Pehrer, Zu- und Überzieher und Poßler (die das feuchte Salz in die Kufen preßten); dazu kamen als weniger oder nicht qualifizierte Arbeitskräfte die Fuderträger, Wochner, Samstaghüter zur Wache im Pfannhaus während des Kaltstehens der Pfannen, Kottrager, Zustürzer, Wasserhüter, Widttrager, Salzdörrer und Pfieselschreiber. Ihre Entlohnung erfolgte meist am Schluß einer jeden Siedewoche je nach Anzahl der Salzfuder, die gepreßt worden waren.

Schon die Kelten waren als Salzsieder bekannt, und vom keltischen Begriff für Salz stammen wohl die vielen Bezeichnungen von Salzorten auf »hall« wie Halle an der Saale, Hallstatt, Hall in Tirol, Hallein, Schwäbisch-Hall oder Reichenhall. Ebenso weisen Namen wie Salzburg, Salzgitter, Salzkotten, Salzwedel oder Salzkammergut, die Bäder Salzhausen, Salzdetfurth, Salzuflen, Salzig, Salzschlirf oder Salzungen auf Orte oder Regionen hin, deren Bevölkerung in ihrer Lebensform maßgeblich vom Salz bestimmt war.

Saliterer (auch Salpetersieder) sammelten salzhaltige Erden ein und gewannen daraus geläuterten Salpeter (Saliter), einen wichtigen Grundstoff der Schießpulvererzeugung. Der Saliterer hatte von den Landständen das Privileg, in Bauernhäusern und Stallungen unter den Bretterböden nach dem »Felsensalz« (lat. *sal petrae*) zu graben. »Die beste und reichste

Erde an Salpeter«, heißt es in dem *Großen Probierbuch* (1574) des Obersten Bergmeisters in Böhmen, Lazarus Ercker, »ist die aus Schafställen, auß den Bräu und Färbhäusern und von denen Orten da man mit Alaunischen Fetten dingen viel umbgeht.«

Die gesammelte Erde wurde mit Holzasche und reichlich Wasser in großen Kupferkesseln angesetzt, verdampft und eingedickt. Nach Übergießen des Konzentrats mit einer Kochsalzlösung erhitzte man die Brühe so lange, bis sich der Salpeter löste, schöpfte dann den dunklen Schaum ab, gab etwas Essig und Alaun dazu und filterte schließlich die salpeterhaltige Lauge. Zum Abschluß wurde der kristallisierte, geläuterte Salpeter im Sandbad getrocknet.

In die Geschichte ist der Salpetersieder Johann Fridolin Albiez eingegangen, der im südlichen Schwarzwald eine politisch-religiöse Sekte gründete, die sich Salpeterer nannte und die um die Mitte des 18. Jahrhunderts besonders gegen die Leibeigenschaft aufbegehrte.

Sämer boten Salz im Kleinverschleiß auf Wagen, auf Saumpferden oder als Buckelträger feil. Sie zogen von Dorf zu Dorf und hatten bei ihrem mühseligen Gewerbe einen nur äußerst bescheidenen Verdienst.

Sattler und Riemer verarbeiteten vorwiegend das gleiche Material, nämlich Leder: die einen ursprünglich zu Sätteln, die anderen zu Gurten und Riemen. Die Sattler hatten allerdings gegenüber den Riemern den Vorteil, daß sie die schwierige und komplizierte Arbeit des Sattelmachens befähigte, auch das einfachere Riemerhandwerk auszuüben. Das führte dazu, daß sich die Riemer stets erbittert dagegen wehren mußten, im Sattlergewerbe aufzugehen.

Bei der pompösen Fronleichnamsprozession, die sich am 4. Juni des Jahres 1744 durch die Straßen der Wiener Innenstadt bewegte, marschierten die bürgerlichen Handwerkszünfte vor den Trinitariern, Karmelitern, Serviten, Augustiner

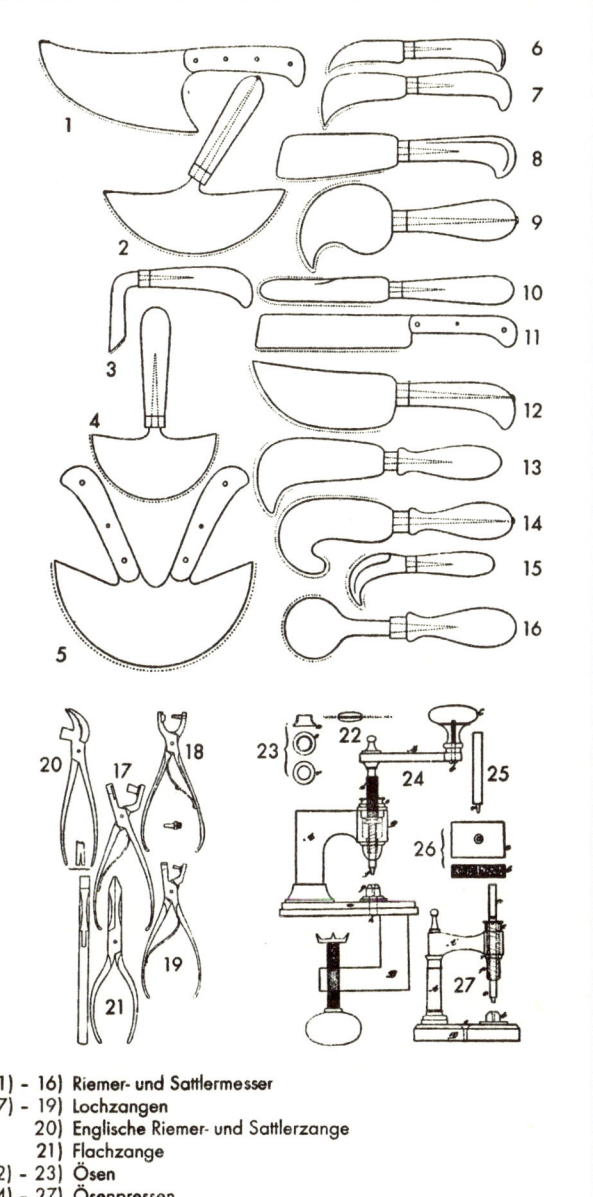

1) – 16) Riemer- und Sattlermesser
17) – 19) Lochzangen
    20) Englische Riemer- und Sattlerzange
    21) Flachzange
22) – 23) Ösen
24) – 27) Ösenpressen

Barfüßern, Paulanern, Kapuzinern, Minoriten, Franziskanern und Dominikanern. Die vierunddreißigste Abteilung bildeten die Sattler, an deren Spitze ein Altgeselle die schwere Zunftfahne mit dem Heiligen Georg trug, gefolgt von den Riemern, auf deren Fahne wiederum der Apostel Paulus mit dem Schwert in der Linken mit goldenen Litzen eingestickt war.

Die rasante Entwicklung des Kutschwagenbaus brachte für das Sattlerhandwerk ein breites und lukratives Betätigungsfeld. Sitzpolsterungen, Innentapezierungen, lederne Verdecke und wasserdichte Überzüge aus Wachsleinwand gehörten ebenso dazu wie Riemenzeug, Lederkoffer und Reisetaschen. Die wichtigsten Werkzeuge der Sattler und Riemer waren Ahlen und Nadeln zum Nähen, Sattlerroß und Sattlerzange als Hilfsgeräte zum Nähen, die Sattlermonde zum Schneiden (ähnlich einem Wiegemesser, allerdings mit nur einem Griff), Locheisen, Reifelhölzer zum Einprägen von Zierlinien und Kummetstöcke, die als Modell für Pferdehälse dienten. Nicht wenige Sattlermeister gingen dazu über, sich ganz dem Kutschenbau zuzuwenden.

Säumer besorgten vor der Entstehung eines überregionalen Straßensystems vorwiegend im Auftrag von Kaufleuten die Beförderung von Waren (Saum) mit Pferden, Eseln, Mauleseln und Maultieren, bisweilen auch über extreme Alpen-Routen, wie zum Beispiel über die Hohen Tauern, den Brenner, den Großen Sankt Bernhard und den Septimer in den Graubündner Alpen. Der Landtransport im allgemeinen war schwerfällig, kostspielig und mitunter recht gefahrvoll, weshalb man das Risiko gerne durch die Bildung von Reisegemeinschaften zu reduzieren suchte.

Schäfer hüteten eines der ältesten Haustiere, das Schaf, von dem zunächst nur das Fleisch, Blut und die Haut, wesentlich später erst die Milch und zuletzt die Wolle benutzt wurde. »Schäfer und Schinder sind Geschwisterkinder«, hieß es in einem alten Spruch, der andeuten sollte, daß die Schäfer auch mit dem Abdecken von totem Vieh befaßt waren und daher als »Unehrliche« galten. Aber auch, weil diese Gruppe von Menschen im wesentlichen unfrei war, was sie in den Augen des ehrwürdigen Handwerks zunftunfähig machte; und weil die Hirten nach dem »Sachsenspiegel« vom Heeresdienst befreit waren, um nicht die Herde verlassen zu müssen, aber bei den Deutschen alles unehrlich war, was nicht im Heer- oder Bürgerbanne mitkämpfte. So wurden die von Rechts wegen für die Volkswirtschaft unentbehrlichen Schäfer ge- ächtet und ihrer vollen staatsbürgerlichen Rechte beraubt. Es wurde ihnen bei Strafe verboten, modische (à la mode) Hüte oder Röcke, Federbüsche, große Überschläge, abge- setzte Stiefel, Sporen, Pistolen oder Degen zu tragen, Sattel- zeug zu verwenden, Windhunde zu führen oder für ihre Kleidung Tuch zu gebrauchen, von dem die Elle mehr als einen Gulden kostete. Im Jahre 1704 beschwerten sich die Schäfer bei Kaiser Leopold, daß die »zeithero wegen ihrer Schäferei-Handthierung bei dem gemeinen Mann und Pöbel in einem solchen üblen Wahn und Meinung gewesen, daß sie allenthalben für unehrlich, wie auch ihre Kinder zur Erler- nung eines Handwerks für untüchtig gehalten, infolglich sie unschuldig vor männiglich veracht und verlassen sein müß- ten«. Der Kaiser bestimmte, daß der den Schäfern beigemes- sene »üble Wahn und Macul gäntzlich aufgehebet, abgethan und aboliret« werden soll. Solche recht häufig erteilten Privilegien trugen meist recht wenig zur Verbesserung des gesellschaftlichen Status bei.

Trotz des Makels der Unehrlichkeit scheinen sich die Schä- fer als unabhängige und selbstbewußte Leute gefühlt zu haben, wie zahlreiche Beispiele beweisen. In der Mark Bran- denburg bildeten sie unter sich eine Zunft. Sie machten den Gutsbesitzern Vorschriften und wollten nur von selbstgewähl- ten Richtern zur Verantwortung gezogen werden. Ihren Willen versuchten sie durch Fehdebriefe und Brandzeichen in Städten und Dörfern durchzusetzen, und abtrünnige Genos-

sen wurden rigoros aus dem Gebiet vertrieben. In einer Ge-
sinde-, Hirten- und Schäferordnung des Kurfürsten Georg
Wilhelm aus dem Jahre 1620 wurde Klage geführt, daß »deren
Stolz, Trotz und Übermuth sich so sehr und überflüssig
gehäuffet, daß es zu verwundern« ist.

Bis zum Beginn des 19. Jahrhunderts gab es die Menge-
schäfer (Hudesleute), die Hälftschäfer und die Pachtschäfer.
Die ersteren waren die am meisten verbreiteten. Sie übernahmen eine Herde mit dem Recht, auch eigene Tiere mit auf
die Weide zu treiben. Der Hälftschäfer war überhaupt Besitzer der Herde und bezog mit ihr die leerstehende Schäferei
eines Berechtigten, dem er für die Weide und Durchwinterung
der Herde die Hälfte der Wolle und der Lämmer zu geben
hatte. Die Pachtschäfer nahmen gewöhnlich eine Herde in
feste Pacht und hatten sie in gleicher Stückzahl wieder abzu-
liefern.

Die naturverbundene, abgeschiedene Existenz des Schäfers
inspirierte schon die alten Griechen zu idyllischer Dichtung
(bukolische Poesie), die im 16. und 17. Jahrhundert als Schä-
ferdichtung und Hirtendrama von Italien aus (wahrscheinlich
mit Torquato Tassos *Aminta*) ihren Siegeszug durch die
Literatur aller Kulturländer antrat. Auch eine gebräuchliche
Redensart entstand nach dem Schäfer, der seine Herde vor
dem Gewitter in Sicherheit bringt: »seine Schäfchen ins
Trockene bringen«.

Scharfrichter (auch Diller, Nachrichter, Freimänner, Züch-
tiger, Strenge, Henker) waren die Vollstrecker der Todes-
und Leibesstrafen und übten diese Tätigkeit als Beruf nach-
weislich schon 1276 in Augsburg, einige Jahre später auch in
Braunschweig, München und Regensburg aus. Ursprünglich
war es das Recht und die Pflicht des Geschädigten, den Misse-
täter zu richten, auf welche Weise, war zunächst ganz seinem
Belieben anheimgestellt. »Der Räuber soll das Todesurteil
durch die Hände des Beraubten erleiden«, hieß es ganz allgemein, und das *Rechtsbuch nach Distinktionen,* das in der

zweiten Hälfte des 14. Jahrhunderts angewandt wurde, beschreibt ausführlich, was einer zu tun hatte, »der einen radebrechen wel«. Aber nicht nur der einzelne übte Rache, sondern es war gang und gäbe, daß die ganze Gemeinde »zu gesamter Hand«, wie es hieß, die Strafe vollzog, was recht oft in wüste Lynchjustiz ausartete. Die Entwicklung der städtischen Kultur brachte es mit sich, daß das »heilige Recht« auf persönliche Rache als unzivilisiert und nicht mehr zeitgemäß galt. Was lag näher, als den Übeltäter zu zwingen, die Strafe an sich selbst zu vollziehen, was vielfach geschah, oder man versprach einem mitgefangenen Spießgesellen die Begnadigung, wenn er das Urteil vollstreckte. Friedrich Barbarossa hat einmal elf Adelige, die wegen Landfriedensbruchs aufgeknüpft werden sollten, durch den zwölften hinrichten lassen, dem dafür das Leben geschenkt wurde. Eine Zeitlang war es in Deutschland Sitte, daß ein freier und unbescholtener Mann, der Fronbote, berufsmäßig, aber ehrenamtlich den »Bann«, die Strafgewalt des Richters, verkündete und als dessen Gehilfe oder »Weibel« das Urteil vollstreckte. Er galt als der Vorläufer des Scharfrichters und durfte »die Leut ohne Sünd wohl peinigen und töten« (Sachsenspiegel). Waren es Verurteilte aus dem »niederen Volk« oder Juden, die immer härter und qualvoller bestraft wurden als andere, so überließ der Fronbote die blutige Arbeit seinen Knechten. Auch der städtische Büttel, ursprünglich ein Gerichtsbote und eine durchaus angesehene Person, die erst später ihre Ehre einbüßte, trat als Vollstrecker der Bluturteile auf.

Im Gegensatz zum Fronboten galt der Scharfrichter bis ins 18. Jahrhundert als unehrliche und anrüchige Person, umgeben von Verachtung und Ekel, »weil es dem natürlichen Gefühl widerstrebte, daß sich ein Mensch dazu hingab und gleichsam sein Geschäft daraus machte, andere ums Leben zu bringen« (J. Grimm). Scharfrichter waren Parias, die ihr Gewerbe zwangsweise auf die Söhne vererben mußten — wodurch mit der Zeit regelrechte Scharfrichterdynastien entstanden — und die ihre Kinder nur mit ihresgleichen verheiraten durften. Das Augsburger Stadtrecht vom Jahre 1276, das älteste, das Rechte und Pflichten des neuen Amts genau umschreibt, nennt ihn bereits einen Hurensohn, und weitere Demütigungen blieben nicht aus. So mußten Scharfrichter zusätzlich Ämter verrichten, die kein Bürger freiwillig übernehmen wollte, wie Dirnen beaufsichtigen, Aussätzige aus der Stadt treiben, Abtritte reinigen und die Wasenmeisterei (→Abdecker) besorgen. Der Volksmund ersann immer neue Bezeichnungen für den unheimlichen Mann: Er wurde Teufel, Meister Hemmerling oder Hämmerlein, Knüpfauf, Kurzab, Schnürhänschen, Angstmann, Meister Hans und Meister Fix genannt. War es ihm erlaubt, in einer Wirtsstube »mit ehrlichen Christenmenschen seinen Schoppen zu trinken«, so stellte man ihm einen dreibeinigen Stuhl, der den Galgen symbolisieren sollte, an die Tür, und sein Krug durfte keinen Deckel haben. Vielfach war es ihm verwehrt, kirchlich getraut und begraben zu werden oder am Abendmahl teilzunehmen, und wer mit ihm in Berührung kam oder mit ihm verkehrte, dem haftete lebenslang ein Makel an. Im Jahre 1546 nahm sich in Basel ein Handwerksmann das Leben, weil er im Rausch mit dem Scharfrichter getrunken hatte und daraufhin aus der Zunft ausgeschlossen wurde. Der junge Heinrich Heine scheint diesen Widerwillen anders empfunden zu haben, denn »trotz dem Richtschwert, womit schon hundert arme Schelme geköpft worden, und trotz der Infamie, womit jede Berührung des unehrlichen Geschlechts Jeden behaftet«, schreibt er, »küßte ich die schöne Scharfrichterstochter. Ich küßte sie nicht bloß aus zärtlicher Neigung, sondern auch aus Hohn gegen die alte Gesellschaft und alle ihre dunklen Vorurteile.« Aber nicht nur die Scharfrichter, sondern alle, die mit den vermeintlichen oder tatsächlichen Missetätern der Gesellschaft zu tun hatten, die als Häscher, Büttel, Polizeidiener, (Amts-)Schließer oder Schlüter, Gefängniswärter, Pförtner, Stadt- und Stöckeknechte, Profosse, Bruchvögte (Gerichtsdiener) der Obrigkeit dienten, galten schließlich als unehrlich, als *levis notae macula*.

Ein merkwürdiger Widerspruch bestand in der häufig vorkommenden Verbindung von Scharfrichter und Heilkundigem. Den einen nahm er das Leben, verstümmelte oder quälte sie, den anderen half er als sachkundiger und geschätzter Arzt und Chirurg. Es waren vor allem anatomische Kenntnisse, die der Scharfrichter durch seinen Beruf erwerben konnte. Das Rädern und Vierteilen von Abgeurteilten sowie das Tranchieren verendeter Tiere ermöglichten ihm das Kennenlernen des menschlichen und tierischen Körperbaus. Der Nürnberger Scharfrichter Franz Schmidt erwähnt recht oft in seinem Tagebuch, einen Gerichteten »adonamirt und geschnitten« zu haben. Auch beim Foltern mußte er mit dem Körper und den Reaktionen des Gemarterten vertraut sein, um zu wissen, wann er die Tortur unterbrechen mußte, damit der Delinquent nicht unerwartet starb. Hatte er sein rohes Werk beendet, war es seine Aufgabe, dem Unglücklichen die Glieder so gut wie möglich wieder einzurenken, und bei Verstümmelungsstrafen hatte er dafür zu sorgen, daß die Wunden, die durch Amputation von Armen, Fingern, Ohren oder Zungen verursacht wurden, verheilten und nicht zum Tod führten. Theophrastus Paracelsus gab zu, viele seiner Kenntnisse und Heilmittel bei »Nachrichtern und Scherern« gesammelt zu haben. Als Hüter der Richtstätte, die immer schon als mysteriöser Ort galt, verfügte der Scharfrichter über einen nicht geringen Vorteil gegenüber seinen stets eifersüchtigen Konkurrenten, den studierten Medici, Badern und Barbieren. Mit dem Aberglauben ließen sich gute Geschäfte machen, denn alles, was von einem hingerichteten Menschen stammte, galt als irgendwie wertvoll und glückbringend oder war als zauberkräftige Medizin verwendbar. Ein Fingerglied oder ein anderes Knöchelchen eines armen Sünders, im Geldbeutel aufbewahrt, sollte diesen nie leer werden lassen; trug man es bei sich, so sollte es vor Ungeziefer schützen; und unter der Hausschwelle vergraben schaffte es beständigen Haussegen. Das Hirn eines Gerichteten galt als Medizin gegen Tollwut, seine Haut half gegen die Gicht, die Schamhaare, in einem Tuch um den Unterleib getragen, verbürgten ersehnte Schwangerschaft. Vor allem aber versuchte man, des frischen Blutes habhaft zu werden, denn schon ein paar Tropfen konnten die gefährlichsten Krankheiten kurieren. Bei der Hinrichtung des berühmt-berüchtigten Johann Bückler, genannt Schinderhannes, und seiner Bande 1803 zu Mainz, fingen die Henkersknechte das Blut der Geköpften in Bechern auf, die sie, natürlich nicht umsonst, den dicht um den Richtblock gedrängten Fallsüchtigen (Epileptikern) reichten. Der letzte Scharfrichter im k. k. Österreich, Josef Lang, trug in seiner Brieftasche immer mehrere Fasern von den Stricken der von ihm Gehenkten. In seinen Erinnerungen berichtet er, wie er von Frauen und Männern sogar der höchsten Gesellschaftskreise um diese Glücksbringer bestürmt wurde. »Die Zuversicht, mit welcher die Beschenkten mit ihrem Talisman von dannen zogen, war beneidenswert, jedes angenehme Erlebnis wurde in Dankbarkeit dem Talisman zu Gute gehalten, und manche vornehme Dame, die sich nach ihrer Meinung im Segen seiner glückbringenden Wirkung sonnte, hat es sich nicht nehmen lassen, dem gefälligen Spender mit sehr kostbaren Gegengeschenken ihren Dank abzustatten.«

Dieser Josef Lang, der 1855 zur Welt kam, hatte nichts mehr gemein mit seinen rechtlosen und verachteten Kollegen von früher. Der Ekel des Volkes wich einem scheuen Respekt, und sein Name löste höchstens prickelndes Gruseln aus. Er erhielt Einladungen zu Soireen der allerhöchsten Aristokratie, zu amourösen Abenteuern und immer wieder Heiratsangebote. Amtshandelte er, so war er mit einem schwarzen Salonanzug bekleidet, trug einen Zylinder und schwarze Glacéhandschuhe, die er nach vollzogener Hinrichtung unter den Galgen warf. Andere Scharfrichter, die durch die Abnahme der Todesstrafen ab der Mitte des 19. Jahrhunderts brotlos wurden, betätigten sich als Tierärzte oder wurden Landwirte, Viehhändler, Seifensieder oder Fuhrwerksunternehmer. Ihre Kinder ergriffen meist handwerkliche Berufe, und schon die Enkel wußten oft nicht mehr, daß ihre Vorfahren das Richtschwert geführt hatten.

Schenke hatten die Besorgung der zum Hofhalt erforderlichen Getränke zur Pflicht und mußten bei feierlichen Gelegenheiten den Wein vorkosten, kredenzen und die geleerten Becher fleißig nachfüllen. Sie finden sich schon am fränkischen Königshof, wo sie eines der vier höchsten Hofämter bekleideten, gemeinsam mit →Truchseß, →Marschall und →Kämmerer. Sie waren die obersten Mundschenke, die ihr Amt bis zum Erlöschen des Heiligen Römischen Reiches Deutscher Nation 1806 als erbliches Erzamt ausübten, das seit dem Erlaß der Goldenen Bulle von 1356 mit den Kurwürden (Erzschenk war der König von Böhmen) gesetzmäßig verknüpft war. Bei festlichen Gelegenheiten, besonders bei Krönungsfeierlichkeiten, überreichten sie dem Herrscher einen mit Wein gefüllten Pokal.

Schiffleute war die allgemeine Bezeichnung für jene Personen, die in den vielfältigsten Professionen in der Flußschiffahrt auf der Donau und ihren Nebenflüssen tätig waren. Der große Aufschwung, den die Handelsschiffahrt im 13. Jahrhundert nahm, förderte die Ausbildung eines eigenen Schifferberufes, der nach Art der Tätigkeit und der Rangordnung aufgespalten war. Jeder Mann auf dem Schiff hatte seine bestimmte Aufgabe, die er nur erfüllen konnte und durfte, wenn er sie erlernt hatte. Die älteste Bezeichnung für einen Schiffmann war Ferg (der *verge* des Nibelungenliedes, der *ferig* der Passauer Mautbücher um 1400) oder Förg, später nannte man ihn Schefmann, Schefknecht und Schiffknecht.

Der Führer eines stromabwärts (nauwärts) fahrenden Schiffes hieß im allgemeinen Nauförg, Naufahrer oder Nauführer. Der zweite Mann war der Steurer, gewöhnlich Stoirer genannt, der an der Stoir, dem Heck des Schiffes, stand und für die Steuerung verantwortlich war. Die Schiffstype und die Eigenart des Flusses bestimmten die weitere Schiffsbesatzung, die zum Beispiel auf der Strecke Hallstatt — Gmunden noch aus dem Fahrer, den zwei Mehringern, zwei Knechten und drei Mietknechten bestand.

Die Fahrt gegen den Strom (Gegenzüge) unterschied sich ganz wesentlich von der Naufahrt; sie war mühseliger und zeitraubender, aber auch gefährlicher und erforderte viel mehr Personal. Gewöhnlich bestand ein Schiffzug aus drei beladenen Schiffen, die der Reihe nach als Hohenau, Nebenbei und Schwemmer bezeichnet wurden. Alle drei Schiffe waren äußerst robuste Zillen, die Hohenau von der Bauart stets ein Kehlheimer, die anderen beiden waren Gamsen, die den Kehlheimern ähnlich, aber etwas kleiner waren. Dazu kamen noch einige Nebenschiffe: der Seilmutzen, der zur Manipulation des Zugseiles (Buesens) diente und an der Hohenau angehängt war; die Einstellplätten (meist drei), mit denen die Pferde an den Ausgangspunkt der Reise und während des Zuges von einem Ufer an das andere geführt wurden; eine Futterplätte, die ebenfalls an der Hohenau angehängt war, und drei Waidzillen für den Verkehr mit dem Land und für Rettungszwecke, die an einem der anderen Hauptschiffe festgemacht waren. Der ganze Schiffzug wurde von dreißig, vierzig und mehr kräftigen und großen Pferden (»Hochenauer Rosse«), die von → Schiffreitern geritten wurden, vom Ufer aus gezogen. Für eine Reise von Pest (Budapest) nach Regensburg benötigte man unter günstigen Bedingungen zwölf bis vierzehn Wochen, von Wien nach Linz im Sommer vierzehn Tage, von Linz nach Passau im Spätherbst sechs, sieben und acht Tage.

Auf der Hohenau, dem ersten Hauptschiff, befanden sich der Sößstaller, er war der Kommandant, der Seilträger, der die Aufsicht über das Seilzeug hatte, der Bruckknecht, als Gehilfe des Seilträgers, der Stoirer oder Steuermann, sein Helfer, Hilfsruderer genannt, der Reserveschiffmann und der Koch. Den Nebenbei, der »an der Stoir der Hohenau gehalten« wurde, bedienten der Nebenbeifahrer als Steuermann, sein Helfer, der Nebenbei-Hilfsruderer, und der Bock, der mit

278

Bremse und Hängseil die Steuerung des dritten Hauptschiffs, des Schwemmers, zu regeln hatte. Auf der Nebenbei saß noch der Schiffsschreiber als Vertreter des Schiffmeisters (der als Frächter oder Spediteur das Recht hatte, Waren gegen Lohn zu transportieren). Der Schiffsschreiber übte die Kontrolle in allen wirtschaftlichen Belangen aus, führte die Kasse und besorgte die Einkäufe. Die Mannschaft des Schwemmers bestand aus dem Schwemmerferg, dem Schwemmersteurer und dem Schwemmerhilfsruderer. Die im Rang gleich hinter dem Sößstaller kommenden Seilträger, Bruckknechte, Hohenaustoirer und Schwemmerfergen hießen Mehringer. Die Nebenschiffe wurden von Zillenführern gerudert und gesteuert. In den Anfängen der Flußschiffahrt gegen den Strom wurden die Schiffe von Menschen gezogen; aber nicht nur damals: Unter Kaiser Josef II. wurden zum Tode verurteilte Verbrecher zum Schiffziehen »begnadigt«, eine äußerst grausame Strafe, die selbst die kräftigsten Delinquenten in wenigen Monaten hinwegraffte.

Zu den Schiffleuten gehörten auch die Zillenhüter, die an den Landestellen die beladenen wie die leeren Schiffe zu bewachen und nach Bedarf zu entwässern hatten. Die Schiffleute, die nicht bei den Gegenzügen beschäftigt waren, mußten vom Endpunkt ihrer Reise auf dem Landweg in die Heimat zurückkehren. Der Flötzersteig in Wien war zum Beispiel ein solcher uralter Verkehrsweg nach dem Westen, der von den heimkehrenden Schiffleuten und Flößern benützt wurde.

Der Ruf der Schiffleute war kein allzu guter. Sie seien liederlich, boshaft und derb gewesen, waren öfters an gewaltsamen Erhebungen (in Hallstatt, in Laufen und an der Traun) beteiligt und viele von ihnen der Trunksucht verfallen. Vom bayerischen Schiffsvolk wurde behauptet, daß es infolge der Trunkenheit unvorsichtig und tollkühn sei. Und in einem Gutachten der oberösterreichischen Schiffmeister vom 23. Januar 1808 heißt es, daß es Schiffleute gibt, »die bei den Weinzügen die Fässer anbohren und mit Röhrlein den Wein aussaugen«. Viele Schiffe verunglückten auch, »weil die

Schöffleut überweint und ganz bezecht gewesen sind«. Aber auch der Aberglaube bestimmte oftmals das Handeln der Schiffleute. So war man fest überzeugt, daß der Flußgott seine Opfer fordern mußte. Fiel einer der Kameraden ins Wasser und drohte zu ertrinken, überließ man ihn den Wellen, ja rief ihm noch zu, er möge sich in Herrgotts Namen ergeben, und war glücklich, nicht selbst vom Schicksal heimgesucht worden zu sein. Es klingt widersinnig, doch waren die Schiffmeister froh, wenn die Schiffer nicht schwimmen konnten, was die wenigsten konnten, denn nur dann würden sie ihr Äußerstes geben, das Schiff und sich selbst bei drohender Gefahr zu retten.

Zu den typischen Kleidungsstücken der Schiffleute, neben der Festtracht, die an den Flüssen jeweils verschieden war, gehörten ein zwilchenes Wams, eine lederne Hose und Mütze und Wasserstiefel.

Schiffsmüller bedienten Schiffsmühlen, die fast immer auf zwei im Fluß liegenden Mühlzillen aufgebaut und entweder am Ufer verheftet oder an Brücken angehängt waren. Das dem Ufer nähere Schiff trug das Häuschen mit der Mühle und hieß das Haupt- oder Hausschiff, das andere diente als Auflager für die Mühlradwelle und wurde Well- oder Weitschiff genannt. Zwischen beiden drehte sich das mächtige Mühlrad. Beide Schiffe waren vorn und hinten mit einem Spannbaum verbunden. Bekannt sind Schiffsgetreidemühlen, -sägemühlen, -schleifmühlen und -stampfmühlen.

Schiffreiter (auch Jodln, Wasserjodln, Reiterbuben) führten und ritten die Zugpferde eines Gegenzuges auf der Donau und ihren Nebenflüssen. Sie werden als wüste Gesellen beschrieben, die mit fürchterlichem Geschrei und Peitschengeknall die Pferde auf den gepflasterten Treppelwegen, durch Sümpfe, über felsiges und buckeliges Uferland, Sandbänke und durch Gebüsche und Wurzelwerk antrieben. Die Pferde waren »vom stärksten Schlage mit sehr glatten Hufen, sehr haariger Krone und kurz am Leibe abgehacktem Schweife, damit sie den Reiter nicht mit Wasser bespritzen und im Wasser leichter fortkommen können, wodurch sie aber auch mehr den Stichen der Insekten ausgesetzt sind«. Der Vorreiter, der auch Waghals hieß, war der Anführer der Reiterei und dem Schiffszugkommandanten (Sößstaller) unterstellt. Er hatte die Stellen, wo die Pferde durchs Wasser mußten, zu sondieren, alles zu veranlassen, was notwendig war, damit kein Pferd zum Sturz kam oder gar ins Fahrwasser gezogen wurde, Leute und Pferde zur Tätigkeit anzutreiben und alle Manöver am Lande zu dirigieren. Dann kam der Voraufreiter als Stellvertreter des Vorreiters, ihm folgten ein paar Spaneller und dann einige Scharreiter. Etwa in der Mitte des Zuges ritt der Marstaller, der auch für die Fütterung der Pferde und den morgendlichen Weckruf zuständig war. Der Hundsseilreiter und der Afterreiter bildeten das Ende der Reiterabteilung. Die Knechte der ungesattelten Pferde hatten zusätzlich die Aufgabe, dem Seil am Ufer über Hindernisse hinwegzuhelfen.

Schilderer (auch Schildmacher) finden sich neben den → Eisenschmieden zum erstenmal in einer Verordnung *(capitulare de villis)* des Kaisers Karl der Große. Der Schild zählt zu den ältesten Schutzwaffen gegen Hieb, Stich und Wurfgeschosse und war über fast alle Erdteile verbreitet.

Im frühen Mittelalter führten die Reiter einen runden, die Fußkämpfer einen viereckigen Schild, unten schmal, zum Aufstützen, oben breit und stark gewölbt, meist aus Holz mit Leder überzogen und an den Rändern mit Eisenbändern verstärkt. In der Mitte hatte er einen buckelförmigen Eisenbeschlag, an dem innen die Schildfessel zum Tragen angebracht war. Aus dem viereckigen Schild entstand der große dreieckige Reiter-Schild, der sich im späten Mittelalter zur kleinen, nur den Oberkörper deckenden Tartsche entwickelte. Die Fußknechte gebrauchten seit dem 14. Jahrhundert die große Pavese, einen transportablen, nahezu mannshohen Setzschild, dessen Bezeichnung sich vom altfranzösischen *Pavois* herleitet, was soviel wie »Deckung« bedeutete. Die Pavese erwies sich besonders geeignet für Armbrustschützen, die dahinter ihre Waffen spannen und laden konnten.

Im Rittertum besaß der Schild einen hohen Symbolwert, und oft wurden auf ihm Rang-, Standes- und Familienzeichen (Wappen, Heroldskunst) angebracht. Sein Berühren galt als Herausforderung; gefallene Ritter wurden mit dem Schild bedeckt; starb ein Fürst, so trug man als Landestrauer den Schild verkehrt, und die Wahl eines deutschen Königs erfolgte durch Erhebung auf den Schild.

Mit den Feuerwaffen verschwand der Schild, doch blieben kleine Rundschilde für die Fechtkunst und Faustschilde mit Parier- und Angriffseinrichtungen im Gebrauch.

Schlosser lösten sich von den Schmieden und bildeten als selbständiges Gewerbe oft zusammen mit →Windenmachern, →Büchsenmachern, Großuhrenmachern und anderen Kleinschmieden zünftige Verbindungen. In Wien erhielten sie 1444 eine Handwerksordnung, und in Schmalkalden scheinen sie ebenfalls schon ziemlich frühzeitig eine bedeutende Korporation gebildet zu haben, denn 1545 protestierten sie bereits heftig gegen eine Maßnahme des Grafen von Henneberg. Dieser befahl den Stiftsgeistlichen, die sich zahlreicher Nachkommenschaft erfreuten, ihre »Köchinnen« zu heiraten und damit den Kindern das Recht auf Handwerksausübung zu sichern. Das war den Schlossern zuviel, und sie forderten den Grafen auf, »sie mit den Pfaffenkindern zu verschonen«. Als Mitglieder der Schmiedezunft kommen Personen mit der Bezeichnung »Schlosser« allerdings schon wesentlich früher in Chroniken vor: in Nürnberg 1330 ein »Shlosser Heuter«, 1348 ein »Slozzer Hertel« und der Schlosser Conrad Lodner, der maßgebend am Nürnberger Handwerkeraufstand (1347 bis 1348) beteiligt war.

Die Schlosser stellten vor allem Vorhängeschlösser sowie Tür-, Tor-, Truhen- und Gewehrschlösser her, aber auch

Angeln und Bänder für Türen, Beschläge, Gitter, Sakraments-
häuschen, Kaminzubehör (Feuerböcke oder Feuerhunde,
Pfannenträger etc.), Türklopfer, Griffe, Laternen- und Fackel-
halter. Die Schönheit der Formen, selbst bei einfachen
Gegenständen des täglichen Gebrauchs, ist charakteristisch
für die Werkstücke der früheren Zeit. Für den hohen technischen Stand des Handwerks sprechen so manche mechanischen Spielereien: die eiserne Hand des Götz von Berlichin-
gen, ein Schloß des Schlossers Schnabel aus Breslau, so klein
und zart, daß es eine Fliege mit ihren Beinen über den Rat-
haustisch ziehen konnte, oder jenes große Kirchentorschloß
des Meisters Daunhofer aus Wien, bei dem sich über der
Schlüsselöffnung eine Teufelsfratze befand, die beim Um-
drehen des Schlüssels die Zunge herausstreckte. Die Arbeit
der deutschen Schlosser war weithin bekannt und begehrt.
Thomas Garzoni erwähnt in seiner *Piazza universale* (1585)
neben den hervorragenden Schlossern aus Venedig, Brescia
und Mailand auch jene von Nürnberg, Augsburg und Braunschweig.

Die Zunftregeln des Schlosserhandwerks untersagten bei
Geld- oder Leibesstrafe den Lehrjungen oder Gesellen, »ohne
Wissen und Bewilligung des Meisters einem Knecht, einer
Magd oder einer anderen Person, wer sie auch sei, fremd oder
einheimisch, einen Schlüssel, der in Wachs, Lehm oder Blei
abgedruckt war, nachzumachen, noch viel weniger aber einen
Hakenschlüssel, Dietrich oder andere Instrumente, womit
man Schlösser heimlich öffnen kann«. Für die Wartung und
Reparatur der Schlösser an Stadttoren und an öffentlichen
Gebäuden wurden vielfach eigene, besonders vertrauenswür-
dige Meister verpflichtet.

Eine wichtige Erfindung gelang 1540 dem Nürnberger
Schlosser Hans Ehemann mit dem sogenannten Kombina-
tionsschloß. Sein »Mahlschloß«, wie er es nannte, bestand
aus einem Zylinder, auf dem eine Anzahl gleich großer, drehbarer Ringe angeordnet war, und einem Bügel. An ihren
Rändern waren die Ringe mit Buchstaben (oder Zahlen)

gekennzeichnet. Durch Verdrehen konnte eine bestimmte Kombination gewählt werden, die den Bügel freigab.

Lange Zeit war die sogenannte Schloßfalle in Verwendung, die beim Zufallen der Türe einschnappte und nur mit einem Drehschlüssel wieder geöffnet werden konnte. Bei den viel angewendeten Vexierschlössern mußten gewisse Knöpfe, Schieber, Rosetten und dergleichen eine bestimmte Lage einnehmen, bevor das Schloß geöffnet werden konnte. Die Schlösser für Geldschränke waren besonders geeignet, die Meister der Schlosserkunst zu immer schlaueren Konstruktionen herauszufordern. Auf der Weltausstellung 1851 in London wurden Schlösser von Chubb und Bramah gezeigt, die als absolut unaufsperrbar galten und auf deren Öffnen Prämien ausgesetzt waren. Dem Amerikaner Hobbs, ebenfalls Schlosser, gelang es, diese Schlösser in wenigen Stunden zu überlisten. Hobbs wiederum versprach eine sehr hohe Prämie für das Öffnen eines von ihm selbst gebauten Permutationsschlosses, das den Gegnern trotz vierwöchiger Anstrengung nicht gelang.

Die immer mehr um sich greifende maschinelle Produktion von Schlosserwaren im Laufe des 19. Jahrhunderts reduzierte die Handwerkstätigkeit oft nur noch auf das Nacharbeiten einzelner Teile. Diese Entwicklung zwang viele Werkstätten, auf die Bau- und Kunstschlosserei umzusatteln.

Schmälzler (auch Griebenmacher, Schmerschneider) verkauften Speck, Schmalz und ähnliche Fettwaren und stellten aus dem Rückstand von eingeschmolzenem Fett Hundefutter her.

Schopper (auch Schiffwerker, Schiffhacker, Schöfmacher) bauten an den Ufern der Donau, der Traun, der Salzach, der Enns und des Inns Zillen und Plätten für den Gütertransport, vor allem von Salz, Holz, Steinen, Erz, Wein, Getreide und sogar von Vieh. Der Herstellungsort gab den verschiedenen Schiffstypen meist auch ihren Namen: Kehlheimer (war das größte Schiff auf der Donau und dem Inn), Trauner, Passauer und Wachauer Gamsen (ähnlich den Kehlheimern, nur etwas kleiner), Tiroler-, Haller-, Salzburger- und Rosenheimerplätten, Ulmer Ordinari oder Schwabenplätten, im Volksmund »Ulmer Schachteln« genannt. Aber auch nach ihrem Verwendungszweck wurden die Schiffe benannt: Furkelzillen, Stoirplätten, Seilmutzen und Pferdeplätten (Einstellplätten) waren Hilfsfahrzeuge bei den Gegenzügen, Überfuhrmutzen dienten als Überfuhren, Ankermutzen gebrauchte man zum Heben von Ankern, Arzzillen für den Erzverkehr, Fuderzillen für die Abfuhr der Salzfuder, Waidzillen für den Fischfang, und als der Schiffmeister Rieder den Kurfürsten Max Emanuel im Jahre 1690 von Wasserburg nach Wien schiffte, gab es außer dem kurfürstlichen Leibschiff ein Kammerherrenschiff, ein Küchenschiff, ein Zöhrgadenschiff und ein Bagageschiff.

Auf den sogenannten Schopperstätten wurden die Schiffe für Fahrten sowohl flußabwärts (nauwärts) als auch für die Gegenzüge (stromaufwärts) gebaut. Die größten waren über vierzig Meter lang und konnten bis zu dreihundert Tonnen Ladung (zum Beispiel Granitwürfel) befördern. Der Unterschied zwischen Zillen und Plätten bestand darin, daß die Plätten breit, behäbig und nicht so solide gebaut waren, daß sie auch für eine Gegenfahrt verwendet werden konnten. Sie hatten einen nur schwach aufgeschwungenen, nicht spitz zulaufenden Bug (Gransl) und ein ebensolches Heck (Stoir). Gut gebaute Schiffe überstanden mehrere Flußfahrten, ja sogar mehrere Jahre, weniger stabile landeten schon nach einer einzigen Fahrt mit dem Strom beim »Plättenschinder«, der sie zu Brennholz zerschlug.

Die Bretter (Laden) für den Schiffskörper wurden aus gerade gewachsenen und gesunden Tannen oder Fichten, die im Winter gefällt werden mußten, gefertigt, wobei die Stämme in kurzen Abständen durchbohrt und mit Keilen gesprengt wurden, ein Verfahren, bei dem man nicht mehr als zwei Bretter aus einem Stamm gewann. Die beiden Hälften wurden dann mit der Breithacke geglättet und die Brettkanten, die später die Fugen bildeten, mit der Schnitzhacke abgeschrägt. Um den enormen Holzverbrauch einzudämmen, wurden später die Laden mit großen Klobsägen gesägt und damit der Holzbedarf halbiert. Die zugehackten oder -geschnittenen Bodenbretter wurden auf einem Holzgerüst (Lager) aneinandergefügt und mittels Winden sowie durch Beschweren mit Steinen entsprechend der durch das Lager vorgegebenen Form gewölbt. Um den Rand des Bodens wurde dann das sogenannte Ichsenholz gezogen, das unterste, besonders kräftige Brett der Schiffswand. Nun konnten die Spanten, Kipfen genannt, an den Bodenladen aufgenagelt werden. Anschließend wurden beiderseits die Planken der Seitenwände zusammengestellt und an den aufragenden Kipfhörndeln (Wurzelteilen) befestigt. Die Robustheit eines Schiffes hing zu einem guten Teil von der Anzahl und dem Abstand der Kipfen ab. Für eine Tiroler Plätte waren beispielsweise zweiunddreißig Paar nötig, für einen Kehlheimer gar fünfzig. Die Kipfen wurden aus dem gespaltenen Stamm und den obersten Wurzeln eines jüngeren Nadelbaumes, die beinahe rechtwinklig zueinander standen, gefertigt. Die Zulieferung der Kipfen besorgten Kipfengraber, die die Stämme jahraus, jahrein in den Forsten aussuchten, über dem Boden abschnitten, die oberen Wurzeln ausgruben und mit der Kipfhaue abhackten. Aus einem mittelstarken Baumstamm konnten zwei bis drei Kipfen gewonnen werden. Der ungeheure Bedarf an Kipfen führte bei dem regen Schiffbau zu einer bedrohlichen Verwüstung der Wälder (beispielsweise im Salzkammergut). In den Jahren 1719 bis 1726 wurden von den Wolfganger Schiffwerkern 13711 Kipfen verarbeitet, wozu etwa 6000 Bäume erforderlich waren.

War der Schiffsrumpf fertiggestellt, folgte als nächster Arbeitsgang das Schoppen, das Dichten der Fugen. Für diese besonders heikle Arbeit kippte man das Schiff seitlich auf, um auch den Boden zugänglich zu machen. Die Fugen zwischen den einzelnen Brettern besaßen durch das Abschrägen der Kanten einen dreieckigen Querschnitt und wurden mit trockenem Moos (wobei das Wiesenmoos saug- und quellfähiger gewesen sein soll als das Baummoos) verstopft oder, wie es damals hieß, »verschoppt«. Um das Moos in den Fugen festzuhalten und niederzupressen, nagelte man der Länge nach dünne, flache Holzleisten (Zaine) mit Hilfe eiserner Klammern darüber. Im Wasser quollen Moos und Holz auf und verhinderten ein Eindringen des Wassers. Bis zum Ersten Weltkrieg wurden bei vielen Schiffen die Außenwände mit eingebrannten senkrechten oder schrägen Streifen verziert.

Das »Zurichten« war die letzte Arbeit an einem Schiff, bevor es »aufs Wasser geworfen« wurde. Für Waren oder Personen, die vor dem Naßwerden geschützt werden mußten, wurde an Deck ein hüttenartiger Verschlag errichtet. Außerdem wurden Brücken und hinten und vorn hölzerne Stege (Stände) eingebaut, auf denen die Mannschaft stehen und die langen Ruderbäume bedienen konnte.

Schorrer (auch Nopper) bekamen die noch lockeren Wollgewebe in die Hände und untersuchten sie auf etwaige Fehler, Knoten oder Noppen und Brüche. Diese Tätigkeit wurde vielfach von Frauen ausgeübt; so tauchte in Frankfurt am Main im 14. Jahrhundert für sie der Name »Noppersen« auf.

Schriftgießer stellten die in der Buchdruckerei verwendeten Lettern oder Typen her. Auch Gutenberg druckte mit selbstgegossenen Typen, und noch lange haben die meisten Buchdrucker ihre Schriften selbst gegossen. Voraussetzung für den Schriftguß waren die Gießformen (Matrizen), die der →Schriftschneider anfertigte. Für den Guß diente rund vierhundert Jahre lang ausschließlich das in seinen Grundbestandteilen von Gutenberg erfundene Handgießinstrument. Dieses bestand aus zwei Teilen, so groß, daß jede Hälfte von einer Hand umfaßt werden konnte. Zusammengesetzt bildeten die Teile einen rechtwinkligen Hohlraum, dessen untere Öffnung durch die vorgelegte, von der Spitze der »Feder« festgehaltene Matrize geschlossen wurde. In die obere trichterfömige Öffnung wurde mit dem Gießlöffel das einem Schmelzkessel (Pfanne) entnommene Letternmetall gegossen, eine Legierung aus Weichblei, Antimon und Zinn. Dann wurde das Instrument geöffnet und die Letter mit einem kleinen Haken entfernt. Auf diese Weise konnten täglich zweitausend bis viertausend Lettern gegossen werden.

Die erste Schriftgießmaschine wurde 1828 in Amerika hergestellt und war noch recht unvollkommen. Der Däne Brandt hat sie dort verbessert und 1846 nach Deutschland gebracht, was zur Folge hatte, daß viele kleine Gießereien zugrunde gingen und die übrigen zu wenigen Großbetrieben zusammengelegt wurden.

Die Schriftgrade (Schriftkegel) der für den Buchdruck verwendeten Typen wurden früher gewohnheitsmäßig und nach Bedürfnis bestimmt und mit Namen belegt, die sich bis zur Gegenwart erhalten haben. Die deutschen Schriftkegel, vom kleinsten bis zum größten, hießen: *Diamant* (4 Punkte), *Perl, Nonpareille, Kolonel (Mignon), Petit, Borgis (Bourgeois), Korpus (Garmond), Cicero, Mittel, Tertia, Text, Doppelcicero, Doppelmittel, Doppeltertia, Kanon, grobe Kanon, kleine Missal, Missal, grobe Missal, Sabon* und *grobe Sabon* (80 Punkte). Fournier in Paris erfand 1737 den »typographischen Punkt« als Einheitsmaß für die Schriftgröße, den Didot um 1780 mit dem Fußmaß in Übereinstimmung brachte und den Berthold in Berlin 1879 auf das Metermaß übertrug; seitdem beträgt ein Punkt 0,3759 Millimeter.

Schriftmaler (auch Schreibmaler) verdanken ihren Ursprung den Schönschreibern (auch Kalligraphen oder Modisten genannt) und waren kurz nach der Erfindung der Buchdruckerkunst besonders in Nürnberg tätig. Sie beschäftigten sich mit der ornamentalen Gestaltung der Schrift, einer besonders aus der »Kleinschreiberei« (Mikrographie) entstandenen

Spielerei, bei der man Figuren, Bildnisse und dergleichen aus winzigen Schriftzügen zusammensetzte. Die Schrift enthielt dann gewöhnlich die Geschichte der abgebildeten Person, biblische Stellen usw.

Schriftschneider waren → Graveure, die sich mit dem Schnitt der Stahlstempel (Patrizen und Matrizen) für die Schrift- gießerei beschäftigten. Der Schriftschneider zeichnete die Umrisse der Buchstaben verkehrt auf die polierten Endflächen etwa sechs Zentimeter langer Stahlstäbchen, hob die Innen- flächen mit dem Grabstichel heraus oder trieb sie mit Punzen (Gegenstempeln) nieder. Die äußeren Umrisse bearbeitete er mit Feilen und Sticheln, bis der Buchstabe erhaben hervor- trat. Der Stempel wurde gehärtet und in ein Kupferstück geprägt. Dieses wurde so bearbeitet (justiert), daß der Stand der Einprägung und deren Tiefe bei allen Matrizen einer Schrift genau gleich wurde. Größere Schriftgrade wurden auf Schriftmetallblöckchen graviert, was Zeugschnitt hieß. Diese Matrizen dienten dem → Schriftgießer zur Anfertigung der in der Buchdruckerei benutzten Lettern. Im 16. Jahr- hundert haben besonders Nürnberg und Frankfurt am Main die deutschen Buchdrucker mit Matrizen versorgt; in Italien war Nikolaus Jenson (gestorben 1480), in Frankreich waren Claude Garamond (um 1500–1561) und die Familie Didot (Didotsche Lettern) berühmt; in England waren bedeutende Schriftschneider wie William Caslon (1692–1766), dessen Schriften, vor allem seine prachtvolle Antiqua, bis in unser Jahrhundert (in England und Amerika) beliebt waren, und John Baskerville (1706–1775) am Werk.

Schriftsetzer übten die »Kunst des künstlichen Schreibens« (Typographie) aus. Ihre Aufgabe bestand in der Zusammen- setzung der Schrift und Bilder aus beweglichen Lettern und Druckstöcken (Holzschnitte, Strich- und Tonätzungen, Galvanos) zu Druckformen. Schriftsetzer, die auch das Drucken verstanden und in kleinen Druckereien Satz und Druck besorgten, hießen »Schweizerdegen« (der Ursprung dieser Bezeichnung ist auf den Umstand zurückzuführen, daß die Degen der alten Schweizer zweischneidig gewesen sein sollen). Für den Druck diente bis ins 19. Jahrhundert die Handpresse, die lange Zeit aus Holz gebaut wurde. Ein Earl of Stanhope konstruierte zusammen mit einem Mechaniker namens Walker um 1800 eine Presse ganz aus Eisen, die den Druck einer Form mit einem einzigen Zug, mit einer Hand ausgeführt, gestattete. Die Drucker, die die Druckform auf das Papier übertrugen, wurden früher auch Presser genannt, »die in der Sprache der Setzer Bär« hießen, läßt uns Herr de Balzac im ersten Teil seines Romans *Verlorene Illusionen* wissen. »Die Bewegung, mit der sich die Presser bald vom Schwärzetopf zur Presse, bald von der Presse zum Schwärzetopf begeben, erinnert in der Tat leicht an den Bären, der im Käfig hin und her geht. Umgekehrt haben die Bären die Setzer Affen genannt, angesichts des Eifers, mit dem diese Männer die Lettern aus den hundertzweiundfünfzig Kästchen zusammensuchen, in die sie verteilt sind.« Sobald der Drucker an Druckmaschinen wie der Tiegeldruckpresse, Schnellpresse oder Rotationsmaschine arbeitete, nannte er sich Maschinenmeister. Man unterschied den Werkdruck (Bücher und Zeitschriften), den Zeitungsdruck (Tagesblätter und dergleichen) und den Akzidenzdruck (Drucksachen für geschäftlichen, amtlichen und persönlichen Bedarf). Der »glatte« Werk- und Zeitungsatz wurde seit Ende des vorigen Jahrhunderts vielfach auf Setzmaschinen (Linotype, Typograph, Monoline, Monotype) hergestellt, an denen der Maschinensetzer tätig war. Der Handsetzer befaßte sich mit schwierigerem Werksatz, dem Tabellen-, Anzeigen-, Akzidenz- und Notensatz.

In der Setzerei lagen die vom →Schriftgießer gebrauchsfertig gelieferten Lettern oder Typen im Setzkasten, der für Fraktur (deutsche Schrift) etwa hundertzehn, für Antiqua (lateinische Schrift) etwa hundertsechzig Fächer hatte. Zu den deutschen Schriften gehörten auch Gotisch, Schwabacher und Kanzlei; eine Abart der Antiqua ist die schrägliegende Kursiv. Jede »Schrift« enthält außer den großen und kleinen Buchstaben, den Versalien (Majuskeln) und Gemeinen (Minuskeln), auch passende Ziffern, Satz- und sonstige Zeichen. Die meisten Schriften waren in vielen regelmäßig abgestuften Größen (Schriftkegel) vorhanden, von denen die kleineren, für Buch- und Zeitungsdruck verwendeten »Brotschriften«, die größeren »Titelschriften« und die fetten »Auszeichnungsschriften« hießen. »Akzidenz-, Zier- und Schreibschriften« dienten zur Ausschmückung von Gelegenheitsdrucksachen, ebenso Linien, Einfassungen und Vignetten. Für den Druck von Musiknoten standen dem Setzer besondere Typen zur Verfügung, die er wie die Schrift zusammensetzte.

Um den Schriftsatz auszuführen, stand der Setzer vor dem auf einem Pult, dem Setzregal, schräg ansteigenden Setzkasten, in dem die Typen so eingelegt waren, daß die am meisten gebrauchten sich seiner Hand am nächsten befanden. In der linken Hand hielt er den Winkelhaken, der durch ein verschiebbares Winkelstück auf die Satzbreite gestellt war, und reihte in ihm nach dem vorliegenden Manuskript seitenverkehrt eine Type an die andere, bis die Zeile voll war; dann wurde sie »ausgeschlossen«. Um den Zeilen genau die gleiche Breite zu geben, mußte der Setzer die Wortzwischenräume mit Ausschließungen (Spatien verschiedener Stärke, Halbgevierte, Gevierte, Quadrate) ausfüllen. Sollten die Zeilen im Satz mit Zwischenräumen erscheinen, so wurden sie »durchschossen«, indem dünne Metallplättchen (Regletten) dazwischengelegt wurden. Während des Setzens lag unter der Zeile eine dünne Metallschiene, die Setzlinie; war die Zeile »ausgeschlossen«, so wurde die Setzlinie hervorgezogen, über die Zeile gelegt und mit dem Setzen fortgefahren, bis der Winkelhaken gefüllt war. Mit einem geschickten Handgriff hob nun der Setzer den Satz auf das Setzschiff, eine

Zinkplatte mit eisernem Rand. So konnte der Satz Seite für Seite oder kolumnenweise vollendet werden. Arbeiteten mehrere Setzer an einem Werk oder war es Maschinensatz, so wurde der Satz zunächst in handlichen Stücken oder Spalten (Paketsatz) ausgeführt und auf die Seitenlänge oder in Kolumnen vom Metteur (so hieß der mit dem Bilden der Seiten beauftragte Setzer) »umbrochen«.

Der auf dem Setzschiff befindliche fertige Satz wurde mit einem starken Bindfaden, der »Kolumnenschnur«, fest umwickelt, damit keine Type sich lösen und herausfallen konnte, und dann auf das Setzbrett oder die Schließplatte gehoben oder geschoben. Der nächste Schritt war die Anfertigung eines Korrekturabzugs (Fahne). Der Satz wurde mit einer Handwalze eingefärbt und dann entweder in einer Abziehpresse oder mit einer kräftigen Bürste auf einen angefeuchteten Papierstreifen abgezogen. Auf diesem Korrekturabzug zeichnete zunächst der Korrektor die von ihm entdeckten Satzfehler an. Auslassungen nannte man »Leichen«, Doppeltgesetztes »Hochzeiten«, Buchstaben einer anderen Schriftart »Zwiebelfische«, und als »Jungfrau« bezeichnete man einen fehlerlosen Satz, dessen Probeabzug von keinen Korrekturzeichen »befleckt« war. Waren die Fehler berichtigt, wurden weitere Korrektur- und Revisionsabzüge für Verfasser und Verleger hergestellt. Diese erteilten schließlich die Genehmigung zum Druck (Imprimatur), und der Satz konnte dem Drucker übergeben werden.

Beim Zeitungsdruck war die Vorgehensweise in der Regel etwas anders. Zuerst wurde der Satz korrigiert, und dann wurden die Seiten — meist ganze Formen — für die Druckmaschine oder den Stereotypeur fertig eingerichtet. Stereotypie nannte man die vom Satz reliefartig gepreßte Pappmatrize, von der die Druckplatte mit einer Bleilegierung abgegossen wurde. Erfunden hat die Papierstereotypie der französische Schriftsetzer Claude Genoux. 1829 in Lyon patentiert, fand sie erst während des Krimkriegs (1853–1856), als die Londoner *Times* die Stereotypie einführte, wirkliche

Beachtung. Durch sie konnten bei einem textlich unveränderten Nachdruck die Satzkosten eingespart werden.

Für den Druck mußten die Seiten oder Kolumnen auf der Schließplatte so zusammengestellt (»ausgeschossen«) werden, daß sie nach dem Zusammenfalten des gedruckten Bogens in richtiger Reihenfolge lagen. Das Format des Druckbogens, der unter die Druckerpresse paßte, entsprach unserem DIN A 2, also 43 x 60 cm, den man in vier normale Briefbogen (DIN A 4) zerteilen kann. Auf die Vorder- und Rückseite des Druckbogens konnten nun entweder vier Seiten *folio,* acht Seiten *quart,* sechzehn Seiten *oktav* (das für den Werkdruck gebräuchlichste Druckformat) oder vierundzwanzig Seiten *duodez* und zweiunddreißig Seiten *sedez* gedruckt werden. Um die »ausgeschossene« Form legte der Drucker den eisernen »Schließrahmen«, dann kamen zwischen die Kolumnen eiserne »Formatstege«, und schließlich wurde die Satzform in dem Rahmen verkeilt; nun konnte sie aufgehoben und in der Druckerpresse befestigt werden.

An der Presse arbeiteten meist zwei Drucker. Der eine, Schläger oder »der Zweite« genannt, färbte (»schlug«) mit Druckerschwärze und ledernen Ballen, später mit einer Walze die Oberfläche der Satzform ein, die in einem Kasten oder »Sarg« auf einem horizontal gleitenden Schlitten der offenen Presse lag. In der Zwischenzeit legte der andere, Zieher oder »der Erste« genannt, einen angefeuchteten Papierbogen auf einem mit dem Kasten durch Scharniere verbundenen Deckel, dem »Tympan«, an. Ein Rahmen, die »Frisquette«, wurde darübergeklappt, und nun konnte der eingeklemmte Bogen über die Druckform gelegt und unter den Tiegel geschoben werden. Mit dem »Preßbengel« schraubte der Zieher den Drucktiegel abwärts, der das Papier auf die Satzform drückte. War die eine Seite der Bogen bedruckt (»Schöndruck«), so wurde das Papier für den »Widerdruck« gewendet (umschlagen) und die Rückseite bedruckt. Nach einer bestimmten Anzahl von Drucken tauschten die Männer die Rollen. Drucken war harte Arbeit.

Den Schlitten mit der schweren Form nur mit einer Hand vor- und zurückzuschieben, während die andere den Preßbengel zog, erforderte Kraft und Ausdauer.

Zweifellos eines der bedeutendsten und spannendsten Ereignisse der Buchdruckerei und des Verlagswesens war die Herstellung und der Vertrieb des »höchsten Werkes« der Aufklärung, Diderots *Enzyklopädie*. Nachzulesen in Robert Darntons *Glänzende Geschäfte* (die Originalausgabe erschien 1979 unter dem Titel *The Business of Enlightenment* in London). Mehr als eine Million Druckbogen waren nötig, um auch nur einen der sechsunddreißig Quartbände für alle drei Auflagen herzustellen. Die Papierbogen wurden einzeln in monatelanger sorgfältiger Arbeit in entlegenen Papiermühlen hergestellt, und ein Heer von →Lumpensammlern mußte erst einmal das Rohmaterial für das Papier zusammenbringen. Und es brauchte fünf Monate harte Arbeit von fünf Schriftsetzern und zwanzig Druckern bei der *Société typographique de Neuchâtel* (einer der bedeutendsten Verlage französischer Bücher im 18. Jahrhundert), um diese Bogen in einen Band mit bedruckten Seiten zu verwandeln. Dabei geriet auch die Lieferung von Schriftguß und Druckerschwärze durch die enorme Nachfrage immer wieder ins Stocken. »Obwohl die Operationen der *Société typographique de Neuchâtel* nur einen kleinen Bruchteil des gesamten Druckvorgangs darstellen«, schreibt Darnton, »veranschaulichen sie den komplexen Herstellungsprozeß eines Buches in Massenauflage vor der Zeit der Massenproduktion.«

Eine andere Geschichte ist aus Lyon zu berichten, wo bereits 1473 die erste Druckerpresse aufgestellt worden sein soll. Schlechte Löhne, heute kaum vorstellbare Arbeitszeiten, teilweise von zwei Uhr morgens bis zehn Uhr nachts mit vier Stunden Pause für die Mahlzeiten, ein gefordertes Tagespensum von dreitausend Seiten und mehr führten um 1539 zu den ersten größeren Unruhen und Streiks. Streiken hieß *faire le tric,* den Knüppel aus dem Sack lassen: Mit diesem

Zauberwort verließen die Gesellen die Offizinen, wenn ein (unbezahlter) Lehrling auf Weisung des Meisters an der Presse hantierte oder ein anderer Verstoß gegen die Regeln vorkam. Die *fourfants,* wie die Streikenden die Streikbrecher nannten, wurden verprügelt, Flugblätter wurden in Umlauf gebracht, gerichtliche Schritte angestrengt, viele traten sogar aus der alten Zunftgemeinschaft der Buchdrucker aus, in der Meister und Gesellen seit Anfang des 16. Jahrhunderts inkorporiert waren, und gründeten ihre eigene Vereinigung, die Gesellschaft der *Griffarins* (nach einem altfranzösischen Wort mit der Bedeutung »Vielfraß«). Bei Volksfesten und burlesken Umzügen traten sie mit einer grotesken Figur, dem *Seigneur de la Coquille* (»Herr Druckfehler«), auf, den jeder kannte und bejubelte, und machten Stimmung im Volk für ihre Anliegen und Forderungen.

In Deutschland erschien die erste Gewerbeordnung 1573 in Frankfurt am Main, und sie, wie auch nachfolgende, regelte vor allem das »Postulat«, ein ursprünglich studentisches Brauchtum, das an den Universitäten als »Deposition« bei der Immatrikulation gepflegt wurde. Bis zum Postulieren war der ausgelernte Lehrling »Cornut«, der den Postulierten regelmäßig von seinem Wochenverdienst eine bestimmte Summe zahlen mußte, wollte er überhaupt in der Druckerei geduldet werden. Acht Tage vor dem Postulat mußte der Postulant einige Male »anfeuchten«, das hieß auf seine Kosten so viele Getränke holen lassen, wie die Postulierten trinken wollten. Alles in allem ein kostspieliger Zwang und eine eher derbe Zeremonie. Am Tag des »heiligen Akts« mußte der Cornut in possenhafter Verkleidung erscheinen, mit Bockshörnern und einem mit Schellen versehenen Fuchsschwanz am Hut, es wurden ihm die Fingernägel geschnitten, die Ohren gesäubert und mit einem Pinsel ein schwarzer Bart aufgemalt. »Wir haben nun alles an Dir erfüllet, was Du Grobes und Ungeschliffenes an Dir gehabt hast, ietzo ist übrig, daß Du uns meldest, wie Du Dich künftig verhalten willst«, sprach der »Depositor«, und der Postulant antwortete: »Ich will denen Lastern absagen und ein tugendsam Leben anfangen.« Dann gab es im Namen Gutenbergs eine Ohrfeige (Maulschelle) und ein fröhliches Zechen, ebenfalls auf Kosten des Ausgelernten, bei dem er nun auch »gegautscht« wurde. In dem ihm anschließend verliehenen, oft recht kunstvoll ausgestalteten Gautschbrief wurde dem Freigesprochenen bescheinigt, daß er »nach althergebrachter Sitte auf den heiligen Stuhl der ehrwürdigen Kunst gebracht, auf welchen zuvor die Schwämme der Erkenntnis gelegt waren, um den nun in alle Rechte Typographia's eingesetzten neuen Jünger das Wasser der Aufklärung einsaugen zu lassen«.

Johannes Gensfleisch zum Gutenberg (um 1400–1468), der Patriziersohn und gelernte Goldschmied aus Mainz, gilt als Erfinder der »Schwarzen Kunst« und als erster deutscher Buchdrucker mit beweglichen Metallettern. Vor allem gelang es ihm, ein ebenso einfaches wie außergewöhnliches Handgießinstrument (→ Schriftgießer) herzustellen, das die Grundlage für eine erfolgreiche Ausübung des Buchdrucks bildete. Aber auch die Druckerpresse kann als Gutenbergs Idee angesehen werden. Nach seinen Anweisungen schuf der Drechsler Conrad Saspach 1438 in Straßburg, wo sich Gutenberg einige Jahre aufhielt, eine hölzerne Presse, die bereits mit einem Schlitten ausgerüstet war, mit dem die eingefärbte Satzform samt daraufliegendem Papierbogen unter den Druckstempel geschoben werden konnte. Gutenbergs spektakulärstes Werk, in das der Mainzer Bürger Johann Fust beträchtliche Summen steckte, ist die sogenannte zweiundvierzigzeilige lateinische Bibel, in nur einer Schriftgröße mit insgesamt zweihundertneunzig verschiedenen Schriftzeichen gesetzt, die 1455 vollendet wurde. Zwischen Gutenberg und Fust kam es bald darauf zum Bruch. Als Fust auf Rückgabe des geliehenen Geldes klagte, mußte der zahlungsunfähige Gutenberg sein Druckgerät an ihn abtreten. Fust verband sich mit Peter Schöffer, und zusammen gründeten sie eine neue Offizin, in der das prachtvolle

Mainzer Psalterium entstand. Vermutlich nach 1462 verbrachte Gutenberg den Rest seines Lebens gesichert im Dienste des Erzbischofs von Mainz. Der Buchdruck hat sich in Europa rasch ausgebreitet »und damit die Umlaufgeschwindigkeit neuer Ideen, Techniken und Ideologien gesteigert; ohne ihn hätte die Reformation keine Chance gehabt, ohne ihn hätten sich die Schulen und die Bibliotheksregale nicht so schnell, kaum war die Scholastik abgeräumt, wieder gefüllt: mit den Beschreibungen neuer Technologien, aber auch mit dogmatischem Humanismus und Ritterschundromanen, und ohne den Buchdruck hätte Rabelais' bissige Konsequenz aus der leerlaufenden Gelehrsamkeit nicht so schnell die Runde gemacht: ›Tu was du willst‹« (Mathias Greffrath).

Schröder (auch Schrader, Schröter, Handschneider, Tüchler, Watmanger, Tuchschneider) hießen seit dem Mittelalter jene Kaufleute (Laubenherren), die Tuche und andere Kleiderstoffe ellenweise für *gewant* ausschnitten und verkauften. Der Begriff Schröder war ursprünglich gleichbedeutend mit dem des Schneiders, und erst später kam es zu einer Trennung der Gewandschneider, der eigentlichen Tuchhändler, von dem handwerksmäßigen Gewerbe der Kleidermacher. In der Regel hatten sie eigene Gebäude (das Gewandhaus in Leipzig, die Tuchlauben in Wien) und bildeten eine angesehene, reiche Zunft.

Schultheißen (eigentlich Schuldheißen, Schulze) waren ursprünglich Beamte, die die Mitglieder einer Gemeinde zur Leistung ihrer Schuldigkeit anzuhalten hatten; sie »heißten« (heischten), was jemand schuldig war. Später nannte man die Gemeindevorsteher so und unterschied zwischen den Stadt- und Dorfschultheißen. In Reichsstädten übte der Schultheiß als Vorsitzender des Schöppenstuhls die höchste Gerichtsbarkeit aus, und auf dem Land war das Amt vielfach

mit dem Besitz bestimmter Güter verbunden (Erbschulze).
Bei den →Landsknechten hieß auch der Auditeur Schultheiß.

Schwammstoffkrämer waren meist Waldbauern, die als
Nebenerwerb aus Baumschwämmen (insbesondere aus
Buchenschwämmen) samtweiche und federleichte Mützen,
Westen und Hosen herstellten, mit denen sie auch hausieren
gingen. Der Schwamm wurde tüchtig geklopft und ein paar
Tage in Aschenlauge gelegt, bis er weich und dehnbar war.
Die so entstandenen »Hadern« trocknete man, schnitt sie zu
und nähte sie zusammen. Zu argen Raufereien soll es ge-
kommen sein, wenn im Wirtshaus ein Bursch oder Bauer dem
andern die Schwammstoffkappe auf dem Kopf heimlich zum
Glosen brachte.

Segelmacher stellten in ihren Werkstätten verschiedene Arten
von Segeln aus Segelleinwand für Schiffe her: viereckige Rahsegel (an waagrechtem Baum, der Rah, quer zu den Masten);
trapezförmige Gaffelsegel (an eine am Mast befestigte Stange,
die Gaffel, gebunden und durch eine Leine gespannt); viereckige Sprietsegel (durch eine diagonal vom Mast ausgehende
Stange, das Spriet, im Wind gehalten) und dreieckige Stagsegel (an einem Tau, dem Stag, aufgehängt, das gleichzeitig
zum Verspannen und Abstützen der Maste in Längsrichtung
der Schiffe diente). Durch Kombination dieser Segeltypen an
einem oder mehreren Masten ergaben sich die verschiedenen
Takelungen der Schiffe.

Schon die Ägypter nutzten seit dem 4. Jahrtausend vor
Christus an ihren Ruderschiffen die Windkraft mit einer
Hilfsbesegelung. In Altkreta und Phönizien sind die ältesten
Segelschiffe im 2. Jahrtausend vor Christus nachzuweisen, in
Nordeuropa um 400 nach Christus. Die Wikinger führten
auf ihren »Drachenbooten« zunächst ein Segel mit nur einer
Oberrah, später kam ein zweiter Mast im Bug mit einem
losen Rahsegel hinzu. Arabischen Ursprungs scheint das an
schräglaufender Rah befestigte Dreiecksegel zu sein, das für

das Mittelmeer charakteristisch war und deswegen »Lateinersegel« hieß. Das reine Hochsee-Segelschiff (→ Holzschiffbauer) ist eine Erfindung der Hanse, wurde Kogge genannt, hatte einen Pfahlmast mit einem großen, viereckigen Segel an loser Rah und war gleichzeitig Handels- und Kriegsschiff. Im 15. Jahrhundert kamen die Dreimaster (wie die Galeonen und die Karavellen) auf, ausgerüstet mit Marssegeln, die über dem Mastkorb gehißt wurden. Im 16. Jahrhundert erschienen über den Marssegeln noch Bramsegel, das Bugspriet erhielt ein großes Rahsegel, und die Fläche der unteren Rahsegel wurde durch Leesegel verbreitert. Mit dem 18. Jahrhundert wurde das Marssegel Hauptsegel, und aus dem Lateinersegel des hinteren Mastes entstand der Besan mit Gaffel. Dreieckige Vorsegel am Klüverbaum und dreieckige Stagsegel zwischen den Masten traten hinzu, und im 19. Jahrhundert flatterten bei größeren Segelschiffen an einem voll getakelten Mast bis zu sieben Segel übereinander im Wind. Es war die Zeit der schnellsegelnden Klipper; auf dem größten mit Holz gebauten, der 1853 vom Stapel gelaufenen »Great Republic«, konnten auf vier Masten nicht weniger als dreißig Segel mit einer Gesamtfläche von 5381 Quadratmetern gesetzt werden.

Erstaunlich scheint, daß sich die Technik des Segelmachergewerbes in all den Jahrhunderten wenig geändert hatte. Jedes Segel bestand aus zusammengenähten Segeltuchstreifen (Kleidern) und war am Rand mit einem eingenähten Tau (Liek) versehen, an dem Schlaufen oder Ringe (Legel) zum Setzen, Bedienen und Bergen (mittels Brassen, Halsen, Kauschen, Schoten und dergleichen) eingespleißt (eingeflochten) waren. Die Segeltuchbahnen waren für gewöhnlich aus Hanf oder Flachs gewebt und wurden mit Segelgarn, das mit Holzteer getränkt war, und einer besonders kräftigen Nadel von Hand genäht. An verschiedenen Stellen, an denen das Segel besonders beansprucht wurde, nähte man zum Schutz gegen Einrisse und Durchscheuern Doppelungen oder Stoßlappen auf. Der Segelmacher saß bei seiner Arbeit auf einer niedrigen Bank, auf der auch sein Werkzeug in passenden Löchern steckte oder in einer Schublade verwahrt wurde. Zum Nähen und zur Anfertigung der Legel (Schlaufen) und Gatchen (kleine Lochreihen) dienten Els, Pricker, Marlspieker, Tersch und Fid, alles konische Geräte aus Holz oder Eisen, ferner ein Fetthorn zum Einfetten der Nadeln, Drehknüppel, Kleedkeulen, Flachzangen und Fingerhüte.

Segelmacher waren nicht nur an Land tätig, sondern auch an Bord der Schiffe. Auf jedem Segelschiff befand sich in der Regel ein Segelmacher, der die Ausbesserung der Besegelung besorgte und nach schweren Stürmen die recht oft zerfetzten Segel erneuerte. Überdies fertigte er noch allerlei Schutzbezüge für Kompasse, Lüfter, Oberlichter, Spille, Beiboote und Persenninge (geteertes Segeltuch) für die Luken an.

Seidennater waren Seidensticker, die dieses Kunst- und Luxusgewerbe meist im Adelsviertel einer Stadt ausübten. Insbesondere prachtvolle Pontifikalgewänder, Mitren, Handschuhe, Schuhe, Fahnen, Baldachine und plastisch gearbeitete Kruzifixe kamen aus ihren Werkstätten.

Seidenweber verarbeiteten die verzwirnten Fäden der echten oder edlen Seide und der wilden Seiden zu Geweben, die je nach Webtechnik (Bindung) als Taft (Taffeta), Sergen (Levantine, Croisé, Drap de soie, Bombasin, Satin oder Atlas), Samte (Plüsch, Felbel) oder Gazen (Flor, Marly, Krepp, Stramin, Barège) bezeichnet wurden. Seide wird aus dem Gespinst (Kokon) der Seidenraupe gewonnen, das diese schon als gummiartigen Faden (und nicht als Faser) aus ihren Spinndrüsen preßt, der aber sehr dünn ist und verzwirnt werden muß. Echte oder edle Seide stammt vom Kokon der Raupen des Maulbeerspinners *(Bombyx mori),* die schon im Altertum (vermutlich um 2630 vor Christus unter Kaiser Hwang-ti) in China gezüchtet wurden. Wilde Seiden hingegen werden aus den Gespinsten wildlebender Schmetterlingsarten produziert. Zu den wichtigsten aus der Familie der Nachtpfauenaugen gehören der Tussahspinner Indiens *(Antheraea mylitta)* und der in China lebende und in Japan heimische Eichenspinner *(Antheraea pernyi* und *yamamayi)*. Dazu gehört auch der auf dem Götterbaum *(Ailanthus)* und dem Rizinus (Christpalme) lebende Ailanthusspinner *(Philosamia cynthia)*, dessen Seide früher in Japan nur der Mikado tragen durfte. Die Ausfuhr der Eier dieses Spinners wurde mit dem Tode bestraft.

Der Name Seide stammt vom chinesischen *sze*. Das Abwinden und Verweben des Fadens ist eine uralte und lange geheimgehaltene chinesische Erfindung. Die Seide verbreitete sich von China über Korea nach Japan (3. Jahrhundert nach Christus), auf dem Landweg nach Indien und von dort nach Zentralasien und Persien. Die ersten Römer, die mit Seidengeweben Bekanntschaft machten, waren die sieben Legionen des Marcus Licinius Crassus. Es geschah während des Feldzuges gegen das kriegerische Reitervolk der Parther 53 vor Christus nach Überschreiten des Euphrat in der Nähe der Stadt Karrhä (heute ein Dorf namens Eski Harran, vierzig Kilometer südöstlich von Urfa in der Türkei): Die flüchtenden Parther wendeten plötzlich ihre Pferde und griffen die römischen Truppen mit tödlichen Salven ihrer Pfeilgeschosse an. Diese unvermutete Attacke brach die Formation der Römer auf, die Parther nützten die Verwirrung, durchbrachen in wildem Galopp die Reihen der Legionäre und entfalteten unter schrecklichem Geschrei große seidene Banner, die im grellen Sonnenlicht den Feinden die Sicht raubten. Diese simple Kriegslist führte zur vernichtenden Niederlage der Römer. Doch einige Fetzen dieses ungewöhnlichen, verführerischen Materials, das »leicht wie eine Wolke« und »durchscheinend wie Eis« ist, konnten die Flüchtenden erbeuten und lösten damit einen blühenden Handel zwischen China und Rom aus, bei dem die siegreichen Parther als gut verdienende Vermittler auftraten. Über die legendäre Seidenstraße (der Name wurde von dem deutschen Gelehrten Ferdinand von Richthofen im vorigen Jahrhundert geprägt) gelangte die chinesische Seide nach dem Westen und ins Römische Reich, wobei eine der unberechenbarsten und gefährlichsten Wüsten, die Taklamakan, und das eisige, schneeverwehte »Dach der Welt«, das Pamir-Gebirge, zu überwinden waren.

Das italienische Lucca war offenbar im 12. Jahrhundert der Ausgangspunkt der europäischen Seidenweberei, wo bereits in wassergetriebenen Zwirnmühlen, sogenannten Filatorien, die Seidenfäden auf mehrspindeligen Zwirnapparaten zur gleichen Zeit abgewickelt und verdrillt werden konnten. Italien war durch Jahrhunderte das führende Seidenland Europas. In Frankreich entwickelte sich Lyon zum Zentrum der Seidenweberei, und Köln war im 16. Jahrhundert die einzige deutsche Stadt mit einem bedeutenden Seidengewerbe. Erst gegen Ende des 17. Jahrhunderts kam die Seidenraupenzucht nach Deutschland, und weitere bedeutende Standorte der Seidenfabrikation entstanden in Berlin, Krefeld und Wien.

Seifensieder übten eine Tätigkeit aus, die lange Zeit nur auf die Haushaltsproduktion beschränkt war. Das Handwerk als Vollberuf entwickelte sich erst nach und nach seit dem Hochmittelalter in den Städten, wo es wegen der Feuergefährlichkeit und des Gestanks meist nur am Stadtrand geduldet wurde.

Zum Waschen von Stoffen dienten seit alters vielerlei Waschmittel aus Holzasche, Pflanzenextrakten, natürlicher Soda, in der Antike besonders auch aus fauligem Urin, zu dessen Sammlung im alten Rom viele Harnbehälter mit einladenden Anpreisungen in den Straßen aufgestellt waren. Die Wäscher und Tuchwalker, die den Urin gegen eine bestimmte jährliche Abgabe von der römischen Staatsverwaltung zu kaufen pflegten, waren ein eigener Berufsstand und hießen Fullonen. Zur Körperreinigung benutzte man hauptsächlich Öl, Bimsstein und das Schabeisen neben kaltem und heißem Wasser, Schlamm-, Dampf- und Schwitzbädern. Die Seife lernte man zuerst bei den Galliern kennen, die sie als Arznei- und Haarpflegemittel verwendeten, und bei den Germanen, die sie schon wie wir benutzten. Plinius der Ältere (um 24-79 nach Christus) berichtet, daß man Seifenkugeln aus den eroberten germanischen Grenzprovinzen bezog, die aus Buchenasche und Ziegentalg zubereitet waren und einen angenehmen Schaum gaben.

Seife besteht aus den Alkalisalzen höherer Fettsäuren, die durch Verseifung (Saponifikation) von Fettstoffen entstehen. Die zum Seifensieden erforderlichen Fette und Öle waren entweder tierischen — wie der Talg von Schafen, Rindern, Ziegen, das Fett von Pferden, Schweinen, Walfisch, Robben und Fischtran — oder pflanzlichen Ursprungs wie Olivenöl, Palm- und Kokosöl, aber auch Sesam-, Rüb-, Hanf- und Leinöl. Die Seifensiederlauge wurde aus Kali (Holzasche, Pottasche) oder Natron (Soda) und Ätzkalk zubereitet. Der Seifensieder kochte in einem Siedekessel die Fette oder Öle in der Lauge so lange, bis ein gallertartiger Seifenleim entstand, der durch Kochsalzzusatz (Aussalzen) in »Kern« (feste obere Schicht) und »Unterlauge« getrennt wurde. Das Sieden war eine langwierige Arbeit, die viele Stunden dauerte und ein fortwährendes Umrühren erforderte. Nach Abziehen der Unterlauge wurde die »Kern«-Seife in Formen (Laden) geschöpft, in denen sie bis zur völligen Erstarrung blieb. Die erhaltenen Blöcke zerschnitt man mit Messingdraht zu Tafeln oder Riegeln. Mit Kalilauge bereitete Seifen waren stets weich und schmierig (Schmierseifen), die Natronseifen hart und fest. Aus fünfzig Kilogramm Talg konnte man etwa hundert Kilogramm Seife gewinnen, die bis auf etwa siebzig Kilogramm eintrocknete.

Feinseifen (Toilettenseifen) erhielten eine elegante Form und verschiedene Zusätze wie Farbstoffe, Parfüms, Mandelkleie, Glycerin, Galle, Bimsstein und andere. Das Sortiment war vielfältig: Marseiller, venezianische oder spanische nannte man Seifen, die mit Olivenöl statt mit Talg erzeugt und wegen ihrer Milde überaus geschätzt wurden und die auch in der Seidenfärberei zum Degummieren der Seide Verwendung fanden. Mandelölseife wurde aus Mandelöl, Kakaoseife aus Kakaobutter, die besonders schäumende Harzseife aus Pech, die besonders waschkräftige Gallseife aus Galle und die Fischseife, so beschrieb es jedenfalls Mister Jameson aus Leith in Schottland, aus Heringen mit einem Zusatz von Talg und Harz hergestellt; und die medizinischen Seifen bestanden aus zwei Teilen *Provenceröl* (Olivenöl) und einem Teil reiner Natronlauge, die bisweilen von den Apothekern selbst gesotten wurden.

Die Seifensiederei war ein »geschenktes« Handwerk, das in drei bis sechs Jahren zu erlernen war. Das Meisterstück bestand in einem Sud Seife mit allen damit verbundenen Operationen wie der Zubereitung der Lauge, dem Sieden, Aussalzen, Garsieden und Formen.

Der stete Mangel an Pottasche und das reichliche Angebot an Talg (Unschlitt) führten dazu, daß die Seifensieder aus ihren Siedekesseln die in großen Mengen benötigten Talglichter (Unschlittkerzen) zogen oder gossen. Da die Arbeit und die Rohmaterialien der Seifensieder und der Lichterzieher sehr ähnlich waren, finden sich sehr oft beide Professionen in einer Person vereint. Gezogen wurden die Lichter, indem man die Dochte, meist aus Baumwollgarn, auf einen Lichtspieß oder ein Lichtbrett aufreihte und so oft in den Siedekessel mit dem geschmolzenen Talg eintauchte und immer wieder herauszog, bis die Kerzen die gewünschte Dicke angenommen hatten. Zum Gießen verwendete man eigene Lichtformen aus Glas, Zinn, verzinntem Kupfer- oder Eisenblech, in die man Dochte einspannte und die man dann mit flüssigem Talg ausgoß.

Seiler und Reepschläger (auch Sailer, Reeper, Taumacher) waren getrennte Handwerke, die aber das gleiche Ausgangsmaterial, nämlich Hanf oder Flachs verarbeiteten. Die Seiler galten als die »kleineren Brüder« der Reeper, und ihre Waren waren entweder direkt aus Fäden (Bindfäden, Sackbändern,

Schnüren, Kordeln, Stricken) oder aus Litzen gedreht (Fang-, Pack-, Wäscheleinen, Stränge für Gespanne und Glocken, Seile und Taue). Ferner stellten sie Halfter, Peitschen, Gurte, verschiedenes Flecht- und Netzwerk und gesponnenes Roßhaar (Uhrketten, Hausschuhe) her. Ein Bindfaden wurde in der Regel durch Zusammendrehen zweier Fäden gebildet, Schnüre und Kordeln bestanden aus mindestens zwei Fäden und wurden stärker gedreht. Ein Seil aus mindestens zwei Schnüren und Stricke nannte man kurze Seile, die oft vom einen zum andern Ende an Dicke abnahmen. Die Seiler waren hauptsächlich im Binnenland für den lokalen Bedarf tätig, wo ihr Gewerbe bis ins Spätmittelalter vor allem ein bäuerliches war oder bisweilen auf der Stör (als Wanderhandwerk) ausgeübt wurde und erst spät zu zünftiger Organisation fand. Schon 1150 ist ein Erwin Selmechere in Köln erwähnt, wo sich 1414 eine der ersten Seilerzünfte bildete. Die Reepschläger hingegen verfertigten zum größten Teil schweres Tauwerk wie Ankertaue, Verholtrossen, Logg- und Lotleinen, Seile und Taue für die Takelage und dergleichen, und ihre Reeperbahnen lagen in den Küstenstädten an Nord- und Ostsee. Die wohl berühmteste Reeperbahn ist die im Hamburger Stadtteil St. Pauli, benannt nach den einst dort tätigen Reepschlägern, die ihre erstklassigen Waren bis nach Skandinavien ausführten. Bereits im Jahre 1265 ist in Hamburg ein Ricardus Repsleghere, der sich bei der Jakobskirche niederließ, urkundlich erwähnt.

Ausgangsmaterial für Seilerarbeiten war, wie schon erwähnt, vor allem Flachs oder Hanf, der zunächst auf dem Hechelkamm gehechelt und ausgekämmt wurde; eine staubige und durch die Betäubungsstoffe des Hanfes ungesunde Arbeit, die meist im Morgengrauen vor dem Frühstück verrichtet wurde. Auf der Seilerbahn, die im Durchschnitt vierzig bis fünfzig Meter lang war, konnte nun mit dem Verspinnen begonnen werden. Kurze Waren wurden in der Werkstätte hergestellt, wobei man sich diese Arbeiten oft für die Wintermonate aufhob. Das wichtigste Arbeitsgerät zum

Spinnen des Fadens, zum Schnüren der Fäden und zum Seilen der Litzen war das Seilerrad, das durch die Ziehleine in Drehung versetzt wurde. Der Seiler band sich den Hanf um den Leib oder trug ihn in der Seilerschürze, hängte ein Büschel Fasern mit einer Öse (Müsche) in einen Haken des Rades und schritt nun rückwärts fort, wobei er neue Fasern mit der linken Hand (der Reepschläger dagegen mit der rechten Hand) herauszog, die mit den ersten zusammengedreht wurden. In der rechten Hand hielt er den Spinnlappen, mit Wasser oder Leinöl befeuchtet, mit dem er den gesponnenen Faden glättete. Die so erhaltenen Fäden konnten dann in beliebiger Zahl zu Litzen zusammengedreht werden. Die Reepschläger, deren Reeperbahnen mitunter bis zu vierhundert Meter lang waren, verwendeten für besonders schwere Arbeiten das Seiler- oder Stranggeschirr (mit Zahnradgetriebe), eine robustere Variante des Seilerrades. Das Hanftauwerk wurde aus geteerten Garnen oder Kabelgarnen zu Leinen (2–18 Garne) oder bei stärkeren Tauen zu einem Kardeel (18–50 Garne) zusammengedreht. Drei Kardeelen zusammengeschlagen (daher der Name Reepschläger) ergaben eine Trosse, vier einen Wantschlag. Zu den abschließenden Arbeiten gehörte das Festdrehen oder Knoten der Enden, die Herstellung einer Endschlinge mit Hilfe des Knebels, was »Maschen« genannt wurde, sowie das Spleißen von endlosen Seilen (Transmissionsseile).

Im Gegensatz zu den Seilern, die vorwiegend kleinbetrieblich arbeiteten und ihre Waren selbst vermarkteten, standen die Reepschläger oft im Lohn von Reedereien, beschäftigten auf ihren Reeperbahnen eine Menge Hilfskräfte und überließen das Spinnen schon früh den Hanfspinnern, die sie in Verlag nahmen.

Flinke und gute Füße mußten sie wohl haben, die Seiler und Reepschläger, denn ihre Arbeit erforderte ein stetes Gehen und Laufen, vorwärts und rückwärts. Sie trugen leichte Fußbekleidung, und ihre Arbeitsblusen aus glattem Stoff durften keine Knöpfe haben, damit sich nichts an ihnen ver-

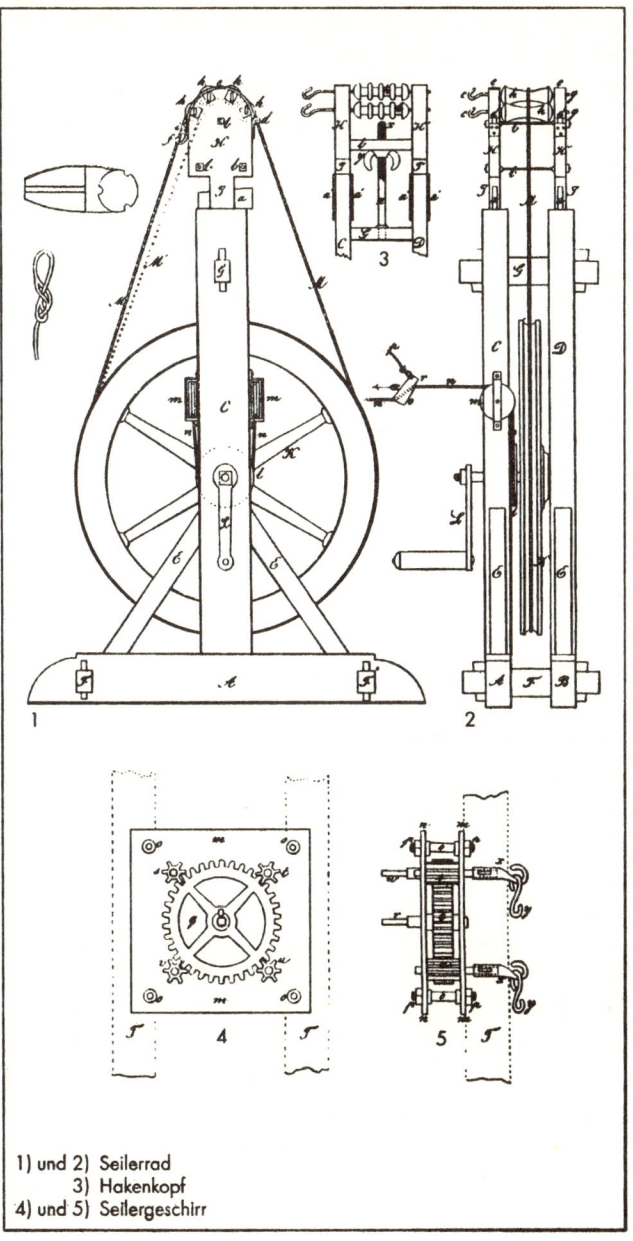

1) und 2) Seilerrad
3) Hakenkopf
4) und 5) Seilergeschirr

fangen konnte. War die Lehrzeit zu Ende, so mußte sich der zukünftige Junggeselle einer Taufe, bei der es »Pathen, Pfaff und Messner« gab, unterziehen. Den versammelten Meistern und Gesellen wurde er sodann vorgestellt, hatte sein »Lossprechgeld« zu zahlen und wurde mit Ermahnungen und Verhaltungsmaßregeln als Geselle »bei offener Lade« und bei Kerzenschein losgesprochen, worauf er sich mit den Worten »So mit Gunst bin ich hereingekommen, so mit Gunst gehe ich wieder heraus. Gott gebe uns allzeit besser Glück!« von der »hochlöblichen Zusammenkunft« zu verabschieden hatte.

Sensenschmiede spalteten sich schon sehr früh von den →Eisen- und Grobschmieden ab und verarbeiteten Knüttel, ein Halbzeug aus den →Zainschmieden, zu Sensen, Sicheln und Strohmessern. Berühmt und in ganz Europa gefragt waren die blauen Sensen aus Oberösterreich und der Steiermark und die weißen aus dem Bergischen Land (Solingen, Plettenberg), die sich durch ihre Schmiedetechniken unterschieden. Die oberösterreichischen und steirischen Sensen bestanden aus zwei flachen, dünn ausgeschmiedeten Mock- und Kernstahlstäben (Schneideisen), die unter Schweißhitze zusammengeschlagen und dann so gereckt wurden, daß sie nach einem Ende dünner, nach dem anderen stärker und breiter wurden und dabei der Winkelansatz, die »Hamm«, mit dem die Sense am Stiel befestigt wurde, entstand. Dieses ausgereckte Stück nannte man »Schiene«, die zunächst am vorderen dünneren Teil mit dem Handhammer angespitzt und dann unter dem Wasserhammer ausgebreitet wurde, wobei die Form der Sense entstand. Nach dem Rohschliff mußte die Sense unter einem schnell getriebenen Hammer noch einmal kalt überschmiedet werden, worauf sie erneut auf mäßige Rotglut erhitzt und in einem Trog mit zerlassenem Unschlitt gehärtet wurde. Vor dem Blauanlaufenlassen über der Glut einer Esse entfernte man das anhaftende Fett durch Abstreifen mit Kastanienrinde. Im Jahre 1841 erzeugten die auf dem Boden der damaligen Steiermark gelegenen Hämmer 1410000 Sensen und 381000 Sicheln und Strohmesser.

Bei den weißen Sensen schmiedete man den Hauptkörper aus zähem, weichem Eisen aus, spaltete ihn auf der Schmalseite und schweißte ein Stahlband ein, das später die Schneide bildete. Die Schneide wurde nach dem Härten gegen den Umlauf des Steines geschliffen, wodurch sie eine weiße Farbe annahm. In Stroh eingebunden und in Fässern verpackt, verließen die Sensen die Werkstätten.

Sensen auf langen Stangen haben in den Bauernkriegen des 16. Jahrhunderts eine wichtige Rolle als Waffen gespielt. In der Regel waren es gewöhnliche Ackersensen, deren »Hamm« nur gerade gerichtet wurde. In Österreich wurden Schmiede mit dem Tod bestraft, wenn sie Sensen zu Waffen umschmiedeten.

Sergenweber (auch Werschweber) stellten Serge, eine Art Wollstoff mit Leinen oder Seide gemischt, her. »In der Tracht der Beguinen, / In dem Mantel mit der Kappe / Von der gröbsten schwarzen Serge / Ist vermummt die junge Nonne.« (Heinrich Heine, *Der Apollogott*).

Sesselträger trugen zu zweit mit Gurten und Stangen einen bedachten, mit Türen und Fenstern geschlossenen Sessel und waren Anfang des 17. Jahrhunderts charakteristische Figuren im Straßenleben von Paris, dann von London, Düsseldorf, München, Hannover, Turin, Brüssel und Wien. In roten Röcken, die noch bis in das 19. Jahrhundert ihr Gewerbe anzeigten, eilten sie hurtig mit ihren Passagieren dem Bestimmungsort entgegen, und wer nicht rechtzeitig ihrem Warnruf auswich, wurde grob zur Seite gestoßen. »Auch die Portechaisen-Träger, in Wien Sesselträger genannt, erfreuen sich eines sehr glänzenden Rufes und werden, die göttliche Grobheit betreffend, den Faßziehern zur Seite gestellt oder wohl gar vorgezogen«, mokierte sich damals ein Beobachter über die Rotröcke.

Siebmacher (auch Sieber, Sieberer, Simmer) übten ein sehr altes Gewerbe aus, das schon an der Wende des 13. Jahrhunderts erwähnt wird. Die Haarsieber (Hesiber) flochten Siebböden aus Pferdehaaren, aber auch aus Draht und aus Holz, die zum Durchsieben von Farben, Mehl, Gries, Gips, Schießpulver, Gewürzen und Apothekerwaren, sowie auch als Formen für →Papiermacher dienten. Ein anderer Zweig waren die Reiterer, die grobe Geflechte und große Siebe zum Reitern (zum Beispiel von Kies und Schotter) anfertigten und sich später mit den Haarsiebern vereinten.

Siegellackmacher stellten Siegellack (franz. *Cire d'Espagne*) zum Versiegeln von Briefen, Paketen und Flaschen aus einer Mischung von Schellack und venezianischem Terpentin her, der an einer Flamme leicht schmolz, auf Papier gut haftete und scharfe Abdrücke gab. Der gewöhnliche rote Siegellack wurde mit Zinnober, Packlack mit Mennige oder Bolus gefärbt. Zur Erzielung anderer Farben setzte man Beinschwarz, Ultramarin, Mineralgelb, Chromgelb, Gold- und Silberflitter zu. Die feinen Sorten wurden zusätzlich mit etwas Storax, Benzoe, Tolubalsam oder Moschus parfümiert.

Man schmolz die Harze, dann die Farbstoffe zusammen und goß die Masse in verzinnte oder messingene, mit Öl ausgeriebene Formen; wenn die Stangen erhärtet waren, wurden sie durch rasches Durchziehen durch eine Spiritusflamme geglänzt.

Siegel- und Wappenschneider (auch Petschaftschneider, Petschierstecher) waren →Graveure, die Handstempel (Petschaft, mhd. *petschat*) aus Metall oder Halbedelsteinen zum Siegeln anfertigten. Dem Griff der Siegelplatte gab man zierliche Formen als Schreibtischgerät, Uhrkettenanhängsel, Siegelring und dergleichen.

Silhouettenschneider zeichneten (silhouettierten) den an die Wand projizierten Schatten (Schattenriß) einzelner oder mehrerer Personen als Brustbild oder ganze Figur, verkleinerten dann die Darstellung meist mit Hilfe eines Storchschnabels und malten sie entweder mit schwarzer Tusche an oder schnitten sie mit der Schere aus schwarzem Papier aus. Das *Portrait à la silhouette* wurde auch in Kupfer gestochen oder in Holz geschnitten und vervielfältigt. Weitere Motive der »schwarzen Kunst« waren Pflanzen und Tiere sowie genrehafte und humoristische Szenen.

Der Schattenriß entstand im Orient und wurde im 18. Jahrhundert von Frankreich aufgegriffen, wo auch die — ursprünglich spöttisch gemeinte — Bezeichnung Silhouette aufkam, benannt nach dem Finanzminister Ludwigs XV., Étienne de Silhouette, dessen Sparmaßnahmen anstelle der teuren Porträtmalerei das wohlfeile Schattenbild begünstigten. In Deutschland und Österreich griff »die Silhouettomanie um sich wie eine Seuche«, die Silhouetteure, unter ihnen viele Wanderkünstler und Dilettanten, waren bis zur Verbreitung der Photographie eifrig und »auf die geschickteste Art« am Werk, und ihre Miniaturen zierten Wohnzimmer, Stammbücher und Stammbäume, Alben, Medaillons, Ringe, Armbänder, Berlocken, Gläser und dergleichen. »Fast in jedem Hause von Distinktion sieht man zwar nur schwarze Bilder, aber sie sind dennoch mit so vieler Genauigkeit gezeichnet, daß einer nur ein exlavaterisches und äußerst blödsinniges Physiognomistengesicht haben müßte, wenn er daraus nicht wenigstens die Hauptspuren der charakteristischen Beschaffenheit zu entnehmen Anlage genug hätte«, bemerkt ein Herr von Aichenstein in seinem 1782 erschienenen Büchlein über das Schattenschneiden.

Sliemer fertigten, zum Beispiel in Wien und in italienischen Städten, bis ins 18. Jahrhundert Fenster aus ölgetränktem Papier an.

Spiegler waren meist mit den →Glasmachern assoziiert und verarbeiteten deren geblasenes oder gegossenes Flachglas zu Spiegeln. Bevor und auch noch während gläserne Spiegel in Gebrauch waren, betrachteten sich die Menschen in polierten Metallscheiben.

Die Gründung von Spiegelmanufakturen hing sehr stark mit dem Ehrgeiz der Fürsten des Absolutismus zusammen, die wahrscheinlich mit der Spiegelpracht von Versailles wetteifern wollten. Kurfürst Friedrich III. von Preußen übernahm 1694 die Spiegelglashütte Biberberg; Kurfürst Max Emanuel von Bayern gründete 1695 eine Manufaktur in München und der Mainzer Kurfürst Lothar Franz von Schönborn 1698 eine im Spessart. Die technische Voraussetzung wurde durch die Entwicklung der Guß- und Walztechnik in Frankreich geschaffen, wodurch die Erzeugung sehr glatter und vor allem größerer Spiegel möglich wurde.

Die Glastafel wurde zugeschnitten und poliert, die Ränder facettenartig geschliffen und die Rückseite von den Belegern mit quecksilberbestrichenen Zinnfolien belegt, die von den Folienschlägern hauchdünn geschlagen wurden. Die Arbeiter in den Belegräumen würde ihre »mörderische Arbeit in einigen Jahren zu Krüppeln« machen, schreibt Joseph August Schultes 1802 in seinem Buch *Ausflüge nach dem Schneeberge in Unterösterreich,* und im gleichen Jahr konstatierte ein Besucher derselben Spiegelfabrik, daß »das Schleifen und Polieren der Gläser eine Arbeit ist, die mehr einer Strafarbeit ähnlich ist und daher rührt es auch, daß hier nicht von weitem eine gesunde Menschenfarbe zu erblicken ist«.

Die ersten Glasspiegel wurden mit Blei-, später mit Zinnamalgam beschichtet, dann folgte die Quecksilberverspiegelung, die schließlich von der Beschichtung mit metallischem Silber abgelöst wurde.

Dem Spiegel wurde im Volks- und Aberglauben Zauberkraft zugeschrieben. Um Rat gefragt, gab er Auskunft (beispielsweise im Schneewittchenmärchen), durch Blindwerden zeigte er den Treuebruch des entfernten Ehegatten an; Spiegelzerbrechen bedeutete Unglück, und beim Tod eines Familienmitglieds wurde der Spiegel verhängt, um so dem Toten das Verbleiben im Haus zu verwehren.

Spielzeugmacher waren meist Handwerker, die aus den unterschiedlichsten Berufen kamen und entweder nebenbei oder ausschließlich Gegenstände zur Unterhaltung und Beschäftigung der Kinder herstellten. Ein Holzschnitt von Hans Burgkmair in der von Kaiser Maximilian I. entworfenen Erzählung *Weißkunig* (1516) zeigt die Spielsachen des jungen Kaisers, unter anderem Ritterfiguren aus Blech und Bronze, die damals von den →Plattnern, →Zinn- und Bronzegießern recht lebensecht gehämmert und gegossen wurden. Im 17. und 18. Jahrhundert waren Tischler, Drechsler, Hafner, →Klempner, →Gelb- und →Rotgießer, →Schlosser, sogar Gold- und Silberschmiede mit der Anfertigung von Spielzeug beschäftigt. Allerdings behinderten schikanöse Zunftbestimmungen immer wieder die erfinderische Initiative; so durften beispielsweise die Drechsler ihr Holzspielzeug nicht selbst bemalen, sondern mußten es zu diesem Zweck den →Wismutmalern überlassen, und den Hafnern war es untersagt, zu ihrem Puppengeschirr auch noch die Schränklein zu bauen.

Beliebt und weit verbreitet war das Holzspielzeug aus den Werkstätten und den Höfen der Bildschnitzer und Bauern in Thüringen, in Oberammergau, im Berchtesgadener Land, im sächsischen Erzgebirge und im Grödental. Rasseln, Ratschen, Windrädchen, Nußknacker, »Fatschenkindln«, Hampelmänner, Pferde mit und ohne Reiter, Fuhrwerke, Kutschen, Schlitten, Schiffe, besonders Galeeren, Zwitschervögel, Klimperkästchen, Figuren aus dem Volksleben, »Stadt in der Spanschachtel« und »Wochenmarkt«, Holzpuppen und Puppenhausmobiliar wurden von Händlern, den sogenannten Verlegern, oder von Hausierern und »Kraxenträgern« in diesen Gegenden eingesammelt und vertrieben, oft bis Lissabon und Moskau, ja sogar bis in den Orient und

nach Übersee. In vielen Kinderstuben war damals das
»Kakelorum« anzutreffen, ein Glücksspiel, das auch unter
dem Namen »Tivoli-Spiel« oder »Marmelturm« bekannt
war. Eine Kugel wurde in den kronenartigen Kopfaufsatz
einer Figur gesteckt und dann über eine kunstvoll in den
Körper eingearbeitete Spirale auf ein rundes Brett gelenkt.
Dort blieb sie, vom Zufall bestimmt, in einer der hundert
Mulden liegen, deren Nummer jeweils Verlust oder Gewinn
anzeigte. Ein Spielzeug, das fast in allen Zentren der deutschen Spielwaren-Heimarbeit hergestellt wurde, war die
Arche Noah. Hieronymus Bestelmeiers »Spielwaren-Maga-
zin« von 1793 bot beispielsweise eine große und eine kleine
Arche Noah an, und schon die kleine Ausgabe beherbergte
hundert Tiere und Figuren. Gewiß eines der populärsten
Spielzeuge war das hölzerne Steckenpferd, nicht selten mit
echter Roßhaarmähne, das schon in dem 1482 gedruckten
französischen Buch *Le Propriétaire des Choses* auftaucht.
Einem Bericht zufolge paradierten anläßlich des Nürnberger
Konvents 1649 nicht weniger als 1476 Knaben auf Stecken-
pferden vor dem Quartier des kaiserlichen Generalbevoll-
mächtigten Octavio Piccolomini. Konkurrenz bekam das
Steckenpferd allerdings später durch das Schaukelpferd auf
Kufen und Rädern.

In Nürnberg entstand bereits im 15. Jahrhundert das
Gewerbe der Docken- oder Puppenmacher, die zunächst
Puppen aus Holz schnitzten und bemalten. Arme und Beine
der Puppen bewegten sich in Scharnieren oder an Schnüren.
Dazu kamen die Leder- und Stoffpuppen, deren Bälge mit
Lumpen, Kleie, Roßhaar oder Sägemehl gefüllt waren, mit
Köpfen aus Ton, Holz, Wachs oder Alabaster. Bekannt für
seine Puppen wurde Sonneberg im Meininger Oberland,
besonders für jene mit Köpfen aus Papiermaché. Später
kamen Gummipuppen und Köpfe aus Porzellan in Mode,
bewegliche Augen lösten die starren ab, und im 19. Jahrhundert lernten die Puppen schließlich sprechen. Sie hatten stets
nach der neuesten Mode gekleidet zu sein, und nicht selten

ließen sich die Damen ihre Kleider nach den Modellen anfertigen, die die Puppen trugen. Zur Puppe gehörte das Puppenhaus oder Puppenzimmer, das vielfach durch seine bürgerliche Gediegenheit auffiel und mitunter elterliche Wunschträume erahnen ließ.

Spielzeug aus Papier und Pappe ist ebenfalls seit dem 15. Jahrhundert bekannt. Augsburger »Stecher« vervielfältigten bestimmte Vorlagen zum Ausschneiden, die man zum Beispiel als Papiersoldaten auf Holzklötzchen aufmarschieren lassen oder zu Tiergruppen zusammenstellen konnte. Neu waren zu Ende des 18. Jahrhunderts Ankleidepuppen aus Papier, ferner Guckkastenbilder, die die Zeitereignisse wiedergaben, Papiertheater (sie wurden oft bei Theaterpremieren für die Kinder der Besucher aufgelegt) sowie Anleitungen zum Falten von Schiffchen, Hüten, Spitzentüchern und Spielen wie »Himmel und Hölle« aus Papier.

Der Zinn- und Kannengießer Andreas Hilpert, der im Jahr 1760 in Nürnberg das Bürger- und Meisterrecht erworben hatte, kam auf die Idee, Zinnfiguren als Spielzeug zu gießen. Er schuf recht billig Tier- und Menschenfiguren, Kriegstheater, Rokokoszenen, Hirtenstilleben und Zigeunerlager und machte dem bemalten Holzspielzeug ernsthaft Konkurrenz. Hergestellt wurden die Zinnfiguren, indem man die Negativform der beiden Figurenhälften in Schieferplatten schnitt und fein säuberlich gravierte, die Hälften zu einem Model zusammenfügte und mit flüssigem Zinn ausgoß. Die fertigen Gußstücke ließ man anschließend von Heimarbeiterinnen bemalen. Die bekannteste Figur wurde gewiß der Zinnsoldat, der sich rasch über ganz Deutschland und die Schweiz verbreitete. Mitte des 19. Jahrhunderts einigten sich die führenden Hersteller Heinrichsen in Nürnberg und Allgeyer in Fürth auf die »Nürnberger Größe« von dreiunddreißig Millimetern, so daß sich die Armeen mit gleich großen Zinnsoldaten beliebig ergänzen ließen. Hans Christian Andersen machte den »Standhaften Zinnsoldaten« zum Helden eines seiner bekanntesten Märchen.

Im 19. Jahrhundert entstand allerhand optisches Spielzeug wie etwa die »Thaumatropische Unterhaltung«, die aus Papierscheiben bestand, welche auf jeder Seite ein anderes Bild (zum Beispiel Käfig und Papagei) trugen. Wurde nun die Scheibe an einer Schnur schnell um ihre eigene Achse gedreht, verschmolzen die beiden Bilder zu einem. Der Papagei saß im Käfig. 1832 entwickelten Professor Stampfer in Wien und Professor Plateau in Gent das »Lebensrad«. Der eine nannte es Stroboskop, der andere Phénakistiscop; es bestand aus zwei Scheiben, die um eine gemeinsame Achse rotierten. Die äußere Scheibe trug radiale Schlitze, durch die man die auf der inneren Scheibe befindlichen Zeichnungen aufeinanderfolgender Phasen einer Bewegung betrachten konnte, die zu einem Bewegungseindruck verschmolzen. Der Wiener Spielzeughersteller Trentsensky machte sich diese Erfindung sofort zunutze und vertrieb die »Wunderscheibe« zum stolzen Preis von fünf Gulden. Ebenso wie das »Lebensrad« funktionierte auch die »Wundertrommel«, die unter dem Markennamen »Zootrop« und »Daedaleum« weltweit bekannt wurde. Sie bestand aus einer um ihre Achse drehbaren, oben offenen Trommel mit einer Reihe schmaler senkrechter Schlitze. An die Innenwand der Trommel legte man Papierstreifen, auf denen Figuren in verschiedenen Phasen einer Bewegung abgebildet waren. Drehte man die Trommel, so entstand beim Blick durch die Schlitze die Illusion einer ununterbrochenen Bewegung: Turner und Akrobaten zeigten ihre Kunststücke, Vögel segelten durch die Lüfte, Pferde galoppierten, Augen schlossen und öffneten sich. Die Begeisterung darüber war riesengroß, und so manche Firma warb mit den handgezeichneten Bilderreihen für ihr Produkt. So brachte ein Herrenausstatter eine »Zootrop«-Kragenschachtel heraus, die zehn Hemdkrägen und drei Bilderreihen enthielt und mühelos in eine »Wundertrommel« verwandelt werden konnte.

Mit der Erlangung der Gewerbefreiheit etablierten sich nach und nach Spielzeugfabrikanten (wie in Nürnberg und

Fürth), die ihrer Herkunft nach Handwerker waren, aber alle erforderlichen Tätigkeiten in einem Betrieb konzentrierten. Dazu kam, daß immer mehr Blech zu Spielzeug verarbeitet wurde, was die Entwicklung der industriellen Fertigung sehr begünstigte. Puppenkücheneinrichtungen, Puppenküchenherde, auf denen man kochen konnte, Kaufläden, Blasinstrumente, Kindertrompeten, Rasseln, Kreisel, »Pickpick-Vögel«, Clowns im Handstand, Scherenschleifer, Kettenkarusselle, Modelleisenbahnen und Autos waren als »Volksspielzeug« nunmehr in den Schaufenstern der Spielwarengeschäfte zu bewundern. Zu einem begehrten, wenn auch teuren Spielzeug wurde der Metallbaukasten, 1901 von dem Engländer Frank Hornby erfunden. Sein System, dem er zunächst den Namen »Mechanics Made Easy« gab, bestand aus gestanzten Metallschienen, die mit Schrauben und Muttern zu Modellen der »technischen Wirklichkeit« zusammengebaut werden konnten. In Deutschland fand Hornbys »Meccano«, wie er später hieß, sehr bald Nachahmer. Der »Stabil« von Walther & Co. in Berlin oder der legendäre Baukasten Nr. 5 von Märklin waren wohl die bekanntesten, die selbst in der Zeit der Wirtschaftskrise vor dem Zweiten Weltkrieg den Herstellern steigende Umsätze bescherten.

Einer Plüschfigur blieb es jedoch vorbehalten, wahrlich Spielzeug-Geschichte zu machen: dem Teddybären. Der Spielzeugbär erblickte im Jahre 1902 an zwei Orten gleichzeitig das Licht der Welt — in den USA und in der deutschen Spielzeugfirma Steiff in Giengen an der Brenz. Der Entwurf kam von Richard Steiff, dem jüngsten Neffen der Firmengründerin Margarete Steiff. Seine Skizzen und Studien dafür hatte er während des Studiums an der Kunstgewerbeschule in Stuttgart gemacht, wo es ihm die Bären in Nill's Tiergarten angetan hatten. So entstand die Idee, einen Spielbären herzustellen, dessen Kopf, Arme und Beine beweglich waren. Öffentlich zu sehen war der neue Steiff-Bär auf der Leipziger Frühjahrsmesse 1903, wo er zunächst wenig Beachtung gefunden haben soll. Erst am letzten Messetag bestellte ein amerikanischer Spielwarenverkäufer aus New York dreitausend dieser Bären, und in den darauffolgenden Jahren waren in Giengen und Umkreis »alle irgendwie geeigneten Frauen und Mädchen mit der Herstellung von Teddybären beschäftigt«. Auf amerikanischer Seite gab es offenbar einen Zwilling, der dem Steiff-Bären den Anspruch streitig macht, der erste Teddy gewesen zu sein. Im November 1902 findet sich in der *Washington Post* eine berühmt gewordene Karikatur des Präsidenten und Großwildjägers Teddy Roosevelt mit einem Bärenjungen, die Morris Michtom, einen russischen Einwanderer, der in Brooklyn einen Laden mit Süßwaren und selbstgebasteltem Spielzeug betrieb, anregte, einen Bären aus Plüsch zu nähen. Kaum stand der Bär neben der Zeichnung in der Auslage, war er auch schon verkauft. Das Geschäft gedieh prächtig, und um dem erfolgreichen Geschöpf einen zugkräftigen Namen zu geben, nannte es Michtom angeblich mit Billigung des Präsidenten »Teddys Bär«. Aus diesen Anfängen entstand die Ideal Toy Corporation, einer der größten Spielwarenhersteller Amerikas. Spätestens seit 1907 hat sich die Bezeichnung Teddybär für den »König der Stofftiere« durchgesetzt, und bei Steiff in Giengen schaffte man in jenem Jahr mit über 900000 Teddys einen Produktionsrekord. Heute wird der originale Teddy als ein Design-Klassiker verkauft, der in Amerika zusammen mit sechzig anderen Produkten zu den »schönsten Dingen des Lebens« gekürt wurde.

Spinner(innen) stellten durch Ordnen, Zusammenfügen und Zwirbeln von kurzen, dünnen tierischen und pflanzlichen (Einzel-)Fasern einen langen Faden her. Jahrtausendelang spannen unsere Vorfahren Fäden aus Flachs, Baumwolle oder Wolle und stellten daraus ihre Kleider, Decken oder Teppiche her. Als Werkzeug benutzten sie dafür zunächst die rotierende Handspindel und seit etwa sechshundert Jahren das Spinnrad. Im 18. Jahrhundert stieg die Nachfrage nach Textilien stark an. Findige Köpfe begannen die

Handarbeit zu mechanisieren. Dem Engländer Richard Arkwright gelang 1769 die Konstruktion einer Flügelspinnmaschine mit achtundvierzig Spindeln, die alsbald als »Waterframe« bekannt wurde. Ein anderer Engländer, der Weber James Hargreaves, versuchte, mit einem Spinnapparat die Bewegungsabläufe der Spinnerin bei ihrer Arbeit mit dem Handrad nachzuahmen. Seine berühmt gewordene »Spinning Jenny« wurde die Maschine der Hausindustrie schlechthin. Der Engländer Samuel Crompton kombinierte schließlich Elemente beider Maschinen und schuf 1779 mit der originellen »Mule« einen wirklichen maschinellen Ersatz für die Handspinnerei. Damit konnten grobe, feine, weiche und feste Schuß- und Kettgarne hergestellt werden. Mit der gleichzeitigen Mechanisierung der Webstühle entstanden ab 1771 in England die ersten Textilfabriken der Welt, zunächst mit Wasserkraft und ab 1780 mit Dampfmaschinen betrieben. Vor allem Frauen und Kinder produzierten das erste »Maschinengarn«, schnell, billig und erstaunlich gut. Die meisten Spinner und Weber der Hausindustrie mit ihren Familien verloren ihren Broterwerb und gerieten in Armut. Folgen des Massenelends waren soziale Unruhen und Maschinenstürmereien, doch die Industrialisierung der Textilproduktion war nicht aufzuhalten.

Spitzenklöpplerinnen stellten Klöppelspitzen, im Gegensatz zu Nähspitzen (Nadelarbeit), durch die Verflechtung von vielen Fäden her, die beim Arbeiten auf kleine Spulen, die »Klöppel«, gewickelt waren.

In Italien tauchte die Klöppelspitze schon Anfang des 16. Jahrhunderts auf und wurde besonders in Genua gepflegt; von dort verbreitete sie sich über Spanien nach den Niederlanden, Deutschland und Schweden.

Die Gerätschaft, die zur Herstellung von Klöppelspitzen erforderlich war, bestand im Prinzip aus einem Klöppelkissen, den Spitzenklöppeln, einer Art kleiner Spulen aus Holz, dem Klöppelbrief oder Aufwind, einer Musterzeichnung auf steifem Papier, Stecknadeln und der Pikiernadel. Zur Herstellung der Spitzen dienten Leinen- und Baumwollzwirne. Das Klöppeln wurde in der Regel mit zwei Paar Klöppeln ausgeführt. Ein Paar wurde in der rechten, das andere in der linken Hand gehalten. Durch das »Drehen« und »Kreuzen« der Fäden entstanden die Schläge, die mittels Stecknadeln an bestimmten Punkten des Klöppelbriefes angeheftet wurden. Die hierdurch wie offene und dichte Gewebeflächen erscheinenden Fadengebilde führten zunächst zur Herstellung von Grundmustern, und diese unterschieden sich äußerlich nach bestimmten Arten der Verschlingung (Schläge). Es gab Zeiten, in denen Hunderttausende von Menschen durch die Herstellung von Klöppelspitzen ihr Brot verdienten. In Wuppertal tauchten erstmals 1877 maschinengeklöppelte Spitzen auf, die nach dem Prinzip der Handklöppelei gefertigt wurden.

Sporer gehörten zu den Kleinschmieden und verfertigten Sporen sowie die zum Reitzeug gehörigen Beschläge wie Steigbügel, Zaumzierat und dergleichen. Aus einfachen Stacheln, die oft nur an einem Fuß getragen wurden, entwickelten sich im Mittelalter die Radsporen mit fünf, dann mit acht und mehr Zacken. Vergoldete Sporen waren im Mittelalter ein Abzeichen des Ritters.

Stärke- und Haarpudermacher verwendeten Weizen, Mais, Reis und Kartoffeln zur Gewinnung von Stärke (Stärke-, Satz-, Kraftmehl, Amylum), aus der dann Puder oder Haarpuder zubereitet wurde. Stärke diente zum Steifen der Wäsche, zum Leimen von Papier, zum Verdicken der Farben in der Zeugdruckerei, zur Herstellung von Kleister und Schlichte (zum Festigen schwach gedrehter Garne) sowie zur Appretur und fand Verwendung in der Küche und bei der Zuckerbäckerei. Die Kunst, Stärke aus Weizen zu bereiten, war bereits im Altertum bekannt. Nach dem griechischen

Arzt Dioskurides (1. Jahrhundert nach Christus) wurde sie *amylon* genannt, weil sie nicht wie andere mehlartige Stoffe auf Mühlen gewonnen wurde, und nach Plinius wandten sie zuallererst die Bewohner der Insel Chios an. Im Mittelalter stand die Stärkefabrikation bei den Holländern in großer Blüte; Kartoffelstärke wurde zuerst 1816 in Frankreich hergestellt, etwas später folgte in Deutschland die Verarbeitung von Mais (Maizena) und seit 1870 von Reis zu Stärke.

Der gequollene und zerquetschte Weizen wurde in Quellbottichen mit Wasser der sauren Gärung überlassen. Die entstehende Essig- und Milchsäure lockerte den Kleber so weit, daß sich die Stärke im Tretfaß zunächst mit hölzernen Schuhen an den Füßen austreten ließ. Später verwendete man für diese Arbeit von Pferden angetriebene Quetschwalzen. Die Stärkemilch wurde nun zum Absüßen in Absatzbottiche geleert, worin sich die Stärke am Boden absetzen konnte. Das saure Wasser wurde abgezapft und die Stärke mehrmals mit Wasser angerührt, bis man schließlich reine Stärke erhielt, die in Leinwand eingeschlagen, ausgepreßt und als ziegelsteingroßes Stück getrocknet wurde. Das »saure« Wasser eignete sich vorzüglich für die Schweine- und Rindermast.

Verwendete man Kartoffeln zur Stärkezubereitung, so wurden diese fein zerrieben, und der Brei wurde unter Zufluß von Wasser auf einem Sieb über einem Bottich so lange mit den Händen geknetet, bis die Stärke aus den geöffneten Zellen herausgespült war. Die Rohstärke wurde dann in gleicher Weise wie Weizenstärke verarbeitet.

Den Puder schabte man von der weißgrauen Rinde der getrockneten Stärke ab, und damit er leichter zerstäubte, feuchtete man ihn mit Weingeist an und ließ ihn langsam trocknen. Sollte er einen angenehmen Duft verströmen, so setzte man dem Puder gestoßene Veilchenwurzeln, Eichenmoos, Lavendel- oder Bergamottöl (aus den Fruchtschalen von *Citrus bergamia*), auch Moschus zu. In Weiß und verschiedenen Farben wurde Puder zum Einstauben der Haare und Perücken und als Schminke verwendet. Wer vermögend genug war, richtete sich eine eigene Puderkammer ein und ließ sich von Kammerzofen und -dienern »überstäuben«, ansonsten besorgte dies der → Perückenmacher. Das hochgeworfene Mehl rieselte dabei auf die Frisur, oder man bediente sich zum Bestäuben eines ledernen Blasebalgs. »Damit einem aber der Puder nicht in das Gesicht und die Augen falle, wenn man sich pudern läßt, so pflegen einem die Paruckenmacher gemeiniglich eine Tute zu reichen in deren obern oder weitern Theil man das Gesicht hält. In derselben befinden sich Augen von Glase; durch das spitzige Ende holet man Odem, und hält sie gemeiniglich mit der Hand fest«, heißt es in Herrn von Garsaults *Paruckenmacherkunst* (1769). Obwohl der Puder »eine Erfindung aus dem Fache der überflüssigen Dinge« war, wie J.S. Halle 1762 befand, konnte es durch ihn bisweilen zur Spaltung der Gesellschaft in zwei Klassen kommen, nämlich in »gepudert« und »gemein«; so geschehen auf einem Donauschiff von Regensburg nach Wien.

Steigbügelmacher (auch Stegreifer) gehörten wie die → Sporer zu den Kleinschmieden und stellten metallene Bügel mit Tritt (»Sohle«) für die Füße der Reiter her, die zu beiden Seiten des Sattels an den Steigriemen herabhingen. Die Form der Steigbügel hat nach Zeit und Volk sehr gewechselt. Es gab Schnabelschuhsteigbügel, Steigbügel für Damen und solche mit einer Laterne, die zur Beleuchtung diente und zugleich die Füße des Reiters wärmte. Fahnenschuh hieß der Steigbügel, der zum Einstecken der Fahne diente, und auch Sporensteigbügel waren in Gebrauch.

Der Steigbügel war sicherlich eine der bedeutendsten militärischen Erfindungen vor der Kanone. Ohne ihn wurde die Lanze vom Reiter am Oberarm gehalten und der Stoß allein mit der Armmuskulatur gegeben. Als der Sattel mit hohem Knauf und Pausche dann mit Steigbügeln versehen wurde, konnte der Stoß mit dem ganzen Gewicht des aufgezäumten Pferdes und Reiters ausgeführt werden, was eine grundlegende Änderung der Kriegstechnik zur Folge hatte (nach Lynn White jr.).

Steinbrecher bauten in Steinbrüchen meist im Tagebau rohe Gesteinsmassen ab, die dann von den Steinhauern oder →Steinmetzen zu Bau- und Dekorationssteinen (Quader, Platten, Säulen, Balustraden, Gesimse, Wimperge, Maß- werke, Treppenstufen) sowie zu Pflaster- und Feuersteinen, Mühlsteinen, Dachschiefern und Schreibtafeln und derglei- chen zerteilt und zugerichtet wurden. Gewonnen wurden hauptsächlich Sandstein, Kalkstein, Granit, Basalte, Schiefer, und Konglomerate (Grauwacke, Nagelfluh, Tuff und der- gleichen), wobei es immer darauf ankam, Massen von beträchtlichem Umfang auf einmal mit dem geringsten Kraftaufwand abzulösen. Dabei wandte man verschiedene Arbeitsmethoden an: das Losbrechen direkt mit Handwerk- zeugen wie Keilhauen, Bergeisen, Fäusteln und Brechstangen, die Keilarbeit, die ein Lossprengen (Abschlitzen) der Stein- blöcke bewirkte, und das Schießen für die Herstellung kleinerer Steine (Straßenpflaster und -schotter, Rauhmauer- werk).

»Aus den strahlend weißen, auf der Insel berühmten Stein- brüchen am Fuße des Berges«, schreibt Gesualdo Bufalino über die Arbeit eines Steinbrechers *(U Pirriaturi)* auf Sizilien, »brach er große Steinblöcke, indem er in Wasser getauchte Holzkeile verwendete, die — sich ausdehnend — die von der Spitzhacke geschlagenen Risse erweiterten, so daß die Stein- platten über die darunterliegende Lehmschicht gleiten konnten.

Erst dann nahm er das verschwitzte, an den Enden ge- knotete Tuch vom Kopf und setzte sich beim Zirpen der Zikaden unter einen Baum, um zu rauchen. Sein großer Tag kam, als man aus Palermo zwei unmäßige Blöcke bestellte, aus denen die Löwen des Teatro Massimo gemacht werden sollten: Vor einer pharaonischen, von vielen Pferden gezo- genen Vorrichtung aus Seilen und Rollen schritt er durch die

Straßen des Dorfes, in denen das Volk zu beiden Seiten Spalier stand, wie ein Heiliger auf der *vara* [Gefährt, auf dem Heiligenbilder durch die Straßen geleitet werden]. Und von den Balkonen warfen sie ihm Blumen zu . . .«

Lange Zeit war man der (wissenschaftlichen) Meinung, die Erde und im besonderen die Steinbrüche würden entsetzliche Gefahren ausschwitzen wie jenen »metallischen Dampf, so aus dem Marmor und den Steinen ausfähret und die Nasen und Gehirn handgreiflich einnimmt«. Diese Vorstellung stammt von dem italienischen Arzt Bernardino Ramazzini, der in seinem Handbuch *De morbis artificum diatriba* (Modena 1700) den Arbeitern geraten hat, »nie in die Steinbrüche zu gehen, ohne sich zuvor ein Beutelchen an den Hals zu hängen, worin zwey mit etwas Kampfer untereinander gestossene Knoblauchzwiebeln sind und sich das Gesicht mit Kampferbranntwein oder aromatischem Wein, oder in Ermangelung dieser Dinge mit Essig gewaschen zu haben«.

Einer der wohl berühmtesten Steinbrüche befindet sich in Carrara in der italienischen Provinz Massa-Carrara in einem Talkessel der Apuanischen Alpen. Hier wird seit mehr als zweitausend Jahren der feine weiße, manchmal schwarz, gelb und grünlich geäderte Marmor abgebaut.

Steinmetzen (auch Steinhauer) waren besonders gefragt, als sich im Hochmittelalter die Hinwendung vom Holzbau zum teuren, aber dauerhafteren Steinbau bei sakralen Gebäuden, Pfalzen, Burgen, Stadthäusern, Befestigungen vollzog. Ihre Arbeit ging sehr oft in die Kunst der Architektur und der Steinbildhauerei über. Einen technischen wie künstlerischen Höhepunkt erreichte das Steinmetzhandwerk in der Gotik. Die neue Wölbetechnik mit Hilfe von Kreuzrippen und Strebebogen zur Aufnahme des enormen Gewölbedrucks sowie Spitzbogen und Maßwerk (aus geometrischen Formen gebildete stabartige Glieder) als konstruktive Elemente erforderte nicht nur handwerkliches Können, sondern auch ein umfassendes Wissen und einen sicheren künstlerischen Blick.

Als Beispiel mag die einflußreiche Baumeister- und Bildhauerfamilie Parler aus Schwäbisch Gmünd dienen, deren Mitglieder als Hüttenmeister an den großen Kirchenbauten in Prag — Peter Parler baute dort ab 1357 auch die meisterhafte steinerne Karlsbrücke —, Wien, Freiburg, Basel, Straßburg und Ulm tätig waren. An diesem Beispiel läßt sich auch der Übergang einer Berufsbezeichnung auf den Familiennamen demonstrieren. Das französische Verb *parler* für »sprechen«, »reden« ging im Sinne von Sprecher beziehungsweise Vorarbeiter auf den Eigennamen Parler über und lebt im heutigen »Polier« noch fort.

Die für kirchliche Großbauten verpflichteten Baumeister und die angeworbenen Bauleute, darunter die Bruderschaft der Steinmetzen, waren in der *Bauhütte* vereinigt. Neben den Hüttensteinmetzen bestanden auch städtische Steinmetzen, die in der Zunft ihre Organisation hatten und deren Existenzgrundlage zumeist die weltlichen Bauten waren. Zweck aller Bauhütten und der Zunft war die Ausbildung (worüber die beiden rivalisierenden Organisationen gelegentlich in heftigen Streit gerieten) und Beschäftigung tüchtiger Steinmetzen, dann aber auch die Pflege »treuer Freundschaft, religiösen Empfindens und sittlichen Strebens«. Der jährlich nach Tüchtigkeit frei gewählte Vorsteher (Stuhlmeister) hatte »nach Handwerksbrauch und Gewohnheit« Streitigkeiten zu schlichten; die übrigen Brüder waren gleichberechtigt. Die Lehrzeit dauerte fünf bis sieben Jahre, und bei der feierlichen Lossprechung mußte der Geselle unter anderem eidlich geloben, das Kunstgeheimnis zu bewahren, gehorsam zu sein, auf die Ehre des Handwerks zu halten und sein Steinmetzzeichen nicht zu ändern. Gemeint war ein geometrisches Zeichen, das ihm von der Bauhütte verliehen wurde und ursprünglich der Lohnberechnung, aber auch als Inschrift diente; auch die Meister hatten ihre eigenen Zeichen. Ferner wurde der Freigesprochene in die Geheimnisse des Grußes und Ausweises eingeweiht, die ihm auf Wanderschaft Eintritt in alle Bauhütten verschaffen sollten.

Zum handwerksmäßigen Vorsprechen um Arbeit gehörte auch die entsprechende Kleidung. Der fremde Steinmetz trug einen dunkelblauen, von rechts nach links mit mindestens drei Knöpfen geschlossenen Rock, weiße, zumeist englischlederne Hosen und sogenannte Suffro- (Suwarow?) oder Exkusestiefel, ein schwarzes Halstuch und auf dem Kopf einen Zylinderhut. Der Schnurrbart war bei den Steinmetzen verpönt. In der Hand trug der Reisende den »Exküser«, einen Stock aus starkem braunem Rohr mit schwarzem Hornknopf, ein Geschenk des Lehrgesellen oder Lehrmeisters, gewissermaßen als Dank für das kostspielige Schmausen bei der Lossprechung. Mit dem »Exküser« hatte er das Recht erworben, »regulär« als »fremder« Steinmetz auf anderen Werkplätzen »zuzusprechen«. Gab es Arbeit, folgte im Begrüßungsraum nun ein recht umständliches und langwieriges Ritual, das als »Ausweis« bezeichnet wurde, mit viel »Exküse« und »Gottes Wohlsein«. Vorher stärkte man sich mit Wein und Weißbrot. Für den »Ausweis« waren die »Stellungen« und die »Abnahme« derselben charakteristisch. Rudolf Wissell erläutert den fast choreographisch anmutenden Brauch in seinem Standardwerk *Des alten Handwerks Recht und Gewohnheit* (1929): »Durch die Art der Aufstellung der arbeitenden Gesellen wurden bestimmte Figuren markiert, deren Bedeutung nur dem zünftigen Steinmetzen bekannt und im wesentlichen aus der Fußstellung der Gesellen ersichtlich war. Diese Figuren waren durch ›Antreten‹ und ›Abtreten‹ der sie darstellenden Gesellen von dem Fremden abzunehmen, was mit ganz bestimmten Worten zu geschehen hatte. Für irgendeine Stellung waren mindestens zwei Steinmetzen erforderlich. Ein einzelner konnte nur eine rechts oder eine links gerichtete ›Irrbank‹ darstellen. [. . .] Für alle Stellungen war die Haltung des Oberkörpers gleich. Die Arme wurden über der Brust derart gekreuzt, daß die rechte Hand auf dem linken Oberarm und der linke Unterarm auf dem rechten Unterarm lag. [. . .] Die Ferse des rechten Fußes mußte in die Höhlung des linken Fußes gezogen

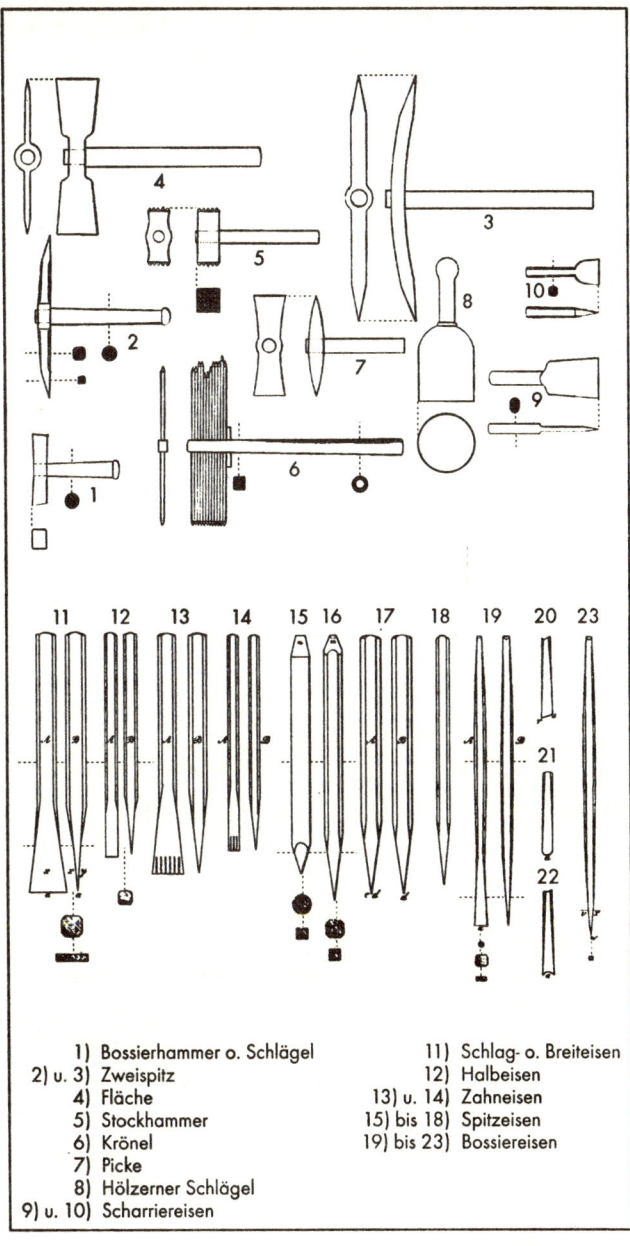

1) Bossierhammer o. Schlägel
2) u. 3) Zweispitz
4) Fläche
5) Stockhammer
6) Krönel
7) Picke
8) Hölzerner Schlägel
9) u. 10) Scharriereisen

11) Schlag- o. Breiteisen
12) Halbeisen
13) u. 14) Zahneisen
15) bis 18) Spitzeisen
19) bis 23) Bossiereisen

werden, oder umgekehrt, so daß die Füße einen rechten Winkel bildeten.« Je nach Anzahl der teilnehmenden Personen konnte ein stehendes und liegendes Richtscheit, ein Dreieck, ein Quadrat, ein Fünfeck, ein Sechseck, ein Kreis oder andere Symbole gebildet werden. Hatte der Fremde alle Stellungen abgenommen und »seine Sache auch gut gemacht«, wurde »mit Gunst und Erlaubnis« und Händeschütteln die Zeremonie beendet.

Die meisten Steinmetzarbeiten des 14., 15. und 16. Jahrhunderts konnten im wesentlichen mit Hämmern, Schlägeln und Meißeln (Eisen) bewältigt werden, die bereits im Mittelalter verfügbar waren. Die Flächenbearbeitung bestand, vom Groben zum Feinen fortschreitend, im Bossieren mit dem Zweispitz (Picke), im Flächen mit dem Fläch- und Stockhammer sowie mit dem Krönel und im Spitzen mit dem Spitzeisen. Gegen Ende des 15. Jahrhunderts tauchte ein neues Werkzeug mit breiterer Schneide auf, das wie das Schlag- und Spitzeisen gehandhabt wurde: das Scharriereisen. Man konnte damit große ebene Quaderflächen ganz glatt behauen. Alle anderen bekannten Werkzeuge zur Steinbearbeitung, zum Mauern und zur geometrischen Vermessung der Werkstücke beziehungsweise zur Übertragung von Werkzeichnungen erfuhren bis in die Neuzeit hinein nur geringfügige Verbesserungen. Bei Kelle, Stechzirkel, Reißnagel, Meßlatte, den diversen Lotwaagen sowie den zahlreichen Schablonen (Brettungen) gab es keine entscheidenden Veränderungen.

Bleibt noch zu erwähnen, daß die heutige Freimaurerei ihren Ursprung in den Bruderschaften der Steinmetzen und deren Bauhütten hat. Am 24. Juni 1717 vereinigten sich in London vier alte Werkmaurerlogen zu einer Großloge und wählten einen Großmeister. Man behielt den Namen »Freimaurer« bei und auch die alten Erkennungszeichen. Die alten Gesetze (»Alten Pflichten«) der Bauhütte wurden weiter entwickelt und 1723 als *Konstitutionsbuch der freien und angenommenen Maurer* gedruckt.

Steinschneider übten die *Glyptik* genannte Kunst aus. Ihre Aufgabe bestand einerseits in der Ausarbeitung figürlicher oder anderer plastischer Darstellungen auf Edel- und Halbedelsteinen, andererseits gaben sie überhaupt den Steinen durch Schleifen ihre Form und durch Polieren den strahlenden Glanz.

Die Fertigkeit, Edelsteine künstlich zu schneiden, war schon im Altertum bekannt. Nach Herodot trug jeder Babylonier einen Siegelring, und seit den Perserkriegen wurden solche auch in Griechenland ziemlich allgemein. Prunkvolle Steinschnitte entstanden in der alexandrinischen Zeit und der römischen Kaiserzeit, darunter berühmt gewordene Kameen und Gemmen wie der »Cammeo Gonzaga« (Petersburger Sammlung), die Kamee des Tiberius mit der Apotheose des Kaisers Augustus (Pariser Kabinett) oder die »Gemma Augustea« (Kunsthistorisches Museum Wien) aus Sardonyx. Dieser Stein wie auch Onyx und Karneol waren wegen ihrer interessanten Maserung die bevorzugten Träger von Darstellungen, die entweder erhaben *(en relief)* wie bei Kameen *(cammeo)* oder vertieft wie bei Gemmen *(intaglio)* gearbeitet wurden. Die Gemmen dienten ursprünglich zum Abdrücken in Wachs und wurden meist in Siegelringen getragen, während man mit Kameen Knöpfe, Spangen, Ringe, dann Pokale, Waffen und dergleichen besetzte. Jaspis, Chalzedon, Achat, Heliotrop, Chrysopras, Amethyst, Bergkristall, Smaragd und Topas verwendete man gerne für vertiefte Arbeiten auf Petschaften, Siegelringen (→ Siegel- und Wappenschneider) und Medaillons. Johann Wolfgang von Goethe wie auch der Diplomat und Kunstförderer Georg August Kestner (dessen Vater Johann Christian Kestner angeblich in Goethes *Werther* als Vorbild für den Albert gedient haben soll, was aber die Goetheforschung widerlegte) besaßen erlesene Sammlungen antiker Gemmen.

Die rohen Steine wurden ursprünglich nur geglättet; besondere Formen, die ihre Eigenschaften vorteilhaft hervortreten lassen, werden durch die auf Ludwig van Berquem

(Brügge, 1456) zurückgeführte Edelsteinschleiferei erzeugt. Die verschiedenen gebräuchlichen Formen des Schliffes bestanden entweder aus einer Zusammenstellung kleiner ebener Flächen (Facetten) von dreieckiger oder rhombischer Gestalt wie beim Rosetten- und Brillantschliff oder aus größeren ebenen Flächen, die mit Facetten umgeben waren, oder aus wenigen großen Flächen allein wie beim Treppenschnitt, Tafelstein oder indischen Schnitt. Steine mit eigentümlichem Lichtschimmer wie Opal, Türkis, Avanturin oder Chrysopras erhielten an Stelle der Facetten eine Wölbung (mugeliger Schnitt, Schliff *en cabochon*). Geschliffen wurde mit Hilfe eines wäßrigen Breis aus hartem Schmirgelpulver auf Schleifscheiben aus Eisen, Messing, Kupfer, Zinn oder Blei. Für das Polieren verwendete man einen weniger aggressiven Pulverbrei aus Tripel, Zinnasche und Kolkotar oder Bimsstein und Bolus. Die geschliffenen und polierten Steine (Juwelen), die sich durch Glanz, Reinheit, Härte, Schönheit der Farbe, Durchsichtigkeit, starke Lichtbrechung und großes Farbenzerstreuungsvermögen (Feuer) auszeichnen, wurden und werden zu Bijouterien verarbeitet.

Stempelschneider waren →Graveure und stellten ein aus Figuren und Buchstaben bestehendes Relief in stählernen Stempeln, vertieft oder erhaben, her, die zum Prägen von Münzen und Medaillen verwendet wurden. Außerdem gravierten sie Stanzen zum Pressen von Verzierungen in Gegenständen aus Blech sowie die Stempel zum Prägen der metallenen Kleiderknöpfe. Bevor ein Stempel graviert wurde, war die Anfertigung eines Wachsmodells notwendig. Nach diesem Modell wurde der Umriß der Zeichnung auf der fein und eben abgeschliffenen Fläche des Stahls mit der Radiernadel entworfen. Zur Ausarbeitung der Vertiefungen, wobei man mit den tiefsten Stellen begann, bediente man sich verschiedener Arten von Grabsticheln; die Schriftzüge wurden mit Punzen eingeschlagen. Von Zeit zu Zeit machte der Künstler einen Abdruck seines in Arbeit befindlichen Stempels in

Wachs und verglich ihn mit dem Modell. Vollendet wurde der Stempel mit kleinen gekrümmten Feilen (Riffelfeilen) und Ölschleifsteinen. Von größter Wichtigkeit und recht heikel war das anschließende Härten der kunstvollen Stempel. Hatten sie zu geringe Härte, litt die Lebensdauer, war die Härte zu groß, bestand die Gefahr des Zerspringens beim Prägen. Ein verwandter Beruf war der des → Siegelschneiders, mit dem Unterschied, daß der Stempelschneider nur in Stahl arbeitete.

Strumpfwirker stellten durch Fadenverschlingung Maschenwaren wie Strümpfe, Socken, Schlafhauben, Hosen, Handschuhe aus Schafwolle, Seide, Baumwolle oder Leinengarn her. Das Handstricken soll in Italien schon 1254 bekannt gewesen sein, jedenfalls trug der Leichnam des Papstes Innocens IV. gestrickte seidene Handschuhe. Gestrickte Strümpfe setzten sich erst mit der Vorherrschaft der spanischen Tracht seit der zweiten Hälfte des 16. Jahrhunderts durch. In den meisten europäischen Ländern wurden die Strümpfe von Handstrickern sowohl in der Stadt als auch auf dem Land gefertigt, die in Deutschland zünftig organisiert waren. Eine für das damalige technische Niveau geniale Erfindung, nämlich der Strumpfwirk- oder Handkulierstuhl, gelang 1589 dem protestantischen Geistlichen William Lee aus dem Sankt Johannes Collegio in Cambridge. Als »ein Meisterstück der Erfindungskraft und des Witzes, das künstlichste Werkzeug aller Handwerker und Künstler« bezeichnet Professor Johann Beckmann in seiner *Anleitung zur Technologie* (1777) Lees Maschine, die bis in die Mitte des 18. Jahrhunderts nahezu unverändert gebaut und bis in das späte 19. Jahrhundert nur unwesentlich verbessert wurde. Das Wesen dieses Strickapparates, der fast gänzlich aus Eisenteilen gebaut war, bestand darin, den komplizierten Bewegungsvorgang beim Handstricken, bei dem die Maschen durch das Zusammenwirken von Finger- und Nadelbewegungen entstanden, nachzuahmen, was dadurch gelang, daß für jede einzelne Masche eine besondere, mit einem Haken versehene Nadel verwendet wurde. »Dieser Maschenbildungsvorgang war also von dem bisherigen Handstricken grundverschieden. Jetzt konnte man eine ganze Reihe von Maschen gleich in der Breite des Strumpfes auf einmal herstellen und die Reihen zu einem ebenflächigen Warenstück hintereinanderfügen. Die Form erlangte man durch Ein- und Ausdecken der Randmaschen« (C. Aberle, *Geschichte der Wirkerei und Strickerei*).

In England zuwenig unterstützt, begab sich Lee auf Einladung Heinrichs IV. von Frankreich mit seinem Bruder, sechs Wirkern sowie der entsprechenden Anzahl von Wirkstühlen nach Rouen, wo er ein Patent für seine Stühle erwartete. Die Ermordung des hugenottischen Königs machten aber alle seine Pläne und Hoffnungen zunichte, und um 1610 starb er verarmt in Paris. Nach Aufhebung des Edikts von Nantes, das den Hugenotten Gleichberechtigung mit den Katholiken gewährte, flüchteten die protestantischen Wirker samt ihren Werkzeugen unter anderem nach Deutschland und führten dort die Wirkerei ein.

Sulzer (auch Sülzmacher) verarbeiteten Kopffleisch, Wanst, Herz, Lunge und Leber von geschlachteten Schweinen, aber auch Fische zu Sülzen.

Teerschweler verarbeiteten harzreiche Nadelhölzer (Tanne, Kiefer, Fichte) teils in Meilern, teils in stehend eingemauerten großen eisernen Kesseln (Teerofen) durch trockene Destillation zu Holzteer. Nach der dünneren oder dickeren Beschaffenheit sowie nach der helleren oder dunkleren Farbe unterschied man den durchdringend riechenden Teer als Wagenteer (Wagenschmiere), Rad- und Schiffsteer (zum Kalfatern der Schiffe und Teeren der Taue). Ferner wurde der Holzteer in den Pech- und Kienrußhütten von →Pechsiedern und →Flammenrußbrennern weiterverarbeitet. Die ausgeschwelten und verkohlten Holzstücke, Pechkriefen genannt, wurden entweder als Holzkohle verbrannt oder für die Herstellung von Kienruß benutzt.

In Skandinavien und Rußland verschwelte man Birkenrinde zu Birkenteer (Dagget, Schwarzer Degen), aus dem dann Birkenöl für die Herstellung des Juchtenleders destilliert wurde.

Theriakkrämer stellten ein (im Mittelalter) wichtiges und beliebtes Universalheilmittel von musartiger Beschaffenheit her, das aus verschiedenen, angeblich giftwiderstehenden Arzneien bestand, die feingepulvert und dann mit Tamarindenmus, Pflaumenmus, Honig oder Zuckerlösung zu einer Latwerge (lat. *electuarium* = Arzneibrei) angerührt wurden. Noch 1941 verrät die *Pharmacopoea germanica,* das Deutsche Arzneibuch, für den Theriak die Bestandteile: Opium, Xereswein, Angelikawurzel, Schlangenwurzel, Baldrian, Ceylonzimt, Meerzwiebel, Zitwerwurzel, Malabar-Kardamom, Myrrhe, Eisensulfat und gereinigter Honig. Angepriesen wurde das schwarzbraune, würzig riechende Mittel als »eine herrliche Artzney, und Schweißtreibend Mittel, wider allen Gifft, und gifftige ansteckende Kranckheiten; ist sonderlich gut wider gifftiger Thiere Bisse, Gehirn-Beschwerungen, *Convulsiones,* Blehungen, Magen-Beschwerungen, und üble Dauung; äuser- und innerlich.« Paracelsus lehnte diese Art von Medizin, die gelegentlich auch öffentlich auf dem Marktplatz gemixt wurde, ab, und auch Geheimrat Goethe scheint seine Zweifel an dem Mittel gehabt zu haben, denn er notiert: »Schlangengift und Theriak muß ihm das eine wie das andre scheinen« (nach J. und W. Grimm).

Tircherchmacher webten ein Mischgewebe namens Tirtey *(Tiretaine)* aus Leinen oder Hanf in der Kette und Wolle als Schußgarn. Die Kölner Tirteyweber werden erstmals 1396 im Zusammenhang mit dem Wollamt erwähnt und bildeten seit 1429 ein eigenes Handwerk. Gegen Ende des 18. Jahrhunderts gehörte *Tiretaine* zu den Modezeugen.

Tonpfeifenmacher (auch Pfeifenbäcker) gehörten einem wichtigen Zweig der Keramikproduktion an und stellten feine Tabakspfeifen aus einem weißbrennenden Ton mit hoher Bildsamkeit her. Die ersten Tonpfeifenwerkstätten entstanden zu Beginn des 17. Jahrhunderts in den englischen Hafenstädten Boston und London. 1617 brachte ein Engländer namens William Baernelts das Pfeifenbäckergewerbe in das holländische Gouda, das sich recht schnell zum Zentrum der Tonpfeifenmacherei entwickelte. Mitte des 17. Jahrhunderts wurde die erste Zunft gegründet, und wie Testamente und Grundbücher aus Gouda zeigen, gehörten die Pfeifenbäcker zu den wohlhabenden Bürgern der Stadt. Fast zwei Jahrhunderte lang blühte das Gewerbe in Gouda, und die Zunft wachte streng über das Geschäftsgebaren und die Qualität der Produkte. Anläßlich seiner Reise durch die Niederlande schrieb der Technologe und Göttinger Professor Johann Beckmann 1762 in sein Tagebuch: »Daß Gouda der Ort ist, wo die vielen Pfeifen-Fabriken sind, welche ganz Deutschland versorgen, ist bekannt. Ich ging in eine, worin 18 Männer und ungefähr 24 Weiber arbeiteten. Solcher Fabriken, die jeder Bürger anlegen kann, sind jetzt über 300, wie wohl ehemals über 500 gewesen. Man kann daraus sehen, wie viele Leute in diesen Fabriken ihr Brot finden. Der Ton dazu kommt aus dem Lüttichschen, sonderlich von Maastricht. Er wird erst gemahlen und gewaschen. Zuerst wird er mit den Händen länglich gerollt, darauf von andern in eine längliche messingene Form gedrückt. Alsdann ziehen andere einen messingenen Faden dadurch und der Kopf wird mit einem andern Instrument, in welchem auch der Faden passen muß, von der andern Seite geformt. Alsdann schneiden alte Weiber das überflüssige von den Köpfen weg und andere von ihnen polieren diese noch weichen Pfeifen mit einem Zahne, zeichnen sie am Kopf mit einer Marke und tragen auf die, welche glasiert werden sollen, die Composition dazu hinauf. Alsdann werden sie in erdene Tiegel getan ... und in den Ofen gesetzt ... Es sind zuweilen einige

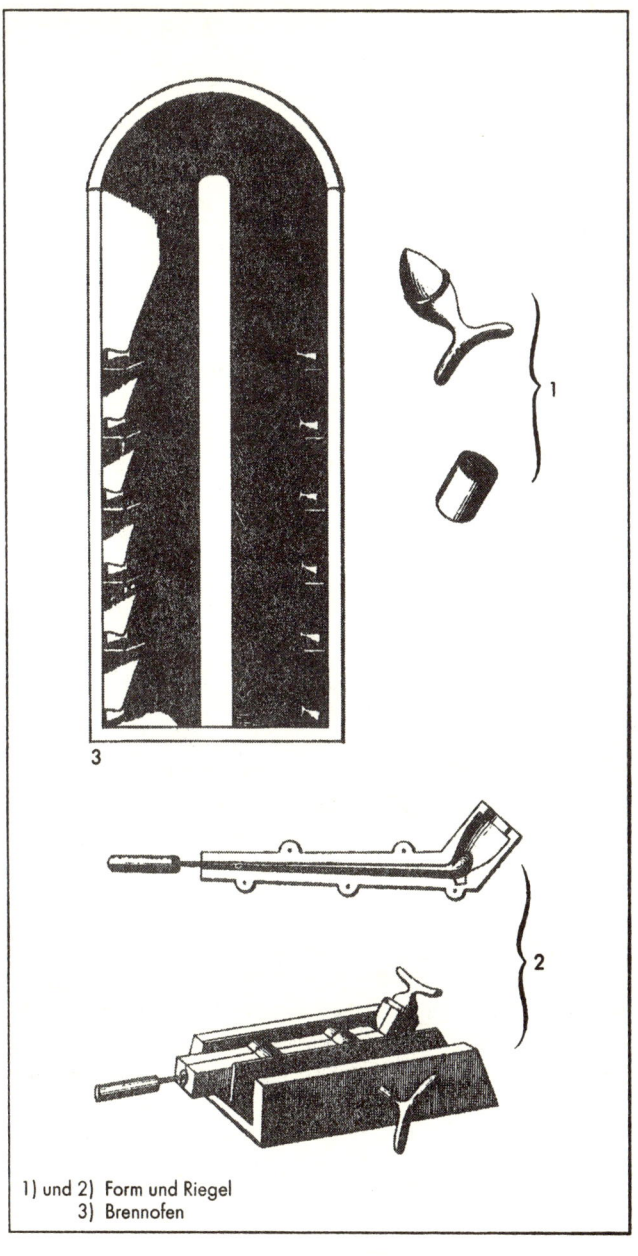

1) und 2) Form und Riegel
   3) Brennofen

Deutsche gewesen, die hier das Pfeifenmachen völlig gelernt, die aber hernach in ihrem Vaterlande wirklich auf eben dem Fuße Fabriken angelegt haben, dadurch die Goudaer gegen Fremde mißtrauischer geworden.« Zu Recht, wie sich herausstellen sollte. Mit den im Westerwald (in und um Grenzhausen) und in Köln entstandenen Pfeifenmanufakturen erwuchs den Goudaer Werkstätten bald die schärfste Konkurrenz. Der Preis der Pfeifen hing sehr stark von den Lohnkosten ab, die in Holland wesentlich höher waren als im Rheinland. Daher konnten die Westerwälder Pfeifenbäcker billiger produzieren und die holländischen Pfeifen allmählich vom Markt verdrängen. Dazu kam noch, daß sie Goudaer Pfeifenformen nachahmten und sich auch nicht scheuten, ihre Schutzmarken und Wappen zu kopieren. Die deutsche Pfeifenfertigung fand in einer Art Fließproduktion statt, die mit dem Roller begann. Er schnitt passende Tonportionen zurecht und rollte eine dünne Tonwalze, ließ aber an einem Ende ein kolbenartiges Gebilde stehen, aus dem später der Pfeifenkopf entstand. Im nächsten Arbeitsgang nahm der Former eine zweiteilige Pfeifenform aus Messing, bestrich sie mit Leinöl, legte die Tonwalze hinein, durchstach sie in Längsrichtung mit dem »Weiserdraht« und preßte die Form zusammen. Den Pfeifenkopf höhlte er mit dem »Stopfer« aus. Anschließend entnahm er die fertige Pfeife der Form und reichte sie dem Tremmer, der sie von Graten reinigte und glättete. Als letzter polierte der Pfeifenglaser das Werkstück mit einer gläsernen Röhre oder einem Achatstein. Je feiner diese Arbeit ausgeführt wurde, desto höher war die Qualität und damit der Preis der Pfeife. Nach dem »Schrühbrand« mußte die Pfeife nochmals bearbeitet werden. Einige Pfeifenmacher überzogen ihre Produkte mit einer weißen Tünche aus Tragant und Wachs, andere bemalten die Kolben mit feinen Fayencefarben.

Truchsesse (auch Sendschalke, Seneschalle) waren im allgemeinen Bediente, deren Amt es war, die Speisen bei feier-

lichen Anlässen an fürstlichen Höfen, aber auch bei bürgerlichen Gastmählern auf die Tafel zu bringen. Im besonderen
waren sie ursprünglich als Küchenmeister Inhaber eines der
vier Hofämter an germanischen Königshöfen und mit den
Marschällen, Kämmerern und Schenken gleichgestellt. Der
Truchseß war bis 1806 im Deutschen Reich ein erbliches Erzamt, das seit dem 13. Jahrhundert mit den Kurwürden (Kurfürsten) verbunden war und außer im Dreißigjährigen Krieg
von den rheinischen Pfalzgrafen ausgeübt wurde. Der Erztruchseß trug dem Kaiser bei der Krönung den Reichsapfel
voran, und bei dem anschließenden Schmausen stellte er vier
Schüsseln mit gebratenem Ochsenfleisch auf die kaiserliche
Tafel. Die übrigen Speisen brachte der Erbtruchseß, der auch
bei Abwesenheit den Erztruchseß vertrat. Das Amt des Erb-
truchsesses haben die Grafen von Waldburg verwaltet.
Unrühmlich ist der Truchseß Georg von Waldburg als
»Bauernjörg« in die Geschichte eingegangen, der mit seinem
Heer des Schwäbischen Bundes den großen Bauernaufstand
von 1525 mit kalter Grausamkeit und gemeiner Gesinnung
niederschlug. Er gab den schwäbischen und fränkischen
Bauernhaufen sein »Edelmannswort«, ihre Forderungen zu
erfüllen, wenn sie die Waffen niederlegten und wieder in ihre
Dörfer zurückgingen. Danach überfiel er mit seinen Reisigen
ein Dorf nach dem anderen und ließ die wehrlosen Bewohner
massakrieren.

Tuchbereiter (auch Schlichter, Lakenberedere) traten zu
Beginn des 16. Jahrhunderts neben den → Tuchscherern auf.
Der Unterschied bestand in der Appretur (darunter verstand
man die Bearbeitung von Geweben zur Erzielung von Glätte,
Glanz, Festigkeit, Dichte, Farbe etc.), die neben dem Scheren
nun auch das Pressen und zum Teil auch das Färben einbezog.
Die Tuchbereiter appretierten offenbar die besseren und
feineren Tuche, während die Tuchscherer, denen das Pressen
untersagt war, die gewöhnlicheren Tuche bearbeiteten. Das
führte vielerorts zwangsläufig zur Rivalität und zu hand-

festen Auseinandersetzungen zwischen den Vertretern beider Professionen. Gepreßt wurden die geschorenen Tuche in der Schraubenpresse zwischen Holzbrettern und erhitzten Eisenblechen.

Durch den expandierenden Einsatz von Rauh- und Schermaschinen Anfang des 19. Jahrhunderts verloren Tuchscherer und Tuchbereiter stark an Bedeutung. In Leipzig, das als Zentrum des mitteleuropäischen Tuchschererhandwerks galt, wurde 1869 der letzte Geselle freigesprochen, die Innung dann 1875 aufgelöst.

Tuchmacher (auch Wollweber, Wollner, Tucher) verarbeiteten gesponnene, gezwirnte und fallweise schon gefärbte Schafwolle auf Webstühlen zu Wolltuchen. Tuche, die aus gefärbter Wolle gewebt waren, besaßen einen höheren Wert als im ganzen eingefärbte Stücke. In Deutschland, wo (außer in Friesland) bis zur Mitte des 13. Jahrhunderts fast nur leinene Kleidung getragen wurde, hat sich die Verarbeitung der Wolle erst seitdem, aber dann sehr schnell eingebürgert, und viele Städte sind durch die Produktion von Wolltuchen und Leinwand (→Leinenweber) reich und bedeutend geworden.

Dem eigentlichen Weben ging das Zurichten voraus, worunter man die Vorbereitung der Kette (Zettel, Weft, Schweif, Auszug) verstand. Die Kettfäden mußten zunächst einzeln gespult werden, damit man einen gereinigten, ausgebesserten und zusammenhängenden Faden von beliebiger Länge erhielt. Um rauhe Kettfäden zu glätten und schwach gedrehte Garne zu festigen, tränkte man sie mit Leim oder einer Mischung aus Kleister und Leim, was Schlichten hieß. Schließlich wurden die Kettfäden auf einer breiten Walze, dem Kettbaum, aufgewickelt (aufgebäumt) und ins Geschirr (Schäfte und Kamm) eingezogen. Die Vorbereitung des Schusses (Einschuß, Einschlag, Eintrag) war viel einfacher, weil das meist lockerere und dickere Schußgarn vielfach schon gebrauchsfertig von den Spinnern oder Garnhändlern (→Kauderer) geliefert wurde und nur noch angefeuchtet (gedämpft) werden mußte. Beim Weben am Trittwebstuhl, der im frühen Mittelalter aufkam, wurden die Schäfte durch Tritthebel abwechselnd gesenkt und gehoben; dadurch bildeten die Kettfäden ein Fach, durch das der Schützen (Weberschiffchen) mit dem Schußfaden geworfen wurde. Nach dem Eintrag wurde der Schußfaden durch die pendelnd aufgehängte Lade mit dem Webblatt (Kamm), einem rechteckigen Rahmen mit senkrechten elastischen Stahlstäbchen zur Führung der Kettfäden, an das bereits fertige Gewebe angeschlagen. Sodann wurde die Stellung der Schäfte gewechselt (umgetreten), ein neuer Schuß eingetragen und angeschlagen. Wollstoffe wurden meist in Leinwandbindung (mit zwei Schäften) oder in Köperbindung (mit drei oder vier Schäften) gewebt.

Das Wollgewerbe Mitteleuropas stand immer im Schatten der nordwesteuropäischen Tuchproduzenten, die vor allem durch die klimatisch begünstigte Schafzucht eine ideale Rohstoffbasis besaßen. Besonders die sich in England und in den Niederlanden entwickelnde Zeugweberei machte der deutschen Tuchproduktion, die in Köln konzentriert war, Konkurrenz. Als Zeug wurde meistens ein leichtes Wollgewebe bezeichnet, das in der Regel aus Kammgarn hergestellt wurde und billiger war als Tuch. Mechanisierung (1787 gelang dem Engländer Cartwright die Konstruktion eines mechanischen Webstuhls), Verlagswesen (von zünftigen Bindungen unabhängige Produktion) und Manufaktur führten zum Niedergang der handwerklichen Tuchmacherei.

Tuchscherer erhielten die vom →Tuchmacher oder Wollweber gewebten, vom →Walker vorgerichteten und gewaschenen und vom →Färber gefärbten Tuche und spannten sie in feuchtem Zustand auf Tuchrahmen. Die meisten Tuche waren rot, gefolgt von blauen, grünen und braunen; schwarzes Tuch galt als besonders vornehm. Gefärbt wurde mit Pflanzenfarbstoffen wie Indigo, Waid, Anis, aber auch mit den Färbemitteln Weinstein, Alaun, Salz, Kupferwasser, Gallus, Pottasche, Kleie, Blau- und Gelbholz. Nach dem Trocknen wurden sie von dem Rahmen abgenommen, geradegezogen und in das vorgesehene Format gedehnt. Dann wurde das Tuch mit Distelkarden, die im 18. Jahrhundert von Rauhmaschinen abgelöst wurden, gerauht und anschließend mit der Tuchschere geschert. Zu diesem Zweck legte man das Tuch auf einem langen, gepolsterten Schertisch glatt aus. Meistens arbeiteten zwei Gesellen an einem Tuch von den Enden zur Mitte. Die Tuchschere bestand aus zwei breiten, etwa sechzig Zentimeter langen Blättern, die durch einen Hebel mittels eines Riemens zusammengedrückt wurden. Seit Beginn des 19. Jahrhunderts verschwand die Tuchschere zusehends und wurde durch die Schermaschine ersetzt. Im letzten Arbeitsgang wurde die Faserdecke des Tuches durch Bürsten in Strich gelegt. Die Beschaumeister der Zunft besichtigten und begutachteten die ausgelegte Ware. Entsprach das Tuch den Anforderungen, wurde es mit einem Tuchsiegel gekennzeichnet.

Die Arbeit der Tuchscherer erforderte große Geschicklichkeit und höchste Konzentration, was in einigen Städten (beispielsweise in Aachen) dazu führte, daß ihnen stündlich ein paar Minuten Pause gewährt wurde.

Turmwächter (auch Türmer) standen vielfach im Ruf der Zauberei und Unehrlichkeit, »weil«, so wurde vermutet, »sie ursprünglich oft als schuldbeladene Verfolgte das Asylrecht des Kirchturms in Anspruch genommen haben mögen, teils weil sie in ihrer hohen Einsamkeit zu Sonderlingen wurden«. Ein anderer Grund, warum der blasende Wächter einer Gemeinde als unehrlich galt, mag gewesen sein, daß die Beaufsichtigung fester Türme mitunter den →Scharfrichtern übertragen wurde, die den Dienst durch ihre Knechte verrichten ließen. Beide gehörten verachteten Berufsständen an. Recht oft wurden im hohen Mittelalter auch fahrende Spielleute von den Städten als Turmbläser engagiert, und viele von ihnen entschieden sich, als Stadttürmer wie auch als Musiker, Instrumentenmacher, Pfeifer und Trommler seßhaft zu werden. Die Görlitzer Turmwächter des 14. Jahrhunderts beispielsweise waren schon festangestellte Beamte der Stadt und wurden *bleser, trometer, bosuner* genannt. Hier und da taucht auch die Bezeichnung »Haustaube« auf, wahrscheinlich wegen der hochgelegenen Turmstube des Stadttürmers. Unergründbar bleibt, warum die Unehrlichkeit der Fahrenden dem ansässig und bürgerlich gewordenen Türmer und seinen Nachkommen noch eine gewisse Zeit anhaftete.

Das »Abblasen« der Stunden wie das Trompetenblasen überhaupt war den Türmern zunächst nur von ihren Kirch- und Ratstürmen erlaubt. Keinesfalls durften sie bei »ehrlichen« Hochzeiten, Kindstaufen und Gelagen mit ihren Hörnern und Zugtrompeten aufspielen. In den kaiserlichen Privilegien für Heertrompeter und Heerpauker des 17. Jahrhunderts wird diesen der Verlust der »Kunst«, das hieß des Privilegs, angedroht, wenn sie mit den Gauklern, Haustauben, Türmern oder bei den Glückshäfen und dergleichen Festivitäten gemeinsam bliesen.

Turmwächter und ihre Sturmtüter (Adjunkte der Türmer) mußten Tag und Nacht auf der Hut sein, um ausbrechende Brände und aufziehende Gewitter rechtzeitig anzuzeigen sowie die Ankunft stadtfremder Personen zu melden.

Uhrmacher; an der Wende zum 14. Jahrhundert wurden die räderlosen Sonnen-, Stern-, Wasser-, Öl- und Sanduhren von gewichtgetriebenen, mechanisch regulierten Uhrwerken (Hemmungsuhren) verdrängt, die rasch und in wachsender Zahl in die Städte Einzug hielten. Vor allem als Kirchturm- oder Rathausuhren trugen sie wahrscheinlich tiefgreifender zur »Rationalisierung des gesellschaftlichen Lebens« bei als jedes früher oder später erfundene Meßinstrument. Fortan mußte die Zeit nicht mehr »subjektiv« empfunden werden, sondern unterlag dem Diktat eines stetig vorrückenden Uhrzeigers und eines in vierundzwanzig gleich lange Stunden eingeteilten Tages. Die Hersteller der Uhrmechanismen waren vorwiegend Schmiede, Schlosser, Glockengießer und Orgelbauer, die sich nach und nach spezialisierten und als *horologiarius* oder *artifex horologiorum* auftraten. Daraus entstanden im deutschen Sprachraum die Bezeichnungen »ormeister«, »urleimacher«, »orglockener«, »zitgloggener« oder »seigerschmied« (für Großuhrmacher, die zuerst 1341 im ältesten Stralsunder Bürgerbuch erwähnt werden).

»Die Uhr war aber nicht nur Symbol«, schreibt Ulrich Troitzsch im Kapitel »Technik und Naturwissenschaft« (*Propyläen Technikgeschichte*, 3. Band), »sondern auch Inkarnation der Technik schlechthin, und in keinem anderen Bereich finden sich bis zu Beginn des 17. Jahrhunderts so viele Verbesserungsinnovationen wie gerade bei den Uhren. Doch es gab auch einen entscheidenden qualitativen Sprung, der diese Entwicklung beschleunigte. Kurz nach 1500 war neben den Gewichtsantrieb der Antrieb durch eine Stahlfeder getreten, was zur Entwicklung von kleinen Tisch- und vor allem von Taschenuhren geführt hatte. Anders als bei der Großtechnik, wo Reibung und unzureichende Materialfestigkeit mancher guten technischen Idee von vornherein einen Riegel vorschoben, konnten die Uhrmacher ihre Phantasien in konkrete Technik umsetzen. Und immer wieder, nicht nur von Karl Marx, ist darauf verwiesen worden, daß man den Formenschatz des industriellen Maschinenbaus *en miniature* im Uhrenbau grundgelegt hat. Besonders der Zeitraum zwischen 1550 und 1650 gilt als erste große Blütezeit der Uhrmacherkunst, wobei man sich fragt, was mehr zu bewundern ist: die technische Raffinesse mancher Erzeugnisse oder ihre künstlerische Gestaltung. In jener Epoche wurde die Uhr zum Statussymbol besitzender Schichten, die bereit waren, für besonders komplizierte Gebilde, die neben der Zeitangabe noch allerlei andere Funktionen ausführten, viel Geld zu bezahlen, was wiederum zu technischen Neuerungen anregte.«

Der Aufschwung der Uhrmacherei in England und der Schweiz wäre ohne die in Frankreich bis ins 17. Jahrhundert religiös verfolgten und emigrierten Hugenotten undenkbar. Friedrich II. ließ zum Beispiel nach Genf geflüchtete Hugenotten 1765 als Unternehmer und Facharbeiter nach Preußen anwerben, um die Herstellung von Taschenuhren fabrikmäßig zu organisieren.

Jost Bürgi, dem Hofuhrmacher des Landgrafen Wilhelm IV. von Hessen, gelang es zwar, die Ganggenauigkeit von Räderuhren entscheidend zu verbessern, doch erst die 1657 vom niederländischen Physiker Christiaan Huygens konstruierte Penduluhr erreichte eine Gangabweichung von nur zehn bis fünfzehn Sekunden pro Tag. Mit der Penduluhr war nun eines der wichtigsten Meßinstrumente für wissenschaftliche Zwecke geschaffen, allerdings mit einem großen Nachteil: Sie war auf schwankendem Schiffsboden nicht brauchbar. Fast zwanzig Jahre später gelang Huygens neuerlich eine grandiose Verbesserung in Form der schwingenden Spiralfeder-Unruh, die bald die Spindelhemmung in Kleinuhren ersetzte. Doch bis zur Entwicklung des ersten — von den seefahrenden Nationen für eine exaktere Längenbestimmung herbeigesehnten — Chronometers sollten noch einige Jahrzehnte vergehen. Das englische Parlament ernannte 1714 ein »Board of Longitude« und setzte die enorme Summe von 20000 Pfund Sterling für eine Navigationsuhr aus, die eine Abweichung von höchstens 0,5 Grad Länge, das heißt dreißig Seemeilen, auf der Reise von England nach Westindien gewährleistete. Nach fast vierzigjähriger hartnäckiger Arbeit gelang dem englischen Mechaniker John Harrison schließlich der Bau eines solchen Chronometers, einer etwas größeren Taschenuhr mit einem Durchmesser von etwa dreizehn Zentimetern, der diese Kriterien nicht nur erfüllte, sondern sogar übertraf. Trotzdem mußte er bis 1772, kurz vor seinem

Tod, gegen Intrigen kämpfen, um endlich das ihm zustehende Preisgeld zu erhalten.

Allmählich breitete sich der einfach gestaltete Zeitmesser, dessen Herz — die Unruhwelle — immerhin 691200mal am Tag hin und her pulsierte, im Bürgertum aus und begann Alltag und Arbeitswelt zu bestimmen. Die große Nachfrage nach Uhren förderte natürlich die Arbeitsteilung, so daß nun die Gehäuse vom Uhrgehäusemacher, die Federn vom Uhrfedermacher, die Zahnräder vom Uhrrädermacher und die Zifferblätter vom Zifferblattstecher gefertigt wurden. Lediglich das Zusammensetzen erfolgte in einem zentralen Uhrmacherbetrieb oder einer Manufaktur.

Von zwei Uhren dieses Jahrhunderts soll hier noch die Rede sein, die unbestritten zur Legende wurden. 1930 klagten einige britische Kolonialoffiziere dem vom Handel mit Goldzähnen auf den Verkauf von Uhren umgestiegenen César de Trey ihr Leid, ihre Armbanduhren seien den harten Attacken beim Polo-Spiel oft nicht gewachsen. Der Handelsmann de Trey reiste zum »Nabel der Uhrenwelt« ins Vallée de Joux im Schweizer Jura und schilderte einem Meister der exquisiten Uhrenmanufaktur Jaeger-LeCoultre dieses Problem. Resultat dieser Verhandlung war 1931 die »Reverso«, jene hochkarätige Armbanduhr »mit den zwei Gesichtern« im Stil des *Art déco,* deren Gehäuse erstmals aus Edelstahl in Verbindung mit Saphirglas und drehbar war. Auf eine mit dem Armband aus Straußenleder verbundene massive Grundplatte wurde das Uhrgehäuse so angebracht, daß man es um 180 Grad wenden und damit Glas und Zifferblatt schützen konnte. Und bei der kompliziertesten Platin-Armbanduhr der Welt, der »Grande Complication« der International Watch Company aus Schaffhausen, bei der auf kleinstem Raum 659 einzeln angefertigte mechanische Teile zusammenarbeiten, wartet ein kleiner Schieber darauf, am 31. Dezember 1999 um Mitternacht 1,2 Millimeter nach oben zu rücken und in der Jahrhundertanzeige die Zahl 20 einrasten zu lassen.

Visierer waren amtlich befugte Personen, die den Inhalt von Gefäßen, namentlich von Fässern, zu bestimmen (visieren) hatten. Dazu bedienten sie sich der Visierstäbe, von denen der Diagonalstab durch das Spundloch in schiefer Richtung nach dem einen Bodenwinkel und der Tiefstab in Richtung des Durchmessers am Spund eingesetzt wurden. Dazu kamen noch Visierruten und Visierschnüre.

Vogelfänger (auch Vogelsteller, Vogler) betrieben das Einfangen von Schmuck-, Sing- und Speisevögeln, das bereits von den Römern geübt wurde. »Täuscht den Vogel doch nicht mit leimbestrichener Rute!« heißt es in Ovids Fünfzehntem Buch (474), und solche Ruten *(virga)* gehörten zur Ausrüstung des Vogelfängers. Als Vogelleim benützte man einen klebrigen Stoff, den man durch Auspressen der Mistelbeeren erhielt, mit dem die Reiser zuerst bestrichen und dann auf Sträucher und in die Erde ausgesteckt wurden. In der Nähe aufgestellte Käfige mit Lockvögeln sollten die Tiere ködern. »Finkenstich« hieß der Fang mit einem an langer Schnur gefesselten männlichen Vogel; diesem wurde zwischen die Flügel eine Federspule mit Leimrütchen gebunden, an denen der sich auf diesen Lockvogel stürzende Vogel hängenblieb. Unter Dupfen (Tupfen) verstand man den Fang mit einer langen, zusammensetzbaren Rohrstange *(harundo)* mit Leimrute, mit der wenig scheue Vögel, wie beispielsweise das Goldhähnchen, berührt wurden. Besonders zum Nachtigallfang bediente man sich der Schlaggarne, kleiner, auf der Erde angebrachter Fallen mit Mehlwürmern als Köder. Der Meisenkasten, ein viereckiges Kästchen aus Holz, konnte mit einem Sprunghölzchen, das das Schlupfloch verschloß, zur Falle werden. Der Vogelfang mit Netzen wurde früher auch in Deutschland im großen betrieben, indem man zum Beispiel die Vögel abends in große Netzwände trieb oder sie durch Lockvögel in netzartige Fangvorrichtungen (Vogelherd, Reuse, Finkenherd) lockte.

Mit dem Gedicht über die Jagd *Kynegetika* des Oppianos aus Apameia am Orontes (212 nach Christus) werden in farbigen Miniaturen unter anderem unterschiedliche Methoden des Vogelfangs dargestellt.

Vögte (auch Voigte) waren Beamte zum Schutz gewisser Personen oder Sachen; sie finden sich seit karolingischer Zeit bei Kirchen und Klöstern als Schirmvögte (Schutzherren), wobei besonders die deutschen Könige diese Funktion ausübten. Seit dem 11. Jahrhundert bestellten die Könige für ihre unmittelbaren Besitzungen, besonders für die Grenzmarken, Reichsvögte, die als königliche Beamte den Heer- und Gerichtsbann (Recht zum Gebot und Verbot) handhaben und die königlichen Einkünfte erhoben. Häufig erwarben die Städte die Reichsvogtei. König Rudolf I. ernannte Landvögte zur Verwaltung des unmittelbar unter königlicher Herrschaft stehenden Reichsgebiets, besonders im Elsaß, in Schwaben und Franken. Die meisten Landvogteien gingen seit dem 15. Jahrhundert mit der Ausbildung der Landeshoheit an die Landesherren über. Einzelne kleine Landvogteien bestanden bis 1806. Es gab auch Kirchen-, Schloß- und Strandvögte, die allerdings einem niederen Beamtenstand angehörten.

Der Landvogt Kaiser Albrechts in Schwyz und Uri, der tyrannische Hermann Geßler, wurde der Sage nach 1307 in der Hohlen Gasse bei Küßnacht von dem Freiheitskämpfer Wilhelm Tell mit einem Pfeilschuß getötet, und durch Friedrich von Schillers Drama *Wilhelm Tell* (1804), das Tell verherrlicht, wurde Geßler ohne Zweifel zum bekanntesten, wenn auch verhaßtesten Landvogt der Geschichte.

Wachsbossierer (auch Wachsbildhauer) beherrschten die Kunst, durch Bossieren (bosselieren, bosseln) oder Guß aus Wachs plastische Gebilde wie Modelle für Bildhauerarbeiten und Kunstguß, künstliche Perlen, anatomische Präparate und Wachsfiguren für Devotionalien herzustellen. Das zum Bossieren benutzte Wachs war gemischt mit Terpentin,

Kolophonium und Baumöl und meist mit Mennige, Zinnober oder Bolus rot gefärbt, damit es die störende Durchsichtigkeit verlor. Schon im Altertum geübt, wurde die Wachsbildnerei (Zeroplastik) seit der Renaissance und dem Barock für Genrefiguren, Bildnismedaillons und dergleichen sehr beliebt. 1603 brachte ein gewisser Wilhelm Plettey von Herford in Westfalen »drei von Wachs possierte große Bilder« nach Nürnberg, die er einige Tage lang zur Besichtigung stehen lassen durfte. Zwei Jahre später gastierte ein Ambrosius Müller in der Stadt, um »Johann Hus, Doctor Luther und Philippum Melanchthon von Wax possiert« der Bürgerschaft »umbs Gelt« anschauen zu lassen. Aus dem 18. Jahrhundert stammen viele, meist italienische Krippenfiguren aus Wachs, und Jahrzehnte später entstanden die ersten Wachsfigurenkabinette wie das der Madame Tussaud in London und Castans Panoptikum in Berlin mit Darstellungen geschichtlicher oder zeitgenössischer Persönlichkeiten. Die berühmt gewordene »Sammlung Spitzner«, ein Horrorkabinett medizinischer Abstrusitäten, wurde 1856 im Pariser Pavillon de la Ruche (an der heutigen Place de la République) eröffnet, und Hunderttausende von Schaulustigen holten sich dort in den nachfolgenden Jahren ihre Gänsehaut. Zu bestaunen waren vornehmlich Wachsfiguren von bizarrer Genauigkeit, wie beispielsweise die lebensgroße Figur einer Frau, die mittels Kaiserschnitt entbunden wird und an deren Hüfte sowie zwischen deren Schenkeln, gleichsam wie eine magische Erscheinung, die vier mit Manschetten versehenen Hände des Chirurgen und seines Assistenten auftauchen. Ein anderes Glanzstück der Kollektion des Doktor Spitzner, der sich den werbewirksamen Doktortitel selbst zugelegt hatte, war das lebensgroße Wachsmodell der berühmten siamesischen Zwillinge Baptisto und Giovanni Tocci, die Ende des 19. Jahrhunderts als Schauobjekte Karriere und ein Vermögen auf den Rummelplätzen Europas und Amerikas gemacht haben. Die meisten Wachsfiguren des »Musée Spitzner« wurden von den damaligen Meistern der anatomischen

Modellierkunst wie etwa Charles Jumelin, dem Präparator der großen Pariser Krankenhäuser, geschaffen.

Wachszieher (auch Wachszelter, Wachskerzler) beschäftigten sich mit der Verfertigung von nicht qualmenden Kerzen, Wachsstöcken und Fackeln oder Windlichtern aus Bienenwachs, ein ehemals außerordentlich einträgliches Gewerbe, in dem, entgegen der damaligen Gepflogenheiten, viele Frauen tätig waren. Bei den Frankfurter Lichtermachern waren bis 1429 sogar mehr Frauen als Männer vertreten. An vielen Orten waren die Wachszieher mit den →Lebzeltern und →Metsiedern in einer Zunft verbunden.

Kerzen wurden gezogen, indem man einen langen Dochtfaden mittels zweier großer Holztrommeln in wechselnder Richtung durch gebleichtes, zähflüssiges Wachs zog. Oder man goß das geschmolzene Wachs mit einer Gießpfanne so lange über die auf einer drehbaren Scheibe hängenden Dochtfäden, bis der gewünschte Kerzendurchmesser erreicht war. Die sehr langen und dicken Altarkerzen wurden weder gezogen noch gegossen, sondern das in warmem Wasser erweichte und auf einem Tisch unter einer Mangel bearbeitete Wachs mit der Hand um den Docht geknetet. Wachsfackeln erhielten einen Docht von gesponnenem Werg, der in geschmolzenes Pech getaucht und hernach mit Wachs überzogen wurde.

Die ersten Kerzen unserer Art scheinen zur Zeit der Christenverfolgungen aufgekommen zu sein. Apuleius von Madaura unterschied Ende des 2. Jahrhunderts schon Wachs- und Talgkerzen (→Seifensieder). Wachskerzen waren im 14. Jahrhundert an Fürstenhöfen immer noch recht sparsam in Verwendung, hingegen dehnte die katholische Kirche ihren Gebrauch außerordentlich aus, und erst im 17. Jahrhundert trieben die Höfe mit ihnen großartigen Luxus. Zu den eindrucksvollsten Licht- und Feuerfesten gehörten die Osterprozessionen der mächtigen spanischen Bruderschaft »Zur Allerheiligsten Auferstehung« in Rom, die im Dunkel des frühen Morgens des »*Sabato Santo*« die Piazza Navona füllten und mit Tausenden Kerzen und Fakkeln illuminierten.

Um 1825 gelang es dem Franzosen Chevreul, Kerzen aus Stearinsäure, die im Talg enthalten ist, herzustellen, die der Qualität von Wachskerzen entsprachen, aber billiger waren, und 1837 stellte Sellique, ebenfalls in Paris, Paraffinkerzen aus bituminösen Schiefern her.

Wagenschmiermänner befuhren mit einem von Hunden gezogenen Wägelchen oder mit einer Schubkarre das Land und verkauften aus den Pechhütten (→Pechsieder) stammende Wagenschmiere, die sie aus dem aufgeladenen Faß abzapften. Als Maß für die schwarzbraune, zähe Brühe diente ihnen dabei ein am Faß hängendes Gefäß. Ihre äußere Erscheinung wird als eine über und über glänzende geschildert, denn der klebrige Teer bemächtigte sich nicht nur der ohnedies dürftigen Kleidung, sondern auch des Gesichts und der Hände. In der Nähe der Häuser erweckten sie mit lauter und gedehnter Stimme die Aufmerksamkeit der möglichen Käufer. Adalbert Stifter erzählt in seiner Geschichte *Granit* (erschienen zuerst 1849 unter dem Titel *Die Pechbrenner*) einen Vorfall aus seiner Jugend, als ihm ein kauziger Wagenschmiermann im Spaß die nackten Füße mit Wagenschmiere bestrich, worauf er wegen der Abdrücke, die er zu Hause auf den blankgescheuerten Dielen hinterließ, eine Tracht Prügel von der Mutter bezog.

Wagner (auch Stellmacher) stellten die Holzarbeiten an Wagen für die Güter- und Personenbeförderung sowie an Ackergeräten her und waren früher als Gestell- und als Radmacher getrennt. In der Landwirtschaft verwendete man relativ leicht gebaute Karren sowie Leiter- und Kastenwagen, während die im Ferntransport eingesetzten Frachtwagen größer und schwerer waren. Betrug die Ladung zu Beginn des 17. Jahrhunderts im Durchschnitt bei vier bis sechs Pferden etwa vier Tonnen, so beförderte man im 18. Jahrhundert beispielsweise in England auf guten, ebenen Straßen schon etwa acht Tonnen, allerdings mit bis zu zwölf Zugpferden. Die Grundkonstruktion der Lastfuhrwerke — ein Langbaum, der Vorder- und Hinterachse verband — blieb über Jahrhunderte fast unverändert, und erst die Einführung eiserner Schmierachsen im 19. Jahrhundert belebte die Entwicklung.

Im Mittelalter galt das Reisen mit dem Wagen als unmännlich und war ausschließlich adeligen Frauen, Kindern, Alten, Gebrechlichen und hochgestellten Geistlichen vorbehalten. Noch 1588 untersagte der Herzog von Braunschweig seinem Adel das »Gutschenfahren«, da es zur Verweichlichung führe. Doch die rasche Verbreitung des Kutschwagens als Fahrzeug für den Adel und schließlich auch für das Bürgertum ließ sich trotz Verboten nicht aufhalten.

Seit dem späten Mittelalter benützte man für die Personen- und Warenbeförderung den sogenannten Kobelwagen, bei dem ein Kobel (Verschlag) auf den Wagenboden aufgesetzt war, der keinen Schutz gegen Erschütterungen bot. Die Aufhängung des Wagenkastens mittels Ketten, Seilen oder Lederriemen an Vorder- und Hintergestell war ein erster Schritt, dem Bedürfnis nach größerer Bequemlichkeit nachzukommen. Im Jahr 1457 gelangte als Geschenk unter Königen ein leicht gebauter, leicht zu lenkender und mit Riemen abgefederter Wagen nach Paris, der in dem ungarischen Dorf Kocs bei Raab (Győr) angefertigt worden war. Alsbald bezeichnete man ähnliche Fahrzeuge nach dem Herkunftsort als Gotschiwagen, Coach, Coche oder Kutsche.

Im späten 17. Jahrhundert tauchte ein neuer Wagentyp auf, der von einem italienischen Wagenbauer in Berlin entwickelt worden sein soll und der das eigentliche Zeitalter der Kutsche als Verkehrsmittel einleitete: die Berline. Der Wagenkasten hing nicht mehr an Lederriemen zwischen hohen Gestellbrücken, sondern ruhte mit seiner Unterseite auf Riemen, die an einem Querholz des Vordergestells fest verankert waren, am Hintergestell hingegen über Zahnwinden nachgespannt werden konnten. Die Berline war aufgrund ihrer Konstruktion recht beweglich und wurde in vielen Varianten gebaut. Vom anfänglichen Reisewagen wandelte sie sich mit der Zeit zum bevorzugten Stadtwagen. Ab der Mitte des 18. Jahrhunderts kam es zu beachtlichen Verbesserungen im Kutschenbau. Schmiedeeiserne Achsen ersetzten allmählich die bruchanfälligen hölzernen; bessere Stahlqualitäten führten zur Herstellung von widerstandsfähigen elastischen Blattfedern, die den Fahrkomfort um vieles erhöhten. Als die am meisten verwendete Feder kann die doppelte Druckfeder oder Quetschfeder (Elliptikfeder) angesehen werden, die zwischen Kasten und Radachsen die Stöße abfing. Bei Luxuswagen wurden auf diese Federung oft noch zusätzlich vier C-förmige Blattfedern aufgesetzt, an denen dann der Kasten hing und die durch einen Langbaum zusammengehalten wurden.

Die lebhafte Aufwärtsentwicklung im Wagenbau äußerte sich nicht nur im Entstehen von Kutschenmanufakturen, sondern auch in einer verwirrenden Typenvielfalt. Es gab, um nur einige zu nennen, zweirädrige Wagen, sogenannte Velocipede, und einachsige Fuhrwerke, die vor allem in Frankreich, England und Amerika gerne gefahren wurden, wie das Gig *(Dog-cart),* die Charette, den Basket (ein Korbwagen), den Tilbury und die Wagonette. Es gab vierrädrige Phaetons und Amerikainen mit abnehmbarem Verdeck, Kaleschen, Landauer und Landauletts, steifgedeckte Wagen wie die Berline, Omnibusse zur Beförderung mehrerer Personen, Gesellschafts- und Dressurwagen für Land- und Jagdpartien, Leichentransportwagen und Schlitten.

An der Herstellung von Wagen und Kutschen waren immer mehrere Handwerker unterschiedlicher Profession beteiligt. Die Arbeit des Wagners bestand darin, die Räder — die aus Naben, Speichen und Felgen zusammengesetzt wurden —, die Gestelle und die Wagenkästen aus gut getrockneten Hölzern anzufertigen. Das zähe und elastische Eschenholz eignete sich vorzüglich für Gestellteile, Naben und Speichen, ebenso Ulmen-, Eichen- und das amerikanische

Hickoryholz. Für den Wagenkasten und die Radfelgen griff man gern zum Holz der Buche; Fichte, Tanne und Kiefer lieferten die zum Wagenbau nötigen Bretter und Verschalungen, und das Holz der Pappel, Linde und Weide wurde hauptsächlich zu Vertäfelungen benutzt.

Die Bearbeitung der einzelnen Bauteile sowie das Zusammenfügen derselben verlangten natürlich einige Geschicklichkeit, vor allem aber gutes und scharfes Werkzeug. Unentbehrlich war die Hobelbank zum Einspannen und Festhalten der Arbeitsstücke und der Radbock zum Eintreiben der Speichen in die Nabe. Ferner Sägen verschiedener Art, spezielle Hobel wie Stab-, Kehl-, Nut- und Falzhobel, Zugmesser mit gerader und gebogener Schneide, verschiedene Bohrer wie Schnecken-, Löffel- und Zentrumbohrer, die mit Hilfe der Drehleier oder der Bohrmaschine bewegt wurden, Stemmeisen, Schraubzwingen und Schmirgelriemen.

Die Achsen, Federn, Radreifen, Nabenringe, Schrauben, diverse Beschläge, das Schienen- und Stützenwerk und das Hemmzeug (Bremse) lieferte der →Grobschmied; Scharniere, Schlösser, Winkel, Fußtritte, Kotschirme, Bänder, Böcke und Laternenstützen kamen vom →Schlosser; der →Sattler sorgte für die Draperie des Kutschbocks, für die »innere Garnierung« (Sitze und Lehnen), für das Verdeck aus lackiertem oder einfachem Leder, für den Bezug der Kotschirme mit Koppelleder und für das Riemenzeug; schließlich wurden Kasten und Gestelle vom Lackierer mit einem Anstrich versehen. Und im Katalog der renommierten Wagenbauer Dick und Kirschten aus Offenbach am Main wurde das Modell eines leichten, steifgedeckten Wagens dann so offeriert (etwa um 1870): »Zweisitziges Koupee. Blau lackiert. Der Kasten mit feinen, das Gestell mit breiten roten Strichen abgesetzt. Garnitur: Blauen *Satin chagriné,* feine rote Streifen in der Possamentrie, blauen Teppich mit roten Punkten (kleine Boukettchen). Blaue Stores. Vorn eine große Scheibe zum Herablassen. Bock mit blauem Tuch. Plattierung: Silber. Mit C- und Druckfedersystem.«

Walker (auch Slichter) übernahmen das von den →Tuch-
machern erzeugte Rohtuch, das ja für den unmittelbaren
Gebrauch nicht geeignet war, und weichten es vorerst in
Seifenwasser und verdünntem, gefaultem (daher Ammonium-
karbonat enthaltendem) Harn ein. Für das Stampfen der
Tuche im Walkprozeß, der ursprünglich von Hand oder mit
den Füßen bewerkstelligt wurde, nutzte man später die Wasserkraft aus. Die Achse des Wasserrades wurde zu einer
Achswelle mit Nocken verlängert. Die Nocken hoben
schwere Holzhämmer, die beim Zurückfallen in die mit
Walklauge und Tuch gefüllten Tröge die Tuche stampften.
Durch die Walke verfilzte das Gewebe und erhielt eine
höhere Dichte und Festigkeit.

Wasserstiefelschuster waren Schuhmacher, die sich neben der
Erzeugung des herkömmlichen Schuhwerkes vor allem auf
die Wasserstiefelerzeugung spezialisiert hatten. Wasserstiefel
verwendeten Fischer, Wasserbau- und Schiffleute, Flößer und
Schiffreiter, um die unteren Extremitäten vor den schädlichen
Einflüssen des Wassers, vor Schnitt- und Stichverletzungen zu
schützen und um sicher auftreten zu können. Wasserstiefel
trugen die Arbeiter beim Bau der Adriabauten, des Wiener
Kanalsystems, bei der Isonzoregulierung, und sie waren nicht
nur das teuerste, schwerste und pflegebedürftigste, sondern
auch das kunstvollste Arbeitsschuhwerk. Da nach Ansicht
der Wasserstiefelschuster das Wasser mit seinem »feinen
Kopf« fast überall durchfindet, konnte man es nur durch eine
äußerst genaue Arbeit, bei der jeder Handgriff richtig sitzen
mußte, daran hindern, in die Wasserstiefel einzudringen.
  Die Wasserstiefeloberteile wurden aus sehr starkem, braunem Kuhleder, aus Kalbsleder, aus den gegerbten Häuten des
Zebus oder Buckelochsen (Kipsen), seltener aus rotbraunem
Juchtenleder aus der Haut sibirischer Steppenrinder mit einem
rasiermesserscharfen Kneip (Schärfmesser) schräg zugeschnitten. Aus einer gut gestellten Kuhhaut konnten nur die Oberteile eines einzigen Stollenstiefelpaares erzeugt werden. Für

jene Bestandteile, die direkt dem Wasser ausgesetzt waren, wie die zwei Schaftröhren, die zwei Vorfüße und die zwei Stöße, wurde nur das Kernstück verwendet. Dieses Kernstück, das ungefähr die Hälfte der Gesamthautfläche einnahm, bestand aus Rücken, Schild und Kratze und besaß das gleichmäßigste Fasergefüge der ganzen Haut. Die Näharbeit, die durch das stark gefettete Leder noch zusätzlich erschwert wurde, war die anstrengendste Arbeit bei der Wasserstiefelerzeugung. Die Schaftröhre, der Vorfuß und der Stoß (Fersenteil) wurden mit Pechdrähten zusammengenäht, zu deren Herstellung man Schusterpech und flächsernes Schuhgarn benötigte. Das Schusterpech war eine schwarzbraune Masse, die durch Verkochen von Schwarzpech mit Holzteer, Wachs, Terpentin und Wasser hergestellt wurde. Der Schuhunterteil wurde nach der Holznagelmethode gearbeitet und bestand aus der Brandsohle, dem Einpappleder, dem Gelenkstück, den Sohlkedern, der Zwischensohle, der Laufsohle (dem Doppler) und dem Absatz. Beschlagen waren die Schuhböden zwecks Erhöhung des Abnützungs- und Reibungswiderstandes mit doppelflügeligen Scheanken um den Laufsohlen- und Absatzrand und mit Mausköpfen oder Pifflnägeln auf der gesamten Sohlenfläche. Zum Schluß wurde der Stiefeloberteil mit über Feuer flüssig gemachtem Spermazet (Walrat), Fischtran, Klauenschmalz, Wachs oder mit weißem Pech kräftig eingeschmiert.

Ein zügig arbeitender Wasserstiefelschuster benötigte für die Anfertigung eines Stiefelpaares drei Arbeitstage mit je zwölf bis vierzehn Stunden Arbeitszeit.

Wassertrompeter gab es in Wirklichkeit gar nicht. Der Dichter Fritz von Herzmanovsky-Orlando (»Welch ein Meer von dämonischen Roßknödeln auf meinem Lebensweg!«), 1954 in Wien gestorben, vermeinte allerdings in einem Eisenbahnabteil der böhmischen Westbahn zwei solchen Wassertrompetern begegnet zu sein. Als der Zug mit einem Ruck anfuhr, sprang dem einen der etwas zu kleine *chapeau melon* vom

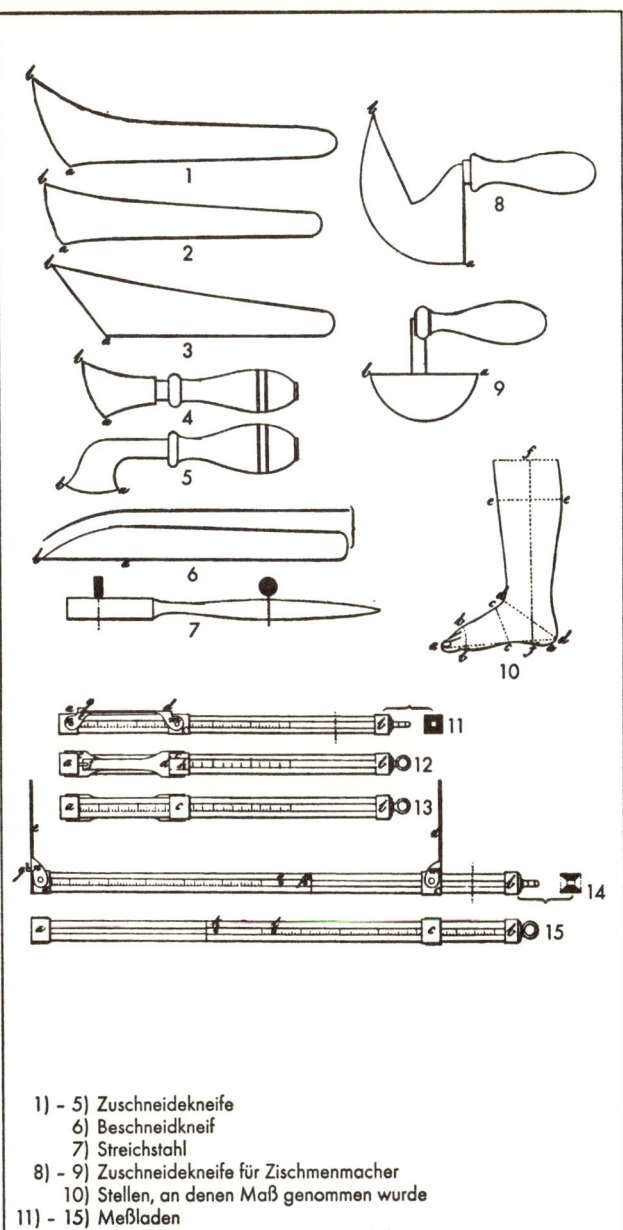

1) – 5) Zuschneidekneife
   6) Beschneidkneif
   7) Streichstahl
8) – 9) Zuschneidekneife für Zischmenmacher
   10) Stellen, an denen Maß genommen wurde
11) – 15) Meßladen

Kopf und Herzmanovsky auf die Zeitung. Der Hutlose sah den Dichter einen Moment verstört an; dann stellte er sich mit milder Stimme vor: »Kratochvil.« — »Nováček«, entgegnete Herzmanovsky, worauf der Hutlose erstaunt fragte, ob er der k. k. Gestütsphotograph aus Kladrup sei, der die schönen Bilder von den kaiserlichen Sprunghengsten mache. Herzmanovsky verneinte und erkundigte sich seinerseits, welcher Beschäftigung die Herren wohl nachgingen. Die beiden wurden sichtlich verlegen und gestanden erst nach einigem Räuspern, sie seien Wassertrompeter. »Aha«, erwiderte Herzmanovsky artig, »also beim Zirkus. Ein schöner, aber anstrengender Beruf. Wassertrompeter, hm. Machen Sie das beim Schwimmen?« Sein Gegenüber brauste auf. »Für was halten S' mich? Für einen Klowen? Ich bin k. k. Notar! Ham S' schon amal an Notar g'sehn, was blast?« Herzmanovsky verstand nicht recht und fragte, ob die Herren sich in einem Konservatorium zu Wassertrompetern ausgebildet hätten. »Konservatorium?« fragte der Erzürnte. »Wer braucht ein Konservatorium? A Wassertrompeter is man doch von Geburt! Schon als Seigling! Ja schon im Mutterleibe!« So ging das noch eine Weile hin und her, bis sich herausstellte, die beiden seien keine Wassertrompeter von Berufs wegen, sondern Einwohner der Ortschaft Wassertrompeten, Gerichtsbezirk Bischofteinitz, Gemeinde mit eigenem Statut in Westböhmen.

Weinzierle waren in den Weinbaugebieten ansässige Arbeitskräfte, die zum Teil über eigenen Weingartenbesitz verfügten und daneben unter Mithilfe von Hauerknechten die Weingärten der Stadtbürger, des Adels und Klerus und der nicht in den Weinbaugebieten wohnhaften Grundbesitzer gegen Lohn bearbeiteten und überwachten. Bisweilen werden sie auch als Hauer bezeichnet, obwohl nicht ganz klar ist, ob beide Bezeichnungen tatsächlich gleichbedeutend sind.

Die Bearbeitung eines Weingartens, insbesondere der Rebschnitt und der »Jat«, das Ausbrechen der überzähligen

Triebe im Frühsommer, erforderte gewisse Kenntnisse, die bei den teils zugewanderten Hauerknechten vermißt wurden. Die Weingartenordnungen sind voll von Klagen über Schäden, die unerfahrene Arbeiter in den Weingärten anrichteten und für die die Weinzierle geradestehen mußten.

Die Bezeichnung entstand durch Germanisierung des lateinischen *vinitor* in das mittelhochdeutsche *winzurl* bzw. *winczoril* im Althochdeutschen.

Wildschützen (auch Wilderer) können als soziale Rebellen und Symbolfiguren des Widerstands gegen landes- und grundherrliche Machtausübung angesehen werden. Als »ein privilegiertes Betätigungsfeld gehässiger Klassengesetzgebung« hat einmal der Geschichtsschreiber der deutschen Rechtswissenschaft, Ernst Landsberg, den Wilddiebstahl bezeichnet. Für Gegner und Verfolger ist der Wilderer »für gewöhnlich ein Mensch, der die Jagd ausübt, ohne hiezu eine Berechtigung zu haben. Der Wilderer wird in manchen Gegenden auch ›Raubschütz‹, ›Schwarzschütz‹ oder ›Schwarzgeher‹ genannt. Der Jäger nennt ihn kurz und treffend ›Lump‹« (Ludwig Fuchs, 1936).

Der Germane konnte im Fangen von Wild kein Unrecht sehen. Er ernährte und kleidete sich von dem, was ihm die freie Wildbahn bot. Erst mit der Anerkennung des Privateigentums einerseits, wonach jedem Grundeigentümer auf seinem Gut die Jagd als Teil seiner grundherrlichen Rechte zukam, und mit dem Entstehen der königlichen Bannforste andererseits verloren die jeweiligen Gemeindemitglieder das Recht zu jagen, taten sie es trotzdem, wurden sie strafrechtlich verfolgt. Damit wollte sich ein großer Teil der Bevölkerung aber nicht abfinden, denn sie war auf die Jagd angewiesen, da die fortwährenden Kriege die Lebensbedingungen verschlechtert, teilweise sogar überhaupt in Frage gestellt hatten. Noch ein weiterer Grund kam hinzu, der die Bauern geradezu zwang, der verbotenen Jagd nachzugehen: der immer größer werdende Wildbestand, auf dessen Hegung und

Vermehrung der Landesherr bedacht war, und der dadurch verursachte ungeheure Wildschaden. »Das ganze Land ist ein Tiergarten zum Verderben der Untertanen«, konstatierte Freiherr von Gagern. Damit aber nicht genug: Am Ende des 17. Jahrhunderts wurde in Deutschland die Parforce-Jagd eingeführt. Man verfolgte den »edlen« Hirsch querfeldein, bis er nicht mehr weiter konnte, ohne Rücksicht auf die Felder und den Stand der Saat. Diese Zustände zwangen die Bauern zur Selbsthilfe, den Wildschaden durch Abschuß erträglicher zu machen. Die in ihren Privatinteressen verletzten und in ihrer »fürstlichen Lust« beeinträchtigten Landesherren antworteten mit grausamsten Verstümmelungsstrafen und erhoben schließlich die Tat zum todeswürdigen Kapitalverbrechen. Wilddieben wurden die Augen ausgestochen, die Hände und Finger abgehauen, die Ohren abgeschnitten, und wenn sie zu Zwangsarbeit verurteilt waren, so verschärfte man die Strafe dadurch, daß sie »in Eisen und Banden« mit einem am Kopf festgebundenen Hirschgeweih schuften mußten. In ihrem Eifer und Haß ließen die Landesherren häufig auch ungesetzliche Strafen vollstrecken. So soll Herzog Moritz von Sachsen befohlen haben, einen Wilddieb in das Geweih eines lebendigen Hirsches zu binden und das verängstigte Tier dann mit Hunden durch den Wald zu hetzen, damit dieser unselige Mensch von den Bäumen und Hecken zerfetzt wurde. In die Hirschhaut nähen und von Hunden auf dem Markt zerfleischen ließ der Fürsterzbischof von Salzburg 1557 einen Bauersmann, der einen Hirsch erlegt hatte. Und von Herzog Galeatus Sforza von Mailand wird berichtet, er habe den Erleger eines Hasen gezwungen, das Tier mit Haut und Haaren zu essen, woran dieser jämmerlich zugrunde gegangen sei. Statt selber jagen zu dürfen, wurde die bäuerliche Bevölkerung gezwungen, Fronarbeiten bei adligen Jagdpartien zu leisten. Aus den Memoiren des Baron von Wimpfen, eines Höflings des Herzogs Karl Eugen von Württemberg, erfährt man, daß einmal aus dem ganzen, knapp 600000 Einwohner zählenden Herzogtum die Bauern

nicht weniger als sechstausend Hirsche zum Jagdschloß Soli-
tüde zusammentreiben mußten. Genau 21 584 Männer und
Knaben mit zusammen 3237 Pferden waren damit wochenlang beschäftigt. Sie erhielten keinen Lohn, mußten sich
sogar selbst verköstigen und, was das Schlimmste war, mit
der Bewachung des zusammengetriebenen Wildes ihre Zeit
vertun, während sie daheim bei der Ernte gebraucht wurden.
Der verzweifelte Kampf der Bauern gegen die Tyrannei und
den Wildschaden rief schließlich die Wilddiebstahlsbanden
mit politischem Hintergrund auf den Plan, die sich als Vor-
kämpfer der Unterdrückten ansahen und für sich die Ent-
schuldigung rechtmäßigen Handelns in Anspruch nahmen.
Keine dieser Banden ist bekannter geworden als die des
Matthäus Klostermaier, der als Bayerischer Hiesel in die
Geschichte eingegangen ist und der am 6. November 1771
unter dem Jubel der Jägerschaft hingerichtet wurde. Zuerst
erdrosselte man ihn, dann wurden seine Glieder mit dem Rad
gebrochen und der Körper unter dem Schafott geviertelt.

Das Wildern besitzt also eine lange historische Entwicklung
und Tradition, die eng mit der Existenz des bäuerlichen Menschen, besonders mit den Gebirglern, verbunden war und
etwa bis in die fünfziger Jahre unseres Jahrhunderts gepflegt
wurde. Mit der Überlegung, daß alle Menschen ein Recht an
der Jagd hätten, rechtfertigte der Wildschütz sein rechtswid-
riges Handeln. Auf dieses »ererbte Jagdrecht« bezieht sich
Anton Schlossar, der Autor des 1879 veröffentlichten Werkes
Österreichische Cultur- und Literaturbilder, in dem er feststellt: »Dem eigentlichen Jäger tritt nun in den Bergen freilich
noch eine Gestalt zur Seite, nicht minder unentbehrlich für
die Charakteristik der Gebirgslandschaft, nämlich der Wildschütz, der ›Wildpratschütz‹, wie er eigentlich im Volksmund
heißt. Der Wildschütz recrutiert sich aus der ganzen männlichen Bevölkerung der Gegend, mit Ausnahme natürlich des
berechtigten Jägers, er betrachtet es als eine Verhöhnung der
ihm von Gott gegebenen Rechte, daß es verboten sein soll,
›Gamserl‹ zu schießen, und gerade für diese so gefährliche

Jagd ist er am meisten eingenommen, und sie pflegt er eigentlich wie der Jäger ununterbrochen, jeder Gang zum ›Dirndl‹ auf die Alm bietet Gelegenheit, offen oder verborgen den Stutzen mitzunehmen, und nicht selten bringt er bei der Rückkunft einen feisten Gamsbock mit, unbekümmert um alle Paragraphen des Strafgesetzes, deren Bestimmungen er nur als eine Entehrung seiner Würde sieht ...« Neben dem »ererbten Recht« und der Genugtuung, das herrschaftliche Jagdmonopol zu durchbrechen, war es aber immer wieder die Not und Armut der Bevölkerung, weniger die Jagdleidenschaft, die zum Wildern verführte. Außerdem verschaffte es Ansehen innerhalb der Gemeinschaft junger Männer im Dorf und war ein Beweis für Mut, Unerschrockenheit und Schläue. Der Wildschütz mußte sein »Revier« außerordentlich gut kennen, die geheimen Pfade und Schlupfwinkel, und im Alpenland ein geübter Bergsteiger sein.

Geschah es, daß ein Wilderer von einem Jäger oder Gendarmen ertappt und erschossen wurde, gestaltete sich das nachfolgende Begräbnis meist zu einer Demonstration der Solidarität mit dem Toten. Man trug zum Trotz die Symbole der Jägerschaft, wie den Gamsbart am Hut, warf einen frischen »Bruch«, das grüne Tannenzweiglein, auf den Sarg, und nicht selten schworen die Angehörigen noch am offenen Grab blutige Rache. Die Wirklichkeit des Kampfes Jäger gegen Wildschütz und umgekehrt, die bisweilen recht brutal war, wurde in unzähligen Bänden der Trivialliteratur idealisierend beschrieben, und auch der Heimatfilm nahm sich oft und gerne dieses Themas an.

Windenmacher waren meist mit den Schlossern zünftig verbunden und stellten verschiedene Arten von Hebewerkzeugen (beispielsweise für Wagenachsen), Armbrustwinden, Türheber zum Ein- und Ausheben von schweren Türen (mittels einer flachgängigen Spindel), Brechschrauben und -werkzeuge (zum Zerstören von Eisengittern und Mauerwerk) und Flaschenzüge her. Geniale Erfinder von Hebegeschirren waren die Brüder Danner in Nürnberg (→Zeug- und Zirkelschmiede). Hans Danner erfand für das Nürnberger Zeughaus eine Maschine, die mit Hilfe von Schrauben ohne Ende schwere Geschütze in die Höhe winden und leicht auf ihre Lafetten bringen konnte. Sein Bruder Leonhard war bekannt für die Konstruktion von Brechschrauben, denen keine Tür oder Mauer lange widerstehen konnte.

Wismutmaler übten ihr Kunstgewerbe seit Ende des 15. Jahrhunderts und noch im 18. Jahrhundert in Deutschland und der Schweiz zum Schmuck von Kästchen und Schachteln aus. Gemalt wurde mit Lackfarben auf Leimkreidegrund, der mit einer dünnen, als grauer Metallton hindurchschimmernden Wismutschicht überzogen war.

Wollschläger reinigten und lockerten die Wolle durch Schlagen mit dem Wollbogen, um die zusammenhängenden Fasern zu trennen und mehr zu verteilen. Zum Teil übernahmen sie (in Straßburg und Speyer) auch die nachfolgende Bearbeitung: Die Wolle wurde gleichmäßig geölt (geschmälzt), damit sie für das Spinnen weich und geschmeidig wurde, und dann mit dem Wollkamm (Krempel) gekämmt, gestrichen oder kardätscht.

Zainschmiede schmiedeten in den Hammerwerken aus den Grobeisenstäben der Hüttenwerke das Zaineisen, ein Halbzeug (Stab- und Bandeisen), zur weiteren Verarbeitung durch Messer-, Klingen-, Sensen- und Nagelschmiede, Drahtzieher und andere. Geschmiedet wurde auf leichteren und schnelleren Hämmern (zweihundert Schläge und mehr in der Minute), die in der Grafschaft Mark, im Bergischen und im Westfälischen Reckhämmer, im übrigen Deutschland und in Österreich Zainhämmer genannt wurden. Raffinierhämmer hießen die Reckhämmer für die Stahlveredelung.

Die Reck- und Zainhämmer als selbständige Hammerwerke kamen in der zweiten Hälfte des 16. Jahrhunderts auf und waren nicht an die Hüttenwerke gebunden, sondern wählten ihren Standort nach dem Bedarf ihrer Halbfabrikate.

Zaumschmiede (auch Bisser) waren Kleinschmiede, die das eiserne Gebiß (Mundstück) des Zaumzeugs der Pferde herstellten, zu dem noch der Halfter (Kopfgestell) und die Zügel gehörten. Das Gebiß bestand entweder aus der Trense oder aus der Kandare (Stangengebiß).

Zeckermacher werden 1736 in Wien erwähnt und stellten Handtaschen mit Handgriffen, die Zecker oder Zöger genannt wurden, aus Stroh, Bast oder Binsen her.

Zeltmacher stellten Zelte her, jenes leichte Obdach aus Fellen, Filzen, später aus wasserdichter Zeltleinwand, das über ein Gerüst von Holz- oder Eisenstäben gezogen und mit Leinen und Pflöcken (Heringen) befestigt und gespannt wurde. In Zedlers *Universal-Lexikon* (1732 ff.) werden vier Gattungen von Zelten genannt: das *Tentorium hortensis* für Garten und Feld, das *T. theatralis* für Schauspielaufführungen im Freien, das *T. militaris* für Offiziere und Soldaten im Feld und das *T. festivalis,* das Festzelt. Auch Planen oder Plachen aus Leinen-, Hanf- oder Jutegeweben für Planwagen und zum Abdecken von Gütern und Zug- und Tragtieren gab es. Sie waren an manchen Stellen zum Schutz gegen Durchscheuern mit Leder besetzt und zum Befestigen mit Ösen versehen.

Der wohl berühmteste Zeltmacher war der Apostel Paulus, der sich auch während seiner Missionsreisen durch sein Gewerbe ernährte. »Hierauf reiste Paulus von Athen ab und begab sich nach Korinth. Dort traf er einen Juden aus Pontus mit Namen Aquila, der mit seiner Frau Priszilla kurz zuvor aus Italien gekommen war. Claudius hatte nämlich alle Juden aus Rom ausgewiesen. Diesen schloß er sich an, und weil sie das gleiche Handwerk betrieben, blieb er bei ihnen in

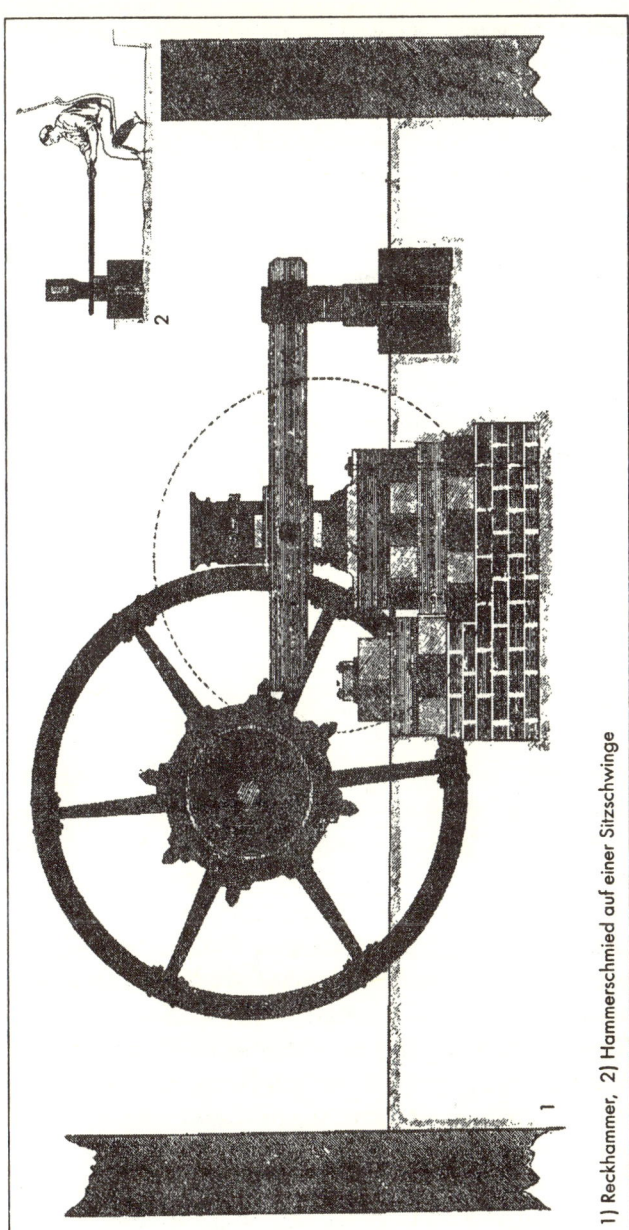

1) Reckhammer, 2) Hammerschmied auf einer Sitzschwinge

Arbeit. Sie waren von Beruf Zeltmacher« (Apostelgeschichte 18, 3).

Zentgrafen waren die Vorsteher des alten Zentgerichts (Zent = Hundertschaft) und Vertreter des Grafen im Niedergericht, das heißt in Sachen, die weder Leben und Freiheit noch Grundeigentum betrafen. Sie wurden vom Volk gewählt, waren aber Unterbeamte des Grafen und hatten Vollstreckungen zu betreiben sowie Steuern und Grundlasten (Naturalien oder Geld) einzuziehen (daher auch »Schultheiß«, der die Schuld heischt). Das Zentgericht, vom Grafen oder vom Zentgrafen einberufen, war zur Zeit der Karolinger in geringen Sachen des Grafschaftsbezirks zuständig. Nach Auflösung der Grafschaftsverfassung und Ausbildung der Territorien im 13. Jahrhundert hieß im fränkischen und im schwäbischen Rechtsgebiet der ordentliche Gerichtsbezirk Zent, während sich neue Untergerichtsbezirke bildeten. Zentherr hieß der Inhaber eines mit diesem Vorrecht verbundenen Guts, zentbar — im Gegensatz zu zentfrei — bedeutete, einem Zentgericht unterworfen zu sein.

Zeug- und Zirkelschmiede waren auf vielen Gebieten der feinen Schmiedearbeit und Metallbearbeitung bewandert und stellten Werkzeuge aus Stahl, vor allem Bohrer, Sägen, Zangen, Hämmer, Hobeleisen, Meißel, Durchschläge, Schraubstöcke, Feilkloben, Schraubenschlüssel, Beile, Nagelzieher, Scheren, Brecheisen, Greifhaken (zum Lasttransport), Türheber (zum Ein- und Ausheben schwerer Türen), Flaschenzüge, Schraubenspindeln, ja selbst einige Haus- und Küchengeräte, wie Bügeleisen, Untersätze, Waffeleisen, und mathematische, astronomische und chirurgische Instrumente her. Die Vielzahl und Verschiedenartigkeit der Erzeugnisse drückte sich auch in den örtlich unterschiedlichen Bezeichnungen wie Neberschmied (von Näbiger, Näber, Neber = Nabenbohrer), Bohrer-, Sägen- oder Zangenschmied aus, die

aber lediglich auf eine Spezialisierung innerhalb des Berufs-
standes hinwiesen.

Die Tätigkeit der Zeug- und/oder Zirkelschmiede bestand
im wesentlichen aus der Schmiedearbeit (teilweise im Ge-
senk), die hier weniger Kraft als Geschicklichkeit verlangte,
der mechanischen Bearbeitung (durch Feilen, Schaben, Stanzen, Bohren) und dem Härten (in Regenwasser, Unschlitt, Öl
oder Luft). Zuletzt wurde die Oberfläche des Werkstückes
am Schleifstein blank gemacht, feinere Werkzeuge und
Instrumente mit Schmirgel und Ölstein poliert und durch
Anlaufenlassen blau oder durch Lackieren mit Öl oder
geschmolzenem Blei und Antimon schwarz gefärbt. Es
bestand auch häufig das Bedürfnis, die Werkzeuge durch
Ätzen, Eisenschnitt, Gravur oder durch Tauschieren mit
Ornamenten zu verzieren. Zur Bedienung zahlreicher Werkzeuge waren Handgriffe, Handhaben, Stiele und Kurbeln
notwendig, die aus Zwetschgen-, Birnbaum-, Buchen- und
Buchsholz und sogar aus Elfenbein waren.

Im 16. Jahrhundert florierte in Nürnberg und in anderen
Städten das Gewerbe der Zirkelschmiede, die mit technischer
Raffinesse und künstlerischem Feingefühl mathematische
Instrumente wie Zirkel, Setzwaagen, Anlegewinkel, Meß-
stangen (beispielsweise den Jakobstab für die Winkelmes-
sung), Lochvisiere, Quadranten, Astrolabien, aber auch
ärztliche Werkzeuge wie Trepane (Kurbelbohrer), Scheiden-
spiegel, Stein- und Pillenzangen, Pinzetten und Salbenspateln
herstellten.

Herausragende Niederlassungen der Zeug- und Zirkelschmiede bestanden, wie schon erwähnt, in Nürnberg mit
seinen bekanntesten »inventiösen« Meistern Hans Lobsinger,
Hans Hautsch und den Brüdern Danner, ferner in Schmalkalden, Frankfurt am Main, Augsburg, Köln sowie in Österreich in Steyr und Waidhofen an der Ybbs.

Aus diesem Gewerbe entwickelte sich allmählich jenes der
Mechaniker (später nannte man sie dann auch Instrumentenmacher und Feinmechaniker), die in ihren Werkstätten die

Ideen der Erfinder oder ihre eigenen praktisch umsetzten und nicht selten wundersame, staunenerregende Apparate und Instrumente wie Erd- und Himmelsgloben sowie Automaten mit außergewöhnlichem handwerklichem Geschick bauten. Der Sohn des schon erwähnten Meisters Hautsch, Gottfried, konstruierte für Ludwig XIV. einen Automaten, dessen kompliziertes Räderwerk Hunderte Soldaten aus Silber Kriegsübungen nachmachen ließ, und erntete dafür begeisterten Beifall. 1788 erregte die Sprechmaschine des aus Preßburg stammenden Wolfgang von Kempelen (1734–1804) großes Aufsehen. Die Sprechmaschine war eigentlich ein Sprechklavier, in dem ein Blasebalg mit Flöten verbunden war, deren Klang dem der menschlichen Stimme ähnelte. Von einer Klaviatur aus konnte eine Mechanik aus Klappen, Ventilen und Stiftchen bedient werden. »Kempelens Sprechmaschine«, schreibt Goethe in einem Brief vom 12. Juni 1797 an Karl August, »welche Hofrath Loder besitzt und die zwar nicht sehr beredt ist, doch aber verschiedene kindische Worte und Töne ganz artig hervorbringt, ist hier [in Jena] durch einen Tischler, Schreiber, recht gut nachgeahmt worden.« Wirklich weltberühmt wurde »der neue Prometheus«, wie Kempelen begeistert genannt wurde, aber durch seinen Schachautomaten, den er auf Anregung Kaiserin Maria Theresias baute. Die Attraktion der Maschine bildete die lebensgroße Figur eines Türken, der die Züge ausführte und unter dessen Gegnern sich selbst Voltaire, Friedrich II. und der »größte Schachmeister aller Zeiten«, François Dunnican Philidor, befunden haben sollen. Das Geheimnis des Schachautomaten wurde erst viele Jahre nach Kempelens Tod gelüftet. Als die »Seele« des Schachtürken erwies sich ein brillanter Schachspieler (wie zum Beispiel Johann Baptist Allgaier, einer der berühmtesten Schachmeister und -theoretiker des 18. Jahrhunderts), der sich geschickt und für das Publikum unsichtbar unter dem Schachbrett zwischen Hebeln und Rädern verbarg, und der Ausgang der jeweiligen Partie hing allein vom Können der »Seele« ab. E.T.A. Hoffmann berichtete 1814 in der *Zeitung für die elegante Welt* über den Schachautomaten, und Edgar Allan Poe hat ihm in seiner Geschichte *Die Entdeckung des Herrn von Kempelen* zu literarischer Berühmtheit verholfen.

»Was der Flötenspieler des Herrn Vaucanson für das Ohr ist, das ist der Schachspieler des Herrn von Kempelen in einem weit höheren Grade für den Verstand und das Auge!« konstatiert Karl Gottlieb Windisch in seinem 1783 in Preß-burg erschienenen Werk über die Schachmaschine. Der erwähnte Jacques de Vaucanson (1709–1782), ein genialer Automatenbauer, fertigte 1737 seinen ersten Androiden, einen Flötenspieler, bei dem der mit einem Blasebalg erzeugte Luftstrom durch den Mund und über die Zunge an das Mundstück der Flöte gelangte, wo tatsächlich der Ton gebil-det wurde, den die Finger vorgegeben hatten. Kurz danach konstruierte er die aufsehenerregende watschelnde, schnat-ternde, mit den Flügeln schlagende, fressende und verdauende Ente. Die aus über tausend Einzelteilen zusammengesetzte Ente war derart perfekt gestaltet, daß sie sogar aus nächster Nähe für lebendig gehalten wurde.

Ziechen- oder Bettziechenweber (auch Ziechner) webten nur leinene Bettdecken und Kissenbezüge. Der erste zünftige Zusammenschluß, die Fraternitas der Kölner Bettziechen-weber, fand bereits 1149 statt. In Frankfurt am Main, wo sie seit der Mitte des 14. Jahrhunderts oft erwähnt werden, wur-den sie Decklakener genannt. In diesem Handwerk fanden auch Frauen reichlich Beschäftigung.

Zinngießer gossen aus Zinn Gebrauchsgeschirr und -geräte wie Kannen, Krüge, Teller, Pulverflaschen, Löffel, Leuchter und dergleichen, Prunkgeschirr für das reiche Bürgertum und den Adel sowie Geschirr und Geräte für den kirchlichen Gebrauch. Sogar Abendmahlkelche und Ciborien, die *vasa sacra,* konnten statt aus Gold und Silber bei ärmeren Kirchen-gemeinden aus Zinn verfertigt sein. Im Mittelalter waren die

Zinngießer in Zünften zusammengeschlossen, bisweilen gemeinsam mit den →Gelb- und →Rotgießern.

Zinn (lat. *stannum*) wurde schon im frühen Altertum verarbeitet, in größerem Umfang aber erst, seitdem im 13. Jahrhundert im sächsischen Erzgebirge Zinnerzlager entdeckt wurden. Die glänzendste Epoche der Zinngießerei für Deutschland, Österreich und die Schweiz lag zwischen 1570 und 1640. Die Geräte dieser Zeit, meist mit figurenreichen Reliefs und Ornamenten, die eingraviert, gepunzt, geätzt, hauptsächlich aber in Formen gegossen wurden, bezeichnete man als Edelzinn.

Gegossen wurde in vorgefertigten Formen, zuerst vorwiegend aus Sandstein und Schiefer, später aus Messing und Bronze oder Gußeisen; anschließend wurden die rauhe Gußoberfläche und die Lötnähte abgedreht und poliert. Zum Gießen eines Zweiliterkruges waren beispielsweise insgesamt dreizehn einzelne Formteile notwendig. Die Vielfalt an Formen, über die ein Meister verfügte (der letzte Zinngießermeister in Wien soll insgesamt 1500 Gußformen besessen haben), erhöhte seine Konkurrenzfähigkeit und trug zu seinem beruflichen Ansehen bei. Neben vielen handlichen Werkzeugen wie Lötkolben, Schmelzlöffeln, Gußkellen, geraden und gebogenen Dreheisen, Feilen, Meißeln, Raspeln, Achatsteinen, Schabklingen, Holzschlägeln gehörten zu der unentbehrlichen Werkstatteinrichtung die Drehlade (zur Verfertigung der Rundwaren), der Schmelzofen und die Schraubbank zum Einspannen der Gußformen.

Die Lehrzeit betrug im Spätmittelalter bis zu sechs Jahren und verkürzte sich später in der Regel auf drei Jahre, wobei beim Eintritt in die Lehre der Nachweis der ehrlichen und ehelichen Geburt gefordert wurde. Als wichtig und obligatorisch galt die Ableistung der Gesellenwanderung, die zwischen zwei und sechs Jahren dauern konnte.

Für Unruhe sorgten die gegen Ende des 17. Jahrhunderts massenhaft nach Mitteleuropa drängenden italienischen Zinngießer, meist piemontesischer Herkunft, die durch ihren

hartnäckigen Fleiß und sicheren Geschmack das boden-
ständige Gewerbe bedrohten. Der Haß auf die »welschen«
Gesellen und Meister fand in Schmähworten seinen Ausdruck. In Österreich zum Beispiel nannte man sie »Katzel-
macher«, und die Volksmeinung leitete die Herkunft des
Wortes von der angeblichen Vorliebe der Italiener für Katzen-
fleisch bzw. von ihrem Lieblingsfluch *cazzo!* (Penis) ab. Die
Wissenschaft holte schließlich das Wort aus dem Reich der
Phantasie in die nüchterne Wirklichkeit zurück: Der Ursprung sei eindeutig das Wort »Gatzlmacher«, was »Hersteller von Geschirr aus Metall zum Schöpfen von Flüssigkeiten« bedeutet.

Zischmenmacher stellten fein und leicht gearbeitete, enganliegende »ungarische« Stiefel, sogenannte Zischmen, mit
hohen Schäften her, meist aus Corduanleder. Dabei wurde
häufig die Technik des Umwendens angewandt. Waren die
Teile des Oberleders zusammengenäht und gefüttert, auch
wohl mit einem schmalen Afterleder versehen, wurde die
Sohle umgekehrt auf den geeigneten Leisten aufgezweckt.
Das Oberleder wurde ebenfalls umgekehrt über den Leisten
gezogen und mit der Sohle zusammengenäht. Hierauf zog
man den Leisten aus dem Stiefel und kehrte diesen wieder
um. In manchen Gegenden waren die Zischmen statt der
Absätze mit hohen Eisen beschlagen und mit goldenen oder
silbernen Schnüren und Quasten verziert. Ein geübter
Geselle konnte an einem Arbeitstag vier bis fünf Zischmen
von gewöhnlicher Art anfertigen.

Zokelmacher erzeugten eine Kombination von Socke und
Schuh, die Zokl, wie sie in Wien hieß. Aus germanischer
Vorzeit übernommen war die aus Stoffteilen angefertigte
Socke, die nicht nur unter den Schuhen, sondern auch statt
derselben getragen wurde. Der nächste Schritt war, sie mit
Ledersohlen zu unterlegen oder Sohle und Vorderteil aus
Leder, Oberteil und Schaft aus Stoff oder Filz anzufertigen.

Zöllner (auch Zoller, Zollheber, Mautner) erhoben an Zoll-
stätten, die vorwiegend an den Grenzen eines bestimmten
Gebiets lagen, alle Arten von Abgaben wie Straßen- und
Brückenzölle, Rad-, Saum- und Stadtzölle, Schiff-, Ufer- und
Hafenzölle und dergleichen. Allen Zollämtern stand ein
besonderer Zöllner, später Zollschreiber vor. Bei den Land-
zöllen hieß er Landzöllner, dessen Untergebene, die Zoll-
beseher und Zollknechte, die Geschäfte der Zollabfertigung
versahen. Der Zöllner war eine durchaus angesehene Person,
die entweder vom Zollherrn frei gewählt oder als Dienstmann des Instituts der Ministerialität, solange dieses bestand,
angestellt wurde. Es gab allerdings auch Zeiten, da die Zöllner keineswegs als respektable Personen galten. Geradezu
verhaßt waren beispielsweise die römischen Zoll- und Steuereinnehmer, die für die *Publicani* (Pächter der Staatseinkünfte
in den Provinzen der Römer) die Abgaben oft in rücksichts-
losester Weise einziehen mußten. »Fordert nicht mehr, als
euch festgesetzt ist«, tadelt das Lukasevangelium (3, 12 und
13) die Zöllner, die mit Sündern gleichgesetzt wurden. Und
der bekehrte Oberzöllner Zachäus »trat hin und sprach zum
Herrn: ›Siehe, Herr, die Hälfte meines Vermögens gebe ich
den Armen, und wenn ich etwas zu Unrecht von jemand
gefordert habe, gebe ich es vierfach zurück‹« (Lukas 19,8).
Ein »Kipp-, Wipp- und Münzer-Lied« von 1623 verspottet die
Münzverschlechterer (→ Kipper und Wipper) und stellt sie
den Juden und Zöllnern gleich: »Denn der Kip und Wipper
Ordn / Sind nur Judn und Zölner wordn, / Da ist kein
Christlich Lieb.«

Bescheidenes Kompendium
der Namenkunde

Alle gesperrt gedruckten Namen und ihre Vatiationen kommen in irgendeiner Form in diesem Buch vor.

Aalrep, Ahlrep, Ahlreip (ndd.): meint den Aalfischer, Ahl-fänger nach dessen Fanggerät, dem *alrep* »Aalreif«, wäh-rend der *Alesteker* (1449 in Kiel genannt) sich des Stech-geräts bediente.

Abend: deutbar wie Feierabend, alter Bauern- und Hand-werkername: der den Abend liebt.

Abzieher (obd.): der Fellabzieher, Schinder.

Ackerknecht (Württemberg öfter): der pflugführende, ak-kernde Knecht.

Ackermann: alte Bezeichnung des ackernden Bauern, im Dienste eines Grundherrn. (→ Ackerknecht)

Ader: deutbar als Name des Barbiers, der zur Ader ließ (mhd. *aderlasser,* ndd. *aderlater*).

Agstein (obd.): mhd. *agestein* »Bernstein« (auch als Haus-name), meint den Bernsteindrechsler. Auch Augstein.

Ahlenstiel (Hamburg, Kiel): meint den Schuhmacher, der mit der Ahle Löcher sticht, daher auch Ahlstich.

Ahlschläger (ndd.): ist der Ohlschläger oder Ölmüller.

Ahnhudt, Anhuth (Wismar, Hamburg): »ohne Hut«, Spott-name für den Hutmacher, Hutwalker, Hutfilter.

All(e)raun (Nürnberg): wohl Name für Apotheker, da die Alraune als Heilpflanze gegen die Pest galt.

Altbüßer: ndd. Olböter, alte Bezeichnung des Flickschu-sters.

Altreuß, Altreiß: mhd. *altriuße,* meint den Schuhflicker. (→ Altbüßer)

Altschuh: meint den Schuhflicker (wie Altreuß, Altbüßer).

Altweck (obd.): auch Altwegg (Zürich). Zuname des Bäckers wie Spitzweck, Spitzweg, Butterweck, Weißweck.

Altwein: wie Gutwein, Kühlwein. Zuname des Weinhändlers, Weinschenken.

Ambos: Zuname des Schmieds (wie Funke, Hammer, Stahl, Pinkepank), mhd. *anebos.*

Ammann (südd., Zürich zahlreich, Stuttgart oft): mhd. *ambetman* »Amtmann, Vogt, Gemeindevorsteher«, mitunter auch nur »seinem Vogte hörig«. Auch Ammon.

Ampler (obd.): meint den Hersteller von Ampeln (Lampen und Gefäße) aus Zinn. Mhd. *ampel* ist das südd. Wort für Lampe, Leuchter.

Amsler, Amsel (obd.): meint den Amselfänger, Vogelsteller. (→ Vogel)

Anker, Ankermann: deutbar als Name des Ankerschmieds.

Apengeter, Apengießer: im ndd. Raum Bezeichnung der Rotgießer bzw. Gelbgießer (Hersteller von Kupfer- und Messinggefäßen).

Apfler (obd.): der Obsthändler. (→ Obstler)

Apteker, Afteiker (ndd.): der Apotheker, im Mittelalter Heilpflanzen- und Gewürzkrämer. (→ Krüdener)

Arbter neben Arbeiter, Arbeit: oft in Schlesien, wo es an die slawischen Hörigen der Kolonisationszeit erinnert; denn *arbeit* meint eigtl. »Knechtsarbeit, Mühsal, Not«.

Armbruster, Armbrüster, Armbriester, ndd. Armborster, Armburster: der Armbrustmacher und -schütze, auch im Dienste der Städte.

Arner, Arnert (obd.): mhd. = »Schnitter« (zu *arn* »Ernte«).

Arzt: aus dem mittellateinischen *arciater,* griechischen *archiatros,* zur Zeit Karls d. Gr. übernommen; obd. galt noch das mhd. *lachener* »Besprechen«. Mhd. *arzat, arzet* ist schon früh, um 1300, zum Familiennamen geworden; meint meist den nebenberufl. Heilkundigen, daher auch Zuname von Bauern und in Städten von Badern.

Aschenbrenner (obd.), **Aschenberner** (ndd.): altes Gewerbe; durch Holzbrand gewann man Asche für Glashütten und Seifensiedereien.

Asenbaum (obd.): mhd. = »Pfosten, Stützbalken«, wohl Zuname des Zimmermanns.

Assemaker, Ass(en)macher (ndrhein.): der Wagenachsen herstellt (ndd. *asse* »Achse«), also Wagner, Rademacher, Stellmacher. Auch As(s)hauer.

Ast: Übername des Asthauers, Waldarbeiters.

Astfalk, Astfalg, Astfahl (obd.): wohl Zuname des Falkners.

Auf(f)ermann: rheinisch neben Offer-, Opfer-, Oppermann = der Küster.

Aufleger (München): meint ein Gewerbe = »Auflader, Spediteur«. (→Uplegger)

Aufstößer: mhd. *ûfstößer* »Auflader« von Waren.

Aulner, Auler, Eulner, Euler: in Moselfranken und Hessen-Nassau der Töpfer (mhd. *ûle* »Topf«, mhd. *ûlner* »Töpfer«).

Auwärter (Stuttgart oft): Flurwächter.

Axt, Ax, Ax(t)mann: meint den Zimmermann oder auch den Axtschmied. Axthalb, Axthelm (Bayern) meint »Axtstiel« (mhd. *halbe, halm* »Griff«).

Ayrer (obd.): der Eierhändler (mhd. *eieräre*).

Baas, Baasch (Hamburg oft): ndd.-ndld. *baas* »Meister, Aufseher«.

Bäck, Bäcker: siehe Beck(er).

Backfisch (wie Bratfisch): der Fischbrater, Garkoch.

Backhaus, ndrhein. Backhus, Backes: am dörflichen Backhaus wohnend oder beschäftigt. (→Backofen)

Backof(en), Bachofen: entspricht Backhaus. Auch wohl Bäckername.

Bacmeister: Die Familie B. führt ihren Namen auf Lütke Willens zurück, der vor 400 Jahren am Hofe zu Lüneburg oberster Bäcker war und daher Lütke (Lüdeke) *Bacmeister* genannt wurde.

Bäd(e)ker: kontrahiert Bäker, ist breit gesprochen Bödeker (Böcker), die ndd. Form von Böttcher.

Bader, Baader, Beder: obd. und md. Bezeichnung für den Pächter oder Besitzer einer öffentl. Badestube, neben Badstüber (Patschdieber). Ndd. war Stöwer (Badstover) gebräuchlich, obd. Stüber. Der Bader war zugleich Bartscherer (Barbier) und Aderlasser.

Bailer (Stuttgart), Beiler (Bern): angeblich »Eichmeister«; mhd. *beigel, beil* »Visieren der Fässer«, *beigler* »Visierer«.

Balbier(er): der Barbier.

Balke (Balck), oft in Hamburg und Rostock: meint »Balken«, Beiname des Zimmermanns.

Ball (obd.): mehrdeutig, vielleicht der Ballspieler (auf Jahrmärkten); oder Balle (Warenballen).

Baltner (Württemberg): mhd. *paltenäre, balteniere* »Wallfahrer in grobem Wollrock, Bettler, Landstreicher, Krämer«.

Bammert (obd.): meint den Bannwart, siehe dort.

Band, Bandt(e): meint den Bandhauer oder Bandschneider, mnd. *bant* »Faßreifen«. Auch Bandtholt, Bandholt, Bandholtz, Bandhauer und Bandmacher.

Bandel, Bandle (obd.): meint den Bandmacher.

Bannwart(h): mhd. *banwart* »Flurschütz, Feldhüter«. (→Bammert)

Barber: der Barbier. (→Balbierer)

Barche(n)t: Übername des Barchentwebers.

Bardenheuer (ndd.), in Aachen und Köln oft Bartenheier, obd. Kolbenheyer: Hersteller der hölzernen Schäfte für Streitäxte (Barden, Barten). Auch Bar(d)tenschlager und Bardenwerper.

Barensteker (mnd.): meint den Kastrierer von Schweinen, entspricht obd. Be(e)rschneider, Beerstecher oder schwäbisch Bersauter. (→Gelzer, Hailer, Schweinschneider).

Bars, Baars, Bahrs, Barsch (alle an der Waterkant oft): Fischname (Barsch), meint den Fischhändler oder Fischer.

Baschnagel (Württemberg): vielleicht »Bastnagel« für den Nagelschmied?

Bau(e)r (zahlreich in Bayern): mhd. *bûwäre* (*bûwen* »Ackerbau treiben«). In Schwaben Bäuerle, Beuerle, Beyerle.

Bauknecht (Württemberg): mhd. *bûknecht* »Ackerknecht«.

Baum (obd.-schlesisch), Bäumle (schwäbisch): nach der Wohnstätte; auch Flurname. Zum Teil Übername für den Baumhauer, Baumhäckel, Baumhacker und für den Baumgärtner.

Baumann (obd.): mhd. *bûmann* »Bauer«. Ndd. Bu(h)mann.

Baumgart(e), Baumgarten, Baumgärtl, Baumgärtner: am (Obst-)Baumgarten wohnend, auch Besitzer, Obstgärtner.

Baumhauer, Baumheuer, Baumheier, Baumhöer (obd.): der Baumfäller, aber auch der Zimmermann, der Baumstämme oder Balken zurechthaut; ndd. Bo(h)mhauer. Auch Baumhacker und Baumhäckel.

Bech (obd.): mhd. *bech* »Pech«. Dazu auch Bechmann, der Pechsammler, Pechbrenner (mhd. *becherer*).

Becher (München, Köln oft), Bechert, Becherle, Becherer (ndd. *bekerer, bekerwerte*): meint den Drechsler hölzerner Trinkgefäße oder Becher; doch kann auch mhd. *becher(er)* »Pechsammler, Pechbrenner« hineinspielen. (→Bech)

Beck, Becke, Böck: ist die ältere südd. Bezeichnung für den Bäcker (Becker). Pfister (Württemberg) aus lat. *pistor* deutet eigtl. auf den Klosterbäcker. Als Komposita begegnen: Brodbeck, Dürrbeck, Hofbeck, Kornbeck, Sauerbeck, Semmelbeck, Weitzenbeck, Täglichsbeck. Dazu Beinamen wie Butterweck, Hebelwecke, Surhebel, Spitzweck (-weg), Backwerk, Simmel, Siebenstriezel, Mohnstriezel; Klunkerteig, Teigfuß, Schmatzenteig, Sauerteig, Knüllemehl, Machhörndl, Saffran, Fladen(maul), Pustkuchen, Guckinofen, Ofenloch, Backesbas, Hefenbauch usw.

Beckenhaub, Beckelhaub (obd.): mhd. *beckelhûbe* »Pickelhaube, Helm«, also der Helmschmied.

Beckenschlager: meint den Kupferschmied, der Kupfer- und Messinggefäße (Becken) herstellte.

Bednar, Bednarek (polnisch-tschechisch): meint den Büttner, Faßbinder.

Beerschneider, Beerstecher, Behrstecher, Behrschneider, Behrsauter: siehe Barenstecker.

Behrmann (ndd.): meint den Bierhändler (Biermann) wie Wienmann den Weinhändler. Ebenso Vehlbehr (Hamburg) = »viel Bier«, Suhrbeer (Sauerbier), Mügebeer (Mögebier).

Beil (obd.): meint den Beilschmied (Beilschmidt) bzw. Zimmermann. Dazu Breitbeil, Dünnebeil, Blankebeil, Hackebeil (Beilhack), Klingbeil (ndd. Klinkebil).

Beinhauer (Hessen): für Knochenhauer, Fleischer, mhd. *bein* »Knochen«.

Beitl, Beitler: siehe Beutler.

Belter (Hamburg), Beltermann: meint wohl den Gürtelmacher.

Bel(t)z, Bel(t)zer, Bel(t)zner (obd.): meint wohl den Pelzhändler oder Kürschner.

Bend(e)l (obd.): der mit Bandwerk (Bändeln) handelt (oder sich schmückt). Auch Bendler.

Bender (Köln, Frankfurt, München oft): der Binder, Faßbender oder -binder.

Bendha(a)ck (ndd.), Benthaack: Höker, Kleinhändler mit Faßbändern, -reifen, die der Bendheuer (Köln) oder Bendschneider (Hamburg) herstellte.

Benner (obd.), Bennert: der Bennenmacher, mhd. *benne* »Korbwagen«.

Bermter, Bermitter (obd.): Pergamentmacher, mhd. *permin(t)* »gegerbte Tierhaut«.

Besemer: mhd. = »Besenbinder«.

Bettziech, Bettziehe, Bettzüge (obd.-md.): der Ziechen- oder Bettziechenweber (Leinenweber). (→ Ziechner)

Beutler, Beitler, Beut(e)l, Beitl (obd.), Peidtler (Österr.): der Beutler oder Beutelmacher; dazu Siedenbüdel, Seidenbeutel, auch Siebenbeutel.

Bever, Bewer (ndd.): meint Biber und ist wohl der Beiname des Biberfängers (Biberpelzwerk für Kürschner).

Biehl (Hamburg oft): soweit ndd., mag *bîl* »Beil«, also der *Bilmeker, Bilhauer* gemeint sein.

Bier: meint den Bierbrauer, Biermann den Bierhändler (ndd. →Behrmann), auch Bierschenk. Dazu Bierwirth, Bierzapf, Bierhake (Höker), Bierschröder (Verlader). Bierdimpfel (bayr. Biertümpel) für den Schankwirt, Bierbauch, Biersack, Bierwagen, Bierhals, Biermordt (Mordebier); Biermaul; Bringebier, Mögebier, Schluckbier. Auch Dünn-, Faul-, Frisch-, Gut-, Sauer-, Süß-, Warmbier: meinen den Brauer oder Schankwirt.

Bierer (obd.): mhd. = »Birnenverkäufer, Obsthändler«. Dazu Birnstiel und Birnstengel.

Binder: meint wie Bender den Faßbinder, Böttcher. Auch Büddenbinder, Bodenbinder, Bodenbender.

Birner: ndd. und md. wurde *birnen* für »brennen, schmelzen« gebraucht: *gult birnen, silver birnen.* Gemeint sind also der Edelmetallschmelzer und der Münzer. (→Brenner)

Blech: meint den Blechschmied (Blechschmidt). Auch Blecher, Blechler, Blechner (obd.).

Bleeker (ndd.): Bleicher der Tuche und der Leinwand. Auch Bleicher, Bleichert.

Blei, Bley, Bleier, Bleyer: Beiname des Bleigießers.

Bletz (obd.) = »Flicken, Fleck«: meint den Bletzer, den Fleckschneider.

Bleyle, Bleile, Bleiler, Bleuler, Bleul (obd.-schwäbisch): meint den Pächter einer Stampfmühle (mhd. *bliuwel*).

Bliemeister (ndd.): mnd. *Blidemeister* »Geschützführer« (obd. Bleidemeister), zu *blîde* »Belagerungsmaschine, Steinschleuder«. Auch Bleidner, Blied(t)ner.

Blum, Bluhm, Blümel, Blümke, Blüming; ndd. Blohm, Blömke: zum Teil wohl Beiname des Blumengärtners, wie Blumenstiel, Blumenstock, Blumenstengel, Blumensaat.

Böck: siehe Beck.

Böckler, Bäckler (ndd.): urkdl. *Bokeler* (mnd.) = »Schild-träger« (mhd. *buckeler* »Schild mit Metallbuckel«, auch sein Träger, der Gewappnete).

Bödeker, Böddeker, Bädeker (ndd.): Böttcher (Bottich-macher).

Bogentanz: alter Spielmannsname, wohl auch den Tanz-lehrer meinend. (→Lobedanz, Schicketanz)

Bögl, Bögle (bayr., württembergisch), Bögler, Bogner: meint den Bogner oder Armbruster, auch den Bogenschützen, desgl. Böger (Stuttgart). Dazu auch Scheibenbogen (»scheue den Bogen«), Fittbogen, Klingbögl u.ä.

Bohn(e), Bohneke: meint den Bohnenbauer, desgl. Bohne-mann, obd. Bohner. Dazu Bohnsack, Bohnenstengel, Boh-nenblust (obd. = »Blüte«), Boneß (Spottname für den Bohnenbauer).

Bott (obd.): Bote, Briefbott, auch Böttle.

Böttcher, Bötticher, Böttger, Bötjer: der Faßbinder, Bottich-macher. (→Bödeker)

Brauer: mhd. *briuwer* ergab Breuer, Bräuer, entrundet Breier, Breyer; obd.-bayr. Breu, Preu, Brey. Brauberechtigt waren im Mittelalter auch viele Bürger, daher die Häufigkeit des Namens. Auch Breymann = Braumann. Braumüller (Wien, München).

Brechenmacher (Württemberg): Holzhandwerker, der Hanf- und Flachsbrechen herstellte.

Brenner (obd.), Berner, Birner (md.-ndd.): mehrdeutig, teils der Brandstifter (Mordbrenner), teils der Aschen-, Pech-, Kohlenbrenner, teils der Edelmetallschmelzer. Auch Pren-ner, Prenn (bayr., österr.).

Brettschneider: der Säger, Sägemüller oder Pächter einer Brettermühle. Auch Bretthauer.

Brückner (Schlesien, Sachsen, Böhmen); Prückner (österr.), Bruckner, Pruckner (obd.-bayr.): ist in Schlesien und Mäh-ren um 1300/1400 als Brückenausbesserer und Straßen-pflasterer bezeugt (wie mnd. Brüggemann). Brücken nannte man auch Stein- oder Bohlenstraßen.

Bubnick (ostdeutsch-slawisch, Wien, Dresden): der Trommler.

Büchsel: = »kleine Büchse« (für Salben), also der Drechsler.

Büchsenschütz, Büchsenschuß, Büchsenmann, Büchsenmeister, Büchsenstein, Büchsengießer: Die Büchse war das Geschütz des Mittelalters.

Buchstab: meint den Schulmeister.

Bücking (ndd.): = Bückling (geräucherter Hering), meint den Fischhändler.

Bunde (ndd.): freier Bauer (dänisch-schwedisch Bonde).

Bünger, Bunge, Bügener (ndd.): der Trommler oder Paukenschläger.

Butt, Buth, Buthmann (Hamburg), Buttmann: wohl der Fischer, Fischhändler (Steinbutt, Heilbutt), wie auch Schlie(mann), Stint(mann), Stör(mann), Dorsch(mann). Auch Buttfanger.

Büttel, Bittel (schwäbisch): mhd. *bütel* »Büttel, Gerichtsdiener«.

Buttermann, Butter, Bütterlin; Butterfaß (Worms), **Buttersack** (Württemberg): der Butterhändler.

Büttner (ostdeutsch-schlesisch-böhmisch), Bittner: der Böttcher oder Faßbinder.

Dandl(er) (bayr.-österr.-böhmisch: mhd. *tedeler* »Trödler« (mit getragener Kleidung handelnd). Auch Tandler.

Däubler, Däuble, Deubler, Deibler (obd.): der Taubenhändler oder Taubenzüchter.

Däumler, Daimler (obd.): Scherge (mit dem Dumeisen, der Daumenschraube).

Dechsel, Dächsel (obd.): mhd. *dechsel* »Beil«.

Decker, Deckert, Deckers (ndrhein.): der Dachdecker. Leiendecker (Rheinland) meint den Schieferdecker.

De(c)kner (Sachsen, Schlesien): urkdl. *Tekener* = Hersteller von Decken, Matten (auch aus Bast geflochten). Auch Decke, Deckwer(th).

Degen: mhd. *degen* »freier Mann, Krieger, junger Held« (oft im Nibelungenlied: »Sivrit was geheißen der snelle degen gout«), auch »Gefolgsmann«.

Deißler, Deichsler, Deixler, Deichsel (Schlesien, Sachsen, Sudeten): der Deichselmacher, Stellmacher, Wagner.

Dengler (obd.), Tengler (Tirol): der Sensen dengelt (schärft) durch Hämmern oder Klopfen.

Denzler, Denzel, Denzle (Württemberg): der Tänzer (auch Spielmann), mhd. *tenzeler.* Auch Dentz.

Desch(n)er: mundartl. für Teschner »Taschenmacher«. In Württemberg Deschler, dazu Deschle.

Deuchler (Deichler), Deichelbohrer (schwäbisch-alemannisch): mhd. *tiucheler,* Hersteller der hölzernen Rohre *(tiuchel)* für Wasser- und Soleleitungen.

Deuscher, Deuschle(r): mhd. *tiuschen, tuschen* »tauschen, handeln«, auch »betrügen«, also Händler oder Schelm, Betrüger. Vgl. Roßteuscher, -deutscher.

Dichtl (München), Dichtler: mhd. *tichter, tichtener* »der etwas schriftlich abfaßt, ersinnt, dichtet« (zu lat. *dictare*).

Diegel (obd.): = »Tiegel«, Name des Töpfers, Hafners.

Dienst: mhd. = »Diener«, auch »Dienstleistung, Zins«. Dienstknecht (ndrhein.), Dienstmann: im Dienste eines (weltl. oder geistl.) Herrn oder Ministerialen.

Diller (obd.): Dillenseger, Dillschneider = →Brettschneider mhd. *dille, dil* »Brett, Diele«).

Dinkel, Dinkelmann, Dinkelacker, Dinkler (obd.): der Dinkelbauer.

Dinter, Dintner: der Tintenmacher, auch Tint(n)er.

Dirtheuer, Tirteier (obd.): Hersteller grober Tuche (aus Wolle und Leinen) für Bauernkleidung (aus frz. *tiretaine*).

Discher (ndd.): für Tischer = Tischler.

Doppler, Doppelstein (obd.): mhd. *topeler* »Würfelspieler, Würfeldrechsler« *(topelstein* »Würfel«).

Dörmer: mundartl. = Türmer, Turmwächter.

Drachsel (obd.): der Drechsler. (→Drechsel)

Dräger (ndd.): der Lastträger. In Danzig z.B. bildeten die Dräger eine eigene Zunft.

Drath: wie Siebdrath, Eisendrath; den Drahtzieher oder Drahtschmied meinend.

Drechsel, Drechsler, Dressler, Dressel (thüringisch-schlesisch), Draxl(er), Draschl (österr.), auch Beindrechsler: meint den Drechsler, dessen Erzeugnisse aus Holz, Knochen (Bein), Elfenbein und Bernstein bestanden. (→Traxel)

Dreher (obd., schweiz., württemb.): der Drechsler. Auch Spindeldreher, Stockdreher, Trappendreher.

Dreier, Dreyer (ndd.), Dreger: der Drechsler.

Drescher, Dreschner, Draschner: der mit dem Dreschflegel Getreide ausdrischt; vgl. Drischaus. Auch Trescher, Tröscher (obd.) und Döscher (ndd.), verschliffen aus Dörscher = Dröscher.

Drexel, Drexler (München, Wien zahlr.): siehe Drechsel.

Droste (westfälisch): mnd. *drossete,* mhd. *truchtsäße* = Vorsitzender der Gefolgschaft *(truht)* und ihr Verpfleger, später ein oberster Hofbeamter wie Kämmerer, Marschall, Schenk. Vgl. die Adelsfamilien des Münsterlandes: Droste zu Hülshoff, Droste zu Vischering.

Dulheuer (westfälisch): der Messerschmied.

Dunst: = »Dunst, Dampf«, meint wohl den Bader in der dampferfüllten Badestube.

Duve, Duwe (ndd. oft): = »Taube«, der Taubenhändler, -züchter, Täubner.

Dworak, Dvorak, Dvoreck, Dworschak (slawisch): *Dvoran* = »Hofmann«, zum Bauernhof, Gutshof gehörend (in Wien zahlr.).

Eckstein: mhd. *eckestein,* wohl Name des Steinmetzen oder Maurers.

Ehalt (obd.): mhd. *êhalt* »Dienstbote«, vertragsmäßiger Hausgenosse.

Eich, Eicher, Eichler, Eichner (obd.): auf die Wohnstätte unter Eichen deutend, auch auf Orts- und Hausnamen, aber bei Eicher ist der Eichmeister, Visierer (mhd. *icher*) gemeint.

Eisele (Württemberg oft): urkdl. *Iselin, Isely,* gebildet von *îsen* »Eisen«, meint den Eisenhändler (wie auch den Eisenmann) bzw. Eisenschmied. Auch Eiselt, Eisen. (→Iser, Isler)

Eisenblätter (Ostpreußen oft): der Walzschmied bzw. der Panzerschmied.

Eisenführ(er): mhd. *vürer* ist der Fuhrmann, der eine Ware mit sich führt, der Händler. Auch der Eisenmann ist der Eisenhändler; desgl. Eisenmenger.

Eisenhauer: als Beruf 1316 in Hallstatt erwähnt. Die Vorfahren des amerik. Generals und Präsidenten Eisenhower saßen im Odenwald: Joh. Eisenhauer 1446 usw.

Eisenhut (Bayern öfter): mhd. *îsenhût* »Helm aus Eisenblech«, meint den Helmschmied.

Eiser, Eisermann (München oft): sind Varianten zu Eisen, Eisenmann, Eisenkrämer oder Eisenschmied. (→Eisele)

Eisler, Eisner (obd.): siehe Eisele.

Eppler (obd.): wird verständlich durch Eppelbauer, also Obstbauer oder Obsthändler.

Erbs(e), Erbst (obd.): meint den Erbisser = Erbsenbauer oder -händler.

Esser, Essers (ndrhein. zahlr.): meint den Assenmacher, Essenmacher, Achsen-, Wagenbauer, Wagner, Stellmacher.

Euler, Eulner (seltener Auler, Aulner): rheinhessisch-nassauisch für Töpfer (südd. Hafner, nordd. Pötter).

Exner: markanter Name der schlesischen Berglandschaft (und der Oberlausitz) mit obd. Entrundung für urspr. *Öchsner* »Ochsenbauer«. Auch Exler.

Facker(t) (obd.): zu *facken* »Hanf, Flachs brechen«.

Fackler (Württemberg), Fäckler: kein Fackelhersteller; eher siehe Facker und Brechenmacher.

Faden (mhd. *vadem*): Zuname (mittelbarer Berufsname) des Schneiders; vgl. Seidenfaden, Spitzfaden u.ä.

Fähn(d)rich: um 1500 aufkommende Weiterbildung zu mhd. *vener, venre* (ahd. *faneri*) »Fahnenträger«. (→Fenner)

Failer (Schweiz, Württemberg): meint den Feilenschmied bzw. Feilenhauer (mhd. *vîler*). Auch Fail(n)er neben Feil(n)er.

Falch (obd.): = →Falke; Falchner = →Falkner.

Falk(e): zum Teil Übername des Falkners, der zum ritterl. Jagdvergnügen (Reiherbeize) Falken abrichtete.

Falkner, Falchner (obd.): siehe Falke. Häufig in Nürnberg, Leipzig, München und Wien. Auch Felkner.

Färber, Ferber: mhd. *verwaere* »Färber«, auch »Maler«.

Faßbender, Faßbinder (bes. rheinisch und ndd.): der Böttcher. (→Bender, Binder)

Fäßler, Feßler (obd.): Hersteller kleiner Holzgefäße (Fäßle). Auch Fässer.

Fechter (obd.): übten ihre Kunst nicht nur zum Vergnügen der Schaulustigen aus, sondern traten auch als bezahlte Ersatzmänner für andere zum ernstlichen gerichtlichen Zweikampf an.

Feder, Federer: der Federhändler (wie Federmann); auch Bauernname (vom Federvieh); zum Teil auch vom Federschmuck: *Feder in dem hute.* Dazu Federle.

Federspiel (obd.): mhd. *vederspil* »zur Jagd abgerichteter Vogel«, Falke, Sperber, Habicht; also Name des Falkners.

Feger (obd.), Fegerlein: entspricht dem Schwertfeger, dem Waffenschmied, eigtl. Schwertputzer. Auch Fegers, Fegert.

Fehleisen (Württemberg): meint den Feilenhauer (Fehlhauer, urkdl. *Fehlenschmid*). Desgl. Fehler = →Feiler.

Fehr (obd.-schweiz.): meint den Fährmann, mhd. *ver(e)* neben *verje, verge* (Ferge). Auch mnd. *vere,* daher Fehr(mann), auch an der Waterkant, neben Fehre.

Feil, Feyhl (Stuttgart oft): mitunter mag der Feil(en)hauer gemeint sein.

Feiler, Feyler, Feuler (obd.), Feilner, Feulner (fränkisch): der Feilenhauer, Feilenschmied.

Felgenhauer, Felgenheuer, Felgenheyer (obd.-md.): mhd. *velgenhouwer* »der die hölzernen Radfelgen zuhaut«, der Wagner oder Rademacher.

Felgenträger (häufig im ndd. Raum): siehe Felgenhauer.

Felleisen (obd.): = »Mantelsack, Felleisen«, die Reisetasche der wandernden Handwerksburschen, umgedeutet aus mhd. *velis*.

Fenchel (obd.): der Gewürzkrämer, nach dem Gewürzkraut Fenchel (mhd. *venichel*).

Fenner, Fenners (rheinisch): mhd. *vener* »Fähnrich, Bannerführer« (auch als städt. Beamter). Auch Venner.

Ferg, Förg (obd.): der Schiffmann oder Fährmann. (→Fehr)

Fervers, Ferfers (rheinisch): der Färber.

Feuer, Feuerlein, Feurer (obd.): meinen den Feueranmacher, Heizer, wohl auch den Schmied. Neben Feurer entrundet auch Feirer, Feierle.

Fiedler (sächsisch-schlesisch-böhmisch zahlr.): der Fiedler zählte mit dem Pfeifer und Pauker (Peuker) zu den »fahrenden Leuten«, den Dorf- und Stadtmusikanten.

Filler (obd.): mhd. *viller* »Abdecker« (zu *villen* »das Fell abziehen«); auch »Peiniger«.

Filter, Vilter (ndd.): der Filzhutmacher, auch Hotfilter. Filthut, Fildhut, Fildhaut (westfälisch) und Fild sind mittelbare Berufsnamen für den Filter.

Filz (obd.): kann den Filzer meinen, wie ndd. Filt den Filter oder Filzhutmacher. Auch der obd. Ortsname Filz (Vilz) »Moor« spielt hinein, bes. bei Filzer (Hochfilzer aus Hochfilzen/Tirol).

Fimmel, Fimmler: meint den Hanfbauer oder -händler.

Findeis(en): im Mittelalter allgemein verbreiteter Name für Schmiedegesellen, wie auch Schmelzeisen, Haueisen, Zerreisen, Buckeisen, Glüheisen, Spalteisen, Gareisen, Frischeisen, Firneisen, Raiffeisen, Stolleisen, Hufeisen.

Finder, Finders (rheinisch): mhd. *vinder* »Erfinder, Erdichter«.

Finger: meint nicht nur Menschen mit auffallendem Finger, sondern viel häufiger den Fingerring und seinen Hersteller, den Goldschmied.

Fingerhut: Zuname des Fingerhüters bzw. Schneiders.

Fisch(e)l (obd.): meint im allgemeinen den Fischer oder Fischhändler. Desgl. Fisch, Stockfisch, Faulfisch u.ä.

Fischer, Fischers (rheinisch): Die Häufigkeit des Namens zeugt von der einstigen Bedeutung dieses Urgewerbes, besonders an der Küste, in Fluß- und Seengebieten. Auch Komposita wie Teichfischer, Fronfischer, Hechtfischer. Ndd.-friesisch sind Fisser, Visser, Wisser. Fischmann, Fischmenger sind Fischhändler. (→ Fischel)

Fitzer (obd.): meint den Kunstweber (mhd. *vitzen* »kunstvolle Muster einweben«.

Fitzner = Pfitzner, Pfützner: siehe Pfragner.

Flachs(mann) (obd.): der Flachsbauer oder -händler, ndd. Flaß(mann).

Flad(e), Flaadt (obd.): meint den Flader(er), den Bäcker von Kuchenfladen (flache, breite Kuchen). Desgl. Fladner, Fleder(er), Fledner.

Flaschner, Fleschner, Pflöschner (bayr.): mhd. *vlaschener* »Klempner« (der Blechflaschen herstellte).

Flechtner: Hersteller von Flechtwerk.

Fleck: mehrdeutig, im Mittelalter sowohl »Flicken, Lappen« (also Schneider oder Schuster) als auch »Kuttelfleck«; schließlich auch »Schmutzfleck« und ein »Flecken Land«.

Flegel: eigtl. der Dreschflegel, also der Drescher.

Fleisch, Fleischle, Flaischlen (schwäbisch): meinen den Fleischer bzw. Fleischmann, Fleischhauer, Fleischhacker, Fleischmenger. Dazu Komposita: Bösefleisch, Gutfleisch, Faulfleisch, Magerfleisch, Sötefleisch, Pfefferfleisch, Kalbfleisch, Rindfleisch usw. Auch Fleischner, Fleißner (Wien, München).

Flick, Flicker: der Ausbesserer. Vgl. Flickschuh, Flickenschild.

Flierl (Nürnberg), Flürl, Flurer: der Flurhüter. (→ Bannwart, Fluhrer)

Flöß(er), Floßmann (obd.): der Holzflößer. Auch Flößner, Flötzer.

Flu(h)rer (obd.): mhd. *vluorer* »Flurschütz«. (→ Bannwart, Flierl)

Föhl, Föhler (Württemberg): der Feiler, Feilenhauer.

385

Folger: mhd. *volger* »Begleiter, Anhänger«, auch gerichtlicher »Eideshelfer, Beistand«.

Formanek (Wien oft) wie Furmanek: ist slawisiert ein »Fuhrmann«.

Forster, Forstner (bayr.): meint den Förster, Verwalter des herrschaftl. Waldbesitzes. Dazu entrundet Ferster (österr.), Ferstl und Förstl (bayr.).

Fragner: siehe Pfragner.

Freihardt (München, Stuttgart): mhd. *vrîhart* »Landstreicher, Gaukler, Spielmann«.

Fries (obd.): meint den Damm- und Schlammarbeiter, der Entwässerungsgräben auswirft (mhd. *vriese*); dazu auch Frieser.

Frohner(t): mhd. *vrôner* »Fronarbeiter, Knecht in herrschaftl. Dienst«.

Fügenschuh, Fiegenschuh (Allgäu): »mach den Schuh passend!«, also der Schuster.

Fugger (obd.): Augsburger Handelshaus, eigtl. Fucker, zu spätmhd. *fucker* »Schere zum Schafscheren«.

Führ(er): meint mehr den →Fuhrmann als den Anführer.

Fuhrmann: Wagenführer, Fuhrmann, Fuhrknecht. Fuhrmeister ist der Aufseher über das Fuhrwesen.

Fuller (obd.): der Walker (mittellateinisch *fullare* »walken«).

Funke, Funk: mehrfach als Schmiedename bezeugt.

Fütterer (obd.): mhd. *fuoterer* »Futterhändler«. Auch der Knecht, der das Vieh füttert = Futterknecht. Dazu Futterhäcker, -hecker, Futterschneider; Futtermenger = Händler.

Galzer: siehe Gelzer.

Gangler, Gangeler, Gengler (obd.): mhd. *gengeler, gengel* »umherziehender Händler, Aufkäufer« (von Münzen). Auch Gänger, Genger.

Ganser (obd.): mhd. *ganser* »Gänserich«; Zuname des Gänsehändlers, Gänsehirten (auch Gansmann, Gansner, Gänsler, Gansler); schwäbisch Gonser, Gaunser. Dazu als indirekte Berufsnamen: Gans, Gansl, Gänsli, Genslein.

Gensfleisch ist als Mainzer Patriziername (Hausname) durch den Erfinder der Buchdruckerkunst Henne Gensfleisch zum Gutenberg bekannt.

Ganster (Pfalz, Bayern, Österr.): mhd. *ganster* »Funke«. Auch Ganeist, Gneist.

Gan(t)z (obd.): in Württemberg für Gans geschrieben. (→ Ganser)

Garn, Garrn (Hamburg, Berlin, Breslau): kann wie Hanfgarn mittelbarer Berufsname für den Garnzieher, Garnwinder, Garnkäufer (-händler) sein.

Garner (obd.): der Garn- oder Netzfischer.

Gartmann, Gartenmann (obd.): der Gartenarbeiter. (→ Gärtner)

Gärtner, Gartner (obd.), Gardner (ndd.): der berufsmäßig Gartenbau betreibt, am Rande oder vor den Toren der Stadt. Dazu Baumgärtner, -gartner, Hopfengärtner, -gartner, Krautgartner usw. (→ Gartmann)

Gastgeb(e): mhd. = »Herbergswirt«. Vgl. Spottnamen wie Nagengast, Rupfengast, Schreckengast, Zerrengast, Seltengast.

Geiger (obd., Stuttgart, München, Wien zahlr.): mhd. *giger* »Geiger, Fiedler«. Dazu Geig(e)le (schwäbisch), auch Geigerl.

Geiß, Gaiß (obd.): meint den Geißer (Gaißer), den Geißhirt, Ziegenhirt. Auch Geißler.

Gelzer, Gölzer, Galzer (obd.): der Sauschneider, Kastrierer. Auch Gilzer.

Gerber: mhd. *gerwer* »der das Leder gar macht, gerbt«. Ndd. auch Garber. Dazu Weißgerber, Rotgerber und Lohgerber. Auch obd. Gerb und Gerbl (München oft) meinen den Gerber.

Gerst(e), Gerstl, Gerstenkorn, Gerstenbrei, Gerstengarbe: meinen den Gerstenbauer oder Gerster, Gerstner, Gerstler. Dazu Gerst(en)maier, Gerstmann (Gerstenhändler).

Gewand(t): mittelbarer Berufsname des Tuchschneiders,

der Kleiderstoffe für *gewant* ellenweise ausschnitt und verkaufte. (→Schröder, Wandschneider)

Gießer, Gieser: der Metallgießer, Rotgießer, Zinngießer, Grapengießer, Düppengießer, Pottgießer, Glockengießer. Vgl. ndd. Gieter, Geter.

Gipser (Bayern oft): der Gipsmüller.

Glas, Glassl, Gläsel, Gläsener, Glasner: meint den Glaser bzw. den Glashändler, Glashausierer (Glasmann). Glasbrenner, Glasmacher(s), Glasenapp (ndd.) ist der Glasbläser.

Glöckner (vom Mittelrhein bis Schlesien), Glockner (obd.-bayr.), Gloggner (alemannisch-schweiz.), Glocker, Glogger (bayr.-württemb.), Glöckler (bes. württemb.), Klöckner (ndd.): der die Kirchenglocken läutet, auch Kirchendiener (Kirchner, Mesner). Dazu als indirekte Berufsnamen: Glöckle, Glöckl, Glöggl.

Gold(a): alter Übername, vom Goldreichtum oder Goldschmuck (so bei Rittern); wohl der Name für Goldarbeiter, Göldner, Göllner (Knappen, Goldwäscher, Vergolder), Goldschmiede, wie auch Goldmann. Vgl. auch Goldnagel, Goldisen, Goldkloß, Goldsack, Goldfuß, Goldauge, Goldfinger (mhd. *vinger* »Ring«), Golthar, Goldmund, Goldgebe u. ä.

Goldschläger: meint den Handwerker, der Blatt- oder Quetschgold schlug.

Goldschmidt: der die Goldschmiedekunst ausübende Handwerker. (→Gold)

Gollup (ostdeutsch-slawisch), Golub, Golob, (tschechisch Holub): = Taube, also der Taubenhändler oder -züchter. (→Tauber)

Golther (obd.-württemb.): meint den Goltermacher (mhd. *golter, kolter, kulter* »gefütterte Steppdecke«).

Gördeler (ndd.): siehe Gürtler.

Graber, Grabert: mhd. *grabaere* »Gräber«, Totengräber. Auch Gräber, Greber. Komposita: .Borngräber, Teichgräber, Erzgräber.

Gramp(p), obd. wohl Gremp(er), Grempler: der Trödler.

Grapengeter, Grapengießer, Gropengießer: ndd. Bezeichnung für den Gelbgießer (der u.a. Gefäße, Tiegeln *(gropen)* aus Messing goß. (→ Apengeter)

Gräper, Gröper (Hamburg oft): urkdl. *Groper,* machte irdene Töpfe *(gropen),* im Unterschied zum → Grapengießer. Dazu auch Grape, Grope, auch Gra(a)p.

Gräser, Graser (obd.-schlesisch): den Gräsern oblag das Mähen der städt. Wiesen. Auch Bauern mit viel Wiesenwirtschaft hießen Graser. Dazu Graß, Gräß(e)l, Gräsel, Graßmann. Grashey meint den Wiesenhüter.

Grathwohl (obd.): »es gerate wohl!«, auch Grothewohl, Gradwohl, ein Gesellenname aus der Zunftstube.

Graupner, Greupner (md.-schlesisch-böhmisch): Hersteller bzw. Verkäufer der Graupe (aus böhmisch *krupa* entlehntes Wort); auch kurz Graupe oder Graupmann.

Gredmeister, Gredner, Gredler (obd.): Verwalter der *grede* (mhd.), des Korn- oder Lagerhauses.

Greiser (obd.-bayr.), Greußer: mhd. *griußer* »Grützner«, der Grütze (Gries) mahlt bzw. verkauft. Dazu Greißler, Greißel, auch Kreißler. (→ Grützner)

Griebe: mhd. *griebe, griube* »ausgelassener Speck«, also Übername des Griebenmachers, Fleischers oder Fetthändlers (→ Schmalz).

Grob(b)ecker (ndd.): der Roggenbrot backt.

Grüter (ndd.-westfälisch): Brauer, der mit Porst (wildem Rosmarin) statt mit Hopfen braute. Dazu Grutmeister, Grüters, Gruiters.

Grützner (Schlesien), Gritzner, Grötzner: der Grützenmacher, Gritzmacher, auch Grutzmüller (ndd. Grüttmöller). Auch Grütz.

Gschmeidler (obd.): der Geschmeide-, Schmuckmacher.

Gunkel (obd.): mhd. *kunkel* »Spinnrocken, Spindel«, meint den Spindelmacher.

Gürtler, Gördeler (ndd.), Görtler, Gertler, Girtler (österr.): fertigte Ledergürtel (am Gürtel trug man die Gürteltasche;

→ Taschner). Über die Verzierung mit Messingbeschlägen berichtet die Liegnitzer Zunftordnung von 1424, auch über die Arbeitsteilung mit den Riemern.

Guster, Güster: mhd. Variante zu Kuster (lat. *custos*) = Küster.

Haack, Haacke, Haacker (ndd. oft): beruht auf mnd. *hoke, hoker* »Höker, Kleinhändler«. Vgl. Bendhaack, Lichthaack, Semmelhaack. Auch Hack und Hackmann (Hamburg).

Haarer (obd.): Flachsbauer oder Flachshändler (mhd. *har* »Flachs«).

Haarmacher (ndd.): meint den Verarbeiter von Haaren, Haardeckenmacher; urkdl. *Harmekere* (1280 Rostock, 1372 Greifswald, 1300 Stralsund, Lübeck).

Häberlein, Heberlein (obd.), Häberle (Württemberg), Haberl (bayr.): meinen den Haberer, Häberer = Haferbauer oder -händler, auch Habermann; dazu Habermayer (wie Gerstenmeier); als Berufs-Übername: Haberkorn, Habersaat, Habersack, Haberstroh, Haberstiel, Haberstuppel neben Faul-, Firn-, Frisch-, Gries-, Reschhaber, ndd. Oldehaver. Habermehl = Habermelwer (mhd. *melwer* »Mehlhändler«); Haberzettel zu mhd. *zeten* »streuen«.

Häbler (obd.), Hebeler: der mit Hefe handelt. Hebel (mhd. *hebel, hevel* »Hefe«) hingegen ist Berufs-Übername des Bäckers.

Hächler, Hechler, Hächel (obd.), Hechel(mann): Handwerker, der Flachs und Hanf mit der Hechel bearbeitet.

Häckel, Heckel, Hackl (bayr.), Hacker, Häcker, Hecker: gemeint ist der Fleischhacker, der Baumhäckel, der Zimmerheckel (mhd. *zimber* »Bauholz«). Auch Futterhecker, Strohhecker, Geißhecker u. ä.; Hecker meint auch den Arbeiter im Weinberg. Erweiterung ist Häckermann, Häckelmann, Heckerle, Heckerlein. Auch Hackert.

Hader, Haderer, Hadermann, Haderbauer, Haderlein, Häderle (alle obd.): soweit nicht der Zänker (mhd. *hader*

»Streit, Zank«) gemeint ist, kommt der Hadern- oder Lumpensammler in Frage.

Häfele, Hefele (obd., alemannisch-schwäbisch): = »Hafen«, ein großes (irdenes) Gefäß, Name des Hafners, Töpfers (Hefners). Auch Hafner, Haffner.

Haft, Haftel (obd.): mhd. »Fessel, Band, Spange«; ihr Hersteller hieß Haftenmacher. Auch Haftmann, Hafter.

Hahm, Hahme: mhd. *hâme* »(Eich-)Maß«, der Eichmeister.

Haib(e)l, Haible, Heibel (bayr.), **Heubel** (thüringisch): = Haube, Übername des Haubenmachers.

Hailer, Heiler (obd.), **Hoyler** (schwäbisch): meint wie →Gelzer und Nonnenmacher den Kastrierer, Sauschneider.

Hake (Hamburg): meint einerseits den Haken wie in *Fürhake, Ketelhake* (als Übername vom Beruf), andererseits aber den Höker, Krämer; heute meist →Haack.

Halbmeister (obd.): gemeint ist wohl der nicht zünftige Meister.

Ham(m)acher, Hamaeker, Hamaker, Hamecker, Hamecher (ndrhein.): ein Sattler, der *hame* (Halsgeschirr, Kummet) für Zugtiere fertigte.

Hammer, Hammerl, Hämmerle (obd.): meint den Schmied (»Meister Hämmerlein«); desgl. Ham(m)erling, Hemmerling. Auch Kling-, Poch-, Schell-, Schwingehammer; Hammerschmidt, Hemmerschmidt, Hammermeister und Hammermann waren Schmiede in einem Hammerwerk. Hammerer (obd.) = Hammer.

Handschu(h), Handschuch, Handschiegl, Handschühel: Übername des Handschuhmachers (Handschuher, Handschuster). Auch Hansche(macher), Hendeschuch.

Handwerk(er) (obd.-fränkisch): im Sinne von Kunsthandwerker, Techniker.

Hanf, Hanfft, Hampf: meint den Hanfbauer oder -händler, obd. Hampfner, Hempfner, Henfler, auch Hanfmann; dazu Hanfstengel.

Happ (obd.-rheinisch): meint den Happenmacher, der Winzermesser und Sicheln (mhd. *heppe, happe*) herstellte.

Harde (ndd.) neben urspr. Herde: meint den Hirten.

Haring (ndd.): = Hering, Übername des Heringhändlers (soweit nicht das friesische Patronym *Haring(s)* für Hermann hineinspielt).

Harnisch: meint den Harnischmacher, Panzerschmied, Plattner, auch Harnischer, Harnascher (obd.) neben Harnasch (mhd. »eiserne Rüstung«). Das mhd. Wort war *brünne,* später *plate.* Die auffallende Häufigkeit in Chemnitz, Leipzig, Dresden dürfte auf der Umdeutung aus Hanisch = Johannes beruhen.

Hartnagel, Hertnagel (obd.), Hörtnagel: meint den Nagelschmied. (→Nagel)

Har(t)zer, Härzer: der aus dem Harz; aber obd. = Harzsammler, Pecher.

Hase, Haase, Haas (obd.): wie viele Tiernamen meist wohl auf das Wesen des Benannten deutend, zum Teil auch auf den Beruf (Hasenjäger). Deutliche Jägernamen sind: Spör-, Schreck-, Hetze-, Stöwhase. Vgl. auch Kleehaas, Kohlhaas u. ä.

Haspel: wie Haspelmacher der Hersteller von Garnwinden. Auch Hespeler.

Haube, Hauber: Verfertiger von Hauben als Kopfbedeckung; vgl. Haubenstricker, Haubensack, Haubennestel (Haubenband); aber auch Haubenschmied (München): Verfertiger von eisernen Sturmhauben, Helmen. Auch Haubenreißer, Haubner, Heubner, Heubler, Häubl, Heubel, Heibel.

Hau(en)schild: allgemein verbreiteter Name für Haudegen, Landsknecht, beruflichen Zweikämpfer. Ähnlich Hauenhut (mhd. *hut* »Helm«), Haurand (*rand* »Schildrand, Schild«).

Hauer, Heuer (obd.): meint meist den Holzhauer. Dazu Komposita wie Baum-, Molden-, Schopenhauer usw.

Hauptmann: war im Mittelalter ein hoher Verwaltungsbeamter (im Fürstentum Schlesien der Vertreter des Landesherrn, meist aus dem Adel und der Ritterschaft), dann auch Bezirkshauptmann.

Hausenblas (österr., schweiz.): wohl Übername des Buchbinders oder Fischleimsieders (aus der Schwimmblase des Hausen, Familie der Störe).

Hausmann (obd.-rheinisch): mhd. *husman,* zum Gesinde eines Hauses gehörend = Hausknecht.

Haut(h): ndd. *Hoth* = Hut, vgl. Fildhaut (Filzhutmacher) und Haudwalker, neben Hot-, Hutwalker. Sonst md. und obd. Haut für tierische Haut; Übername des Häute- oder Fellhändlers. Auch Haut(t)mann.

Havemann, Haveme(i)ster (ndd.): der Hofmann, Hofmeister, urspr. Hoveman, Hovemester; zu einem Guts- oder Bauernhof gehörend. Ebenso Hafemann, Hafemeister.

Hayer (obd.), Heyer: der Heger, Hüter, auch Hay, Hey (mhd. *heie* »Hüter«), neben Holzhey, Halmhey, Grashey.

Heber, Hebert: der von Berufs wegen etwas hebt bzw. auflädt (auch Lastträger), vgl. Faßheber, Pflugheber, Stahlheber, Weinheber.

Hecht, Höcht, Höchtl (bayr.), Heekt (ndd.): wie alle Fischnamen meist Übername des Fischers oder Fischhändlers.

Heger (obd.), Hegers (rheinisch): der Forstaufseher.

Heilig, Heiligmann, Heiligsetzer: Schnitzer von Heiligenbildern.

Helb (obd.): mhd. *helwe* »Spreu«, Übername des Dreschers. Auch Helber.

Helf, Helff, Helft (obd.): mhd. *helfe* »Helfer, Gehilfe«. Desgl. Helfer, Helfert und Helfmann.

Helfenbein: meint den Elfenbeinschnitzer oder -drechsler (mhd. *helphant* »Elefant«).

Helmer (bayr., österr.): der Helmschmied. Aber ndd. Hilmer = Hildemar! Auch Helmschmied.

Heppe, Heppel, Hepp(l)er (obd.): Übername des Winzers oder Arbeiters im Weinberg, zu mhd. *hepe, heppe, happe* »(krummes) Winzermesser«. Auch Hepperle.

Herberg, Herberger: der Herbergswirt (mhd. *herberge,* eigtl. ein das Heer bergender Ort, dann einfaches Gasthaus o. ä., in dem man für die Nacht Unterkunft fand).

Heredt, Höreth, Hiereth (bayr., österr.): siehe Herold.

Hering: meint meist den Heringshändler (mhd. *heringer).* Anschaulich ist Heringlake; dazu Brathering, Sauerhering, alles Berufs-Übernamen; bayr. auch Höring. (→Haring)

Herold: war im Mittelalter beliebter Vorname (germ. *Hariowald* »im Heer waltend«). Zuweilen mag mhd. *heralt* »Herold« hineinspielen. Entstellt Herholdt, Höhrold, Hierold, Herholz, Hörholz. Auch Herl(e)t (fränkisch-thüringisch).

Herse (ndd.): siehe Hirse.

Herter (obd.), Hörter (bayr.): mhd. *hertaere* »Hirte«, z. B. der Gemeindeherde.

Hertweck (obd.): meint »harte Wecke« (Semmel), Übername des Bäckers, wie Spitzweck (-weg), Altweck, Butterweck.

Hettler: = »Ziegenhalter« oder »-hirt«. (→Hirter)

Hetzer (obd.): Jäger, der die Hetzjagd betreibt. Auch Hetzbold.

Heu: meint den Heubauer (vgl. Stroh) oder Schnitter. Auch Heuer, entrundet Heier, Heyer, desgl. Heumann wie Strohmann.

Hipp, Hippe, Hippel, Hipper, Hippler (obd.): meint den Waffelbäcker, Hohlhipper (mhd. *hipe, hippe* »Waffel«), Hippmann den Waffelverkäufer. Auch Hiepp, Hieppner.

Hirse: der Hirsebauer oder -händler, desgl. Hirsekorn, Hirsemeyer, Hiersemann, Hiersemenzel.

Hirter (obd.), Hirt, Hirth, Hirtl (bayr.): jemand, der eine Herde (Schafe, Ziegen, Kühe etc.) hütet. (→Herter)

Hocke (obd.-md.-schlesisch), Hucke: der Höker, Kleinhändler, Krämer. Auch Höcker, Höckner, Heckner. (→Haack, Haacker)

Hodemacher, Hodemaker (ndd.): der Hutmacher. Vgl. Hodwalker, Hodwelker, Hotwarker, Hotfilter, Hodemann (Hutverkäufer), auch kurz Hodt, Hoth.

Hodler: meint den Kleinhandel treibenden Fuhrmann; auch Hodel.

Hoffmann (Schlesien, Lausitz, Sachsen): neben Scholz, Müller und Schmidt war Hoffmann der häufigste Berufsname, etwa dem westd. und südd. Meier entsprechend, also Gutsverwalter an herrschaftl. Höfen, auch auf Landgütern von Patriziern. Auch hessisch Hobemann, ndd. Havemann (Hamann).

Hof(f)meister, Havemeister (ndd.): der Aufseher über die Hofdienerschaft, das Hofgesinde, auch eines Klosters.

Hoffrichter: mhd. *hoverichter,* Vorsitzender des Hofgerichts, das die Rechtsverhältnisse auf dem Lande regelte.

Hoffschläger (ndd.): der Hufschmied.

Hohlwein: Name für den Weinschenk (»hol Wein!«).

Hohn (ndd.): = Huhn, Übername des Hühnerhalters, -händlers. Auch Höhnke.

Holk, Holke (ndd.): meint den Führer eines großen Lastschiffes (mit flachem Boden). (→Prahm)

Hölscher (westfälisch): meint obd. den Holzschuher (Holzschuhmacher), den Verfertiger von *holschen* oder *holsken.* Auch Holschemacher.

Holzhauer: meint den Waldarbeiter, Holzhauer, desgl. Holzmann = Holzhändler, Holzmenger.

Honig: Berufs-Übername des Imkers, Zeidlers bzw. Honigverkäufers. Desgl. Honigmann.

Höpfner, Höppner (ndd.), Höptner, Heptner, Heppner, Hopf(n)er (bayr.): der Hopfenbauer oder -händler. Auch Hoppe (ostdeutsch-schlesisch-ndd.).

Horner, Hörner (obd.): Ortsname von Horn, mitunter wohl auch nach dem Beruf des Hornverarbeiters (Horndrechsler und -schneider), so in Nürnberg, wo die Horner und Kammacher eine Zunft bildeten.

Hose: Berufs-Übername des Hosenschneiders bzw. -strickers (gemeint ist die Strumpfhose des Mittelalters).

Hubschmid (obd.): der Schmied als Besitzer einer Hufe (Landwirtschaft), vgl. Hubmüller, Hubmaier, zum Teil zu Hufschmied umgedeutet.

Hudler, Hudel (obd.): der Lumpensammler. Dazu Hudel-, Huttelmeyer.

Hufeisen, Hufnagel: Berufs-Übernamen des Hufschmieds.

Huhn (md. und obd.): Übername des Hühnerhalters oder -händlers. Dazu Hühnle, Hühner.

Hümpel (München oft), Humpeler, Hümpler: ein schlechter, langsamer Arbeiter, Pfuscher oder Hilfsarbeiter; dazu Humpl, Humplmaier.

Hürdler (obd.): mhd. *hurdeler* »Krämer« (in einer Marktbude).

Hüter (obd.): mhd. *hüeter* »Feldhüter, Aufseher, Wächter« (Baum-, Holz-, Sauhüter). Auch Hütter, soweit nicht zu den Örtlichkeitsnamen auf -hütte (wie Erdhütter).

Hüttenrauch: meint den Köhler oder Schmied.

Ir(c)her (obd.): der Weißgerber, der Kalbs-, Schafs- und Ziegenfelle (keltisch *irc* »Bock«) zu feinen und dünnen Ledersorten verarbeitete.

Iser, Isermann (Hamburg oft): siehe Eiser(mann).

Isler, Ißler (schwäbisch-alemannisch): der Eisenhändler. (→Eisele)

Jager (obd.), Jäger, Jägers (ndrhein.): der Jäger. Komposita: Gams-, Hasen-, Hühnerjäger usw.

Joppe, Juppe, Jüptner (Schlesien): Übername des Joppenmachers (Joppners).

Kaac(k) (Hamburg oft): ndd. Form für Kock = Koch. Ebenso Kaakschlief für Kochlöffel.

Kabel (Hamburg oft): mnd. = Schiffstau, Ankertau; Übername für den Seiler und Reepschläger. Auch Kabelmacher, Langkabel, -kawel.

Kächler, Kachler (alemannisch-schwäbisch): mhd. *kacheler* »Töpfer«. Dazu Kachel, Kächele.

Kaf(e)mann (bayr.-österr.): der Kaufmann.

Kagel, Kageler, Kagelmacher, Kagelmann (ndd.), Kogel, Kogeler (Hamburg), Kugler, Kügler, Kögler (obd.): mhd. *gugler,* Verfertiger von Kogeln, Kapuzen (am Rock oder Mantel).

Kohlbaum: die Köhlerstange zum Schüren.

Kahn (Hamburg oft): Übername des Kahnschiffers. Auch Kahnke.

Kaldaun: Übername des Flecksieders oder Kuttlers.

Kalkbrenner, Kalkberner (ndd.): der am Kalkofen Beschäftigte; auch Kalker, Kalcher. Dazu Kalklösch, Kalkoff.

Kaltschmidt: der Kupferschmied, Kesselschmied, geht zum Teil mit Kalkschmidt durcheinander.

Kammer, Kammerer, Kämmerer (obd.): Verwalter der Einkünfte, der Schatzkammer (an Höfen, in Gemeinden und Klöstern). Dazu Kammermeister, Kammerschreiber, Kammerknecht, Kammerwächter. Kämmerling (mhd. *kemerlinc* »Kammerdiener«).

Kämmer, Kemmer (obd.-schlesisch): soweit nicht Kämmerer, ist der Wollkämmer (mhd. *kemmer*) gemeint.

Kamsetzer (obd.): der Kamin-, Herd-, Ofensetzer.

Kändler, Kendler (obd.), Kann(e)gießer, Kannegieter, Kannegeter (ndd.): mhd. *kandel* »Kanne«; zum Gewerbe der Zinngießer gehörend. Dazu auch Kann (Hamburg) neben Halfkann.

Kanter, Kanther, Kanters (ndd.-obd.-rheinisch): lat. *cantor,* der Vorsänger.

Kapp (obd.), Kappe, Käppel(e): der Kappenmacher, Kappenschneider, Kapplmacher (mhd. *kappe* = *kogel* »Kapuzenmantel, Reisemantel, Bauernkittel; Kappe, Narrenkappe«).

Karche(r), Kärcher, Kercher (Württemberg, Baden, Elsaß): der Kärrner, Fuhrknecht. Auch Karrer.

Karpf (obd.), Karpe (ndd.): = Karpfen; Übername des Fischhändlers.

Karter (Württemberg): der Wollkrempler, der mit der Karde (mhd. *karte* = Kardendistel) die Wolle kämmte oder strich.

Käse, Keese, Käs (obd.), **Kaas, Käslein** (bayr.), **Käsgen** (rheinisch): Übername des Käsehändlers bzw. des Käsers (Käsbauern). Dazu Käsmaier, Käsbeitzer, Käsbohrer.

Kästner, Kestner, Köstner (fränkisch-bayr.), **Kastner** (obd.): eigtl. Verwalter des Kornkastens und, da sich aus den Getreideabgaben die Steuern entwickelten, schließl. Verwalter aller Einkünfte an Fürstenhöfen, Klöstern usw. Dazu obd. Kastenhuber, -meier, -bauer.

Käufel, Kaifel, Käufler, Kaifler (obd.-österr.): der Kleinhändler mit Altwaren, Trödler. Dazu Käufer, Kauf.

Kauf(f)mann, Koopmann, Kop(p)mann (ndd.), **Koopmanns** (ndrhein.): im Mittelalter der Großkaufmann, Kaufherr, im Gegensatz zum Käufler, Höker, Pfragner, Menger, dem Kleinhändler.

Kauwertz: mhd. *ka(u)werzin* »Geldwechsler, Wucherer«.

Keil: Werkzeug des Holz(be)arbeiters; aber auch für einen Grobian. Desgl. Keilich, Keulich.

Keller, Kellner: mhd. *kellaere, keller* »Kellermeister, Verwalter der Einkünfte« (an Höfen, in Klöstern usw.). Auch ostdeutsch-schlesisch Kellert, Kaller(t).

Keppler, Kepler (obd.): der Käppchen- oder Kappenmacher. Variante ist Keppner (Freiburg).

Kerzler, Kerzner (obd.): meint den Kerzenmacher oder Wachszieher. (→ Wachs)

Kesselhut, Ketelhot (ndd.): Übername für den Helmschmied bzw. Behelmten.

Kessler, Kettler (ndd.), **Kössler** (bayr.-fränkisch): der Kesselschmied, Kupferschmied. Dazu die Übernamen Kessel (soweit nicht Flurnamen), Kesselhake (Kesselhaken), Kesselring (über dem Herd).

Kettner (obd.): der Kettenmacher, Kettenschmied.

Kiep, Kiepe (ndd.): = Rückentragkorb; Übername des Kiepenheuer, der Kiepen herstellte. Dazu Kieper.

Kimmel (obd.-sächsisch): = Kümmel; Übername für Gewürzkrämer oder Kümmelbauer. Alemannisch-schwäbisch Kimmich.

Kindermann: Kindererzieher, Schulmeister.

Kirchner: mhd. = »Küster, Mesner, Kirchendiener«.

Kirsch, Kirsche: Übername des Kirschenhändlers. Auch Kirschke (schlesisch).

Kistner, Kistler, Kistenmacher, Kistenmaker (ndd.): der Tischler, Schreiner.

Kittel: Übername des Kittelschneiders. Kittler meint wohl auch den Träger eines Kittels. Auch Kittelmann (schlesisch).

Klampfer(er) (obd.-bayr.): der Klempner; auch Klampfl, Klämpfl (*klampf* = Klammer, Haken, *klampfen* = verklammern. Auch Klemperer, Klemp, Klempe, Klempel.

Klee: »Kleewiese«; Übername des Kleebauern. Vgl. Kleemeyer, Kleeschulte, Kleebauer, Kleemann, Springenklee (wie Springinsfeld).

Kle(i)ber, Klaiber, Klenner (obd.), Kloiber (österr.): Bauhandwerker, der alles »Kleib- und Flickwerk« (Lehmwände) am mittelalterlichen Fachwerkhaus verrichtete.

Kleinschmidt (ost- und nordd.): seine Erzeugnisse waren kleinere Dinge des tägl. Bedarfs wie Nägel, Bohrer, Nadeln, kleine Schlösser, Schellen u. ä. Vgl. dazu Kleinhammer.

Klinghammer: Übername des Schmieds. Dazu Klingseis(en). Klingenschmied ist der Messerschmied. Vgl. →Schellhammer.

Klingsohr (-öhr): »kling ins Ohr!«; Übername des Spielmanns oder Musikanten wie auch Klingauf.

Klocker, Klöcker(s), Klöckner: der Glöckner.

Klöpfer (obd.), Klöpper (md., ndd.): Handwerker, der mit dem Klöpfl (Klöppel) arbeitete.

Klut(h) (ndd.), Klutmann, Klüt(mann): *klut* = Erdklumpen, vgl. Klüt(t)enbäcker.

Knapp(e): im Handwerk schlechthin der Geselle, Gehilfe (Tuchknappe, Bergknappe, Mühlknappe). Auch Knecht (Klein-, Gut-, Liebknecht usw.).

Knef (ndd.), Kneif, Knief: mhd. *knif* »Schustermesser«; Übername des Schusters, wie Knieriem u. ä.

Knieper (Hamburg), Kniep(e): Handwerker, der mit der Knipe (Kneifzange) arbeitet, wie Schuster, Gürtler, Riemer usw. Auch Knipper.

Knobloch, Knoblich (bes. sächsisch-schlesisch): Übername des Gärtners bzw. Händlers mit Knoblauch. Auch Knoflach (Tirol).

Knöpfler: Berufs-Übername für den Knopfmacher.

Knütter (ndd.): der Knüpfer, Stricker.

Koch, Köchle (obd.), Köchly (schweiz.), Kock, Koock (ndd.), Köck (bayr.), Kocks (Kochs), Kox (ndrhein.): wie die Kochkunst ist auch der Name (lat. *coquus*) römischer Herkunft. Auch Kocher (Heidelberg, Straßburg, Schweiz oft).

Kohl, Köhl (alemannisch): mhd. *kôl, köl* »Kohl, Kohlkopf«; Übername des Kohlbauern. Spottname: Kohlhase, Kohlhaas. Auch Köhlmeier.

Köhler, Kohler, Kahler, Kähler (ndd.): der Köhler oder Kohlenbrenner. Spottname: Rußwurm. Dazu Löschenbrand, Löschenkohl u. ä.

Köper (ndd.): = »Vorköper«, der Verkäufer, Händler; vgl. Hütköper (Häuteaufkäufer), Pferdeköper, Holt-, Isern-, Wullenköper.

Körber, Kerber (Schlesien, Böhmen, Österr.): der Korbflechter, in Österr. auch Körbler, Kerbler, am Niederrhein Korbmacher, Körver, Körfer. Dazu als Berufs-Übername Korb, Kürbel, ndd. Korff, rheinisch Körfgen, neben Kersekorf (Kirschenkorb), Rümekorf.

Kordewan: mhd. *kurdewan* »Ziegenleder aus Cordoba« (Spanien), auch Schuhe daraus; meint den Schuster, der solches Leder verarbeitete.

Körner (obd.-sächsisch-schlesisch): mhd. »Kornhändler«. Vgl. auch Kornführer (Fuhrmann oder Händler, der Getreide in die Stadt bringt). Dazu Kor(ne)mann, Kornkaufer, Kornmanger, Kornmeister, Kornprobst, Kornmesser,

Kornmutter. Auch einfach Korn, Körnle, Körndl; auch als Bauernname wie Kornsack, Feist-, Fürn-, Fes-, Weiz-, Winterkorn usw.

Krabbe: Übername des Krabbenfischers oder -händlers.

Krämer, Kramer (obd.-rheinisch), Kramers (ndrhein.), Kremer, Cremer: der Krämer (in der Krambude), Kleinhändler, Höker. Vgl. Eisenkrämer, Rohrkrämer. Auch schlesisch-obd. Kromer.

Kranzler (bayr.-österr.), Kränzler: meint den Kranzlbinder, desgl. Kränz(e)l, Kränzle, Krenzle, Kranz, Krantz. Dazu Komposita wie Blumen-, Rosen-, Rauten-, Meien-, Golden-, Seidenkranz.

Krapf, Krapfl (obd.), Krappel (schlesisch): der Krapfenbäcker.

Kratzer(t) (obd.-schlesisch): Berufs-Übername für Wollkratzer u. ä.

Kraut(h), Krautblatt, Krautkopf, Krautstengel, Krautstrunk, Krautwurm: Übernamen für den Kräuter (Krautgärtner), ferner Kreuder, Kreuer (Köln), Kreuter, Kräutle.

Krebs: wie Krabbe wohl Übername des Krebsfängers bzw. Krebsers. Ndd. Kreft, Kräft.

Kren, Krendl (österr.-bayr.): der Krenbauer, Gemüsehändler (mhd. *krên* »Meerrettich«).

Kretschmer, Kretschmar, Kretschmeyer, Kretschmann, Kretzschmar (sächsisch), mundartl. Kratschmer: in Schlesien, Böhmen, Lausitz, Sachsen die übliche Bezeichnung für den Wirt der Dorfschenke.

Kringel (Krengel), Kringler: wohl Übername des Bäckers.

Kröger, Krüger (ndd.): Bezeichnung für den Besitzer oder Pächter des Dorfkruges. Dazu Krog(mann), Krochmann.

Kromer (md.-obd.): = »Kramer«; der Krämer. Dazu Krome, Krömke (ndd.), Krömer.

Krüdener (ndd.): Arzneihändler (Apotheker), der mit Heilkräutern handelt. Dazu als Übername Krude (Hamburg).

Krügel, Krügle: meint den Krug-, Geschirrhändler, -hausierer.

Krumbholz (Sachsen, Bayern, Österr.): alter Übername des Wagners (wie Nabholz). Auch Krummacher (Westfalen), Krummhauer, Krummheuer (ndd.).

Krumbhorn (obd.): wohl zu mhd. *horn* als Blashorn; Übername des Hornbläsers (Jäger, Nachtwächter, Musiker).

Kübler, Kiebler (obd.), auch Kübel, Kiebele: wie Scheffler ein Böttcher, der Kübel, kleine Holzfässer und Wannen anfertigte.

Küchler (obd.): Bäcker, der Küchle (kleine Kuchen) herstellte. Dazu Leb-, Leibküchler, Lebküchner (wie Lebzelter). Als Berufs-Übername: Küchel, Küchle, Kiechle.

Kuder(er), Küderle, Kiderlen (Württemberg): der den rohen Flachs spinnfertig machte und mit Werg (Kuder) und Garn handelte (Kudermann). Auch Kauderer.

Küfer: mhd. *küefer* »Hersteller der Kufen« (Holzgefäße besonders für Salz). Auch Küper, Küpers, Küppner, Küf(f)ner, Kümper (ndd.), Kumpfer, Kümpfer, Kimpfler.

Kupfer, Küpferle, Kopper (ndd.), Kupper (md.): Übername des Kupferschmieds bzw. des Kupferhändlers.

Kürschner, Kürssner, Ki(e)rschner (obd.-md.-schlesisch): der Kürschner (mhd. *kürsen* »Pelzrock«) ndd. entspricht →Pelzer.

Küter, Küther (ndd.): der Schlachter im Küterhaus (in Hamburg z.B. am Küterwall), der auch Eingeweide, Fett und Abfälle verarbeitete. Obd.-md.-schlesisch entspricht Kuttler, Küttler (zu mhd. *kutel*). Im Rheinland auch Küttel-, Köttelwesch (Kuttelwascher).

Lademacher (obd.) Lademaker (ndd.): der Tischler, der Laden, Truhen u.ä. herstellte.

Laible, Laiblin (Württemberg) wie Laib: Übername für Bäcker (mhd. *leip* »Brotlaib«).

Lakenmacher, Ladenmaker (ndd.): der Tuchmacher, wie Lakenscherer, Lakensnider den Tuchscherer meint. Auch Lädemäker (ndrhein.).

Lauer, Laur (obd.): zum Teil von mhd. *lower* »Lohgerber«, vgl. die Lauergasse in Speyer.

Läufer, Vorläufer: der laufender Diener, Bote (Eilbote), auch in städt. Diensten. Auch Löper (ndd.).

Laußer (württemb.-bayr.): mhd. *laßer* »Aderlasser«; Zunft der Bader und Laußer 1331 in Eßlingen. Auch Lausser, Lasser, Laßer.

Lax, Lass (ndd.): = Lachs; Fischer- oder Fischhändlername. Dazu Lax-, Lachsgang (*gang* = *gänger* »Händler«).

Leber (obd.): wohl Übername des Fleischers (vgl. Leberwurst), wenn nicht von ahd. *leber* »Binse«, vgl. Abgaben an »leber und har« (Flachs).

Lebzelter (obd.): der Lebküchler (mhd. *leb(e)kuoche* »Lebkuchen«).

Leder, Lederer (obd.): der Gerber bzw. Ledermann: der Lederhändler. Dazu Lederle, Lederbiß, Lederbalg u.ä.

Lefeber (französisch Lefèvre): der Schmied.

Leg(e)ler, Lägeler, Lögler (bayr.): ein Böttcher, der kleine Holzgefäße (mhd. *laegel, legel*), besonders für Wein und Most, herstellte. Auch Legel, Lägel.

Leichter (obd.): der Kastrierer (Gelzenleichter u.ä.), von mhd. *lihten* »kastrieren«. Variante: Leichtner, Lichter(s) (rhein.).

Leinwater (obd.): mhd. *linwater* »Leineweber«, Leinwandhändler.

Leirer, Leyrer, Leyerle (obd.): Spielmannsname (mhd. *lire* »Leier«).

Leis(s)ler (Hessen, Frankfurt): Übername des Wagners, bayr.-schwäbisch →Leuchsner, zu Leuchse (Leuxel, Leißel) = Runge: Stemmleiste am Leiterwagen. Auch Leusler.

Leist: Übername des Schuhmachers (vgl. Leistenmacher, -schneider).

Leitgeb, Leitgeber, Leutgeb(er), Leutgäb, Leitgebel (obd.): mhd. *litgebe* »Schenkwirt« (Schankwirt).

Lepper, Leppers (rheinisch): mnd. *lepper* »Flickschuster«, der Lappen aufsetzte. Dazu obd. Lepple, Läpple. (→Limmel)

Lep(p)ler: mnd. *lepeler* »Löffler«, der hölzerne Löffel schnitzte. Dazu als Übername: Lepel(l), Läpel.

Lerch, Lerchel, Lerchenzagel (Lerchengsang): meinen den Vogelhändler. Auch ndd. Lewark.

Lerse: mnd. *lerse,* war ein langer Lederstrumpf, den der Lers(e)ner herstellte. Auch Lersch.

Leuchsner, Leuxner, Leixner (obd.-bayr.): Wagner, Stellmacher, der Leuchsen (Rungen) herstellte, die hölzernen Stützleisten am Leiter- oder Kastenwagen. Leuchsenring, verschliffen Leisering (thüringisch): meint den eisernen Ring an den Leuchsen (Rungen).

Lichtwark (Hamburg, Rostock): mnd. *lichtwerk* »Lichtwirker, Kerzengießer«. Auch Lichtwerk, Lichtwert, Lichtwart, Lichtwaldt.

Limmel (obd.): mhd. *limbel, limmel* »Schuhflecken, Lappen«, also Übername für Flickschuster, oder aber für schlappe Menschen (Lümmel). (→Lepper)

Linneweber (ndd.): der Leinenweber.

Litfaß: Obstwein- oder Mostfaß (mhd. *lit* »Most«), also Übername des Leitgebs (Schankwirts). Bekannt durch den Erfinder der Litfaßsäule.

Lobedanz (Sachsen): Reigenführer, Tanzlehrer.

Lobmüller, Lobmiller (obd.): der Lohmüller, der aus Eichenrinde Lohe für die Gerber herstellte. Dazu auch Lober, Löber (mhd. *lôwer* »Gerber«). (→Lohstöter)

Lode, Lödel (obd.): der Lodenweber. Dazu Loder(er), Lodner.

Löffler, Leffler (obd.-schlesisch), Löpeler (ndd.): mhd. *leffler,* der Hersteller hölzerner Löffel; Zinnlöffel waren eine Ausnahme. Löffelmann = Hausierer mit Löffeln. Dazu als Übername Löffel, Leffel, ndd. Lepel.

Löher (obd.), Löhrer (ndrhein.): der Lohgerber. Auch Löhr (Hamburg oft).

Lohner (obd.): mhd. *lôner* »Tagelöhner«.

Lohstöter (ndd.): der Gerberlohe im kleinen verkaufte, wie Splettstöter, der mit Holzscheiten und Schindeln handelte. Lohstampfer ist der Inhaber einer Lohmühle, in der Eichenrinde zu Gerberlohe verarbeitet wurde. (→Lohmüller)

Lorbe(e)r: der Gewürzkrämer.

Losch (Haburg oft): dürfte den Loschmacher meinen; mnd. *losche* = kostbares (rot gefärbtes, rückseitig weißes) Leder.

Löschenbrand: dürfte wie Löschenkol Berufs-Übername sein; mhd. *brant* »Feuersbrunst«. Löschenkohl meint den Köhler (bzw. den Schmied).

Lumpe: mhd. = »Lumpen, Fetzen«; der Lumpensammler.

Mächler (obd.): mhd. *mecheler* »Mäkler, Unterkäufer«.

Mader, Mäder (obd.): mhd. = »Mäher«, auch Mahder, Mähder, Heumader, Grasmeder. Auch Meder(le).

Mähl, Mählmann (Hamburg oft): ndd. Form wie Möhl, Möhlmann für Mühle, Mühlmann, nach Wohnstätte bzw. Beruf.

Mähler: rheinische Form für Mahler, der Maler. Im Mittelalter waren Maler und Glaser verwandte Berufe (Zunftgenossen), insofern sie auch bunte Glasfenster malten. Auch Möhler (München oft), Mehler (rheinisch-hessisch).

Mahlmann: der Müllergehilfe wie Mahlknecht gegenüber dem Mahlmeister. (→Mählmann)

Maier, Mayer (obd.), Meyer, Meier (bes. in Westfalen-Hannover): urspr. der *major villae* oder *villicus,* im alten Frankreich der Beauftragte des (adligen oder geistlichen) Grundherrn, der den Haupt-Gutshof bewirtschaftete, später auch die Verwalter bzw. Pächter kleinerer Höfe, mit Aufsicht über das bäuerl. Abgabewesen; schließl. auch Erbpächter. Hessen kennt nur *Grebe* (Graf), Franken bis Schlesien nur *Hofmann, Hoffmann.* Dazu zahlr. Komposita: Linsen-, Haber-, Gerstenmaier; Bichel-, Loch-, Pfitz-, Lettenmaier; Brink-, Brock-, Lohmeyer; Bege-, Dütenmeyer wie Laber-, Vilsmayer. In bayr. Namen ist

-*maier* auch zu -*mar, -mer* verschliffen, so Hanselmar, Hiebmer, Hummer, Sellmer, Stromer, Wimmer.

Mälzer, Melzer (bes. schlesisch-sächsisch): mhd. *melzer* »Malzbereiter«.

Manger, Mangers (rheinisch), Menger: mhd. *mangaere* »Händler, Krämer«. Auch obd. Mengel neben Meng(e)ler.

Mäntler, Mentler (obd.-schlesisch): Hersteller und Verkäufer von Mänteln oder mantelähnlichen Überkleidern, der auch mit altem Gewand handelte.

Marner (obd.): der Schiffmann, Schiffer (mittellateinisch *marinarius*).

Marschall, Marschalck: eigtl. Pferdeknecht, dann Stallmeister, im Mittelalter ein Hofbeamter (wie Truchseß, Schenk und Kämmerer) mit Aufsicht über Marstall und Hofmannschaft. Marsteller = Pferde-, Stallknecht.

Mauser: der Mäusefänger, auch Meuser, Muser (alemannisch).

Maut(n)er (bayr.-österr.): mhd. *mûtaere* »Maut-Einnehmer, Zöllner«. Dazu Mauthe.

Mechler (obd.): ndd. Mekeler, der Makler, Unterkäufer. Auch Meckler. (→Mächler)

Mehl: Übername für den Melber oder Mehlmann, Mehlführer, Mehlstöter, Mehlhändler bzw. für den Müller. Dazu Mehlsack, Mehlhose, Mehlhase, Mehlstäubl; Mehltretter (Spottname wie Blumen-, Rosentreter). Auch Mölber (bayr.), Melbert, Mölberts.

Meister (lat. *magister*): meist Handwerks- oder Zunftmeister; auch (wie urspr.) Anrede, Titel für Gelehrte, besonders Ärzte. Auch Me(e)ster (ndd.), Meistermann, Mestermann, Meisterknecht, Meesterknecht (Obergeselle). In Westfalen Meisterin. Auch viele Komposita: Bacmeister, Küchenmeister, Gildemeister, Baumeister, Hofmeister, Bürgermeister, Bliedemeister, Werkmeister.

Melk (ndd.): = Milch; der Milchhändler bzw. Melker.

Merzler (obd.): der Kaufmann, Krämer.

Messer (obd.), Messerer, Messerschmitt, Messerschmidt: der Messerschmied. Auch Messerle.

Messing: der Messingschläger (Kaltschmied) oder Messingbrenner. Auch Messinger.

Meßmer, Mesmer (alemannisch-schwäbisch), Meßner, Mesner: der Küster, Kirchendiener. (→Kirchner)

Mestner (obd.-schlesisch): der »mit der mesten« hantierte; mhd. *meste* »Hohlmaß« (Salzmeste, Mehlmeste); also wohl der Hersteller solcher Meßbehälter oder Prüfer.

Methfessel (obd.): meint den Methsieder oder Metgeb, mnd. auch *metbriuwe* »Metbräuer«.

Me(t)zger: allg. obd. Bezeichnung für den Schlachter oder Fleischer. Auch Metzler (württemb., mittelrheinisch).

Metzner (schlesisch, sächsisch oft, auch bayr., österr.): mhd. *metze* = ein kleineres Trockenmaß für Korn, Mehl u. dgl. (gegenüber dem größeren Scheffel). Also Berufsname für den Hersteller von Metzen; auch der Müllergehilfe, der den Mahllohn des Müllers mit der Metze abmaß. Mundartl. Matzner.

Milch, Milchli, Milcher: der Milchhändler, neben Butter-, Fett-, Sauer-, Süßmilch (ndd. Sötmelk), Schlegelmilch (mhd. = »Buttermilch«).

Mitternacht, Mittnacht: mehrdeutig, wie Morgen, Mittag, Abend; sei es vom Beruf (Nachtwächter), sei es von der Lage der Wohnstätte (gegen Norden).

Möhl(e), Möhlmann (ndd.): der an der Mühle wohnt oder in ihr tätig ist; auch Mähl(mann).

Moh(n)haupt, Mohnkopf, Mohnsam, Mohnkern, Mohnsack, Mohnbüchse: Berufs-Übernamen des Mohngärtners bzw. Mohnhändlers, Mohnkrämers.

Mohrenstecher: der Kastrierer (mhd. *môre* »Zuchtsau«).

Moldenhauer, Mollenhauer (Hamburg oft): ein Vertreter des Holzgewerbes, der Mulden zuhaute, besonders die länglichen Back- und Fleischtröge. Desgl. Möldner, Müldner. Dazu Moll(e).

Molt(mann): ndd. wie Molter, Mölter, auch Multer = obd. Mälzer, Melzer, der Malzbereiter.

Montag: wie die übrigen Wochentagsnamen wohl von zeitgebundener Tätigkeit bzw. Dienstleistung (Gespanndienste) oder Zinsverpflichtung.

Most (obd.): meint den Mostbereiter; desgl. Sauermost, Mosthaf (Mosttopf). Auch Mostert, Mustert.

Mühl, Mühle: wie ndd. →Möhl, nach der Wohnstätte oder Tätigkeit. Dazu Mühlmann = Mühlmeister.

Mührer, Mührmann (ndd.): der Maurer.

Müller, Miller (obd.-bayr.), Möller (ndd.), Moller, Müllner (Wien), Milner, Molner: aus lat. *molinarius;* die Häufigkeit des Namens ist durch zahlreiche dörfl. und städt. Mühlen bedingt; auch Mühlenbesitzer und Pächter konnten Müller genannt werden.

Multerer (obd.-bayr.): zu mhd. *muolter* »Mulde« oder zu *multer* »Mahllohn«.

Münchmeyer (ndd. Mönkemeyer): war der Verwalter eines Mönchs- oder Klosterhofes.

Münzer, Münter (ndd.): der Geldpräger, Münzberechtigte und Geldwechsler. Auch Münzmeister.

Mutschler, Mütschler, Mütschel, Mutschelknaus (Württemberg): meint den Mutschelbäcker (Mutzenbäcker), mhd. *mutsche, mutschel, mütschelin, mutze, mützel* »längliches Weißbrot, Brötchen«. Auch Mutz, Mutzl (obd.).

Mutter, Mutterer, Mütter (obd.): mhd. *mutte, mütte* »Scheffel, Kornmaß«. Vgl. Salzmutter (Salzmesser) und Kornmutter (Kornmesser).

Nabholz (obd.): Übername des Wagners, Stell- oder Radmachers, der die Radnaben (aus härtestem Holz) mit dem *nabegêr* (Bohrer) fertigte; auch Nabenhauer, Nabenmacher, Nahmmacher, Nebiger, Negwer genannt; dazu Nabe.

Nachtigall (mhd. *galan* »singen«): muß nicht den Sangesfrohen, kann auch den Vogelfänger, Vogelhändler meinen, wie Fink, Amsel, Stieglitz usw.

Nadler (obd.): der Nadelmacher. Auch Nolder, Nädele.

Nagel: verbreiteter Übername des Nagelschmieds, wie Huf-nagel, Kupfernagel usw. Auch Nagler, Nagelschmidt. Obd. Nägele(n), Nägeli, kontrahiert Nail, Neil. Ferner Bruch-, Hert-, Haar-, Dör-, Kolde-, Platen-, Faß-, Noth-, Roß-, Runk-, Schar-, Silber-, Spitznagel. Obszön sind offenbar: Reck-, Spann-, Stülp-, Geng-, Wackernagel.

Napp (ndd.), Napf (obd.): Übername des Napfmachers, des Drechslers hölzerner Schüsseln.

Nät(h)er, Nether, Nather: mhd. *nâter* »Näher«. Vgl. Seidennater, Seidennader, Seidennäher. Auch Näher, Neher, Neier, Nader, Näder, Neger, Näger (obd.).

Nestler: lieferte die Schnürbänder (mhd. *nestel*) für Mieder, Hauben und Schuhe; auch Neßler. Vgl. Haubennestel, Nestelmann. Dazu auch Nestle, Nestel.

Neumeister: der neu zugezogene Handwerksmeister.

Neuwirt: der neue Wirt (mhd. *wirt* »Hausherr«, dann auch »Gastwirt«).

Nopper: ein Gehilfe des Tuchmachers, der das Tuch von Noppen (Wollknötchen) reinigte. Auch Noppers (rhei-nisch), Nopp, Noppel.

Nörz: mhd. = »Nerz«, zu den Mardern gehörend (und sein Pelz); der Nerzjäger oder Pelzhändler.

Noster, Nuster: Übername des Rosenkranzmachers. Auch Ternoster, Nosterer, Nusterer. (→Paternoster)

Nürnberg(er): mitunter auch nur auf Handelsbeziehungen deutend.

Nuscheler (obd.): meint den Hersteller von Spangen, Schnallen (mhd. *nusche, nüschel*). Auch Neuschl, Neusch-ler.

Nusser (obd.), Nüßler: beziehen sich eher auf den Nußhänd-ler als auf Flurnamen (mhd. *nussen* »Nüsse pflücken«).

Obst (schlesisch oft): Berufs-Übername des Obsthändlers, Öbsters, mhd. *obeßer*. Auch Obster, Obsner, Obsler, Öbser, Obesser.

Ochs (obd.), **Osse** (ndd.): Übername des Öchsners, des mit Ochsen pflügenden Bauern bzw. des Viehhändlers. Desgl. Öchsle, Öchsler, Öxle (schwäbisch), Öchslen, entrundet Echsle, Exle, Exler. Dazu Ochsenbein, Ochsenfuß, Ochsenkopf (ndd. Ossenkopp), Ochsenknecht usw.

Of(f)ener, Öf(f)ner (obd.): mhd. *ovener* »Ofensetzer«. Dazu als Übername Öfele (schwäbisch).

Öhler (obd.), Öller (München oft): der Ölmüller (mhd. *öler*). Auch Ohleyer (mhd. *oleier*). Dafür ndd. Ohlenschlager, Ollenhauer, Ollenschläger, Öhl(en)schläger, ndrhein. Ohligschlager, Ohligschläger. Öhlschlegel ist obd., Ohligmacher westdeutsch. Öhlmann (wie ndd. Öhlstöter) meint den Ölhändler.

Ohmer (München): Visierer, Eichmeister (mhd. *âme, ôme* »Eichmaß«).

Opfermann (hochd.), Offermann(s) (rheinisch), Oppermann (ndd.-westfälisch-nordhessisch): Bezeichnung des Küsters (Kirchendieners), der das Kirchenopfer einsammelt.

Orgler: der Orgelbauer.

Otter (obd.): meint den Fischotterfänger (mhd. *oter* »Fischotter«).

Pahl (ndd.): = Pfahl; Übername des (in Seestädten unentbehrlichen) *palstöter*, der das Einrammen von Pfählen bei Wasserbauten besorgte. Auch Pahlke (Hamburg), Pahlmann.

Pann (ndrhein., ndd.), Pfanne (obd.): meint den Pannemaker, der Pfannen (auch Dachziegel) herstellte. Auch Pannenschläger, Pannenschmied (vgl. die Pfannen und Kessel der Brauer).

Panzer (München oft): Berufs-Übername des Panzerschmieds; obd. auch Ban(t)zer, Panzner.

Parler: schwäbische Baumeister- und Bildhauerfamilie des 14. Jhs., für französisch *parler*: Sprecher bzw. Vorarbeiter einer Bauhütte (vgl. Polier).

Parucker, Barucker, Paraker (obd.): der Perückenmacher.

Past (bayr.): der mit Bast arbeitete, Bastmatten flocht.

Pasterna(c)k, Pastinak: eine Wiesen- und Heilpflanze; Übername des Kräuterhändlers.

Patein (Hamburg): Hersteller von Patinen, Pantoffelmacher.

Paternoster: »Vaterunser«; meint den Hersteller von Rosenkränzen (Betschnüren). (→Nosterer)

Pecher, obd.: der Pechsammler oder Pechsieder. Pechlöffel meint den Pecharbeiter.

Pel(t)zer, Pel(t)z (nordd.): der Kürschner. Auch Pelzl (bayr.-österr.), Pil(t)zer. (→Beltz)

Penning (ndd.): = Pfennig; teils auf Abgaben (Steuern) bezogen, teils Übername des Krämers, der mit Pfennigware handelte.

Peper, Pepper (ndd.): = Pfeffer, wie Peperkorn, Pepersack u. ä.; Übername des Pfefferhändlers, Gewürzkrämers. Dazu auch Pepperling.

Permenter: im Mittelalter die übliche Bezeichnung des Pergamentmachers (ndd. auch Parmentere).

Peucker(t), Peickert (schlesisch, sächsisch): meint den Paukenschläger, obd. Pauker. Die Pauker gehörten mit den Pfeifern und Fiedlern zu den Stadtmusikanten.

Pfänder, Pfender (obd.), mundartl. Fender (schlesisch): Beamter, der durch Gerichtsdiener von den Schuldnern Pfänder einziehen ließ; Gerichtsvollzieher.

Pfandl, Pfandler, Pfannl (obd.-bayr.): Übername des Pfannenherstellers. Dazu Pfann(en)schmidt.

Pfann (Nürnberg zahlr.): Übername des Pfannenschmieds (Braupfannen u. ä.), mitunter wohl auch des Salzpfänners. Dazu Pfanner (österr., schweiz.), Pfann(en)stiel (obd.).

Pfänner: mhd. *phenner* »Salzpfänner«; Besitzer eines Pfannhauses (Sudhütte). Auch Penner(s) (ndd.).

Pfeffer, Pfefferle, Pfefferlein, Pfefferkorn, Pfeffersack (auch Spottname für den Kaufmann), Pfefferling, Pfeffer (rheinisch), Pföffer(l) (bayr.): Übernamen des Gewürzkrämers. (→Peper)

Pfeidler, Pfaidler (bayr., österr.), Pfeitler: waren Hemdenmacher im allgemeinen Sinn (mhd. *pfeit,* Lehnwort aus griech. *baite* »Hirtenrock«).

Pfeif(f)er, Peifer (rheinisch), Peiper(s) (ndrhein.), Pie(e)per(s) (ndd.), Pfeuffer (fränkisch): zur Zunft der Spielleute und Stadtmusikanten gehörend.

Pfeilsticker, Pfeilstücker, Pfeilstöcker, Pielsticker (ndd.), Pfeil, Pfeiler, Piel (Pyl): gemeint sind die Pfeilschnitzer, die Geschosse für den Bogen herstellten. Die eisernen Spitzen dazu lieferte der Pfeilschmidt (Pfeilschmied). Auch Pfeilschifter (obd.) gehört wohl dazu.

Pfell (obd.): mhd. *phellel, phelle* »kostbares Seidenzeug«.

Pferdmenges (rheinisch): der Pferdehändler, Roßtäuscher.

Pfettenhauer (rheinisch-obd.): Übername des Zimmermanns, der »Pfetten« (Dachbalken) zuhaut. Dazu auch Pfattner, Pfettner.

Pfetzer (obd.), Fetzer (Württemberg oft): der mit Fetzen, Lumpen zu tun hat (Lumpensammler, Lumpenreißer).

Pfister, Pfisterer (obd., Württemberg oft): mundartl. Bäcker, aus lat. *pistor.*

Pflästerer (obd.), Plästerer, Plaster (ndd.): seltener Berufsname, da im Mittelalter gepflasterte Straßen eine Ausnahme waren. In Rostock ist 1268 ein Joh. Plaster belegt.

Pflaum (obd.): meint den Pfläumer (Pflaumenverkäufer), in Österr. (Tirol) Pfraumer, ndd. Plümer, Plümecke.

Pflüger, Pflieger, Pflügler, Pflügner, Pfliegner, Pflug, Pfluger, Pflügl, Pfliegl (obd.-bayr.): der Pflugmacher oder pflügender Bauer.

Pfragner, Pfrogner (bayr., österr.), Fragner: mhd. *phragener* »Lebensmittelhöker«.

Pfriem, Pfriemer (obd.): »Meister Pfriem«, der Schuster.

Pfülb, Pfülf (obd.): mhd. *phülwe* »Pfühl, Federkissen«; Übername des Kissenmachers. (→Pölsterl)

Pfünd(e)l, Pund (ndd): Übername des städtischen Waagemeisters oder auch des Großkaufmanns. Dazu bayr. Pfundmay(e)r, verschliffen Pfundmer, Pfund(n)er.

Pilz, Piltz (schlesisch, sächsisch): Übername des Pilzsammlers oder Pilzverkäufers.

Pingel (Hamburg, Rostock oft), Pingelmann: mnd. *pingel* meint kleine Schelle, Klingel, Glöckchen (auch an der Kleidung).

Pink(e)pank (nordd.), Binkebank (obd.): Übername des Schmieds (nach dem metallischen Klang der Hammerschläge. Pinkernelle (Hamburg, Hannover) ist Pinkernagel und meint den Nagelschmied (vgl. Wackernell, Wackernagel).

Pinsel: Berufs-Übername des Malers, Anstreichers bzw. des Pinselmachers.

Pirsch (bayr.): Übername des Jägers.

Plate, Platte: mhd. *blate, plate* »metallener Brustharnisch, Plattenpanzer«; Übername des Plattners (mhd. *blatener*). Auch Plathner (München), Pletl (bayr.).

Pleister (Hamburg, Hannover): ndd. *pleistern* »mit Kalk verputzen«.

Pleyer (obd., bayr., österr.): mhd. *blier (Bleyer)* »Bleischmelzer« (vgl. Pley-, Bleymann).

Plücker (ndd.): der Pflücker; mnd. *plucken* »pflücken und im Kleinhandel verkaufen«. Dazu ndd. Plückhahn.

Pogatsche(r), Pogatschnig (österr.): der Kuchenbäcker (zu slowenisch *pogátscha* »Kuchenbrot, Striezel«).

Polster, Pölsterl (bayr., österr.): Übername des Polsterers (Handwerker, der Möbel polsterte) und Kissenmachers.

Pölzl, Pelzl (bayr., österr.): = Bölzel, Bolzen; Übername des Bolzenmachers (für die Armbrust). Auch Polz (München oft), Boltz (obd.).

Porr, Porrmann: der Gemüsehändler, zu mhd. *porre* »Lauch«. Auch Pforr.

Post (Hamburg oft): ndd. *post* »Pfosten«; Übername des Zimmermanns wie Pahl, Stender, Balke u. ä.

Pott (Hamburg, Düsseldorf oft): Übername für den Pottgießer, Pottgieter (ndd. *pott* »Topf«) und den Pötter (Pöttker, Pöttger, Pöttjer), auch Pottbecker für den Töpfer.

Prahm (Hamburg oft): Übername des Prahmschiffers; mnd. *prâm* ist ein geräumiger Lastkahn (ohne Kiel).

Praxl (bayr., österr.): der Aushelfer oder Tagelöhner.

Prehn (Hamburg oft): mnd. *prên* »Schusterahle«; also Übername des Schusters (wie Pfriem).

Preiser (obd.-bayr.): mhd. *brîser* »Schnürsenkel-, Bortenwirker«; dazu Preiswerk, Preisschuh (mhd. *brîsschuoch* »Schnürschuh«. Auch Preißer, Preiß (wenn nicht *prîs* »Lob, Preis« hineinspielt).

Pretl (bayr., österr.): meint wie Preter den Bretterer oder Brettschneider, seltener den Brettspieler.

Pretz(e)l: meint, soweit obd., wie Bretzel den Bretzler (Bäkker).

Preu (bayr.), Preuer, Prey (österr.), Preyer, Preyherr: siehe Brauer.

Priester, Priesterjahn, Preister (ndd.), Prester: urspr. Gemeindeältester (griech.-lat. *presbyter*). Vgl. Pfaff (Paap), Pfarr, Prior usw.

Prüter, Pruter (Mecklenburg oft, Hamburg): in Schleswig-Holstein meint *Pruter* einen »Pfuscher im Handwerk«, *prutern* »nachlässig arbeiten, pfuschen«.

Puls (Hamburg und Mecklenburg oft): mnd. *puls (puls-stock)* »Stange mit Holzklotz, um Fische ins Netz zu treiben«.

Pulver: Übername für Pulvermacher, Pulvermann, Pulvermüller.

Pündtner (obd.): mhd. *büntener* »Kürschner« (Buntmacher, zu *bunt* »gestreiftes Pelzwerk«).

Püster (ndd.): = Blasebalg.

Quan(d)t (Hamburg oft): mnd. = »Schelm, Schalk«, ostfriesisch »pfiffiger Kerl«.

Quast (Hamburg, Rostock, Düsseldorf): Übername des Baders (Badstöwers), der mit dem Büschel, Laubwedel (mnd. *quast*) die Badenden bearbeitete; gemeint ist aber auch der Quastbinder, der breite, bürstenartige Pinsel herstellte. Auch Quest, Questl (Bayern), Quester.

Quetscher: mhd. *quetzer* »Münzpräger«.

Räcker, Räckers (ndrhein.-westfälisch): kontrahiert aus Rädeker = Rademaker, Wagner, Stellmacher.

Rademacher (neben älterem Rademaker): ist die ndd. Bezeichnung für den Stellmacher oder Wagner, kontrahiert: Ra(h)maker(s), Ramacher(s), Ramecker(s), Rademächers. Auch Radler, Rädler, Rädle, Redler, Redl (bayr.).

Raiser (obd.): mhd. *reisige* »berittener Söldner«, der Reisige (Landsknecht). Zum Teil auch Herkunftsname.

Ramm (Hamburg oft), Ramme (so urspr.): meinen sowohl den Widder als auch die Ramme, den Rammbock zum Einrammen von Pfählen oder als Sturmbock gegen feindliche Mauern.

Ranft, Ränft(e)l (obd.-schlesisch.), Rampft: = »Brotrinde, Brotkanten« (ndd. Knust); deutlich in Hartrampf (»harter Ranft«); Übername des kümmerlich Lebenden.

Räuchlin, Reuchlin: meint den Rauch der Schmiedeesse, also Übername des Schmieds. Auch Räuchle, schwäbisch Raichle.

Reber (obd.): wohl Weinreber, der Weinbauer (wie Rebmann).

Rebhuhn, Rebha(h)n: meint den Rebhuhnjäger. Ndd. Raphohn.

Rebstock: Übername des Weinbauern. (→Reber)

Rechenmacher (bayr. oft): Berufsname (mhd. *reche* »Rechen, Harke«, bes. für die Gras- und Heuernte).

Recknagel (thüringisch): kann Schmiedename sein wie Reckeisen, kann aber auch obszön gemeint sein, da Nagel und Zein (»Stäbchen«) auch Penis bedeuten (vgl. Stülpnagel). Ähnlich Zagel »Schwanz«.

Reddig (Hamburg oft), auch Reddich: mnd. *redik* »Rettich«; Übername des Gemüsehändlers.

Redeker (verschliffen Reker): siehe Rademacher.

Reff, Reffle (obd.): mhd. *ref(f)* »Kiepe, Rückentraggestell« des Hausierers oder Trägers (Reffträger).

Reffler (obd.): mhd. *reveler* »Schuhflicker«.

Rehm (Hamburg oft), Rehme: mnd. *reme* »Riemen«; Übername des Riemenschneiders *(remensnîder, remenmaker, remensleger)*. Auch Rehmer, Reemer (ndd.). Aber obd. Rehm beruht auf mhd. *reme* (Variante zu *rame*) und bedeutet Stütze, Gestell, Webrahmen.

Reiber (obd.): mhd. *rîber* »Reiber, Baderknecht«.

Reif, Reiff (München oft): gehört als »Faßreifen« zum Böttchergewerbe; also der Hersteller von Faßreifen (Bandschneider).

Reifenstuel (München): Übername des Stuhlmachers (mhd. *reifen* »biegen, winden«).

Reiser (bayr.), Reißer: zum Teil können der Zeichner und der Formschneider gemeint sein (mhd. *rîßer*). »Ich bin ein *Reißer* früh und spät«, heißt es bei Hans Sachs.

Reißmann: mhd. *reisman* »Kriegsmann«, auch reitender Bote, zu *reise* »Aufbruch, Heerfahrt«.

Renkl (München öfter) ist Variante zu Rinkl: mhd. *rinke* »Spange, Schnalle« zu Gürtel und Schuh; wohl auch Renker oder Rinker, der Rinkenmacher (Ringschmied).

Renner (obd., auch ndd.), Rinner: mhd. *rennaere* »gewappneter Reitknecht, reitender Bote«.

Repschläger, Reep-, Repp-, Reef-, Reipschläger: waren wie Reper in Seestädten die ndd. Bezeichnungen für den Seiler (Taumacher).

Rettig, Rettich: Übername des Gemüsehändlers, des Rettichbauern. (→Reddig)

Reuß (obd.): mhd. *riuße, altriuße* »Flickschuster«.

Rief(en)stahl (ndd.): Name (»reib den Stahl!«) für Stahlschmied oder Schwertfeger; auch Riewestahl, Rübenstahl.

Riem(en)schneider, Riemer (obd.): der Riemer. Auch Rie(h)m. (→Rehm)

Ring: häufiger Übername, meint im allgemeinen den Ringschmied und Drechsler von Fingerringen, Paternosterkügelchen u. ä. (Ringmacher, Ringdreher); läßt sich von Rin(c)k kaum trennen. Auch Ringel, Ringler.

Rodler, Rödler: amtlicher Schreiber (lat. *rotularius*).

Roller (obd.): mhd. = »Fuhrmann« des Rollwagens (Reisewagens).

Römer, Röhmer, Ro(h)mer: meint gewöhnlich den Rompilger, auch den Kaufmann, der nach Italien reiste.

Roo(c)k (Hamburg oft): ndd. *rôk* »Rauch«, wie Hüttenrauch; Übername für den Schmelzhüttenarbeiter oder auch Schmied, wie obd. Rauch, Räuchle u. ä. (→Räuchlin)

Rose (obd. Roos), Rösle(n), Rösgen (rheinisch): läßt sich wie Rosenblatt, Rosenblüt, Rosenstengel, Rosenstock, Rosenzweig, Rosenbaum als Übername des Rosengärtners bzw. Blumenhändlers deuten.

Roß, Rößle, Rössel: zum Teil Übername des Roßhändlers, Roßtäuschers.

Rothgerber: meint den Gerber, der seine Häute mit Lohe gar machte.

Rothgießer: meint den Kupfergießer.

Rothmaler: ein Beruf aus der Zeit der Handschriften und frühen Buchdruckerei; er malte die farbigen großen Initialen (Anfangsbuchstaben).

Rübel, Rüble, Riebl (obd.): = »Rübe«; Übername für den Rübenbauer, Rubenbauer (bayr. oft). Auch Rübener, Rüber, Rubner.

Ruder (München oft): Übername des Schiffers.

Rudnick (ostdeutsch): slawischer Berufsname für Erzgräber oder Grubenarbeiter.

Runge: meint die Stemmleisten am Leiterwagen, also Übername des Wagners oder Stellmachers. (→Leuchsner)

Sacher (Wien oft): die Häufigkeit dort ist wohl durch das jüdische Wort Sacher, von hebräisch *sochér* »Wanderhändler«, bedingt. Es spielt aber auch der Vorname Zacharias hinein. Auch Sachers.

Sadler, Sadelmacher: der Sattler.

Sager (ndd.), Säger, Seger (obd.): der Brettschneider bzw. Sägemüller.

Saliter: mhd. *saliter, salniter* »Salpeter«; meint den Saliterer, der ihn siedet bzw. damit handelt.

Sallwürk (obd.), Sallwerk: meint den Harnisch- und Panzermacher. Auch Sarwürk.

Salm: der Lachs (lat. *salmo*); Übername für Lachsfischer, aber auch vom Hausnamen (»Zum Salmen«) her.

Salzer (obd.): meint wie Salzmann den Salzhändler, zuweilen auch den Salzsieder. Der Salzmutter wie der Salzmesser maß bzw. verkaufte Salz scheffelweise (mhd. *mutte* »Scheffel«), der Salzstößer im Kleinhandel, desgl. der Salzgeber. Auch Salzl (bayr., österr.), Sälzle (württemb.).

Samme(t), Sambeth: der Samtweber bzw. -händler. Auch Samweber.

Sättele (schwäbisch): Übername für den Sattler. Auch Sättler, Sadler.

Sauter, Sautter, Seiter(le), Sutter (schwäbisch), Sütterle, Sütterlin: der Schuster und auch Schneider (mhd. *sûter* »Näher«).

Schaarschmidt: mhd. *schar* »Pflugschar«; dazu auch Schaar (Hamburg oft).

Schacht (ndd.): Übername für den Schachtschneider, der die Schäfte für Speere und Lanzen zuschnitt. Entstellt Schattschneider (Hamburg).

Schaf (Schaaf), Schäfle, Schaap (ndd.): meint als Berufs-Übernamen den Schafhirt (ndd. Schapherder) bzw. Schäfer, ndd. Schaper, Schäper.

Schäffler, Scheffler, Schöffler (obd.): Faßbinder, Schaffmacher, Böttcher. Desgl. Scheffel, bayr. Schöffel.

Schalk: mhd. = »Leibeigener, Knecht, Mensch in dienender Stellung«.

Scharf, Scharfe, Scharpf (obd.): = schneidend scharf, forsch. Auch ndd. Scharp(ing).

Scharsach(s): mhd. *scharsa(h)s* »Schermesser«.

Schatzer, Schätzer: der Steuereinnehmer, Taxator. Auch Schatzl, Schätzle (obd.), Schatzler (mundartl.).

Schauer: mhd. *schouwer* »amtliche Beschauer, Prüfer«; zum Beispiel Tuch-, Brot- und Fleischbeschauer. Auch obd. Schauber.

Schaumann (ndd.-westfälisch), Schomann, Schumann: der Schuhmacher oder -händler. Auch einfach Schau (wie Schuh). Desgl. Schaumäker (ndrhein.), Schauknecht, Schaubüßer (Flicker). (→Schubert)

Scheer (Hamburg oft), Sch(e)rer: meint den Bartscherer bzw. den Tuchscherer (Tuchscheer, Wandscheer, Bartscheer).

Scheidenreißer: meint den Graveur von Schwertscheiden (wie für Helme den Haubenreißer).

Scheithauer: der Holzspalter; auch Holzscheiter, Scheiter(er), Scheit.

Scheler (obd.): wohl Rindenschäler (Löher) zur Gewinnung der Gerberlohe.

Schelle, Scheller, Schellhammer: Übername für Schmiede, besonders für den Schellenschmied. Auch Schellschmidt, Schellenmacher, Schell(en)schläger.

Schenke, Schen(c)k (obd.): mhd. *schenke* »einschenkender Diener«, später auch Hofamt (Mundschenk). Schenker meint den Schankwirt.

Scherer, Scheerer: meint häufig den Tuch- oder Gewandscherer, seltener den Bartscherer. Auch Scherr (obd.) oder Scherrer. (→Scheer)

Scherl (obd.-bayr.): = Schere; Übername des Scherenschleifers bzw. Scherers.

Schermer (ndd.), Schirmer (obd.): der Fechter, Spielmann.

Schicker: der Ordner, Organisierer.

Schicketanz: der Tanzordner, Tanzlehrer (vgl. Regen-, Loben-, Preisentanz).

Schickfuß: wohl Botenname.

Schiffmann (obd.): der Schiffer.

Schild(t), Schilder (ndd.), Schilter (obd.): der Schilderer oder Schildmacher, zuweilen auch (Schild-)Maler.

Schinder: der Abdecker, tätig in der Schindehütte (mhd. *schinthûs* »Schlachthaus«).

Schindler, Schind(e)l (obd.-schlesisch): der Hersteller hölzerner Dachschindeln. Auch Schindelhauer.

Schin(n)agel, Schienagl (österr., bayr.): Übername des Nagelschmieds.

Schipper, Schippmann (ndd.): der Schiffer, Schiffmann.

Schir(r)macher (obd.-schles.): Geräte-, Werkzeug-, Geschirrmacher, zu mhd. *schirre* »Geschirr«. Dazu Schirrmeister, Schittenhelm.

Schleg(e)l, Schlögl (obd.): = Schlägel; Werkzeug zum Schlagen. Vgl. Schwingenschlegl, Bruckschlegl, Bornschlegl, Mühlschlegl, Wollschlegl. Also Berufs-Übernamen.

Schlei, Schley: Übername für den Fischhändler und Fischer. Auch Schlie, Schliemann (ndd.).

Schleif: kann, soweit obd., den Inhaber einer Schleifmühle meinen. Schleifstein: Übername des Schleifers.

Schleimer (obd.): mhd. *slîmer* »Hersteller von Klebstoff, Vogelleim«.

Schlöss(e)l: meint den Schlosser, Schloßmacher, Schloßhauer (ndd. Slotmeker, Sloter); auch Schlösser (österr.).

Schlot(t)hauer (-hauber, -häuber, -heiber), Schlotzhauer (-heuer, -heier): meint den Schilfrohrschneider (»in den Weihern sollen die *Schlotten* abgemäht werden«).

Schlüssler (obd.): mhd. = »Schlüsselträger, Beschließer«.

Schlüter (ndd.), Schleuter (ndrhein.), Schlieter, Schließer, Schleußer (obd.): meint weniger den Torschließer als den Verwalter häuslicher Vorräte und Schätze, den Beschließer oder Kämmerer. Auch Schlütter.

Schmal(t)z, Schmalzl, Schmälzle(r): Übername des Fetthändlers. Auch Schmeer, Schmerber.

Schmeidl(er) (obd.): der Geschmeidler, Schmuckhändler.

Schmelter (ndd.), Schmelzer: der Metallschmelzer und Gießer.

Schmidt: Die reiche Gliederung der Schmiedezunft im Mittelalter spiegelt sich in den Familiennamen wie Kupfer-, Eisen-, Stahl-, Gold-, Silber-, Hammer-, Helm-, Messer-, Hufschmidt usw. Schmid, Schmitt sind obd., Schmitz rheinisch, Schmedt ndd.; Koseform Schmedeke, Schmiedel.

Schmin(c)ke: der Schminke- oder Salbenmacher.

Schnarr (Hamburg): mnd. *snar* »Schnur«, *snarmeker* »Seiler«.

Schneider, Schneiders (rhein.), Schnieder(s) (ndd.-friesisch), Schnier(s) (ndd.-rheinisch): der Handwerker, der (aus Stoffen nach Maß) Kleidung anfertigt, näht. (→Schröder)

Schnickmann (ndd.): Führer einer Schnicke, eines kleinen Schiffes.

Schnittger, Schnittker, Schnittcher (nordwestdeutsch): der Tischler und Holzschnitzer.

Schnitz(l)er (obd.), Schnetz(l)er, Schnitz, Schnetz, Schnitzlein: meint den Holzschnitzer schlechthin (z.B. Bildschnitzer).

Schnur, Schnürchen (md.), Schnürle (obd.), Schnoor (ndd.): meinen den Schnürer (Schnurmacher, -dreher).

Scholl (obd.): wird deutlich durch Ackerscholle und Schollentreter als Übername für den Bauern.

Scholz, Schölzel, Schelzel (schlesisch): mhd. *schultheiße:* Schulz(e) »Vorsteher der Dorfgemeinde«.

Schop(p)enhauer (ndd.): Berufsname aus dem Holzgewerbe. Auch Schoop, Schopp.

Schöps, (Scheps, Schöbs, Schäbs): slawische Bezeichnung für den Hammel; zum Teil wohl Übername des Schafzüchters (aber auch des Fleischers).

Schorstein: alte Form für Schornstein; Übername für den Schornsteinfeger (Rauchfangkehrer).

Schöttler (ndd.): meint den Schüßler = Drechsler hölzerner Schüsseln.

Schöttner (obd.): der Schottenmacher = Quarkmacher oder -händler (mhd. *schotte* »Quark«).

Schrape (ndd.): Schabwerkzeug, Hobel.

Schreiber, Schreber (sächsisch), Schriever, Schriefer (ndd.): mhd. *schríber* »des Schreibens kundiger Mann im Dienste geistl. und weltl. Herren«, Hof-, Stadt-, Kanzleischreiber u.ä.

Schreiner (obd., rheinisch): Berufsname für Tischler, wörtlich »Schreinemacher«, rhein. Schreinemakers. Dazu Übername Schreindl (bayr., österr.).

Schröder (ndd.), Schröer, Schrörs, Schreurs (ndrhein.), Schrader (ostfälisch): meint urspr. allg. den Schneider, später jene Kaufleute (Laubenherrn), die Tuche und andere Stoffe ellenweise ausschnitten und verkauften.

Schröpfer: Badergehilfe, der mit dem Schröpfkopf zur Ader ließ. Auch Schräpfer (bayr., österr.), Schrepper (md.-ndd.).

Schröter, Schrödter (schlesisch, sächsisch, thüringisch): entsprechen dem ndd. →Schröder; meint aber auch den Verlader von Bier- und Weinfässern (Faßzieher).

Schubert (Sachsen, Schlesien, Österr.): entstand durch Umwandlung des mhd. Wortes *schuochwürchte* oder *-worchte* in *schuwort* oder *schuwert,* was Schuhmacher (eigtl. Schuhwirker) bedeutete. Auch Schubart, Schubrig, Schubrich, Schuh (obd.), Schuch(h)ardt, Schuchert, Schuckert, Schuchmann (obd.), Schucher, Schuher.

Schuffenhauer (sächsisch): Variante zu ndd. Schoppenhauer. Auch Schüffner.

Schüssler, Schüssel: siehe Schöttler.

Schuster (obd.): verschliffen aus mhd. *schuochsûter, schuochster* »Schuhnäher«, der Flickschuster. Dazu bayr. Schüsterl, Schiesterl, Schüstl, Schiestl.

Schütt(e) (ndd.), Schütz(e) (obd.): meint im allgemeinen den Flurschütz, Flurhüter.

Schwegler (obd.): der Flöter, Pfeifer (auf der Querflöte des Hirten aus Holunder oder Knochen).

Schweinschneider: meint den Kastrierer der Schweine wie Sauschneider. Schweinhardt ist ndd. der Schweinehirt; auch Schwein, Schweinle, Schwien (ndd.) ist Berufs-Übername für Schweinehirten, -züchter, -händler, -fütterer.

Schwep(p)e (ndd.): Übername des Schwepenheuer, des Zimmermanns, der die Schräglatten für die Dachsparren zuhaute.

Schwertfirm, Schwärzfirm (obd.): entstellt aus mhd. *svertvürbe,* der Schwer(d)tfeger, Waffenschmied. Dazu die Übernamen: Schwerdt, Schwertl (bayr.).

Schwingenschlögl (bayr.): meint den Büttner, Faßbinder.

Schwing(en)hammer, -nagel, -eisen sind als Schmiede-
namen bezeugt.

Seckler (obd.): mhd. = »Säckel-, Schatzmeister«, evtl. auch
der →Beutler.

Seel, Seeler (ndd.): für Seil; Übername des Seelmekers, Seel-
winders, Seilers. Dazu Seel(en)binder.

Segisser, Sägesser (obd.): der Sensenschmied (mhd. *segense*
»Sense«). Dazu ndd. Seißenschmidt.

Segler (ndd.): der Segelmacher.

Seidennader, Seidennather (München): der Seidennäher.

Seiger: mhd. *seiger* »Waage« (dann auch Uhr), der Seigerschmied (Großuhrmacher).

Seiler (obd.-md.-schlesisch): Hersteller von Seilen, Schnüren, Kordeln aus Hanf- oder Flachsgarn. (→Repschläger,
Seel)

Selcher, Selchert (obd.): der Fleischräucherer oder Fleischer.

Semmler (obd.), Simmler, Semmel, Simmel: meint den
Semmelbäcker, Weißbrotbäcker. Auch Semmelweis (mhd.
weiß »Weizen«).

Senf(f), Senft, Sempf: Berufs-Übername des Senfmachers
(vgl. Sauersenf).

Senger: meint wie Singer den Sänger, Kantor, Musiker.

Senn(er): der Alpenhirt, Melker, Käsebereiter.

Settmacher, Sethmacher: Hersteller von Setten (mhd. =
»Körbe, Schüsseln«).

Sieber (obd.), Siebler (bayr. oft): der Siebmacher.

Sieler: stellte Sielen (Sielengeschirre) für Zugtiere her.

Silber: Berufs-Übername des Silberschmieds, Silberbrenners,
Silberhändlers sowie auch des Silbergräbers (im Silberberg-
werk). Dazu Silbernagel: der Silberschmied. Silbermann:
der Silberhändler (vgl. Goldmann).

Simrock: verschliffen aus Siebenrock; Übername des Schneiders (vgl. Siebenschuh: der Schuhmacher; Siebenwurst:
der Fleischer usw.).

Sinner (obd.): mhd. »Eichmeister, Visierer«.

Sohm (obd.): mundartl. für Sahm, mhd. *sâme* »Samen, Saat(feld)«; Übername des Sämanns oder Samenhändlers.

Sölter (ndd.), **Sälzer** (obd.): der Salzhändler. Auch Soltmann, Soldmann.

Sonntag: zum Teil durch sonntägliche Berufsarbeit bedingt.

Spanner (bayr. oft): mhd. »Ballenbinder und Auflader«.

Span(n)rad (bayr.): Übername des Wagners. Span(n)ring bayr., österr.): Übername des Schmieds. Span(n)uth (ndd.) = Spannaus: Fuhrmannsname wie Spannan.

Sparr(e) (Hamburg oft): = Dachsparren, -balken; Übername des Zimmermanns.

Speck, Speckle: meint den Speckesser (ndd. Speckäter) bzw. den Speckschneider, also Berufs-Übername; vielleicht für Speckäter auch Speckter. (→Schmal(t)z)

Speer: Hersteller der Speerschäfte. Aber Sperisen (thüringisch): der Schmied, der Speerspitzen formt. In Sachsen und Schlesien beruht Speer wie Spehr vielfach auf Spe(h)rer, entrundet aus →Spörer = Sporenmacher.

Speiser, Spieser (ndd.): der Speisenmeister, Speisenausteiler, ein Hof- und Klosterbeamter, auch in Spitälern.

Spen(d)ler: Hersteller von Stecknadeln.

Spengler (obd.): der Klempner, Flaschner, Blechschmied, zu mhd. *spengel(in)* = kleine Spange. Dazu Spengel (Spangenmacher), Spenger (mit Spangen versehen).

Spieg(e)l, Spiegler, Spegel (ndd.): der Spiegler oder Spiegelmacher.

Spielmann, Spillmann, Spielmanns (ndrhein.), Spelmann (ndd.): im Mittelalter fahrender Sänger, Musikant, Spaßmacher, Gaukler. Dazu auch Spieler (obd.).

Spieß, Speth, Speith: der Spießmacher, Spießschmied.

Spill(e), Spill(n)er, Spilleker, Spilche(r), Spindler (obd.-schlesisch): meinen den Spindeldrechsler.

Spinnräker (ndd.-westfälisch): der Spinnradmacher.

Spitzweg: irreführende Schreibung für Spitzweck, wie Schlitzwegg für Schlitzweck und Butterwegg für Butterweck; lauter obd. Bäckernamen.

Splettstößer (ndd.): der Kleinhändler mit Holzspänen, Brennholz, Schindeln. Auch Splittstößer, Splitt, Splett, Splitt-
gerber, Splieht, Splitter, Spletter.

Spohr, Spöhrle, Spörl: meint den Sporenmacher (Spohrer,
Spörer). Auch Spehr, Spehrer (schlesisch, sächsisch) ist
urkdl. Spöhrer. Dazu Spörner, Sperner, Spörndle, Spor-
bert.

Spranger, Sprenger, Springer: der Gaukler, Tänzer.

Sprecher: mhd. = »Schwätzer«, auch Reimsprecher, der
Gedichte vortrug.

Sprotte (Hamburg): Übername für Fischhändler.

Spuler (obd.): der Spulendrechsler (mhd. *spuole* »Weber-
spule«, aber *spuol* »Federkiel«: Schreibername.

Staa(c)k, Staake (ndd.): lange Stange (vgl. Stakenhauer), wie
obd. Stange, Stangl, Stängle = Berufs-Übernamen.

Stäcker (ndd.): = »Stecher«; der Kastrierer.

Stahl, Stäheli(n): meist Berufs-Übername für Schmied (Stahlschmied) bzw. Stahlhändler. Obd. auch Stahler, Stähler.

Staib, Staible, Staiber (obd.-schwäbisch), Steib, Steible, Stei-
ber, Steub, Steuble, Steuber, Stoiber: = »Staubaufwirb-
ler«; Übername des Müllers. Auch Staub, Stauber, Stäu-
bel, Stäuble.

Stecher, Stäcker (ndd.): der Kastrierer; sekundär Stechert
(sächsisch), Stech(e).

Steen (ndd.): = Stein; meint zuweilen den Steenbicker
»Steinhauer« bzw. Steenwarber (Steenwerker).

Stegreif: = Steigbügel; Berufs-Übername für den Steigbügelmacher.

Steinbeiß, Steinbiß (obd.): der »auf Stein Beißende«, gemeint ist z.B. der Steinhauer, Steinmetz.

Steinbrecher, Steinbreker (ndd.): der Arbeiter im Stein-
bruch.

Steinheil (württemb.): entrundet aus Steinhäuel = Steinhauer.

Steinl(e), Steindl (obd.): Berufs-Übername zu Steinhauer,

Steinbicker, Steinmetz, Steinbrecher, Steinschneider, Steinmann (vgl. mhd. *steinler* »Edelsteinhändler«).

Steinmetz, Steinmetzel, Stamitz (österr.): der Steinmetz, Steinhauer. Auch Steinwerker, Steinwürker, Steenwerth (ndd.).

Steinschneider: Kunsthandwerker, der Wappen, Figuren u. dgl. in Edel- und Halbedelsteine schnitt.

Stellmach, Stallmach, Stellmacher: der Wagner.

Stender (Hamburg): mnd. = »Pfosten«; Übername des Zimmermanns (wie Balke, Stallbom, Pfost).

Sterzer, Störzer: mhd. = »Landstreicher«. Auch Sterzel, Störzel.

Steuer, Steuerlein (obd.): kann den Steuereinnehmer (Steurer) wie den Steuermann (ndd. Stührmann) meinen.

Stich: der beruflich Stiche macht, z. B. der Schneider, Schuster usw.

Stiehler, Stieler, Stühler, Stüler: der Stuhlmacher, Stuhlflechter, Stuhldrechsler; aber Stiehl ist Berufs-Übername wie Hammerstiel, Pfannenstiel, Birnstiel u. ä.

Stoll(e): mhd. *stolle* »Gestell, Stütze, Pfosten«, zum Teil wie Stollwerk; Übername des Zimmermanns oder Tischlers.

Stößel: der mit dem Stößel arbeitet; auch Stößer: der Waren in Gefäße (Säcke) stößt, Kleinhändler wie Salzstößer, Krautstößer u. ä.

Stöver, Stöber, Stöwer (ndd.): meinen den Badstöver wie obd. Stuber, Stüber, Stieber den Bader oder Badestubeninhaber.

Strähler, Strehler (obd.): mhd. = »Kammacher«.

Streicher: mhd. *stricher;* war ein behördlicher Prüfer, sei es Kornmesser oder auch Tuchprüfer.

Stricker, Strickert: mhd. auch = »Seiler«; stricken, eigentlich »knüpfen«. Vgl. Seiden-, Hosen-, Haubenstricker.

Stri(e)tzel (schlesisch, sächsisch, österr.): mhd. *strützel* »längliches Kuchenbrot, Stollen«. Als Bäckername bezeugt.

Stroh, Ströhlein: bäuerlicher Übername, besonders für Strohhändler (Strohmann, Strohmenger, Strohschneider).

Stückler (obd.): meint den Flickschuster oder -schneider.

Stückle(n): mhd. = »Stück Tuch«; Berufs-Übername für den Schröder.

Stü(h)rmann (ndd.): der Steuermann.

Stut(e), Stuth(e) (ndd.): meint ein (schenkelförmiges) Gebäckstück aus Hefeteig. Vgl. Studebaker = Stutenbäcker.

Sülter (ndd.), **Sulz(n)er** (obd.), **Sülzer**: der Sulzer oder Sülzemacher.

Sup(p)an (slawisch): der Bezirksvorsteher, Vogt, Gutsverwalter.

Taferner (obd.): der Schankwirt, Gastwirt.

Taschner, Täschner, Teschner, Taschler, Teschler, Däschler: der Taschenmacher.

Tauber, Taubert, Teuber, Teubert, Teubner: der Taubenzüchter bzw. Taubenhändler.

Teg(e)ler (ndd.), Teigeler: der Ziegler, Lehmziegelmacher. Dazu Tegelmann, Tegelhütter, Teigelkötter, Teigelkamp(f).

Teichler (obd.-schlesisch), Teichner, Teichmann, Teicher(t) (schlesisch und sächsisch): Der Reichtum der schlesischen Ebene an Teichen hatte im Mittelalter eine blühende Fischteichwirtschaft zur Folge.

Tipp(e) (ndd.): Übername des Tippenhauers, ndd.-rheinisch *tippe, tibbe* = hölzerner Kübel, kleiner Bottich, auch Tubbe.

Tischer: war bis ins 17. Jh. in Mitteldeutschland die übliche Form für Tischler.

Tomschläger, Thomschläger (ndd.): = Zaummacher, der Zaumzeuge herstellte, mhd. *zoumer* »Zügelmacher«.

Tonn(e) (Hamburg oft): Tonnenmacher, der Böttcher oder Faßbinder.

Töppler: mhd. *topeler* »Würfelspieler«.

Töppel (md.-schlesisch): = Töpfel, Topf; Berufs-Übername des Töpfers, md.-ndd. Töpper, entrundet auch Tepper, Tepfer.

Trage (obd.): mhd. = »Träger«, Last- oder Warenträger.

Träger (ndd. Dräger), auch Trager: im Mittelalter sowohl Last- und Sackträger als auch Hausierer, der Waren des täglichen Gebrauchs zutrug, besonders auf dem Land.

Traub, Traube, Traubel, Träuble: häufig im alemannisch-schwäbischen Weinbaugebiet Übername des Weinbauers; entrundet Treibel, Treibler. Auch Weintraub.

Trax(e)l, Traxler, Trachs(e)l: siehe Drechsel.

Treiber: der Viehtreiber (Sautreiber, Kuhtreiber, Eseltreiber). Auch ndd. Driever.

Tressel, Tresselt (thüringisch, fränkisch): siehe Drechsel.

Tripp(e)nmacher, Trippenhauer: meint den Holzschuhmacher. Auch Trippner, Tripp(schuh).

Trösch(er), Trösche (alemannisch-schwäbisch): siehe Drescher.

Trüller (obd.): mhd. = »Gaukler, Possenreißer«.

Trumm(er): meint den Trommler. Auch Trümper (ndd.), Trümpler (obd.), Trump (bayr.), aber Trummeter (mhd.) = Trompeter.

Tucher (obd.): mhd. *tuocher* »Tuchmacher«. Sekundär Tuchert. Händler ist der Tuchmanger, Tuchmenger.

Ungelter, Umgelter: Einnehmer des Ungeltes (Verbrauchssteuer von Lebensmitteln).

Unschlitt: der Talg-, Unschlitt-, Seifenhändler.

Up(p)legger (ndd.): der Auflader, für die See- und Handelsstädte bezeichnend.

Vath (ndd.): wie Fath = Faß; Übername des Faßbinders.

Veh (München): = Feh, Fäh (obd.) = mhd. *vêch* »buntes Pelzwerk«; Übername des Kürschners.

Vogel, Vögelein, Vögele, Vögeli, Vagel (ndd.): Übername des Vogelfängers (Vogler, Vageler, Vög(e)ler) bzw. Vogelhändlers. Vogelsang und Vogelweid (vgl. Walther von der *Vogelweide*) sind hingegen öfter Flurnamen.

Vogt: mhd. *voget (voit)* »berufen« (zur Verwaltung), der Statthalter, Land-, Stadt-, Gerichts-, Marktvogt usw. Schreibung Voigt ist Kanzleiprodukt des 16. Jhs. Obd. ist Vögt(le), bayr.-mährisch Voitl, ndd. Vagd, fränkisch Fauth.

Waage, Wagemann, Wäger: der an der Stadtwaage Beschäftigte.

Wachs: Übername des Wachsziehers oder Wachshändlers.

Wachter, Wächter: im allgemeinen der Nachtwächter.

Wadenspanner: der Netzfischer (nhd. *wate, wade* »großes Zugnetz«).

Wagenführ, Wagenführer: der Fuhrmann (ndd. Wagenvörer). Desgl. Wagenknecht, Wagenmann, Wagendriver (*driven* »antreiben«). Wagenseil = Übername des Fuhrmanns und auch des Seilers.

Wagner, Wagener, mundartl. Wainer, Weiner(t), Wehner(t): der Wagenbauer, Stellmacher. Weg(e)ner ist ndd., Wegler badisch; dazu als Übernamen Wägelin, Wegele.

Waib(e)l (obd.), Waible, Weib(e)l: mhd. = »Gerichtsdiener, Büttel«, später Webel (vgl. Feldwebel).

Walcher, obd. Variante zu Walker: meint den Tuchwalker. Ndd. auch Welcker.

Waldheyer, Waldheuer (obd.): der Holzhauer, Holzfäller.

Walzer (obd.): meint wohl den Walzenmüller.

Wamser, Wameser, Wambescher, Wamsler (obd.): der Wamsmacher.

Wandschneider (Hamburg oft), Wandscher(er), Wandmaker, Wandmacher (alle ndd.): der Gewandschneider, auch Tuchscherer. (→Gewand)

Wascher (obd.), Wescher: auch Hering-, Kuttel-, Faß-, Schleierwäscher.

Wassermann: nach der Wohnstätte am Wasser, bayr. auch Bassermann, zum Teil wohl auch der beruflich mit Wasser zu tun hatte (vgl. Wasserführer, Wasserzieher, Wasserschöpfer u. ä.).

Weber, Wöber (bayr.), Waber (schlesisch), Wever, Wefer (ndd.): meint den Leinen- wie den Wollweber.

Wecker (bayr., württemb.), wohl der Weckler: »Weckenverkäufer« (Weckemann).

Weid(e)mann: mhd. = »Jäger«, aber auch »Fischer«, zum Teil auch Weidner (obd.).

Wein: meint im allgemeinen den Weinschenk, Weinhändler (auch Weinmann, Weimann, ndd. Wiemann), Weinbauer.

Weinbe(e)r (bayr.): Übername des Weintraubenhändlers bzw. Winzers.

Weinheber (österr.): wohl Übername des im Weinkeller Beschäftigten.

Weinmayer (bayr., württemb., österr.): der über die Weinabgaben wachende Maier, Verwalter eines Weinguts.

Weinmesser (obd.): städtischer Meßbeamter wie Salz-, Kornmesser.

Weinzierl (obd., bayr. oft): mhd. *winzürl* »Winzer«.

Weißgerber: der das Leder weißgar macht, mit Alaun gerbt statt mit Lohe wie der Lohgerber.

Weiter, Weitert (bayr.): mhd. *weitaere* »Blaufärber«, aber auch »Fischer mit dem *weit*«, einer Art Netz.

Weitz, Weitze, Weitzmann: meint den Weizenhändler, Weizenbauer, auch obd. Waitz.

Werfel: mundartl. Form für Wörfel, Würfel (z.B. in Böhmen). Gemeint ist der Wörfeler, Würfeler = Würfeldrechsler oder -spieler.

Werkmeister: Handwerksmeister in leitender Stellung, besonders des Baugewerbes. Ähnlich Werkmann: Handwerker, Bauwerker. Auch Werker, Werk, Werkle.

Wetzger, Wetschger, Wetscher (obd.): mhd. = »Reisetasche, Felleisen«, wohl Berufs-Übernamen.

Wetzstein: = Schleif- und Wetzstein; Berufs-Übername für den Schleifer u.ä.

Wicker (Stuttgart oft): mhd. = »Zauberer, Wahrsager, Gaukler«.

Wiegner (obd.-schlesisch): wohl der Wiegenmacher.

Wildwerker (obd.): mhd. = »Kürschner, Pelzhändler«.

Wirth, Würth, Würthle (obd.), Wir(t)z (ndrhein.), Wirtgen, Wirths: der Gastwirt.

Woll(en)schläger: der die Wolle durch Schlagen reinigt und lockert. Auch Wollschlegel, Wohlschlegel, Wohlschlag

(Baden), Wohlschläger (bayr.). Obd. auch Wollner, Wöll-
ner.

Woll(en)weber, Wull(en)weber, Wüll(en)weber, Wollner,
Wolle, Wulle, Wüllner: Berufs-Übernamen aus dem Woll-
und Tuchmachergewerbe (z.B. Wollhändler bzw. -weber).

Wunder, Wunderl(e), Wunderli(n), Wunderer: der sich mit
ungewöhnlichen Dingen oder Ereignissen abgibt, Wunder-
täter, auch Neuigkeitskrämer.

Wüpper (Hamburg häufig): ist gerundet Wipper, ein ndd.-
friesischer Berufs-Übername (vgl. Kipper und Wipper).

Wurst, Würstle, Würstl, Worst (ndd.): Berufs-Übernamen
des Wurstmachers (obd. Wurster) bzw. Fleischers.

Wür(t)z, Wurz (obd.): mhd. = »Kraut, Gewürzkraut«;
Berufs-Übernamen des Gewürzkrämers bzw. Kräuterhändlers. Auch Würzer, Würzner, Wurzer. Zu Wurzel
vgl. den Wurzelgraber, Wurzelmann, Oldewurtel (ndd.).

Zang(e), Zängel, Zängelin (obd.): Schmiedename; vgl. Hammer, Nagel u.ä.

Zapf, Zäpfel, Zäpfle (obd.), Zapp(e) (md.), Tappe (ndd.):
meint den Zapfer, Zapfner, ndd. Tapper = Schankwirt.
Zuweilen auch Trunkenbold.

Zauner (obd.), Zäuner, Zeuner: der Zaunmacher, mhd. *zûn*
»Dorfzaun, Hecke«; auch der daran Wohnende.

Zechmeister: Vorstand einer Zeche (Zunft, Bruderschaft).
Zechmann: mhd. = »Mitglied einer Zeche«. Desgl.
Zecher: mhd. auch = »Anordner«. Dazu Zechbauer,
Zechmayer, Zechner.

Zehender (bayr., österr., württemb., schweiz.): der für den
Grundherrn den »Zehnten« erhebt, eine bäuerliche Abgabe. Auch Zehnder, Zender, Zehnter, Zehner, Dazu
Zehe(n)tner, Zehetmaier, Zehetbauer, Zehetgruber, Zehet-
hofer.

Zeidler (obd.), mundartl. Zeitler (österr.): mhd. *zîdler* »Im-
ker, der die Waldbienenzucht betreibt«. Auch entrundet
Zedler.

Zeiner, Zainer (obd.): mhd. = »Schmied, der Stabeisen her-

431

stellt«. Für den Korbflechter sagte man allgemein Zeinler, auch Zeindl(er).

Zeise, Zeisel, Zeisle, Zeisler: meinen den Zeisig; Übernamen des Vogelstellers oder -händlers.

Zelt(n)er (obd.): Bäcker, der flaches Backwerk, Fladen herstellte (vgl. Lebzelter).

Zentgraf, Zintgraf, Zinkgraf, Zinkgreff, Zinngrebe: Vorsitzender des alten Zentgerichts.

Zickler (Wien oft): der Ziegen-, Zickenzüchter.

Zi(e)chner (obd.-md.): der Ziechenleinwand webte (mhd. *zieche* »Bettzeug, Kissenbezug«). Auch Züchner.

Ziegler: der Ziegelbrenner. (→Tegeler)

Zimmer, Zimmerle, Zimmerling: meinen den Zimmermann. Dazu auch Zimmerer.

Zinn, Zinnkann: meinen den Zinngießer, obd. auch Zinner.

Zistler (bayr.): der Korbmacher (mhd. *zistel* »Körbchen«).

Zobel: meint im allgemeinen den Zobelpelz, also Übername des Kürschners oder Pelzhändlers.

Zoller, Zöller, Zollner, Zöllner (obd.): mhd. *zoller* »Zolleinnehmer, Zöllner« (vgl. Mautner).

Zott, Zotterl, Zottel, Zöttl wie Zottmann, Zotter, Zottmaier, Zottler (alle obd.): beziehen sich auf mhd. *zotte, zote* »zottige Wolle«.

Zuber (obd.), Zober: mhd. = »Holzgefäß, Schaff, Bottich« mit zwei Handgriffen; Übername des Faßbinders.

Zucker: kann den Zuckermacher oder Zuckerhändler (Zuckermann) meinen. Auch Zuckermandl (bayr.).

Zwack (bayr. öfter): mundartl. = Zweck, kleiner Nagel; Übername z. B. für den Schuster oder Nagelschmied. Auch Zwacker, Zweck.

Zweig(le), Zweigler (obd.), Zweigert, Zweigart, Zweichard: wohl zu mhd. *zwîgen* »pfropfen, pflanzen«, also der Gärtner.

Zwicker: auf obd. Boden im allgemeinen Berufs-Übername (mhd. *zwicken* »einklemmen, packen, zerren«).

Zwiebler, Zwiefel (bayr.): Zwiebelmann, Zwiebelbauer oder -händler.

Zwirner (obd.): Hersteller von Zwirn. Auch Zwerner, neben Zwirnmann, Zwernemann. Dazu als Übernamen Zwirn, Zwirnlein, Zwi(e)rlein.

Ein nicht unbeträchtlicher Teil deutscher Familiennamen leitet sich von Tätigkeiten, von Berufsbezeichnungen, von Werkzeugen, von Erzeugnissen und Handelswaren ab, ja sogar von typischen Arbeitsgeräuschen und Begleiterscheinungen. Die hier getroffene Auswahl orientiert sich in erster Linie an Hans Bahlows *Deutschem Namenlexikon* (zitiert aus Suhrkamp Taschenbuch 65, 1985).

ABKÜRZUNGEN   ahd. = althochdeutsch; bayr. = bayrisch; md. = mitteldeutsch; mhd. = mittelhochdeutsch; mnd. = mittelniederdeutsch; ndd. = niederdeutsch; ndrhein. = niederrheinisch; nordd. = norddeutsch; obd. = oberdeutsch; österr. = österreichisch; südd. = süddeutsch; schweiz. = schweizerisch; württemb. = württembergisch.

Quellen

G. **Adelmann**: Über die Krankheiten der Künstler und Handwerker, nebst einigen allg. Bemerkungen. Würzburg 1803.

G. **Agricola**: Zwölf Bücher vom Berg- und Hüttenwesen (De re metallica libri XII). Basel 1556 (dt.: Stuttgart 1977).

L. E. **Andés**: Verarbeitung des Hornes, Elfenbeins, Schildpatts, der Knochen und der Perlmutter. Wien 1925.

Ph. **Aries** und G. **Duby** (Hg.): Geschichte des privaten Lebens. Frankfurt/Main 1990.

E. **Arnberger** (Hg.): Lexikon zur Geschichte der Kartographie. Wien 1986.

H. **Bächtold-Stäubli** (Hg.): Handwörterbuch des deutschen Aberglaubens. Berlin und Leipzig 1927–1942.

L. **Bagrow**: Die Geschichte der Kartographie. Berlin 1951.

H. **Baumgärtel**: Bergbau und Absolutismus. Leipzig 1963.

G. **Bause** u. S. **Wollgast** (Hg.): Biographien bedeutender Techniker, Ingenieure und Technikwissenschaftler. Berlin 1983.

G. **Bayerl**: Die Papiermühle. Vorindustrielle Papiermacherei auf dem Gebiet des alten deutschen Reiches — Technologie, Arbeitsverhältnisse, Umwelt. Frankfurt/Main 1987.

L. **Beck**: Die Geschichte des Eisens in technischer und kulturgeschichtlicher Beziehung. Braunschweig 1884–1901.

Th. **Beck**: Beiträge zur Geschichte des Maschinenbaus. Berlin 1899.

J. **Beckmann**: Anleitung zur Technologie, oder zur Kenntniß der Handwerke, Fabriken und Manufacturen, vornehmlich derer, welche mit der Landwirthschaft, Polizey- und Cameral-Wissenschaft in nützlichster Verbindung stehen, nebst Beiträgen zur Kunstgeschichte. Göttingen 1777 und Wien und Krems 1823.

J. Beckmann: Beiträge zur Geschichte der Erfindungen. Leipzig 1783–1786 (Nachdruck Hildesheim 1965).

J.-F. Bergier: Die Geschichte vom Salz. Frankfurt / New York 1989.

W. Bernt: Altes Werkzeug. München 1939.

J. Bersch: Allgemeine Waarenkunde. Handbuch für Kaufleute und Gewerbetreibende. Wien, Pest, Leipzig o. J.

W. Bersch: Mit Schlägel und Eisen. Wien, Pest, Leipzig 1898 (Nachdruck Düsseldorf 1985).

M. Beutelspacher: Kultivierung bei lebendigem Leib. Alltägliche Körpererfahrungen in der Aufklärung. Weingarten 1986.

W. Boeheim: Handbuch der Waffenkunde. Leipzig 1890 (Nachdruck Graz 1966).

A. Bohnsack: Spinnen und Weben. Reinbek bei Hamburg 1981.

F. Braudel: Sozialgeschichte des 15.–18. Jahrhunderts. München 1985–1986.

F. Braudel (Hg.): Europa. Bausteine seiner Geschichte. Frankfurt 1989.

Ch. Bricker und R. V. Tooley: Gloria Cartographiae. Berlin 1971.

J. Broelmann: Schiffbau. Handwerk, Baukunst, Wissenschaft, Technik. München 1988.

E. Consentius (Hg.): Meister Johann Dietz erzählt sein Leben. Nach der alten Handschrift in der Kgl. Bibliothek zu Berlin. Ebenhausen bei München 1915.

A. Corbin: Pesthauch und Blütenduft. Eine Geschichte des Geruchs. Frankfurt 1988.

W. Danckert: Unehrliche Leute. Die verfemten Berufe. Bern und München 1963.

L. Darmstaedter: Handbuch zur Geschichte der Naturwissenschaften und der Technik. Berlin 1908.

M. Eliade: Schmiede und Alchimisten. Mythos und Magie der Machbarkeit. Stuttgart 1980.

N. Elias: Über den Prozeß der Zivilisation. Frankfurt/Main 1976.

Ersch und Gruber: Allgemeine Encyklopädie der Wissenschaften und Künste. Leipzig 1818 ff.

W. Fischer (Hg.): Quellen zur Geschichte des deutschen Handwerks. Göttingen 1957.

E. Friedell: Kulturgeschichte der Neuzeit. München 1927 bis 1931.

H. Glafey (Hg.): Textil-Lexikon. Stuttgart und Berlin 1937.

W. Grassmann (Hg.): Handbuch der Gerbereichemie und Lederfabrikation. Wien 1936–1961.

O. Haberleitner: Handwerk in Steiermark und Kärnten vom Mittelalter bis 1850. Graz 1962.

A. Haemmerle: Alphabetisches Verzeichnis der Berufs- und Standesbezeichnungen vom ausgehenden Mittelalter bis zur neueren Zeit. München 1933.

M. Heidelberger und S. Thiessen: Natur und Erfahrung. Von der mittelalterlichen zur neuzeitlichen Naturwissenschaft. Reinbek bei Hamburg 1981.

G. Heilfurth: Der Bergbau und seine Kultur. Zürich 1981.

A. Hermann und W. Dettmering: Technik und Kultur. Düsseldorf 1990–1993.

R. O. Herzog (Hg.): Technologie der Textilfasern. Berlin 1927–1935.

M. Heyne: Das altdeutsche Handwerk. Straßburg 1908.

O. Holzapfel: Lexikon der abendländischen Mythologie. Freiburg, Basel, Wien 1993.

J. H. G. von Justi: Vollständige Abhandlung von den Manufacturen und Fabriken (hg. mit Verbess. u. Anm. von J. Beckmann). Berlin 1780.

Karmarsch und Heeren: Technisches Wörterbuch. Prag 1877.

A. Keller: Der Scharfrichter in der deutschen Kulturgeschichte. Bonn und Leipzig 1921.

F. **Klemm**: Zur Kulturgeschichte der Technik. Aufsätze und Vorträge 1954–1978. München 1979.

G. **Kohler** (Hg.): Die schöne Kunst der Verschwendung. Zürich und München 1988.

W. **König** (Hg.): Propyläen Technikgeschichte. Berlin 1991 bis 1992.

P. **Laslett**: Verlorene Lebenswelten. Geschichte der vorindustriellen Gesellschaft. Wien 1988.

C. **Levi-Strauss**: Die eifersüchtige Töpferin. Nördlingen 1987.

O. **Lueger** (Hg.): Lexikon der gesamten Technik. Stuttgart, Leipzig, Berlin, Wien 1894.

U. **Mämpel**: Keramik. Von der Handform zum Industrieguß. Reinbek bei Hamburg 1985.

C. **Matschoß**: Männer der Technik. Berlin 1925.

H. **Mommsen und W. Schulze** (Hg.): Vom Elend der Handarbeit. Probleme historischer Unterschichtenforschung. Stuttgart 1981.

E. T. **Morris**: Düfte. Kulturgeschichte des Parfums. Solothurn und Düsseldorf 1993.

J. **Muck**: Der Erdwachsbergbau in Boryslaw. Berlin 1903.

L. **Mumford**: Mythos der Maschine. Kultur, Technik und Macht. Wien 1974.

E. **Neweklowsky**: Die Schiffahrt und Flößerei im Raume der oberen Donau. Linz 1952–1964.

Ch. F. **Nicolai**: Beschreibung einer Reise durch Deutschland und die Schweiz im Jahre 1781 nebst Bemerkungen über Gelehrsamkeit, Industrie, Religion und Sitten. Berlin-Stettin 1785.

K.-F. **Olechnowitz**: Der Schiffbau der hansischen Spätzeit. Weimar 1960.

G. **Otruba**: Böhmens sozioökonomische Zustände im Biedermeier auf Grund der Reiseberichte von Charles Sealsfield und Peter Evan Turnbull, in: Bohemia Bd. 30 (1989).

A. **Paulinyi**: Industrielle Revolution. Vom Ursprung der modernen Technik. Reinbek bei Hamburg 1989.

J. Peters (Hg.): Ein Söldnerleben im Dreißigjährigen Krieg. Berlin 1993.

H. Pirenne: Geschichte Europas. Von der Völkerwanderung bis zur Reformation. Frankfurt/Main 1982.

J. H. M. Poppe: Die Technologie in ihrem ganzen Unfange, oder die Kenntnis aller Handwerke, Manufakturen, Fabriken und der übrigen technischen Künste. Stuttgart 1829.

G. Radbruch und H. Gwinner: Geschichte des Verbrechens. Versuch einer historischen Kriminologie. Frankfurt/Main 1990.

J. Radkau: Technik in Deutschland. Vom 18. Jahrhundert bis zur Gegenwart. Frankfurt/Main 1989.

J. Radkau und I. Schäfer: Holz. Ein Naturstoff in der Technikgeschichte. Reinbek bei Hamburg 1987.

R. Reith: Lexikon des alten Handwerks. Vom späten Mittelalter bis ins 20. Jahrhundert. München 1990.

A. von Reitzenstein: Der Waffenschmied. München 1964.

F. Renleaux (Hg.): Das Buch der Erfindungen, Gewerbe und Industrien. Leipzig und Berlin 1889.

B. Ritter: Geographisch-statistisches Comptoir- und Zeitungs-Lexicon oder Beschreibung aller bekannten Länder, Meere, See'n, Flüsse, Inseln, Gebirge, Reiche, Provinzen, Städte, der wichtigsten Flecken, Dörfer, Fabriksanlagen, Bäder, Bergwerke etc. Leipzig 1838.

M. von Rohr: Das Auge und die Brille. Leipzig 1912.

Saltarinos (H. W. Otto): Artisten-Lexikon. Düsseldorf 1895.

S. Sander: Handwerkschirurgen. Sozialgeschichte einer verdrängten Berufsgruppe. Göttingen 1989.

G. Sanford: Wörterbuch von Berufsbezeichnungen aus dem siebzehnten Jahrhundert. Gesammelt aus den Wiener Totenprotokollen der Jahre 1648–1668 und einigen weiteren Quellen. Bern und Frankfurt/Main 1975.

J. C. Schedel: Neues und vollständiges, allgemeines Waaren-Lexikon, 4. verbesserte Auflage von Johann Heinrich Moritz Poppe. Offenbach/Main 1814

C. Schraml: Das oberösterreichische Salinenwesen. Wien 1932–1936

P. Sebillot: Travaux publics et les mines dans les traditions et les superstitions de tous les pays. Paris 1894.

F. Selmeier: Eisen, Kohle und Dampf. Reinbek bei Hamburg 1984.

H. von Srbik: Studien zur Geschichte des österreichischen Salzwesens. Innsbruck 1917.

S. Stolz: Die Handwerke des Körpers. Bader, Barbier, Perückenmacher, Friseur; Folge und Ausdruck historischen Körperverständnisses. Marburg 1992.

L. Suhling: Aufschließen, Gewinnen und Fördern. Geschichte des Bergbaus. Reinbek bei Hamburg 1983.

U. Troitzsch und G. Wohlauf (Hg.): Technik-Geschichte. Historische Beiträge und neuere Ansätze. Frankfurt/Main 1980.

J. Varchmin und J. Radkau: Kraft, Energie und Arbeit. Reinbek bei Hamburg 1981.

Veredarius: Das Buch von der Weltpost. Berlin 1894.

H. Vocke (Hg.): Geschichte der Handwerksberufe. Waldshut 1959–1960.

L. White jr.: Was beschleunigte den technischen Fortschritt im westlichen Mittelalter?, in: Technikgeschichte Bd. 32/3 (1965).

C. A. Willemsen (Hg.): Kaiser Friedrich der Zweite: Über die Kunst, mit Vögeln zu jagen. Frankfurt/Main 1964.

T. Winkelbauer: Von Hüttenmeistern und Glasmachern, Aschenbrennern und Flußsiedern, in: Das Waldviertel, Heft 3 (1992).

R. Wissell: Des alten Handwerks Recht und Gewohnheit. Berlin 1929.

H. Zatschek: Handwerk und Gewerbe in Wien. Von den Anfängen bis zur Erteilung der Gewerbefreiheit im Jahre 1859. Wien 1949.

J. H. Zedler: Grosses vollständiges Universal-Lexikon aller Wissenschaften und Künste. Halle und Leipzig 1732–1754.

J. Zeitlinger und E. Trinks: Sensen, Sensenschmiede und ihre Technik, in: Jb. des Vereins für Landeskunde und Heimatpflege in Oberösterreich. Linz 1944.

J. Zöllner (Hg.): Das Buch der Erfindungen, Gewerbe und Industrie. Leipzig und Berlin 1886.

u. a.

Register

Ja, mach nur einen Plan!

Rudi Palla
Die Kunst, Kinder zu kneten
Originalausgabe der ANDEREN BIBLIOTHEK
illustriert · 350 Seiten · gebunden im Schuber
DM 49,50 · ISBN 3-8218-4153-2
erscheint im September 97

Dieses Buch widmet sich den hundertfältigen Versuchen der Menschheit, ihre Nachkommenschaft zu erziehen. Was dabei zum Vorschein kommt, ist ein krasses Durcheinander von Rezepten und Methoden, die ebenso selbstgewiß wie hilflos zwischen Wohlwollen und Brutalität hin- und herpendeln.
Rudi Palla beschränkt sich dabei nicht auf die Geschichte der europäischen Pädagogik. Er greift auch auf exotische Quellen und auf Ergebnisse der ethnologischen Feldforschung zurück.
Aufklärer und Eskimos, Nazis und Polynesier, Zwangsneurotiker und Menschenfreunde – alle haben sich an einer Aufgabe versucht, für die es offenbar keine schlichte Lösung gibt. »Das Kind als Freund«; »Weh dem, der schwach ist«; »Wiedergeburt im Busch«; »Kinder im gefrorenen Land«; »Liebe als Dressur« – schon die Kapitelüberschriften zeigen, wie sonderbar es dabei zugeht. Nicht ohne Komik, nicht ohne Grauen, nicht ohne Grazie werden so die vielfältigen Minenfelder überquert. Eltern und Erzieher werden in diesem Buch mit Gewinn und mit Entrüstung lesen.

Wir schicken Ihnen gern einen Verlagsprospekt:

KAISERSTRASSE 66 · 60329 FRANKFURT
TELEFON 069/25 60 03-0 · TELEFAX 25 60 03-30

EICHBORN.